Schabel/Ley

VOL/A und VOF
mit Vergabeverordnung
Ausgabe 2001

VOL/A und VOF
mit Vergabeverordnung
Ausgabe 2001

Textsammlung mit Einführung

von

Thomas Schabel
Rechtsanwalt, München

und

Rudolf Ley
Abteilungspräsident
Bundesamt für Naturschutz, Bonn

2. Auflage, 2001

::rehm

Die Deutsche Bibliothek — CIP-Einheitsaufnahme

VOL/A und VOF : Textsammlung mit Einführung ; mit Vergabeverordnung /
von Thomas Schabel und Rudolf Ley. —
2. Aufl., Ausg. 2001. — München ; Berlin : Rehm, 2001
1. Aufl. u. d. T.: VOF und VOL-A
ISBN 3-8073-1737-6

Bei der Herstellung des Buches haben wir uns zukunftsbewusst für
umweltverträgliche und wiederverwertbare Materialien entschieden.
Der Inhalt ist auf elementar chlorfreiem Papier gedruckt.

ISBN 3-8073-1737-6
Verlagsgruppe Jehle Rehm GmbH
Einsteinstraße 172, 81675 München
und
Friedrichstraße 130 a, 10117 Berlin
Satz: Kort Satz GmbH, München
Druck: R. Oldenbourg Graphische Betriebe GmbH
Abt. Kommunalschriftendruck

Vorwort

Am 1. Februar 2001 ist die neue Vergabeverordnung in Kraft getreten, die man als Schlussstein und zugleich Verbindungsglied des Vergaberechts ansehen kann. Mit der vorliegenden Textausgabe werden die Vorschriften vorgestellt, die für Lieferungen und Leistungen gelten. Dieser wesentliche Bereich des öffentlichen Auftrags wurde zwar früher allein durch die VOL/A geregelt. Unter dem Einfluss der Politik der europäischen Gemeinschaften wurde diese kleine und übersichtliche Verdingungsordnung ausdifferenziert in 4 VOL/A-Abschnitte und durch die VOF ergänzt. Dieser Regelbestand wurde 1997 fertiggestellt. Drei Jahre später waren wieder Änderungen nötig, diesmal nicht aus EG-internen Gründen, sondern durch die Bestimmungen des GPA (government procurement aggreement).

Dass zum 1. Januar 1999 das Fundament des Deutschen Vergaberechts, die §§ 97 bis 129 des Gesetzes über Wettbewerbsbeschränkungen, in Kraft getreten ist, ist Anlass, diese Bestimmungen in die Textsammlung aufzunehmen, ebenso die neu gefasste Vergabeverordnung.

Mit diesem Stand hat sich das Vergaberecht zu einem eigenständigen Rechtsgebiet entwickelt, das hohe Anforderungen an die befassten Auftraggeber, aber auch die Interessenten, Bewerber und Bieter stellt.

Das Nachprüfungsverfahren vor den Vergabekammern und den Vergabesenaten hat sich als Mittel etabliert, das von der EG bekämpfte „Hoflieferantentum" weiter zurückzudrängen; besonders die Erkenntnisse der Vergabesenate sind Anlass, die bekannten Vergabevorschriften der Verdingungsordnungen aus neuen Perspektiven zu analysieren.

Grenzüberschreitender Leistungsaustausch ist im Bereich der Dienstleistungen und Lieferungen leichter zu bewerkstelligen. Entsprechend sind VOL/A und VOF mit ihren Gleichbehandlungs- und Transparenzvorschriften noch wichtiger für den grenzüberschreitenden Verkehr als die VOB/A.

Liefer- und Dienstleistungsverträge repräsentieren außerdem ca. ²/₃ des jährlichen gesamten öffentlichen Beschaffungsvolumens, das sich allein in Deutschland auf mehr als 400 Mrd. DM beläuft und auf europäischer Ebene ca. 1 Bio. Euro beträgt.

In einer umfassenden Einführung werden zunächst die Grundlagen des nationalen und EG-weiten Vergaberechts erläutert, um den Zugang zu dem inzwischen sehr komplex geordneten Rechtsgebiet zu erleichtern. Daran anschließend werden die wesentlichen Änderungen der VOL/A 2000, VOF 2000 und der Vergabeverordnung 2001 behandelt. Ein weiterer Teil enthält die wichtigsten Regelungen für Vergabeverfahren nach der VOL/A und der VOF, um der Vergabepraxis einen ersten Einstieg für die Abwicklung konkreter Beschaffungsvorhaben zu bieten.

Abschließend wird auch der Rechtsschutz bei öffentlichen Aufträgen erläutert.

Bonn/München, April 2001   Rudolf Ley
                                                          Thomas Schabel

Inhaltsverzeichnis

		Seite
Vorwort		V
Abkürzungsverzeichnis		XI
Literaturverzeichnis		XV

Teil A Einführung

I.	Grundlagen des Vergaberechts für Leistungen – ausgenommen Bauleistungen		1
1.	Rechtsgrundlagen		1
	1.1	Aufträge unterhalb der EG-Schwellenwerte	3
	1.2	Aufträge oberhalb der EG-Schwellenwerte	5
2.	Vergabegrundsätze		15
	2.1	Wettbewerbsgrundsatz	15
	2.2	Gleichbehandlungsgrundsatz	15
	2.3	Wirtschaftlichkeitsgrundsatz	15
	2.4	Grundsatz der Berücksichtigung mittelständischer Interessen	15
II.	Neuregelungen der VgV 2001, der VOL 2000 und der VOF 2000		15
1.	Anlass der Neuregelungen		15
2.	Änderungen der VgV 2001		16
	2.1	Überblick	16
	2.2	Die Schwellenwerte	17
	2.3	Verweisung auf die Verdingungsordnungen	19
	2.4	Sektorenauftraggeber	19
	2.5	Vorab-Informationspflicht	21
	2.6	Common Procurement Vocabulary	23
	2.7	Elektronische Unterstützung des Vergabeverfahrens	23
	2.8	Von der Mitwirkung am Vergabeverfahren ausgeschlossene Personen	23
	2.9	Nennung und Zuständigkeit der Vergabekammer	26
3.	Änderungen der VOL 2000		27
	3.1	Zulassung digitaler Angebote	27
	3.2	Anpassung an die EG-Richtlinien	27
	3.3	Sonstige Regelungen	28
	3.4	Synoptische Gegenüberstellung VOL/A 2000 und VOL/A 1997	29
4.	Änderungen der VOF 2000		33
	4.1	Anwendungsbereich	33

Inhaltsverzeichnis

			Seite
	4.2	Einsatz von EDV	33
	4.3	Mitteilungspflichten	34
III.	**Vergabeverfahren nach der VOL 2000**		**35**
	1.	VOL/A Abschnitt 1	35
	1.1	Anwendungsbereich	35
	1.1.1	Institutioneller Anwendungsbereich	35
	1.1.2	Sachlicher Anwendungsbereich	35
	1.2	Verfahrensvorschriften	35
	1.2.1	Vergabearten	35
	1.2.2	Leistungsbeschreibung	36
	1.2.3	Förmliches Verfahren	36
	1.2.4	Zuschlagserteilung	37
	2.	VOL/A Abschnitt 2	37
	2.1	Anwendungsbereich	37
	2.1.1	Institutioneller Anwendungsbereich	37
	2.1.2	Sachlicher Anwendungsbereich	38
	2.2	Verfahrensvorschriften	38
	2.2.1	Vergabearten	38
	2.2.2	Teilnehmer am Wettbewerb	39
	2.2.3	Leistungsbeschreibung	39
	2.2.4	Vorinformation	39
	2.2.5	Fristen	40
	2.2.6	Zuschlag	40
	2.2.7	Wettbewerbe	40
	3.	VOL/A Abschnitt 3	42
	3.1	Anwendungsbereich	42
	3.1.1	Institutioneller Anwendungsbereich	42
	3.1.2	Sachlicher Anwendungsbereich	42
	3.2	Verfahrensvorschriften	42
	3.2.1	Regelmäßige Bekanntmachung	43
	3.2.2	Vergabearten	43
	3.2.3	Teilnehmer am Wettbewerb	45
	3.2.4	Leistungsbeschreibung	45
	3.2.5	Fristen	45
	3.2.6	Zuschlagserteilung	45
	3.2.7	Wettbewerbe	45

Inhaltsverzeichnis

			Seite
	4.	VOL/A Abschnitt 4	46
	4.1	Anwendungsbereich	46
	4.1.1	Institutioneller Anwendungsbereich	46
	4.1.2	Sachlicher Anwendungsbereich	46
	4.2	Verfahrensvorschriften	46
IV.	**Vergabeverfahren nach der VOF 2000**		**47**
	1.	Anwendungsbereich	47
	1.1	Institutioneller Anwendungsbereich	47
	1.2	Sachlicher Anwendungsbereich	47
	1.2.1	Freiberufliche Leistungen	47
	1.2.2	Zuordnung zu Anhang I A oder I B	48
	1.2.3	Nicht eindeutig und erschöpfend beschreibbare Leistungen	49
	1.2.4	Ausnahmen	50
	1.2.5	Schwellenwert	51
	2.	Verfahrensvorschriften	51
	2.1	Verhandlungsverfahren	51
	2.2	Wettbewerbe	52
	2.3	Teilnahmevoraussetzungen	52
	2.4	Aufgabenbeschreibung	52
	2.5	Vorinformation	52
	2.6	Fristen	53
	2.7	Zuschlag	53
V.	**Rechtsschutz bei öffentlichen Aufträgen**		**55**
	Teil B Texte		
I.	**Gesetz gegen Wettbewerbsbeschränkungen (Auszug)**		**59**
II.	**Vergabeverordnung 2001**		**73**
III.	**VOL 2000**		**86**
	1.	VOL Teil A	95
	1.1	VOL Teil A Abschnitt 1	95
	1.2	VOL Teil A Abschnitt 2	114
	1.3	VOL Teil A Abschnitt 3	163
	1.4	VOL Teil A Abschnitt 4	212
	2.	VOL Teil B	265
IV.	**VOF 2000**		**277**
Stichwortverzeichnis			**301**

Abkürzungsverzeichnis

AA	Auswärtiges Amt
a. a. O.	am angegebenen Ort
a. F.	alte Fassung
ABl.	Amtsblatt der Europäischen Gemeinschaften
Abs.	Absatz
AG	Aktiengesellschaft
Art.	Artikel
BAnz.	Bundesanzeiger
BB	Der Betriebs-Berater (Zeitschrift)
BGBl	Bundesgesetzblatt
BHO	Bundeshaushaltsordnung
BKR	Baukoordinierungsrichtlinie
BMA	Bundesministerium für Arbeit und Sozialordnung
BMBF	Bundesministerium für Bildung und Forschung
BMF	Bundesministerium der Finanzen
BMFSFuJ	Bundesministerium für Familie, Senioren, Frauen und Jugend
BMG	Bundesministerium für Gesundheit
BMI	Bundesministerium des Innern
BMVBW	Bundesministerium für Verkehr, Bau- und Wohnungswesen
BMVEL	Bundesministerium für Verbraucherschutz, Ernährung und Landwirtschaft
BMVg	Bundesministerium der Verteidigung
BMU	Bundesministerium für Umwelt, Naturschutz und Reaktorsicherheit
BMWi	Bundesministerium für Wirtschaft und Technologie
BMZ	Bundesministerium für wirtschaftliche Zusammenarbeit
BR-Drs.	Bundesrat-Drucksache
bzw.	beziehungsweise
CEN	Europäisches Komitee für Normung
CENELEC	Europäisches Institut für Elektrotechnische Normung
CPA	Classification of Products According to Activities
CPC	Central Product Classification
CPV	Common Procurement Vocabulary
d. h.	das heißt
DKR	Dienstleistungsrichtlinie

Abkürzungsverzeichnis

DVAL	Deutscher Verdingungsausschuss für Leistungen
ECU	European currency unit = Europäische Währungseinheit
EDV	Elektronische Datenverarbeitung
EG	Europäische Gemeinschaften
EGV	EG-Vertrag
Einl.	Einleitung
EN	Europäische Normen
EStG	Einkommensteuergesetz
ETS	Europäische Telekommunikationsnorm
ETSI	Europäisches Institut für Telekommunikationsnormen
EU	Europäische Union
EuGH	Europäischer Gerichtshof
EURATOM	Europäische Atomgemeinschaft
EUZW	Europäische Zeitschrift für Wirtschaftsrecht
EWG	Europäische Wirtschaftsgemeinschaft
EWR	Europäischer Wirtschaftsraum
ff.	folgende
GmbH	Gesellschaft mit beschränkter Haftung
GPA	Government Procurement Agreement
GRW	Grundsätze und Richtlinien für Wettbewerbe auf den Gebieten der Raumplanung, des Städtebaus und des Bauwesens
GWB	Gesetz gegen Wettbewerbsbeschränkungen
Halbs.	Halbsatz
HD	Harmonisierungsdokumente
HGrG	Gesetz über die Grundsätze des Haushaltsrechts des Bundes und der Länder (Haushaltsgrundsätzegesetz)
HOAI	Honorarordnung für Architekten und Ingenieure
IBR	Immobilien- & Baurecht
i. V. m.	in Verbindung mit
KG	Kommanditgesellschaft
Mrd.	Milliarden
n. F.	neue Fassung
Nr.	Nummer
NVwZ	Neue Zeitschrift für Verwaltungsrecht
o. a.	oben angeführt
ORG	Oberlandesgericht
Rdnr.	Randnummer
S.	Seite
s.	siehe
s. o.	siehe oben
s. u.	siehe unten

SKR	Sektorenrichtlinie
sog.	so genannt
SZR	Sonderziehungsrecht
TED	Tenders Electronic Daily
TS	Technische Spezifikation
Urt.	Urteil
v.	vom/von
VergabeR	Vergaberecht (Zeitschrift)
vgl.	vergleiche
VgV	Vergabeverordnung
v. H.	vom Hundert
VO PR	Verordnung PR Nr. 30/53 über die Preise bei öffentlichen Aufträgen
VOB	Verdingungsordnung für Bauleistungen
VOB/A	Allgemeine Bestimmungen für die Vergabe von Bauleistungen
VOF	Verdingungsordnung für freiberufliche Leistungen
VOL	Verdingungsordnung für Leistungen – ausgenommen Bauleistungen –
VOL/A	Allgemeine Bestimmungen für die Vergabe von Leistungen
VOL/B	Allgemeine Bestimmungen für die Ausführung von Leistungen
VwGO	Verwaltungsgerichtsordnung
VwVfG	Verwaltungsverfahrensgesetz
WRP	Wettbewerb in Recht und Praxis (Zeitschrift)
WTO	World Trade Organization
z. B.	zum Beispiel
Ziff.	Ziffer
ZVgR	Zeitschrift für deutsches und internationales Vergaberecht
z. Zt.	zur Zeit

Literaturverzeichnis

Daub/Eberstein	**Kommentar zur VOL/A** 5. Auflage, 2000
Daub/Eberstein	**VOL** Textausgabe 25. Auflage, 1997
Daub/Eberstein	**Kommentar zur VOL/B** 4. Auflage 1998
Ebisch/Gottschalk	**Preise und Preisprüfungen bei öffentlichen Aufträgen** Kommentar 6. Auflage, 1994
Hartmann	**VOF** – Verdingungsordnung für freiberufliche Leistungen Loseblattsammlung
Klein/Witzel	**Das Recht der öffentlichen Auftragsvergabe** Handkommentar, 1987
Lamm/Ley/ *Weckmüller*	**VOL-Handbuch** unter Berücksichtigung der Europäischen Vergaberichtlinien Loseblattsammlung
Michaelis/Rhösa	**Preisbildung bei öffentlichen Aufträgen einschließlich Beschaffungswesen** Kommentar Loseblattsammlung
Müller-Wrede/ *Diederichs/Kulartz*	**Verdingungsordnung für freiberufliche Leistungen (VOF)** Kommentar 1. Auflage 1999
Rusam	**VOL/A** Handkommentar 1984
Schabel/Ley	**Öffentliche Auftragsvergabe im Binnenmarkt** Erläuterungen, Materialien Loseblattsammlung
v. Köckritz/ *Ermisch/Dittrich/* *Lamm*	**Bundeshaushaltsordnung (BHO)** Kommentar Loseblattsammlung

Teil A
Einführung

I. Grundlagen des Vergaberechts für Leistungen – ausgenommen Bauleistungen

1. Rechtsgrundlagen

VOL 2000, VOF 2000 und VOB 2000[1])! Diese imposante Kette macht deutlich, dass mit Beginn des Jahres 2001 wesentliche Veränderungen im Vergaberecht eingetreten sind. Die genannten Verdingungsordnungen lösen ihre jeweiligen Vorläuferfassungen aus den Jahren 1997 (VOL und VOF) und 1998 (VOB) ab. Die Neufassungen dienen in erster Linie der Umsetzung der EG-Richtlinien 97/52/EG und 98/4/EG, die das europäische Vergaberecht an das Beschaffungsübereinkommen der Welthandelsorganisation WTO anpassen (dazu s. u. 1.2).

Ergänzt werden die **Verdingungsordnungen** durch die am 1. Februar 2001 in Kraft getretene **Vergabeverordnung – VgV –**, die ebenfalls einige bedeutende Neuerungen für das Beschaffungswesen mit sich bringt.

VOL, VOF und VOB sind sicherlich die Regelwerke, die die Vergabepraxis bestimmen. Dennoch sind sie letztlich nur Teile eines immer engmaschiger geknüpften Vorschriftengeflechtes auf **internationaler, europäischer und nationaler Ebene.** Angesichts der ökonomischen Bedeutung öffentlicher Aufträge sowie der rasant fortschreitenden Vernetzung der Weltwirtschaft überrascht diese Feststellung nicht. Allein in Deutschland beläuft sich das jährliche Volumen der Liefer-, Dienstleistungs- und Bauaufträge, die von staatlichen Stellen und von Versorgungsunternehmen vergeben werden, auf mehr als **400 Mrd. DM**. In der EU entfallen auf entsprechende Aufträge ca. 14% des jährlichen Bruttoinlandsproduktes der Union, d. h. etwa **1 Billion Euro.**

Trotz dieser enormen gesamtwirtschaftlichen Bedeutung waren die jeweiligen Beschaffungsmärkte häufig abgeschottet und Wettbewerb – jedenfalls in der Praxis – nicht die Regel. Die Globalisierung der Märkte und die damit einhergehende Forderung nach einem möglichst ungehinderten Wettbewerb machten es erforderlich, die verkrusteten Strukturen aufzubrechen. Dazu wurde auf mehreren Ebenen ein rechtlicher Ordnungsrahmen geschaffen, der im Kern das Ziel hat, die nationalen und internationalen Beschaffungsmärkte zu liberalisieren. Hierdurch soll nicht nur ein wesentlicher Beitrag für eine prosperierende **Weltwirtschaft,** sondern auch für den **Abbau** der **Haushaltsdefizite** geleistet werden, da mehr Wettbewerb bei der Vergabe staatlicher Aufträge letztlich auch zu einer Einsparung von öffentlichen Geldern führt.

---

1) Bekanntmachung der Neufassung der Verdingungsordnung für Bauleistungen Teile A und B vom 30. 5. 2000, BAnz. Nr. 120 a v. 30. 6. 2000; abgedruckt bei Schabel/Ley, Öffentliche Auftragsvergabe im Binnenmarkt, Stand Oktober 2000, Abschnitt C 1.

A I Einführung

Etwa zwei Drittel des oben erwähnten jährlichen Beschaffungsvolumens entfallen auf **Liefer- und Dienstleistungsaufträge.** Wegen dieser herausgehobenen wirtschaftlichen Bedeutung sowie aufgrund der engen thematischen und rechtlichen Verzahnung dieser Auftragstypen ist ihnen die vorliegende Textsammlung gewidmet. Die wichtigsten Vorschriften für die Vergabe von Liefer- und Dienstleistungsaufträgen sind in der nachfolgenden Abbildung dargestellt.

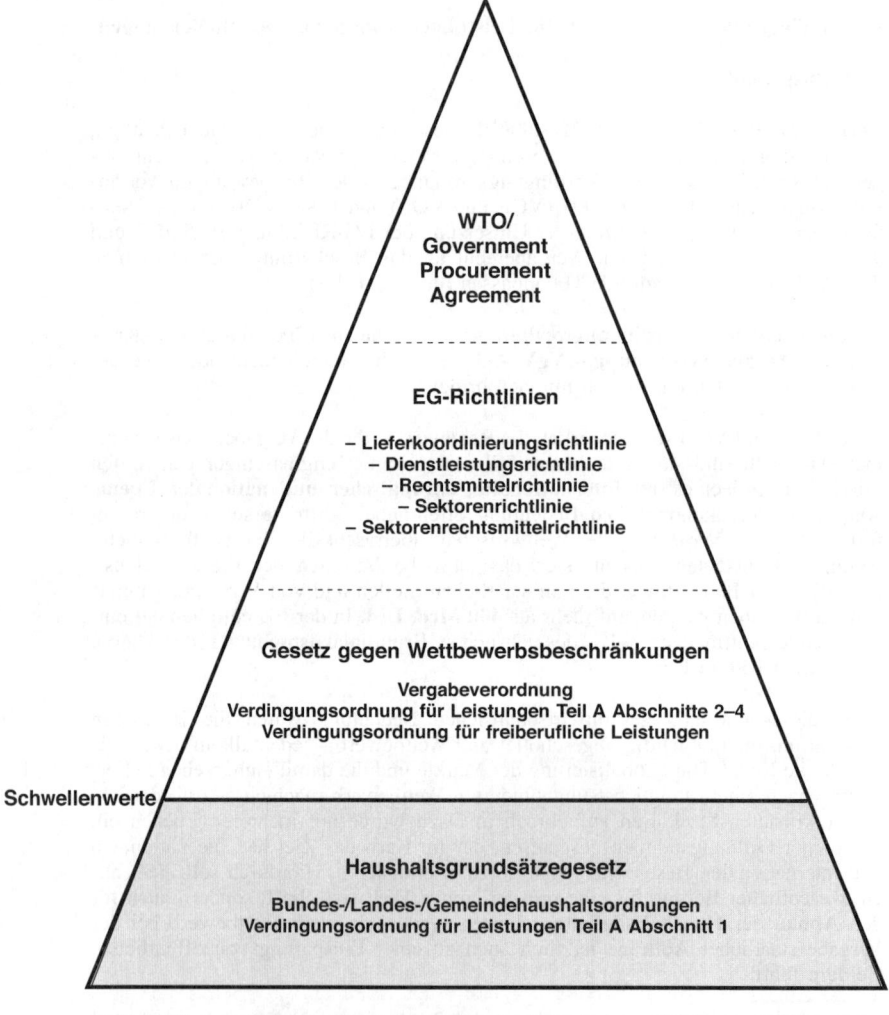

Abb. 1: Die wichtigsten Vorschriften für die Vergabe von Liefer- und Dienstleistungsaufträgen

Grundlagen des Vergaberechts für Leistungen – ausgenommen Bauleistungen **A I**

Die Abbildung zeigt eine **Zweiteilung** im deutschen Vergaberecht. Die Differenzierung erfolgt anhand der in den EG-Vergaberichtlinien festgelegten **Schwellenwerte**. Erreicht ein geschätzter Auftragswert den jeweiligen Schwellenwert nicht, so wird das Vergabeverfahren nach den einschlägigen haushaltsrechtlichen Vorschriften bzw. nach der VOL/A Abschnitt 1 durchgeführt. Wird dagegen der maßgebliche Schwellenwert erreicht, so finden die inter-/supranationalen Regeln bzw. die zu ihrer Umsetzung erlassenen nationalen Vergabevorschriften Anwendung.

Die rechtlich und praktisch **entscheidende Weiche** wird demnach durch die Schwellenwerte gestellt, die in nachfolgender Übersicht aufgeführt sind.

Lieferaufträge	
Klassische Auftraggeber (Bund, Länder, Gemeinden etc.)	**Sektorenauftraggeber** (Trinkwasser-, Energie- u. Verkehrsversorgung)
– Bundesbehörden oder vergleichbare Bundeseinrichtungen • grundsätzlich: 130 000 Euro • Verteidigungsbereich Waren, die nicht im Anhang II RL 93/36/EG aufgeführt sind: 200 000 Euro – Sonstige Auftraggeber: 200 000 Euro	400 000 Euro
Dienstleistungsaufträge[1]	
– Bundesbehörden oder vergleichbare Bundeseinrichtungen • grundsätzlich: 130 000 Euro • bei Forschungs- und Entwicklungsdienstleistungen sowie Dienstleistungen des Anhangs I B der RL 92/50/EWG: 200 000 Euro – Sonstige Auftraggeber: 200 000 Euro	400 000 Euro

Die Schätzung des jeweiligen Auftragswertes erfolgt nach § 3 VgV (Näheres dazu s. unter II 2.2.).

1.1 Aufträge unterhalb der EG-Schwellenwerte

Das deutsche Vergaberecht ist traditionell Teil des **staatlichen Haushaltsrechts**. Haushaltsgrundsätzegesetz, Bundes- und Landeshaushaltsordnungen sowie die Gemeindehaushaltsverordnungen enthalten Regelungen zur Vergabe von Aufträgen. Diese gesetzlichen Vorschriften verpflichten die Verwaltung allerdings nur allgemein, im Wettbewerb zu beschaffen. Sie werden ausgefüllt durch die **Verdingungsordnungen,** in denen die konkreten Regelungen für die Durchführung eines Vergabeverfahrens enthalten sind.

Die Verdingungsordnungen sind ursprünglich **keine staatlichen Normen,** sondern Vereinbarungen zwischen den beteiligten Marktseiten. Sie werden in so genannten **Verdingungsausschüssen** konsensual verabredet, in denen die Auftraggeberseite und die anbietende Wirtschaft vertreten sind.

[1] Bei Auslobungsverfahren bzw. bei Losen gelten Sonderregelungen.

A I Einführung

Für die Vergabe von Liefer- und Dienstleistungsaufträgen ist die Verdingungsordnung für Leistungen (VOL) einschlägig. Die bereits 1932/1936 geschaffene **VOL** ist in zwei Teile gegliedert:
- **Teil A** enthält die Bestimmungen für die Vergabe von Leistungen
- **Teil B** die allgemeinen Vertragsbedingungen für die Ausführung von Leistungen.

Die VOL/A wurde im Zuge der Umsetzung der EG-Richtlinien (s. dazu 1.2) in vier Abschnitte aufgeteilt:
- **Abschnitt 1** enthält die so genannten Basisparagraphen für die Vergabe von Liefer- und Dienstleistungsaufträgen unterhalb der EG-Schwellenwerte
- **Abschnitt 2** enthält die Bestimmungen nach der EG-Lieferkoordinierungs- und der Dienstleistungsrichtlinie für Vergaben ab den EG-Schwellenwerten
- **Abschnitte 3 und 4** enthalten die Bestimmungen nach der EG-Sektorenrichtlinie.

Die Vergabe von Liefer- und Dienstleistungsaufträgen **unterhalb der EG-Schwellenwerte** erfolgt also für die anwendungspflichtigen Auftraggeber unmittelbar nach **Abschnitt 1 der VOL/A**. Leistungen, die im Rahmen einer **freiberuflichen Tätigkeit** erbracht oder im Wettbewerb mit freiberuflich Tätigen angeboten werden, sind allerdings von Abschnitt 1 der VOL/A **ausgenommen** (§ 1 VOL/A).

Da die Verdingungsordnung für freiberufliche Leistungen **(VOF)** nur für Aufträge **oberhalb der EG-Schwellenwerte** gilt, finden für freiberufliche Leistungen unterhalb dieser Schwellenwerte weder die VOL noch die VOF Anwendung. Die zum Wettbewerb verpflichtenden Bestimmungen der Haushaltsordnungen bleiben allerdings unberührt.

Nach der traditionell haushaltsrechtlichen Verankerung des öffentlichen Auftragswesens wurde die VOL/A als **Verwaltungsvorschrift** zum Haushaltsrecht und damit als bloße Dienstanweisung verstanden. Dies gilt auch nach der heutigen Rechtslage nach wie vor für Abschnitt 1 der VOL/A. Zur Rechtsqualität der Abschnitte 2 bis 4 s. u. 1.2.

Die Regelungen der **VOL/B** stellen demgegenüber **Geschäftsbedingungen** der öffentlichen Hand dar, da sie auf die öffentliche Auftragsvergabe zugeschnittene Spezialregeln enthalten, die den allgemeinen gesetzlichen Vorschriften (BGB) vorgehen. Nach der Präambel der VOL/B gelten die Allgemeinen Vertragsbedingungen für Kauf-, Werk- und Werklieferungsverträge. Für andere Verträge über Leistungen (z. B. Mietverträge, Dienstverträge, Leasingverträge, Entwicklungsverträge) gelten die Bestimmungen entsprechend. Auch auf freiberufliche Leistungen, die nach der VOL/A vergeben werden, findet die VOL/B entsprechende Anwendung. Bei der entsprechenden Geltung der VOL/B ist allerdings zu berücksichtigen, dass nicht jede einzelne Bestimmung auf jeden Vertragstyp anwendbar ist (z. B. keine Abnahme und Güteprüfung im Mietvertrag). Die VOL/B gilt auch bei Verfahren **oberhalb der Schwellenwerte** der EG-Vergaberichtlinien, da diese auf die Gestaltung der jeweiligen Verträge keinen Einfluss nehmen. Keine Anwendung findet die VOL/B auf die Ausführung von Bauaufträgen, hier gilt Teil B der Verdingungsordnung für Bauleistungen (VOB/B).

Die VOL/B ist in ihrem Aufbau dem chronologischen Ablauf der **Vertragsausführung** nachgebildet. Sie enthält im Wesentlichen Regelungen zur Ausführung der Leistung, zu evtl. auftretenden Leistungsstörungen sowie zu Modalitäten der Rechnungsstellung bzw. Zahlung.

Grundlagen des Vergaberechts für Leistungen – ausgenommen Bauleistungen **A I**

1.2 Aufträge oberhalb der EG-Schwellenwerte

Die unter 1.1 dargestellte historisch gewachsene nationale Rechtslage bei der Vergabe staatlicher Aufträge wurde in den vergangenen beiden Jahrzehnten zunehmend überlagert von **internationalen und europäischen Regelwerken.**

Den völkerrechtlichen Rahmen zieht das WTO-Übereinkommen über das öffentliche Beschaffungswesen (**Government Procurement Agreement, GPA**)[1]. Die Bestimmungen des GPA hat die EU als Vertragspartner der WTO in ihre Richtlinien zum öffentlichen Auftragswesen integriert.

Aus dem europäischen Regelwerk sind zunächst die **Lieferkoordinierungsrichtlinie (LKR)**[2] und die **Dienstleistungsrichtlinie (DKR)**[3] zu nennen, die sich an die „klassischen" öffentlichen Auftraggeber (Bund, Länder und Gemeinden) richten. Für die öffentlichen und privaten Versorgungsunternehmen in den Bereichen Wasser, Energie, Verkehr und Telekommunikation gilt die so genannte **Sektorenrichtlinie**[4]. Um die gleichmäßige Anwendung der Vergaberichtlinien in der Praxis sicherzustellen, hat die EG darüber hinaus sowohl für den klassischen[5] wie auch für den Sektorenbereich[6] weitere Richtlinien erlassen, die die **Nachprüfung** von Verstößen gegen die Vergabebestimmungen gewährleisten sollen.

Die EG-Richtlinien zum öffentlichen Auftragswesen gelten in der Regel **nicht unmittelbar,** sondern sind von den Mitgliedstaaten in nationales Recht **umzusetzen** (Art. 189 Abs. 3 EGV). Deutschland hat sich insoweit für ein mehrstufiges Umsetzungskonzept entschieden (so genanntes **Kaskadenprinzip,** s. nachfolgendes Schaubild).

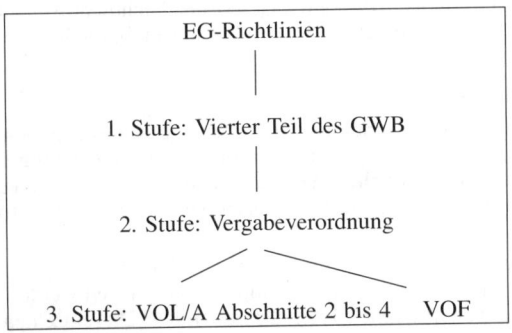

---

1) ABl. EG Nr. C 256 v. 3. 9. 1996 S. 1 ff.
2) Richtlinie 93/36/EWG des Rates vom 14. 6. 1993, ABl. EG Nr. L 199 v. 9. 8. 1993, S. 1 ff., in der Fassung der Richtlinie 97/52/EG des Europäischen Parlaments und des Rates v. 13. 10. 1997, ABl. EG Nr. L 328 v. 28. 11. 1997, S. 1 ff.; abgedruckt bei Schabel/Ley unter B 3.
3) Richtlinie 92/50/EWG des Rates vom 18. 6. 1992, ABl. EG Nr. L 209 v. 24. 7. 1992, S. 1 ff., in der Fassung der Richtlinie 97/52/EG des Europäischen Parlaments und des Rates v. 13. 10. 1997, ABl. EG Nr. L 328 v. 28. 11. 1997, S. 1 ff.; abgedruckt bei Schabel/Ley unter B 5.
4) Richtlinie 93/38/EWG des Rates v. 14. 6. 1993, ABl. EG Nr. L 199 v. 9. 8. 1993, S. 84 ff., in der Fassung der Richtlinie 98/4/EG des Europäischen Parlaments und des Rates v. 16. 2. 1998, ABl. EG Nr. L 101 v. 1. 4. 1998, S. 1 ff.; abgedruckt bei Schabel/Ley unter B 4.
5) Richtlinie 89/665/EWG des Rates v. 21. 12. 1989, ABl. EG Nr. L 395 v. 30. 12. 1989, S. 33 ff.; auf Dienstleistungsaufträge ausgedehnt durch die Richtlinie 92/50/EWG des Rates v. 18. 6. 1992, ABl. EG Nr. L 209 v. 24. 7. 1992, S. 15; abgedruckt bei Schabel/Ley unter B 6.
6) Richtlinie 92/13/EWG des Rates v. 25. 2. 1992, ABl. EG Nr. L 76 v. 23. 3. 1992, S. 3 ff.; abgedruckt bei Schabel/Ley unter B 6/1.

A I Einführung

Die **erste Stufe** bildet der Vierte Teil des Gesetzes gegen Wettbewerbsbeschränkungen (**GWB**). Dort sind insbesondere
- die wichtigsten **Vergabegrundsätze** (§§ 97, 101 GWB; s. dazu unter 2.)
- die zur Anwendung verpflichteten **Auftraggeber** (§ 98)
- die betroffenen bzw. ausgenommenen **Aufträge** (§§ 99, 100)
- das **Nachprüfungsverfahren** vor den Vergabekammern und den Oberlandesgerichten (§§ 102 bis 124; s. dazu unter V.)

geregelt.

Von besonderer Bedeutung für die Wahl der richtigen Vergabevorschriften sind die in § 98 GWB enthaltenen Definitionen der erfassten **Auftraggeber**.

Das dem GWB vorgelagerte europäische Recht basiert insoweit auf dem so genannten **funktionalen Auftraggeberbegriff**. Danach kommt es nicht darauf an, ob die jeweilige Institution organisatorisch dem Staat zuzurechnen ist – entscheidend ist vielmehr, ob die am Markt auftretende Stelle staatliche Funktionen ausübt oder nicht.

§ 98 GWB nennt folgende Kategorien von Auftraggebern:

- **§ 98 Nr. 1 GWB**

  Gebietskörperschaften sowie deren Sondervermögen.

  Gebietskörperschaften sind in erster Linie **Bund, Länder, Kreise und Gemeinden**. Sondervermögen weisen keine eigene Rechtspersönlichkeit auf, sondern sind lediglich Vermögen, denen per Gesetz eine rechtliche Sonderstellung eingeräumt wird. In der Vergabepraxis sind insoweit besonders die **kommunalen Eigenbetriebe** relevant.

- **§ 98 Nr. 2 GWB**

  Andere juristische Personen des öffentlichen und des privaten Rechts, die zu dem besonderen Zweck gegründet wurden, im **Allgemeininteresse** liegende Aufgaben **nichtgewerblicher Art** zu erfüllen, wenn Auftraggeber nach § 98 Nr. 1 oder 3 sie **überwiegend finanzieren oder über ihre Leitung die Aufsicht ausüben.**

  Diese Kategorie wirft in der Praxis einige **schwierige** Fragen auf, auf die im Rahmen dieser Einführung nicht detailliert eingegangen werden kann. Insoweit wird auf die weiterführende Literatur verwiesen. Die einzelnen Komponenten dieser Auftraggeberkategorie werden nachfolgend nur kurz genannt bzw. erläutert:

  - **Eigene Rechtspersönlichkeit** des Auftraggebers
  - **Gründungszweck:** Erfüllung im Allgemeininteresse liegender Aufgaben nichtgewerblicher Art.

  Nach der Rechtsprechung des EuGH[1]) ist das Kriterium „**im Allgemeininteresse**" auch erfüllt, wenn nur ein kleiner Aufgabenanteil im Allgemeininteresse wahrgenommen wird und die Einrichtung überwiegend gewerblich tätig ist. Aus Gründen der Rechtssicherheit und Vorhersehbarkeit sei eine einheitliche Betrachtungsweise erforderlich.

---

1) EuGH, Urt. v. 15. 1. 1998 – Rs. C-44/96 Slg. 1998, I-73, in NJW 1998, 3261 (Österreichische Staatsdruckerei).

Für das Kriterium der „**Nichtgewerblichkeit**" der Aufgabe ist nach dem EuGH[1]) eine Gesamtschau aller Umstände geboten. Das Vorliegen eines entwickelten Wettbewerbs sei zwar ein wichtiges Indiz für eine gewerbliche Tätigkeit, es sei jedoch auch dort nicht ausgeschlossen, dass eine vom Staat kontrollierte Stelle sich von anderen als wirtschaftlichen Überlegungen leiten lasse, um eine bestimmte Einkaufspolitik der „herrschenden" Einrichtung zu verfolgen. Ein wesentliches und auch praktikables Kennzeichen für die Verfolgung von Allgemeininteressen nichtgewerblicher Art ist darin zu sehen, ob die jeweilige Tätigkeit auch durchgeführt würde, wenn eine Kostendeckung nicht erreicht würde.

- **Beherrschung durch staatliche Stellen:**

Die staatliche Beherrschung kann durch überwiegende Finanzierung, Leitungsaufsicht oder mehrheitliche Beschickung von Kontrollorganen erfolgen.

Nach Auffassung des EuGH[2]) ist eine Finanzierung dann überwiegend, wenn sie mehr als die Hälfte aller Mittel beträgt, über die die Einrichtung verfügt, also einschließlich aller Einkünfte aus gewerblicher Tätigkeit. Als öffentliche Finanzierung seien darüber hinaus nur die Leistungen einzustufen, die als Finanzhilfe ohne spezifische Gegenleistung die Tätigkeit der Einrichtung unterstützen. Zahlungen der öffentlichen Hand als Gegenleistung für bestimmte Leistungen scheiden daher aus. Für die Berechnung der Einnahmesituation zieht der EUGH den Zeitraum des Haushaltsjahres heran, in dem der Auftrag ausgeschrieben wurde.

Einen maßgeblichen Anhaltspunkt für die Einstufung einer Einrichtung nach § 98 Nr. 2 GWB bietet der **Anhang I der Baukoordinierungsrichtlinie (BKR)**[3]), auf den die Lieferkoordinierungsrichtlinie (LKR) und die Dienstleistungsrichtlinie (DKR) Bezug nehmen. Dieser Anhang hat allerdings keinen rechtskonstitutiven Charakter, sondern die Eingruppierung einer Stelle unter § 98 Nr. 2 GWB hängt letztlich davon ab, ob die dort genannten Voraussetzungen erfüllt sind.

Dennoch ist der **Anhang der BKR** ein wichtiges Indiz dafür:

1. Juristische Personen des öffentlichen Rechts:

Die bundes-, landes- und gemeindeunmittelbaren Körperschaften, Anstalten und Stiftungen des öffentlichen Rechts, insbesondere in folgenden Bereichen:

1.1 Körperschaften

- wissenschaftliche Hochschulen und verfasste Studentenschaften,
- berufsständische Vereinigungen (Rechtsanwalts-, Notar-, Steuerberater-, Wirtschaftsprüfer-, Architekten-, Ärzte- und Apothekerkammern),
- Wirtschaftsvereinigungen (Landwirtschafts-, Handwerks-, Industrie- und Handelskammern, Handwerksinnungen, Handwerkerschaften),

---

1) EuGH, Urt. v. 10. 11. 1998 – Rs. C-360/96, in NVwZ 1999, 597 (Gemeente Arnhem).
2) EuGH, Urt. v. 3. 10. 2000 – Rs. C-380/98 (University of Cambridge).
3) Richtlinie 93/37/EWG des Rates v. 14. 6. 1993, ABl. EG Nr. L 199 v. 9. 8. 1993, S. 54 ff., in der Fassung der Richtlinie 97/52/EG des Europäischen Parlaments und des Rates v. 13. 10. 1997, ABl. EG Nr. L 328 v. 28. 11. 1997, S. 1 ff., abgedruckt bei Schabel/Ley unter B 2.

A I Einführung

- Sozialversicherungen (Krankenkassen, Unfall- und Rentenversicherungsträger),
- kassenärztliche Vereinigungen,
- Genossenschaften und Verbände.

1.2 Anstalten und Stiftungen

Die der staatlichen Kontrolle unterliegenden und im Allgemeininteresse tätig werdenden Einrichtungen nichtgewerblicher Art, insbesondere in folgenden Bereichen:

- rechtsfähige Bundesanstalten,
- Versorgungsanstalten und Studentenwerke,
- Kultur-, Wohlfahrts- und Hilfsstiftungen.

2. Juristische Personen des Privatrechts

Die der staatlichen Kontrolle unterliegenden und im Allgemeininteresse tätig werdenden Einrichtungen nichtgewerblicher Art, einschließlich der kommunalen Versorgungsunternehmen:

- Gesundheitswesen (Krankenhäuser, Kurmittelbetriebe, medizinische Forschungseinrichtungen, Untersuchungs- und Tierkörperbeseitigungsanstalten),
- Kultur (öffentliche Bühnen, Orchester, Museen, Bibliotheken, Archive, zoologische und botanische Gärten),
- Soziales (Kindergärten, Kindertagesheime, Erholungseinrichtungen, Kinder- und Jugendheime, Freizeiteinrichtungen, Gemeinschafts- und Bürgerhäuser, Frauenhäuser, Altersheime, Obdachlosenunterkünfte),
- Sport (Schwimmbäder, Sportanlagen und -einrichtungen),
- Sicherheit (Feuerwehren, Rettungsdienst),
- Bildung (Umschulungs-, Aus-, Fort- und Weiterbildungseinrichtungen, Volksschulen),
- Wissenschaft, Forschung und Entwicklung (Großforschungseinrichtungen, wissenschaftliche Gesellschaften und Vereine, Wissenschaftsförderung),
- Entsorgung (Straßenreinigung, Abfall- und Abwasserbeseitigung),
- Bauwesen und Wohnungswirtschaft (Stadtplanung, Stadtentwicklung, Wohnungsunternehmen, Wohnraumvermittlung),
- Wirtschaft (Wirtschaftsförderungsgesellschaften),
- Friedhofs- und Bestattungswesen,
- Zusammenarbeit mit den Entwicklungsländern (Finanzierung, technische Zusammenarbeit, Entwicklungshilfe, Ausbildung).

- **§ 98 Nr. 3 GWB**
  Verbände, deren Mitglieder unter Nr. 1 oder 2 fallen
  Beispiele für solche Verbände finden sich vor allem im **Kommunalbereich** (z. B. Wasserversorgungs-, Abwasser- oder Abfallbeseitigungsverbände).

Grundlagen des Vergaberechts für Leistungen – ausgenommen Bauleistungen

– **§ 98 Nr. 4 GWB**

Natürliche oder juristische Personen des privaten Rechts, die auf dem Gebiet der Trinkwasser- oder Energieversorgung oder des Verkehrs oder der Telekommunikation tätig sind, sofern sie über besondere oder ausschließliche Rechte verfügen oder wenn Auftraggeber nach § 98 Nrn. 1 bis 3 GWB auf sie einen beherrschenden Einfluss ausüben können.

Hierunter sind in erster Linie die als Unternehmen organisierten **Sektorenauftraggeber** zu verstehen. Der im Gesetz noch genannte Bereich der **Telekommunikation** ist zwischenzeitlich im Hinblick auf den dort bereits etablierten Wettbewerb von der Anwendung des Vergaberechts **ausgenommen** worden.

– **§ 98 Nr. 5 GWB**

Personen des privaten Rechts, die bestimmte Baumaßnahmen durchführen, sofern diese mit mehr als 50% von Auftraggebern nach § 98 Nrn. 1 bis 3 GWB finanziert werden.

Dieser Tatbestand erfasst zwar vorrangig entsprechende Baumaßnahmen, gilt aber auch für damit in Verbindung stehende Dienstleistungen und Auslobungsverfahren.

– **§ 98 Nr. 6 GWB**
Baukonzessionäre

Diese Kategorie bezieht sich nur auf Bauaufträge und ist daher für Liefer- und Dienstleistungsaufträge nicht relevant. In diesem Zusammenhang ist darauf hinzuweisen, dass nach der geltenden Rechtslage bei der Übertragung einer **Dienstleistungskonzession** das Vergaberecht nicht zur Anwendung kommt.

Neben der Prüfung der betroffenen Auftraggeber stellt sich des Weiteren die Frage, welche **Aufträge** sachlich von dem GWB erfasst sind.

Nach § 99 Abs. 1 GWB sind **öffentliche Aufträge**

...entgeltliche Verträge zwischen öffentlichen Auftraggebern und Unternehmen, die Liefer-, Bau- oder Dienstleistungsaufträge zum Gegenstand haben, und Auslobungsverfahren, die zu Dienstleistungsaufträgen führen sollen.

§ 99 Abs. 2 GWB definiert **Lieferaufträge**

als Verträge zur Beschaffung von Waren, die insbesondere Kauf oder Ratenkauf oder Leasing, Miete oder Pacht mit oder ohne Kaufoption betreffen. Die Verträge können auch Nebenleistungen umfassen.

§ 99 Abs. 3 GWB definiert **Bauaufträge**

als Verträge entweder über die Ausführung oder die gleichzeitige Planung und Ausführung eines Bauvorhabens oder eines Bauwerks, das Ergebnis von Tief- oder Hochbauarbeiten ist und eine wirtschaftliche oder technische Funktion erfüllen soll, oder einer Bauleistung durch Dritte gemäß den vom Auftraggeber genannten Erfordernissen.

Als **Dienstleistungsaufträge** gelten nach § 97 Abs. 4 GWB die Verträge über Leistungen, die nicht unter Abs. 2 oder 3 fallen und keine Auslobungsverfahren sind.

A I Einführung

Die Kategorie des Dienstleistungsauftrages stellt also einen **Auffangtatbestand** dar. Bei Dienstleistungsaufträgen ist weiterhin danach zu unterscheiden, ob die konkret zu vergebende Dienstleistung in den **Anhang I A oder in den Anhang I B** der DLR bzw. der Abschnitte 2 bis 4 der VOL/A und der VOF fallen:

Anhang I A

1. Instandhaltung und Reparatur
2. Landverkehr einschließlich Geldtransport und Kurierdienst, ohne Postverkehr
3. Fracht- und Personenbeförderung im Flugverkehr, ohne Postverkehr
4. Postbeförderung im Landverkehr sowie Luftpostbeförderung
5. Fernmeldewesen
6. Finanzielle Dienstleistungen
   a) Versicherungsleistungen
   b) Bankenleistungen u. Wertpapiergeschäfte
7. Datenverarbeitung und verbundene Tätigkeiten
8. Forschung und Entwicklung
9. Buchführung, -haltung und -prüfung
10. Markt- und Meinungsforschung
11. Unternehmensberatung und verbundene Tätigkeiten
12. Architektur, technische Beratung und Planung; integrierte technische Leistungen; Stadt- und Landschaftsplanung; zugehörige wissenschaftliche und technische Beratung; technische Versuche und Analysen
13. Werbung
14. Gebäudereinigung und Hausverwaltung
15. Verlegen und Drucken gegen Vergütung oder auf vertraglicher Grundlage
16. Abfall- und Abwasserbeseitigung; sanitäre und ähnliche Dienstleistungen

Anhang I B

17. Gaststätten- und Beherbergungsgewerbe
18. Eisenbahnen
19. Schifffahrt
20. Neben- und Hilfstätigkeiten des Verkehrs
21. Rechtsberatung
22. Arbeits- und Arbeitskräftevermittlung
23. Auskunfts- und Schutzdienste (ohne Geldtransport)
24. Unterrichtswesen und Berufsausbildung
25. Gesundheits-, Veterinär- und Sozialwesen
26. Erholung, Kultur und Sport
27. Sonstige Dienstleistungen

Grundlagen des Vergaberechts für Leistungen – ausgenommen Bauleistungen A I

Bei der Vergabe von Dienstleistungen nach **Anhang I A** finden sämtliche Bestimmungen der VOL/A Abschnitte 2 bis 4 bzw. der VOF Anwendung, während für Dienstleistungen nach **Anhang I B** nur wenige europarechtlich veranlasste Regelungen zu beachten sind (s. im Einzelnen unter III. u. IV.).

Bei **komplexen Vergaben** werden gelegentlich in einem Vertrag Liefer-, Bau- und Dienstleistungen miteinander verbunden. In diesen Fällen gilt Folgendes:

Es steht dem öffentlichen Auftraggeber frei, den Inhalt eines zu vergebenden Auftrags nach seinen Bedürfnissen und seinem Ermessen zu gestalten. Ein Gebot, den Inhalt eines Auftrags schematisch und jeweils ausschließlich nach einem der drei Bereiche „Bau", „Lieferung" oder „Dienstleistung" auszurichten, besteht nicht. Die einzige Grenze besteht in dem allen EG-Vergaberichtlinien immanenten **Umgehungsverbot**; das bedeutet, dass ein Auftrag nicht mit einem anderen allein zu dem Zweck zusammengefasst werden darf, um einen der beiden oder beide damit der Anwendung des Vergaberechts, also einzelner Richtlinien bzw. Verdingungsordnungen zu entziehen.

Will ein Auftraggeber unter Berücksichtigung dessen einen Auftragsgegenstand ausschreiben, der Dienstleistungen mit Lieferungen oder Bauleistungen oder mit beiden verbindet, der also beispielsweise Planungs- und Bauleistungen oder z. B. im EDV-Bereich Beratung und Lieferung enthält, stellt sich die Frage der anzuwendenden Verdingungsordnung, ob also die VOL/A, die VOF oder die VOB/A oder mehrere nebeneinander gelten.

Die Entscheidung für die Anwendung **einer** bestimmten Verdingungsordnung muss allerdings zweifellos getroffen werden, da auf einen Auftrag nicht zwei verschiedene Verdingungsordnungen angewendet werden können. Die Verdingungsordnungen bzw. die EG-Vergaberichtlinien enthalten Hinweise darauf, dass derjenige Auftragsgegenstand, der den **Schwerpunkt der Leistung** bildet, die Vergabevorschrift bestimmt. Wesentliches Kriterium ist dabei der Wert der jeweiligen Anteile, d. h. letztlich wird die Entscheidung für eine bestimmte Verdingungsordnung nach dem Wert des Anteils, der überwiegt, zu treffen sein.

Nach **§ 100 Abs. 1 GWB** gilt der Vierte Teil des Gesetzes nur für Aufträge, welche die **Schwellenwerte** erreichen oder überschreiten (s. o. 1.).

§ 100 Abs. 2 GWB nennt die Aufträge, die trotz Überschreitens der Schwellenwerte vom Anwendungsbereich des GWB **ausgenommen** sind, wie z. B. für geheim erklärte Aufträge, Erwerb oder Miete von Grundstücken, bestimmte Finanzdienstleistungen, bestimmte Forschungs- und Entwicklungsdienstleistungen).

§ 97 Abs. 6 und § 127 GWB ermächtigen die Bundesregierung, durch Rechtsverordnung mit Zustimmung des Bundesrates weitere Regelungen, insbesondere nähere Bestimmungen über das Vergabeverfahren zu treffen. In Ausübung dieser Ermächtigung wurde die Verordnung über die Vergabe öffentlicher Aufträge (**Vergabeverordnung – VgV**) erlassen, die die **zweite Umsetzungsstufe** darstellt. Die VgV ist in **drei Abschnitte** gegliedert:
– Abschnitt 1 Vergabebestimmungen
– Abschnitt 2 Nachprüfungsbestimmungen
– Abschnitt 3 Übergangs- und Schlussbestimmungen.

A I Einführung

Zu den einzelnen Neuerungen der VgV vom 9. Januar 2001 s. u. II 2.

Die VgV enthält nur wenige Regelungen zum Vergabeverfahren, sondern verweist insoweit weiter auf die Abschnitte 2 bis 4 der VOL/A bzw. auf die VOF, die für die einzelnen Auftraggeber für anwendbar erklärt werden (§§ 4, 5 und 7 VgV). Die **Verdingungsordnungen** stellen damit die **dritte Stufe** der Umsetzung der EG-Vergaberichtlinien dar. Ihre Regelungen sind für die Vergabepraxis besonders relevant.

Abschnitt 2 der VOL/A gilt für die Vergabe von **Liefer- und Dienstleistungsaufträgen** von Auftraggebern nach § 98 Nrn. 1 bis 3, 5 GWB.

Die **Abschnitte 3 und 4 der VOL/A** gelten für Liefer- und Dienstleistungsaufträge von **Sektorenauftraggebern**.

Die Abschnitte 2 bis 4 finden allerdings keine Anwendung auf solche **freiberuflichen Dienstleistungen,** die vorab nicht **eindeutig** und **erschöpfend** beschrieben werden können.

Diese Auftragstypen werden von der **VOF** erfasst. Da die VOF wiederum nicht auf Sektorenaufträge anwendbar ist (§ 5 S. 3 VgV), besteht in diesem Bereich für nicht eindeutig und erschöpfend beschreibbare freiberufliche Leistungen eine Regelungslücke.

In nachfolgender Übersicht ist zusammenfassend dargestellt, welche Auftraggeber i. S. d. § 98 GWB die Abschnitte 2 bis 4 der VOL/A bzw. die VOF anwenden müssen.

Grundlagen des Vergaberechts für Leistungen – ausgenommen Bauleistungen   A I

Auftraggeber i. S. d. § 98 GWB		Nach der VgV anzuwendende Verdingungsordnung bei folgenden Auftragstypen		
		Lieferungen	Gewerbliche + beschreibbare freiberufliche Dienste	Nicht beschreibbare freiberufliche Dienste
Nr. 1	Gebietskörperschaften und deren Sondervermögen	§ 4 Abs. 1 VgV: VOL/A Abschnitt 2	§ 4 Abs. 1 VgV: VOL/A Abschnitt 2	§ 5 S. 1 VgV: VOF
	Sektorenbereich – Trinkwasser – Häfen – Bahn-/Busverkehr	§ 7 Abs. 1 Nr. 1 VgV: VOL/A Abschnitt 3	§ 7 Abs. 1 Nr. 1 VgV: VOL/A Abschnitt 3	§ 5 S. 3 VgV: –
	Sektorenbereich – Elektrizität/Gas – Wärme – Flughäfen	§ 7 Abs. 2 Nr. 1 VgV: VOL/A Abschnitt 4	§ 7 Abs. 2 Nr. 1 VgV: VOL/A Abschnitt 4	§ 5 S. 3 VgV: –
Nr. 2 und Nr. 3	Jur. Personen des öffentl. oder priv. Rechts, die – im Allgemeininteresse liegende – nichtgewerbliche Aufgaben erfüllen – bei staatlicher „Beherrschung" Verbände, deren Mitglieder unter Nr. 1 oder 2 fallen	§ 4 Abs. 1 VgV: VOL/A Abschnitt 2	§ 4 Abs. 1 VgV: VOL/A Abschnitt 2	§ 5 S. 1 VgV: VOF
	Sektorenbereich – Trinkwasser – Häfen – Bahn-/Busverkehr	§ 7 Abs. 1 Nr. 1 VgV: VOL/A Abschnitt 3	§ 7 Abs. 1 Nr. 1 VgV: VOL/A Abschnitt 3	§ 5 S. 3 VgV: –
	Sektorenbereich – Elektrizität/Gas – Wärme – Flughäfen	§ 7 Abs. 2 Nr. 1 VgV: VOL/A Abschnitt 4	§ 7 Abs. 2 Nr. 1 VgV: VOL/A Abschnitt 4	§ 5 S. 3 VgV: –
Nr. 4	Natürliche oder jur. Personen des privat. Rechts im Sektorenbereich – Trinkwasser – Elektrizität/Gas – Wärme – Verkehr	§ 7 Abs. 2 Nr. 1 VgV: VOL/A Abschnitt 4	§ 7 Abs. 2 Nr. 1 VgV: VOL/A Abschnitt 4	§ 5 S. 3 VgV: –
Nr. 5	Natürliche oder jur. Personen des privat. Rechts für best. Baumaßnahmen, wenn mind. zu 50% von Stellen unter Nr. 1 oder 2 finanziert	–	§ 4 Abs. 2 VgV: VOL/A Abschnitt 2	§ 5 S. 1 VgV: VOF
Nr. 6	Baukonzessionäre	–	–	–

A I Einführung

Dadurch, dass die VgV auf die Abschnitte 2 bis 4 der VOL/A und die VOF verweist, teilen die Verdingungsordnungen auch die Rechtsqualität der VgV. Hierin kommt die **Zweiteilung** des deutschen Vergaberechts besonders deutlich zum Ausdruck. Bei Verfahren unterhalb der EG-Schwellenwerte gilt **Abschnitt 1 der VOL/A als Verwaltungsvorschrift,** bei Vergabeverfahren ab den Schwellenwerten sind die **Abschnitte 2 bis 4 der VOL/A und die VOF Rechtsverordnungen** und damit außenwirksame Rechtsnormen und nicht nur verwaltungsinternes Binnenrecht. Diese Differenzierung hat besondere Auswirkungen auf die Frage des Rechtsschutzes der Bieter und Bewerber (s. u. V.).

Die Zweiteilung der Rechtsmaterie ist für die einzelnen Auftragstypen in nachfolgender Abbildung dargestellt.

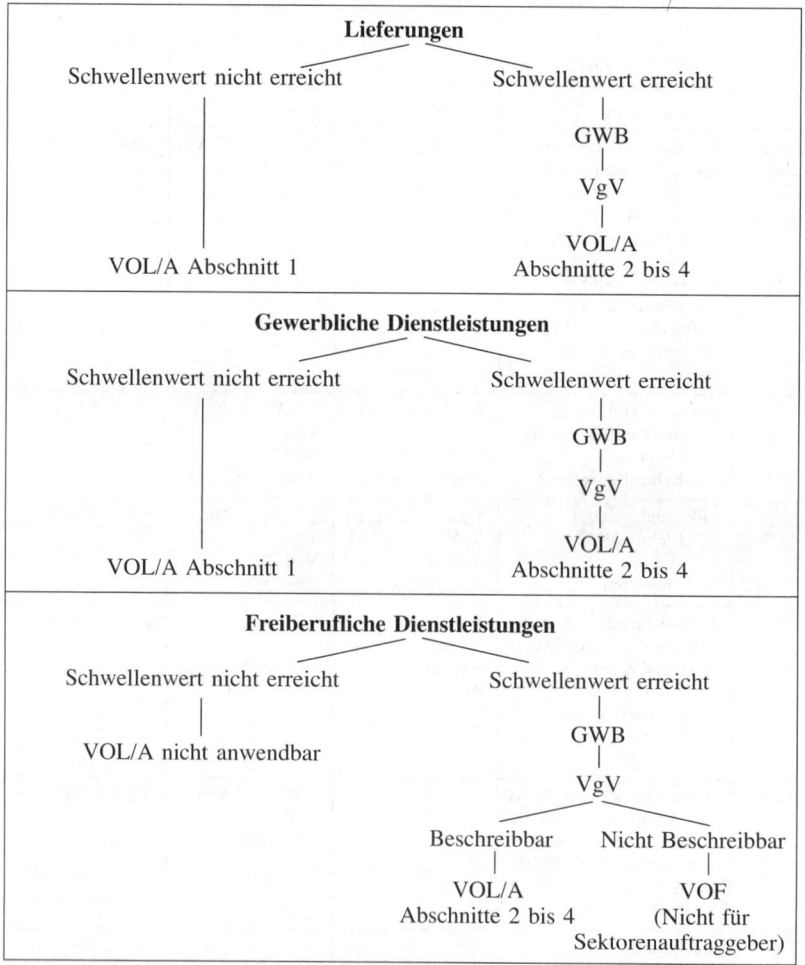

Insgesamt ist so ein verschachteltes Rechtssystem entstanden, das an die handelnden Akteure sowohl auf Auftraggeber- wie auch auf Bieterseite hohe Anforderungen stellt.

2. Vergabegrundsätze

2.1 Wettbewerbsgrundsatz

Wettbewerb ist das tragende Prinzip im Vergabewesen. Der **Wettbewerbsgrundsatz** ist für Verfahren unterhalb der Schwellenwerte in § 2 Nr. 1 VOL/A, für Verfahren oberhalb der Schwellenwerte in § 97 Abs. 1 GWB verankert. Die Organisation größtmöglichen Wettbewerbs – vorrangig durch öffentliche Ausschreibung – gewährleistet eine breite Beteiligung der Wirtschaft an der Versorgung öffentlicher Institutionen und Unternehmen. Damit steigt auch die Chance für eine besonders wirtschaftliche Beschaffung.

2.2 Gleichbehandlungsgrundsatz

Mit dem Wettbewerbsprinzip eng verzahnt ist das Gebot der **Gleichbehandlung** der Bewerber. Auch dieser Grundsatz gehört zu den elementaren Prinzipien des Gemeinschaftsrechts wie auch der nationalen Rechtsordnung. Nach § 2 Nr. 2 VOL/A bzw. § 97 Abs. 2 GWB darf daher bei der Vergabe kein Unternehmen diskriminiert werden.

2.3 Wirtschaftlichkeitsgrundsatz

Ein weiterer zentraler Grundsatz des Vergaberechts ist das Prinzip der langfristigen **Wirtschaftlichkeit.** Daher legen § 25 Nr. 3 VOL/A und § 97 Abs. 5 GWB fest, in einem Vergabeverfahren den Zuschlag auf das wirtschaftlichste Angebot zu erteilen. Neben dem Preis sollen bei der Wertung der Angebote alle auftragsbezogenen Umstände (z. B. Folgekosten) berücksichtigt werden.

2.4 Grundsatz der Berücksichtigung mittelständischer Interessen

Im Hinblick auf die volkswirtschaftliche, insbesondere die beschäftigungspolitische Bedeutung **mittelständischer Unternehmen** sollen sie bei der Vergabe öffentlicher Aufträge angemessen berücksichtigt werden. Nach § 97 Abs. 3 GWB soll dies vornehmlich durch die Teilung der Aufträge in Lose geschehen. Dies sieht auch § 5 VOL/A vor.

Weitere Instrumente zur besonderen Berücksichtigung mittelständischer Interessen sind z. B. die Zulassung von Bietergemeinschaften sowie die Forderung, bei der Vergabe von Unteraufträgen regelmäßig kleine und mittlere Unternehmen zu beteiligen.

II. Neuregelungen der VgV 2001, der VOL 2000 und der VOF 2000

1. Anlass der Neuregelungen

Ausgangspunkt für die Neufassungen der VgV, VOL und VOF war die längst überfällige Umsetzung von **EU-Recht.** Die mit der Richtlinie 97/52/EG vorgenommenen Änderungen der LKR und DLR hätten bis zum 13. Oktober 1998 in das nationale Recht umgesetzt werden müssen. Die Umsetzungsfrist für die mit der

A II Einführung

Richtlinie 98/4/EG geänderte Sektorenrichtlinie verstrich am 16. Februar 1999. Die Richtlinienänderungen trugen den Verpflichtungen der EU nach dem WTO-Beschaffungsübereinkommen Rechnung. Wegen der nicht rechtzeitigen Umsetzung der Richtlinien hat die EU-Kommission ein Vertragsverletzungsverfahren gegen Deutschland eingeleitet.

Mit dem In-Kraft-Treten der **VgV 2001,** der **VOL 2000** und der **VOF 2000** hat Deutschland seine europarechtlichen Verpflichtungen erfüllt.

Die Änderung der VgV war zudem erforderlich, um die Verordnung der im Januar 1999 in Kraft getretenen **Vergaberechtsreform** anzupassen, mit der die Umsetzung der EG-Richtlinien aus dem Haushaltsrecht (HGrG) gelöst und in das Wettbewerbsrecht (GWB) integriert wurde. Die bis zum 31. Januar 2001 geltende VgV beruhte noch auf der haushaltsrechtlichen Ermächtigungsgrundlage.

2. Änderungen der VgV 2001

2.1 Überblick

Mit der Ableitung der VgV aus §§ 97 Abs. 2 und 127 GWB wurde nicht nur die alte, haushaltsrechtliche Ermächtigung in § 57 a **Haushaltsgrundsätzegesetz** verlassen, vielmehr verschob sich auch der **Regelungsgegenstand,** so dass alte und neue Vergabeverordnung nicht ohne weiteres verglichen werden können. Die wesentliche Funktion ist allerdings gleich geblieben, nämlich die Verbindung der vorgefundenen Verdingungsordnungen VOB/A, VOL/A und VOF mit der gesetzlichen Regelung des Vergaberechts in den §§ 97 ff. GWB. Für alle Arten von Auftraggebern im Sinne des § 98 GWB und für alle Arten von Leistungen – Bauleistungen, Lieferungen und Dienstleistungen, § 99 GWB – sind Anwendungsvorschriften geschaffen worden.

Um die „Eintrittstelle" für das EG-geprägte Vergaberecht auf einen Ort zu konzentrieren, sind zugleich die **Berechnungsvorschriften** für die **Schwellenwerte** in die VgV aufgenommen worden. Nachdem die VOF ebenfalls die Berechnungsvorschriften enthält, besteht hier eine doppelte Regelung. Das wird aber sicherlich in der nächsten Überarbeitung der Verdingungsordnungen bereinigt werden. Wie bisher sind Tätigkeiten und Ausnahmebestimmungen für Sektorenunternehmen ausführlich geregelt. Dies ist in den §§ 7 bis 12 VgV geschehen.

Der absolut neue Stoff der VgV liegt dann aber in den §§ 13 bis 16 VgV, die unmittelbar in die von den EG-Richtlinien geprägten Vergabeverfahren hineinwirken. Damit wird nicht nur für die Prüfung des Anwendungsbereichs, sondern auch für das Vergabeverfahren selbst eine **zweite Regelungsebene** geschaffen. Der bisher gültige Anspruch, alle Verfahrensbestimmungen aus einer Verdingungsordnung herauslesen zu können, ist damit aufgegeben. Ob das als Zeichen einer Tendenz zur Plazierung wichtiger Verfahrensgarantien in die Nähe des Gesetzes anzusehen ist und damit als Vorgriff auf eine Konzentration des Vergaberechts in einer einzigen Norm, kann noch nicht gesagt werden. Eine Trennung in die Kernvorschriften aller Vergabeverfahren, die in einer Vergabeordnung geregelt werden und in bereichsspezifische Texte, in denen die besonderen Formalien der Vergabeverfahren geregelt sind, ist – ähnlich wie im österreichischen Vergaberecht – denkbar, wird aber, soweit ersichtlich, in der Bundesrepublik nicht betrieben.

Der zweite Abschnitt der VgV schließt an die frühere **Nachprüfungsverordnung** an, die durch die §§ 102 ff. GWB obsolet geworden ist. Er enthält im Wesentlichen eine Zuständigkeitsregelung für die Vergabekammern, wie sie bisher für die Vergabeprüfstellen und die Vergabeüberwachungsausschüsse fehlte. Insbesondere die Abgrenzung zwischen Aufträgen des Bundes und der Länder beispielsweise bei Mischfinanzierungen waren nicht geregelt. Auch die Mechanismen der Sektorenrechtsmittelrichtlinie zur Streitbeilegung – Bescheinigungsverfahren, Schlichtung – sind in diesem Abschnitt geregelt; ebenso der Korrekturmechanismus der Kommission und die Statistik der Vergabekammern und der Vergabesenate.

Die Neuregelungen im Einzelnen:

2.2 Die Schwellenwerte

Wie schon erwähnt sind die **Schwellenwerte** und ihre **Berechnung** jetzt in den §§ 2, 3 VgV geregelt worden, so dass die zusätzliche Platzierung in § 2 Abs. 2 VOF überflüssig geworden ist. Sicher wird es einer Verschlankung der Verdingungsordnung dienen, wenn die Schwellenwertbestimmungen bald aus ihr entfernt würden.

Alle Werte sind jetzt auf den Euro umgestellt, so dass eine weitere Umrechnung, wie bisher von ECU auf DM, entbehrlich ist. Tatsächlich schreiben schon viele Auftraggeber in Euro aus, so dass hier eine wichtige Verfahrenserleichterung stattfindet.

§ 2 Nr. 1 VgV benennt den Schwellenwert für **Liefer- und Dienstleistungsaufträge** im Bereich der **Trinkwasser- oder Energieversorgung bzw. im Verkehrsbereich** mit Euro 400 000.

Die entsprechenden Aufträge aller **übrigen öffentlichen Auftraggeber** sind in zwei Gruppen eingeteilt, die in § 2 Nrn. 2 und 3 VgV geregelt sind.

→ § 2 Nr. 2 VgV stellt dabei die Ausnahme dar und regelt nur Liefer- und Dienstleistungsaufträge der obersten oder oberen Bundesbehörden, deren Vergabe nach der Änderungsrichtlinie 97/52 EG des Europäischen Parlaments und des Rates an die WTO-Bestimmungen angepasst wurde. Der Schwellenwert beträgt hier nur Euro 130 000. Von diesem niedrigen Schwellenwert sind allerdings im Verteidigungsbereich nicht alle Beschaffungen betroffen; dies richtet sich nach dem Warenverzeichnis im Anhang II der Lieferkoordinierungsrichtlinie. Zudem gilt auch für Forschungs- und Entwicklungsaufträge sowie für Dienstleistungsaufträge nach Anhang I B der DKR ein höherer Schwellenwert.

→ Erst § 2 Nr. 3 VgV bildet dann den Regelfall für alle übrigen öffentlichen Auftraggeber mit Euro 200 000.

§ 2 Nr. 5 und Nr. 6 VgV regeln dann die **Auslobungsverfahren** in zwei Fallgruppen, je nachdem ob sie zu einem Dienstleistungsauftrag führen sollen oder nicht. Die etwas komplizierte Verweisung bedeutet, dass im einen Fall der Wert des späteren Dienstleistungsauftrags mit Euro 200 000 maßgeblich sein soll, im anderen Fall ist der Zusammenhang allerdings nicht ganz klar. Dafür gibt § 3 Abs. 9 VgV und der bisherige § 20 Abs. 2 VOF, 2. Alternative, die Antwort: Maßstab ist bei Auslobungen, die nicht zu einem Dienstleistungsauftrag führen, also beispielsweise bei Ideenwettbewerben, die Summe der Preisgelder und Zahlungen an die Teilneh-

A II Einführung

mer. Überschreitet diese Summe den Wert von Euro 200 000, so ist der Schwellenwert erreicht.

§ 2 Nr. 8 VgV schließlich regelt die Schwellenwertfrage für den Fall, dass der Auftraggeber einen Liefer- oder Dienstleistungsauftrag in **Lose** aufteilt. Da dies eine Methode zur Umgehung des EG-Vergaberechts darstellen könnte, haben die Richtlinien mit 2 Parametern Vorsorge geschaffen:

– Es müssen 80% des Gesamtwerts aller Lose EG-weit ausgeschrieben werden;
– unabhängig davon muss jedes Los EG-weit ausgeschrieben werden, das den Schwellenwert von Euro 80 000,00 erreicht. Der Sachverhalt ist gleich lautend in § 3 Abs. 3 VOF geregelt.

Gerade bei Dienstleistungs- und Lieferaufträgen kann die Wertbestimmung des auszuschreibenden Auftrags dann Schwierigkeiten machen, wenn dieser vor allem durch seine **Laufzeit** geprägt ist. Die anzuwendenden Definitionen sind in § 3 VgV gegeben und regeln die Frage laufzeitabhängiger Verträge, regelmäßige Aufträge, Daueraufträge usw.

Im Vergleich:

Regelungsgegenstand:		VOF
Ausgangspunkt: Gesamtvergütung	§ 3 Abs. 1 VgV	§ 3 Abs. 1 VOF mit Verweis auf HOAI o. Ä.
Umgehungsverbot	§ 3 Abs. 2 VgV	§ 3 Abs. 2 VOF
Zeitlich begrenzte Lieferaufträge bis 12 Monate	§ 3 Abs. 3 VgV	nicht geregelt
Dienstleistungsaufträge bis 48 Monate Laufzeit ohne Gesamtpreisangabe	§ 3 Abs. 3, 2. Alternative VgV	nicht geregelt
Regelmäßige Aufträge der Daueraufträge	§ 3 Abs. 4 VgV	§ 3 Abs. 4 VOF
Loseinteilung	§ 3 Abs. 5 VgV	§ 3 Abs. 3 VOF („Teilaufträge")
Optionsrechte	§ 3 Abs. 6 VgV	§ 3 Abs. 6 VOF
Rahmenvereinbarung	§ 3 Abs. 8 VgV	nicht geregelt
Maßstab bei Auslobungsverfahren	§ 3 Abs. 9 VgV	§ 20 Abs. 2 VOF
Zeitpunkt der Schätzung	§ 3 Abs. 10 VgV	nicht geregelt

Die Rahmenvereinbarung, die nun in § 3 Abs. 8 VgV definiert ist, ist von der Europäischen Union nur in der Sektorenrichtlinie genannt; in Umsetzung dieser Bestimmung erwähnen auch §§ 3 b und 5 b VOL/A, Abschnitt 3 und §§ 3 und 4 SKR VOL/A, Abschnitt 4 die Rahmenvereinbarung. Als **Vertragsform** kann sie allerdings auch von anderen als Sektorenauftraggebern angewendet werden; aus der fehlenden Nennung in den Vergaberichtlinien außerhalb der Sektoren kann nicht geschlossen werden, dass die klassischen öffentlichen Auftraggeber diese Form nicht anwenden dürften.

2.3 Verweisung auf die Verdingungsordnungen

§§ 4, 5 und 7 VgV verweisen für die Durchführung von Vergabeverfahren auf die VOL/A, Abschnitte 2 bis 4 sowie die VOF. Durch die Erweiterung in § 4 Abs. 2 VgV ergibt sich, dass Auftraggeber nach § 98 Nrn. 1 bis 3 und 5 GWB bei allen Liefer- und Dienstleistungsaufträgen, ob freiberuflich oder nicht, die VOL/A oder die VOF anzuwenden haben.

Aus § 4 Abs. 1 Satz 2 VgV und – gleich lautend – § 5 Satz 3 VgV ergibt sich, dass die beiden Paragraphen ausschließlich für den **Nicht-Sektorenbereich** gelten. Nachdem § 7 Abs. 1 Nr. 1 und Abs. 2 Nr. 1 VgV ausdrücklich nicht auf die VOF bzw. auf § 5 VgV verweisen, ist deutlicher als bisher klargestellt, dass die VOF für Sektorenauftraggeber eben nicht anwendbar ist. Als Grund wird hierfür angeführt, dass die Sektorenauftraggeber nach der EG-Sektorenrichtlinie die uneingeschränkte Wahlfreiheit bezüglich des Vergabeverfahrens haben; diese Freiheit könne, so das Argument, nicht durch den nationalen Gesetzgeber eingeschränkt werden.[1])

Das ist im Kern zwar richtig; allerdings ist der deutsche Gesetzgeber in vielen Punkten über die Bestimmungen der Sektorenrichtlinie für die Sektorenauftraggeber hinweggegangen, die zugleich öffentliche Auftraggeber im Sinne von § 98 Nrn. 1 bis 3 GWB sind. Eine Doppelregelung gibt es allerdings nach dem System der EG-Vergaberichtlinien nicht. Die Vorsicht bezüglich des Vergabeverfahrens ist deshalb überraschend.

Im Übrigen herrscht anerkanntermaßen zwischen den Vergabeverfahren eine **Hierarchie** dahingehend, dass das **offene** und das **nichtoffene Verfahren** stärker förmlich ausgestaltet und damit „unangenehmer" sind für den Auftraggeber, so dass ein „maius-minus"-Verhältnis angenommen werden kann. Anders ausgedrückt: Das Verhandlungsverfahren enthält die größten Vorzüge für den Auftraggeber, so dass es durchaus zulässig erscheint, Sektorenauftraggebern das Verhandlungsverfahren bei Dienstleistungsaufträgen freiberuflicher Art aufzuerlegen. So herrscht aber nun weiterhin Rechtsunsicherheit, da mangels einer nationalen Umsetzung der Sektorenrichtlinie in diesem Punkt der öffentliche Auftraggeber in der Bundesrepublik für die Vergabe freiberuflicher Dienstleistungen die Sektorenrichtlinie unmittelbar anzuwenden hat.

2.4 Sektorenauftraggeber

§ 7 ff. VgV regelt die Ausschreibungspflichten der Auftraggeber im **Sektorenbereich.**

Hier wurde die bisherige Unterteilung der Sektorenauftraggeber in solche, die zugleich öffentliche Auftraggeber im Sinne von § 98 Nrn. 1 bis 3 GWB sind und rein private aufrechterhalten, das heißt, dass die öffentlich beherrschten Sektorenauftraggeber weiterhin an die Bestimmungen des dritten Abschnittes der VOL/A gebunden sind; § 7 Abs. 1 Nr. 1 VgV. Das hat zur Folge, dass sie die oben besprochene Wahlfreiheit hinsichtlich des Vergabeverfahrens eben doch **nicht** ausnutzen können.

---
1) Müller-Wrede/Diederichs/Kulartz, Einleitung Rdnr. 43.

A II Einführung

Weiterhin sind diese Auftraggeber verpflichtet, die gesamten Basisparagraphen mit ihren Formalien einzuhalten, die das traditionelle Vergaberecht der Bundesrepublik ausmachen. Ob diese Verpflichtung durch die verfassungsrechtliche Kompetenznorm des Art. 74 Nr. 11 GG, auf der das Vergaberecht in der Bundesrepublik zur Zeit aufbaut, gedeckt ist, ist äußerst zweifelhaft[1]). Bis auf weiteres wird ein im Sektorenbereich tätiger öffentlicher Auftraggeber allerdings mit dieser Verpflichtung arbeiten müssen.

Die nicht unter § 98 Nrn. 1 bis 3 GWB fallenden Sektorenauftraggeber, also **rein private,** sind dagegen nicht zur Einhaltung der Basisparagraphen verpflichtet, sondern können die reduzierten Regeln des 4. Abschnitts der VOL/A anwenden. In diesen 16 Paragraphen ist das Vergaberecht nur rudimentär an bestimmten Eckpfeilern geregelt.

§ 8 VgV definiert, was als **Tätigkeit** im Sektorenbereich gilt. Hier ist erstmals der Telekombereich nicht mehr erwähnt, nachdem er aufgrund der Deregulierung im freien Wettbewerb steht.

§ 8 VgV präzisiert die für die Anwendung der **Sektorenbestimmungen** maßgeblichen Tätigkeiten und filtert solche aus, die nicht unmittelbar mit der jeweiligen Versorgungsaufgabe zu tun haben. Wie bisher soll das Vergaberecht bei Sektorenauftraggebern nur für die Aufträge anzuwenden sein, die der Durchführung der spezifischen Sektorentätigkeit dienen. Begleit- oder Investitionstätigkeiten dagegen sollen vom Vergaberecht frei sein, wie beispielsweise der Wohnungsbau von Sektorenunternehmern für ihre eigenen Mitarbeiter oder, im Falle kommunaler Versorger, die Badebetriebe. An diesen wird aber deutlich, dass die in der Sektorenrichtlinie klargestellte Ausschreibungsfreiheit **nicht sektorenspezifischer Tätigkeiten** durch die Doppelbetrachtung kommunaler oder anderer öffentlicher Auftraggeber im Sinne von § 98 Nrn. 1 bis 3 GWB möglicherweise doch eingeschränkt werden könnte: An sich sagt § 9 Abs. 2 VgV ganz klar, dass die Verweisung auf VOL und VOB in § 7 VgV nicht für Aufträge gelten soll, die anderen Zwecken als der Durchführung der Versorgungsaufträge dienen; andererseits folgt aber aus der Subsumtion solcher Auftraggeber unter § 98 Nrn. 1 bis 3 GWG deren Ausschreibungspflicht nach den §§ 4 bis 6 VgV.

Das Problem ist ungelöst. Zwar enthalten die §§ 4 bis 6 VgV jeweils den Nachsatz, dass die jeweilige Grundregel auf **„Aufträge im Sektorenbereich"** keine Anwendung finden soll. Damit ist aber nicht eindeutig klargestellt, dass beispielsweise die Errichtung eines Freibades im Geschäftsbereich eines kommunalen Versorgungsunternehmens ausschreibungsfrei sein darf. Handelt es sich dabei um einen „Auftrag im Sektorenbereich"? Von der konkreten Tätigkeit des Auftraggebers her gesehen, ist es kein Sektorenauftrag, von der generellen Tätigkeit des Auftraggebers her gesehen ist es ein Sektorenauftrag. Damit muss § 9 Abs. 2 VgV angewendet werden, der zur Ausnahme von § 7 VgV führt. Da der Sachverhalt nirgendwo anders so konkret geregelt ist, ist die Ausnahme vom Vergaberecht stärker als eine sich aus der sonstigen Interpretation ergebende abweichende Lösung.

Die weiteren Ausnahmen des § 9 Abs. 3 bis 5 VgV sind bisher schon geregelt gewesen, ebenso die Freistellung verbundener Unternehmen bezüglich von Dienstleistungsaufträgen. Diese bisher in § 4 Abs. 7 und 8 VgV (a. F.) enthaltenen Bestimmungen sind gleich lautend.

---

1) Hierzu Gallwas, Verfassungsrechtliche Kompetenzregelungen – Ungelöste Probleme des Vergaberechts, VergabeR 2000, 2 ff.

Auf eine weitere **Besonderheit** ist noch hinzuweisen: Die Anbindung der öffentlichen Auftraggeber als Sektorenauftraggeber an die Basisparagraphen, wie sie durch den dritten Abschnitt der VOL/A vorgeschrieben ist, gilt nicht für alle Sektorentätigkeiten, sondern nur die nach § 8 Nrn. 1, 4 b und 4 c VgV. Das ist die Trinkwasserversorgung, der Betrieb von Häfen und der Personennah- und Fernverkehr. Auch die Auftraggeber, die zugleich unter § 98 Nrn. 1 bis 3 GWB fallen, dürfen Abschnitt 4 von VOL/A anwenden, soweit sie im Bereich der Elektrizitäts- und Gasversorgung, der Wärmeversorgung und als Flughafenbetreiber tätig sind. Damit soll dem zunehmenden Wettbewerb in diesen Bereichen Rechnung getragen werden.

2.5 Vorab-Informationspflicht

Eine völlig neue Station des Vergabeverfahrens wird die **Vorab-Informationspflicht** darstellen, die in § 13 VgV vorgeschrieben wird. Die Auftraggeber müssen während des Vergabeverfahrens die erfolglosen Bieter über den Namen des erfolgreichen Bieters und den Grund seiner Bevorzugung informieren. Die Information ist „spätestens 14 Kalendertage vor dem Vertragsabschluss" abzugeben. Ein unter Missachtung dieser Informationspflicht geschlossener Vertrag wäre nichtig.

Diese Vorab-Informationspflicht ist Resultat der Überlegungen, den **Rechtsschutz** der Bieter im Vergabeverfahren möglichst vollständig auszugestalten. Das frühere Nachprüfungsverfahren nach den §§ 57 b und 57 c HGrG und der Nachprüfungsverordnung war ohnehin nicht geeignet, den Anspruch eines Bieters auf die Auftragserteilung gegen den unwilligen Auftraggeber zu sichern. Es diente lediglich der nachträglichen rechtlichen Beurteilung, ob das Verhalten des Auftraggebers rechtmäßig war oder nicht. Ein solcher Befund konnte dann gegebenenfalls für ein Schadenersatzverfahren genutzt werden.

Auch das dann in den §§ 102 ff. GWB ausgestaltete **Nachprüfungsverfahren** zeigte aus Sicht der Bieter eine charakteristische Schwäche: Häufig erfuhren sie erst post festum, dass ihre Rechte missachtet worden waren; der Auftrag war dann aber oft schon vergeben, so dass das Nachprüfungsverfahren nach den §§ 102 ff. GWB gar nicht zulässig war. Es kann nämlich nur dann durchgeführt werden, wenn der Auftrag noch nicht vergeben ist. Bereits im April 1999 kritisierte die 1. Vergabekammer des Bundes in ihrer „Münzplättchen"-Entscheidung diese Lücke des Primärrechtsschutzes; ein Urteil des EuGH vom 28. 10. 1999[1]) bestätigte diese Kritik in einem österreichischen Fall.

Der Gesetzgeber nahm dies zum Anlass, eine **besondere Informationspflicht** ins Vergabeverfahren einzufügen. Der Auftraggeber muss danach die nicht für den Zuschlag in Betracht kommenden Bieter 14 Tage vor Auftragserteilung über die beabsichtigte Vergabeentscheidung informieren. Sie wurde äußerst kontrovers diskutiert; die Regelung ist sicher auch noch nicht vollständig.

Problematisch ist zunächst der **Fristbeginn.** Kann er durch gleichzeitige Versendung der Information an alle Bieter per Telefax ausgelöst werden oder muss der Nachweis später durch die üblichen Mittel, also insbesondere den Rückschein beim Einschreiben geführt werden? Besonderes Gewicht liegt auf der Formulierung der „Abgabe" der Information in § 13. Danach kann die „Abgabe" mit der Absendung

---
1) NJW 2000, 544; DB 2000, 419.

A II Einführung

gleichgesetzt werden, so dass hier eine Ausnahme vom Zugangsprinzip zu machen ist. Das heißt, dass die 14-tägige Frist ab Absendung der Vorab-Information gerechnet wird. Damit hat der Auftraggeber eine sichere Handhabe; Probleme des Postlaufes gehen zu Lasten der Bieter.

So sieht es auch die **Begründung der Verordnung:**

„Für den Beginn der Frist kommt es nicht auf den Zugang der Information beim Bieter, sondern auf den Tag der Absendung der Information durch den öffentlichen Auftraggeber an."

Eine weitere Frage ist die der **Begründung der Auswahl der Angebote** durch den Auftraggeber. Müssen Details der Angebote verglichen werden, müssen Preise genannt werden? Hierzu ebenfalls die Verordnungsbegründung:

„Die Information enthält den Namen des Bieters, dessen Angebot angenommen werden soll und den Grund für die Ablehnung des Angebotes. Die Information kann auch durch einen Standardtext erfolgen, der die jeweilige für den Einzelfall tragende Begründung enthalten muss."

Das deutet auf die Zulassung einer **stark schematisierten Begründung** hin, wie sie bereits in den Vergabehandbüchern durch Formblätter vorgesehen ist. Es kann allerdings nicht genügen, den Text der jeweiligen Wertungsbestimmung der Verdingungsverordnung zu wiederholen, also beispielsweise dem erfolglosen Bieter pauschal zu schreiben, dass sein Angebot nicht das wirtschaftliche gewesen sei. Damit würde nur der Wortlaut des § 25 Nr. 3 VOL/A wiederholt; einen überschießenden Informationscharakter hätte die Information nicht. Auf der anderen Seite kann der Auftraggeber sicherlich nicht verpflichtet sein, in diesem Verfahrensstadium sämtliche Überlegungen zur Auftragsvergabe offen zu legen. Er muss dem erfolglosen Bieter nicht freiwillig die Munition für ein Nachprüfungsverfahren anliefern.

Derjenige Bieter, der den Auftrag erhalten soll, muss nach dem Wortlaut von § 13 VgV **nicht informiert** werden; dies wird sich aber ohnehin in diesem Stadium des Vergabeverfahrens empfehlen. Häufig ergibt sich diese Information schon aus dem Verlauf der geführten Verhandlungen.

„Der Festlegung einer gesetzlichen Pflicht für den öffentlichen Auftraggeber, auch den Bieter zu informieren, dessen Angebot den Zuschlag erhalten soll, bedarf es nicht. Es liegt im ureigensten Interesse des Auftraggebers, dies auch zu tun."[1]

Verstößt der Auftraggeber gegen die jetzt normierte Vorab-Informationspflicht, so darf er den beabsichtigten Vertrag mit dem ins Auge gefassten Bieter nicht abschließen; schließt er ihn dennoch ab, ist dieser **Vertrag nichtig.** In der zitierten Begründung ist für die Nichtigkeit des geschlossenen Vertrages § 134 BGB zitiert. Nach dieser Bestimmung ist ein Vertrag dann nichtig, wenn er gegen ein gesetzliches Verbot verstößt. Anders als bei der Problematik des § 115 GWB, der zufolge während des Nachprüfungsverfahrens ein vor der Vergabekammer geschlossener Vertrag nichtig sei, ist hier die Formulierung und die Begründung der Verordnung völlig eindeutig. Klar ist weiterhin, dass die Nichtigkeit auch schon dann eintritt, wenn auch nur ein Bieter nicht vorab informiert worden ist.

---

[1] Beschlussempfehlung der Ausschüsse des Bundesrats vom 31. 10. 2000, BR-Drs. 455/1/00.

Neuregelungen der VgV 2001, VOL 2000, VOF 2000   A II

Eine weitere Problematik ergibt sich daraus, dass die **Versäumung** der Vorab-Informationspflicht gegenüber einem oder mehreren Bietern gerade im Falle eines desinteressierten Bieters möglicherweise nicht bemerkt wird und der beabsichtigte Vertrag abgeschlossen wird. Dieser ist, wieder nach dem Wortlaut von § 13 VgV, **nichtig**. Die Sorge vieler Auftraggeber ist nun, dass sich in einem solchen Fall ein Vertragspartner nach längerer Zeit, möglicherweise sogar nach dem Vollzug des Vertrags auf diese Nichtigkeit berufen und so versuchen könnte, einen vom Vertrag abweichenden und diesen übersteigenden **Werklohn** zu erhalten. Hierfür gibt § 812 BGB den rechtlichen Anspruch. Nach der Rechtsprechung beispielsweise zur Nichtigkeit des Bauvertrags wegen Schwarzgeldabrede oder aus anderen Gründen sind die Vertragsleistungen rückabzuwickeln. Das kann dem Auftragnehmer Vorteile bringen, wenn er eine schlechte Ausgangskalkulation hat und viele Nachtragsleistungen abrechnen möchte.

In diesem Fall könnte er sich auf **Nichtigkeit** wegen Verletzung der Vorab-Informationspflicht berufen. Ihm wird allerdings der Einwand des venire contra factum proprium entgegenzuhalten sein, da er sich durch die Unterschrift unter den (unerkannt nichtigen) Vertrag willentlich auf den Vertragsinhalt eingelassen und diesen vollzogen hat.

2.6 Common Procurement Vocabulary

Die jetzt durch § 14 VgV vorgeschriebene Bezugnahme auf das common procurement vocabulary (CPV) mag einerseits der leichten Auffindbarkeit von einschlägigen Beschaffungen im Amtsblatt und der einheitlichen Definition dienen, führt aber angesichts der Komplexität der Regelungen und ihrer teilweise Verwechselbarkeit möglicherweise auch zu Komplikationen. Das CPV wurde vom Bundesministerium für Wirtschaft und Technologie am 15. 7. 1999 bekannt gemacht.

2.7 Elektronische Unterstützung des Vergabeverfahrens

§ 15 VgV stellt einen Auffangtatbestand zur **elektronischen Angebotsabgabe** für die Verdingungsbereiche dar, die keine eigenständige Regelung haben, wie z. B. die VOL/A und die VOF. Nach § 14 Abs. 2 VOF können die Teilnahmeanträge „in sonstiger Weise elektronisch übermittelt werden"; über die Angebotsabgabe selbst ist aber nichts ausgesagt. Anders dagegen § 21 Nr. 3 VOL/A, demzufolge die Schriftform des Angebots durch elektronische Übermittlung bei gültiger Signatur ersetzt werden kann.

2.8 Von der Mitwirkung am Vergabeverfahren ausgeschlossene Personen

Eine wichtige Funktion des traditionellen Vergaberechts besteht in der „Reinhaltung" des Vergabeverfahrens von **unzulässigen Einflüssen** interessierter Dritter. Dieses Thema wurde früher, obwohl es den Kernbereich des Vergaberechts, nämlich Transparenz und Gleichbehandlungsgebot betrifft, wenig diskutiert. Einer der ersten vom Vergabeausschuss des Bundes zu entscheidenden Fälle hatte die Beziehung des Planers eines Bauvorhabens zu einem späteren Anbieter zum Gegenstand:

A II Einführung

die Planung war von einer GmbH erarbeitet worden, die ihrerseits Tochterfirma eines großen Baukonzerns war. Dieser Konzern legte im Vergabeverfahren ein Nebenangebot vor, das aufgrund seiner günstigen Technik das billigste Angebot war. Die mit der ausgeschriebenen Methode („Amtsvorschlag") billigste Bieterin wehrte sich gegen die Bevorzugung des Nebenangebots mit dem Argument, dass die Planung vom Tochterunternehmen der Bieterin stamme und diese deshalb einen unzulässigen Wettbewerbsvorteil gehabt habe. In seinem Beschluss vom 24. 5. 1996 löste der Vergabeüberwachungsausschuss[1]) die Frage dahingehend, dass er die Verbindung zwischen Planer und Bieter im vorliegenden Fall für akzeptabel hielt, da die Ausführungsplanung, die das Planungsunternehmen erstellt hätte, inhaltlich neutral sei.

Dabei übersah der Ausschuss allerdings, dass der Planer im vorliegenden Fall offenbar gerade die Möglichkeit gehabt hatte, Ideen für ein **Nebenangebot** zu entwickeln, die er dann der Muttergesellschaft für ein erfolgreiches Angebot zur Verfügung stellen konnte, zur Ausschreibung aber nur den weniger vorteilhaften Amtsvorschlag brachte.

Erst der Beschluss des Vergabesenats des OLG Brandenburg vom 3. 8. 1999[2]), bei dem es um eine Konzessionsvergabe für den Bau des Flughafen Schönefeld bei Berlin ging, zeigte eine andere Tendenz. In diesem Verfahren war eine Bank Mitglied eines Bieterkonsortiums, in deren Aufsichtsrat ein Abgesandter der Auftraggeberseite saß. Außerdem hatte das Planungsbüro des Auftraggebers ein anderes Konsortialmitglied der Bietergruppe beraten.

Der Vergabesenat hielt diese Verbindungen für unzulässig und gebot der Auftraggeberin, das Vergabeverfahren nach **Ausschaltung der Doppelfunktionen** auf dem bisherigen Stand weiterzuführen. Schon der „böse Schein möglicher Parteilichkeit" sei genügender Anlass zur Verfahrenskorrektur. Als Rechtsgrundlage zog der Senat § 20 VwVfG heran.

Auch das OLG Saarland sah in einem Beschluss[3]) die **vergaberechtliche Neutralitätspflicht** als ein wichtiges Moment des fairen und ausschließlich wirtschaftliche Gesichtspunkte berücksichtigenden Wettbewerbs um öffentliche Aufträge an. Diese Neutralität sei „notwendige Voraussetzung der Transparenz des Vergabeverfahrens und der Sicherung der Gleichbehandlung aller Teilnehmer". Aus diesen Überlegungen folgte die Aufnahme eines Beteiligungsverbotes in § 16 VgV.

In Abs. 1 sind die Rollen genannt, aus denen **Interessenkonflikte** resultieren können, wobei naturgemäß von der Stellung als Bieter oder Bewerber ausgegangen wird (§ 16 Abs. 1 Nr. 1 VgV). Bei der Gefahr der Befangenheit geht es nur um natürliche Personen. Die erste Gruppe von Funktionen, die eine solche Gefährdung bringen können, sind Berater, Helfer oder Vertreter der Bieter oder Bewerber (§ 16 Abs. 1 Nr. 2 VgV). Die nächste Gruppe sind Arbeitnehmer oder Auftragnehmer der Bieter oder Bewerber oder auch solche Personen, die Vorstandsmitglieder oder Aufsichtsratsmitglieder oder in vergleichbaren Funktionen für einen Bewerber tätig sind (§ 16 Abs. 1 Nr. 3 a VgV).

---

1) IBR 1997, 2; ZVgR 1997, 136.
2) NVwZ 1999, 1143; BB 1999, 1940.
3) OLG Saarland, Beschl. v. 22. 10. 1999, ZVgR 2000, S. 24.

Neuregelungen der VgV 2001, VOL 2000, VOF 2000   **A II**

Ebenso wird als gefährdete Funktion die Rolle dessen angesehen, der für ein in das Vergabeverfahren eingeschaltetes **Unternehmen** tätig ist, wenn dieses Unternehmen zugleich geschäftliche Beziehungen zum Auftraggeber und zum Bieter oder Bewerber hat (§ 16 Abs. 1 Nr. 3 b VgV). Der letzte Ausschlusstatbestand allerdings ist dadurch abgemildert, dass der mögliche Interessenkonflikt konkret zu beurteilen ist, so dass der Kreis der möglicherweise befangenen natürlichen Personen doch relativ eng bleibt. Besteht kein Interessenkonflikt oder wirken sich die Tätigkeiten dieser Personengruppe nicht auf die Entscheidungen im Vergabeverfahren aus, so besteht kein Ausschlussgrund.

Nach der Definition von Rollen wird in § 16 Abs. 2 VgV auch nach dem **Beziehungsgeflecht** der möglicherweise betroffenen Personen geregelt. Es handelt sich um eine eigenständige Regelung, die nicht einfach aus der ZPO oder dem VwVfG bzw. der VwGO entnommen ist. Erstmals wird auch der Begriff des „Lebenspartners" verwendet. Sie gelten bei Entscheidungen in einem Vergabeverfahren für einen Auftraggeber als voreingenommen, und ausgeschlossen sollen konsequenterweise auch Angehörige oder die als voreingenommen geltenden natürlichen Personen sein, also:

Verlobte,
Ehegatten,
Lebenspartner,
Verwandte gerader Linie (Kinder, Enkel usw.),
Verschwägerte gerader Linie,
Geschwister,
Kinder der Geschwister,
Ehegatten und Lebenspartner der Geschwister,
Geschwister der Ehegatten und Lebenspartner,
Geschwister der Eltern,
Pflegeeltern,
Pflegekinder.

Es ergibt sich aus der Definition von § 16 Abs. 2 VgV Folgendes:

	Kinder, Enkel usw. des Ehegatten von P	Kinder, Enkel usw. und Pflegekinder von P	Kinder der Geschwister von P	
Geschwister der Ehegatten oder Lebenspartner von P	Verlobte, Ehegatten, Lebenspartner von P	**Betroffene Person = P**	Geschwister von P	Ehegatten und Lebenspartner der Geschwister von P
	Eltern, Großeltern usw. des Ehegatten von P	Eltern von P und Pflegeeltern von P	Geschwister der Eltern von P	
		weitere Verwandte in gerader Linie von P (Großeltern usw.)		

A II Einführung

Diese strenge und extensive Fassung des Begriffs der möglicherweise voreingenommenen Personen dürfte der Forderung nach Gleichbehandlung aller Bieter und Sauberhaltung des Vergabeverfahrens Genüge leisten.

§ 16 Abs. 1, 2. Halbs. VgV eröffnet die Möglichkeit, die **Vermutung der Voreingenommenheit** mit zwei Argumenten zu widerlegen, nämlich mit einem etwa fehlenden Interessenkonflikt oder mit der fehlenden Auswirkung der Tätigkeit der Person auf Entscheidungen im Vergabeverfahren.

Dieser Halbsatz könnte dahingehend verstanden werden, dass er sich auf alle vier in § 16 Abs. 1, 1. Halbs. VgV aufgezählten Sachverhalte bezieht, also nicht nur auf Nr. 3, sondern auch auf Nr. 1 und Nr. 2[1]). Das widerspricht aber dem Willen des Gesetzgebers, der in der optischen Gestaltung des Verordnungstextes erkennen ließ, dass sich der Halbsatz aufgrund seiner eingerückten Stellung nur auf die Ziffer 3 bezieht. Andernfalls wäre er in gleicher Weise wie der Text des 1. Halbsatzes oder der des zweiten Absatzes linksbündig und nicht eingerückt abgedruckt worden. Das entspricht der Empfehlung der Bundesratsausschüsse vom 31. 10. 2000[2]). Dort bezieht sich der Halbsatz eindeutig nur auf die Nr. 3, während Nr. 4 zu streichen war, weil der Text in der neuen Nr. 3 b aufgeht.

Durch die Änderung der in vier einzelne Ziffern gestalteten Entwurfsfassung vom 22. 8. 2000[3]) wurde die Widerlegungsmöglichkeit auf die beiden in Ziffer 3 a und 3 b festgelegten Sachverhalte erweitert, nicht aber darüber hinaus.

2.9 Nennung und Zuständigkeit der Vergabekammer

In § 17 VgV ist (wiederum redundant) vorgeschrieben, dass in der **Vergabebekanntmachung** und den **Vergabeunterlagen** die Anschrift der Vergabekammer, der die Nachprüfung obliegt, anzugeben ist.

Dies ist in §§ 32 a, 32 b und 16 SKR VOL/A, Abschnitt 2, ebenso geregelt wie in § 21 VOF, wobei in diesen Bestimmungen nicht die Nennung der Adresse vorgeschrieben ist, wie das in § 17 VgV der Fall ist.

In § 18 VgV geht es im Wesentlichen um die Abgrenzung der Zuständigkeit der **Vergabekammer des Bundes zu der der Länder.** Die Grundregel kann dahingehend reduziert werden, dass das Gewicht der Beteiligung, Finanzierung oder Aufsicht bei Auftraggebern im Sinne von § 98 Nrn. 2, 4 und 5 GWB die Zuständigkeit der Vergabekammer nach sich zieht. Allerdings lässt der 2. Halbsatz von § 18 Abs. 1 Satz 2 erkennen, dass eine Einigung der „Beteiligten" auf die Zuständigkeit einer anderen Vergabekammer möglich ist; Beteiligte in diesem Sinn sind aber nicht die Verfahrensbeteiligten des Nachprüfungsverfahrens, sondern die an einem Auftraggeber Beteiligten.

Unterschieden werden dann die Fälle der **Organleihe** und der **Auftragsverwaltung;** für ersteren gilt die Zuständigkeit der Vergabekammer des Bundes, für den zweiten diejenige des jeweiligen beauftragten Landes.

---

1) Gröning, die neue Vergabeverordnung, WRP 2001, 6 f.
2) BR-Drs. 55/1/00.
3) BR-Drs. 455/00, S. 9.

Etwas unklar bleibt die Schlussbestimmung des Abs. 8, wonach „in allen anderen Fällen" die Zuständigkeit der Vergabekammern nach dem **Sitz des Auftraggebers** bestimmt werden soll. Das bedeutet wohl, dass sich die örtliche Zuständigkeit in übrigen Fällen aus dem Sitz des Auftraggebers ergeben soll.

3. Änderungen der VOL 2000

3.1 Zulassung digitaler Angebote

Nach § 21 Nr. 3 VOL/A kann der Auftraggeber nunmehr zulassen, dass Angebote auch auf andere Weise als schriftlich per Post oder direkt übermittelt werden, sofern sichergestellt ist, dass der Inhalt der Angebote erst mit Ablauf der Angebotsfrist zugänglich wird. Lässt der Auftraggeber **elektronische Angebote** zu, gilt das Angebot als unterschrieben, wenn eine gültige digitale Signatur im Sinne des Signaturgesetzes vorliegt.

Nach den Erläuterungen des Deutschen Verdingungsausschusses für Leistungen soll der Auftraggeber in der Bekanntmachung und in den Verdingungsunterlagen darauf hinweisen, dass er elektronische Angebote zulässt.

Oberhalb der EU-Schwellenwerte bestehen in den Abschnitten 2 bis 4 keine ausdrücklichen Regelungen über die Zulassung elektronischer Angebote. Für diese Abschnitte enthält § 15 VgV entsprechende Regelungen.

Neben der Abgabe elektronischer Angebote bleibt es stets weiterhin zulässig, vom Bieter unterzeichnete schriftliche Angebote einzureichen. Damit trägt die VOL den Bedenken kleinerer Unternehmen Rechnung, die noch nicht über eine entsprechende IT-Ausstattung verfügen.

Aus der Zulassung elektronischer Angebote ergibt sich die Notwendigkeit, weitere Vorschriften der VOL/A anzupassen.

Gegenwärtig führen verschiedene Auftraggeber **Pilotverfahren** zur elektronischen Vergabe durch, um weitere Einzelfragen sowohl technischer als auch vergaberechtlicher Natur zu klären.

3.2 Anpassung an die EG-Richtlinien

Zur Umsetzung der EU-Vergaberichtlinien wurden weitere Änderungen der VOL vorgenommen, wie z. B.:

– Neuregelung der Vorschriften über die **Schwellenwerte**

  Die Schwellenwerte sind jetzt nicht mehr in den Abschnitten 2 bis 4 der VOL/A, sondern in der VgV festgelegt. Das Gleiche gilt für die Berechnung der maßgeblichen Auftragswerte.

  In der VgV wurden die Schwellenwerte harmonisiert bzw. gerundet, so dass sich der durch die Übernahme der Schwellenwerte des WTO-Beschaffungsübereinkommens entstandene „Dschungel" wieder etwas lichtet und für die Praxis besser handhabbar wird.

  Darüber hinaus wurde bei der Angabe der Schwellenwerte von ECU auf Euro umgestellt. Auf die Nennung der Schwellenwerte in Sonderziehungsrechten (SZR) nach dem WTO-Abkommen wurde aus Vereinfachungsgründen verzichtet.

A II Einführung

- **Verkürzung der Angebotsfristen**
  Falls die Auftraggeber eine **Vorinformation** nach § 17 a Nr. 2 u. 3 VOL/A durchgeführt haben, können die Angebotsfristen wie folgt verkürzt werden:
  - Beim Offenen Verfahren von 52 Tagen auf i. d. R. 36 Tage, mindestens jedoch 22 Tage (§ 18 a Nr. 1 Abs. 2 VOL/A),
  - Beim Nichtoffenen Verfahren von 40 Tagen auf 26 Tage (§ 18 a Nr. 2 Abs. 3 VOL/A).

- **Erweiterte Mitteilungspflichten**
  Nach § 26 a VOL/A sind den Bewerbern/Bietern die Gründe für den Verzicht auf die Vergabe eines Auftrages auf Antrag nunmehr schriftlich mitzuteilen.

  Gemäß § 27 a sind nicht berücksichtigten Bietern nunmehr auch die Merkmale und Vorteile des erfolgreichen Angebots mitzuteilen.

- **Anpassung der Bekanntmachungsmuster**
  In den Bekanntmachungsmustern sind nunmehr erweiterte Angaben z. B. zu Terminen, Optionsrechten bzw. der Anwendbarkeit des WTO-Beschaffungsübereinkommens erforderlich. Außerdem ist der Auftragsgegenstand anhand der CPV-Referenznummern zu beschreiben.

3.3 Sonstige Regelungen

Neben den vorgenannten Regelungen wurden weitere Vorschriften geändert, wie z. B.:

- § 7 Nr. 5 a VOL/A und § 8 Nr. 1 VOL/B wurden an die Änderungen des **Insolvenzrechts** angepasst.
- Nach den §§ 21 Nr. 1 Abs. 2, 23 Nr. 1 b und § 25 Nr. 1 Abs. 1 b VOL/A ist nunmehr nur noch erforderlich, dass ein Angebot **unterschrieben** ist. Durch den Verzicht auf das Wort „rechtsverbindlich" soll vor dem Hintergrund der restriktiven Spruchpraxis einiger Vergabeüberwachungsausschüsse klargestellt werden, dass für die Angebotsabgabe keine über die Formvorschriften des BGB hinausgehenden Anforderungen gelten sollen.

Neuregelungen der VgV 2001, VOL 2000, VOF 2000 **A II**

3.4 Synoptische Gegenüberstellung VOL/A 2000 und VOL/A 1997

Nr.	VOL/A Abschnitt 1 Basisparagraphen	VOL/A 2000	VOL/A 1997
1	§ 1	Freiberufliche Leistungen unterhalb bzw. oberhalb der in der Vergabeverordnung(VgV) festgelegten Schwellenwerte	Bezugnahme auf Schwellenwerte in § 1 a VOL/A
2	§ 4 Nr. 2 Abs. 2	Umstellung auf Euro	DM
3	§ 7 Nr. 5 a	Anpassung an das neue Insolvenzrecht	Begriff Konkurs- oder Vergleichsverfahren
4	§ 18 Nr. 2 Abs. 1	Inhalt elektornischer Angebote darf erst mit Ablauf der Angebotsfrist zugänglich sein	Keine Regelung
5	§ 18 Nr. 3	Rücknahme von Angeboten in den in § 18 Nr. 2 genannten Formen	Rücknahme schriftlich, fernschriftlich oder telegrafisch möglich
6	§ 19 Nr. 3	Bindefrist: redaktionelle Änderung	
7	§ 21 Nr. 1 Abs. 2	Unterschrift erforderlich	Rechtsverbindliche Unterschrift erforderlich
8	§ 21 Nr. 3	Zulassung elektronischer Angebote	Keine Regelung; Nr. 3 wird Nr. 4
9	§ 21 Nr. 4	Angabe von Schutzrechten	Bisher Nr. 3
10	§ 21 Nr. 5	Arbeitsgemeinschaften	Bisher Nr. 4
11	§ 21 Nr. 6	Rückgabe von Entwürfen etc.	Bisher Nr. 5
12	§ 22 Nr. 1	Elektronische Angebote sind entsprechend zu kennzeichnen und unter Verschluss zu halten	Keine Regelung
13	§ 23 Nr. 1 b	Unterschrift erforderlich	Rechtsverbindliche Unterschrift erforderlich
14	§ 25 Nr. 1 Abs. 1 b	Wie Nr. 13	Wie Nr. 13
15	§ 27 Nr. 3 a	Umstellung auf Euro	DM

A II Einführung

Nr.	VOL/A Abschnitt 2 a-Paragraphen	VOL/A 2000	VOL/A 1997
1	§ 1 a	Keine Regelung der – Höhe der Schwellenwerte und Schätzung der Auftragswerte (nun in §§ 2, 3 VgV) – ausgenommenen Aufträge (nun in § 100 GWB)	Regelung in § 1 a
2	§ 17 a Nr. 2	Vorinformation, wenn Auftragswert mindestens 750 000 Euro nach der VgV; Festlegung nach Warenbereichen	Auftragswert nach § 1 a 750 000 ECU; Festlegung nach Warenbereichen unter Bezugnahme auf das CPA
3	§ 17 a Nr. 3	Übermittlung an das Amt für amtliche Veröffentlichungen	Bisher § 17 a Nr. 2
4	§ 18 a Nr. 1 Abs. 2	Verkürzung der Angebotsfrist beim Offenen Verfahren nach Vorinformation auf i. d. R. 36, mindestens aber 22 Tage	Fristverkürzung nur bei Dienstleistungen auf 36 Tage
5	§ 18 a Nr. 2 Abs. 3	Verkürzung der Angebotsfrist beim Nichtoffenen Verfahren nach Vorinformation auf 26 Tage	Fristverkürzung nur bei Dienstleistungen auf 26 Tage
6	§ 18 a Nr. 2 Abs. 6	Elektronische Übermittlung der Teilnahmeanträge sowie der Aufforderung zur Angebotsabgabe möglich	Keine Regelung
7	§ 26 a	Auf Antrag schriftliche Mitteilung an die Bewerber/Bieter über die Gründe für den Verzicht auf die Vergabe	Keine schriftliche Mitteilung vorgesehen
8	§ 27 a	Erweiterte Mitteilung (Merkmale des erfolgreichen Angebots) an nicht berücksichtigte Bieter (Nr. 1); Neuer Ausnahmetatbestand (Nr. 2)	Nur Name des erfolgreichen Bieters; kein Ausnahmetatbestand
9	§ 30 a	Erweiterte Statistikpflichten	Statistikpflicht hatte geringeren Umfang
10	§ 31 a	Straffung der Vorschrift	
11	§ 32 a	Angabe der „Nachprüfungsbehörden" (Vergabekammer, Vergabeprüfstelle)	Nur Vergabeprüfstelle
12	Anhänge	Erweiterte Angaben in den Bekanntmachungen (z. B. Termine, CPV-Referenznummer, Geltung des GPA)	

Anmerkung: Abschnitt 2 enthält keine ausdrückliche Regelung über die Zulassung elektronischer Angebote. Dies wird oberhalb der Schwellenwerte in § 15 VgV geregelt!

Neuregelungen der VgV 2001, VOL 2000, VOF 2000 **A II**

Nr.	VOL/A Abschnitt 3 b-Paragraphen	VOL/A 2000	VOL/A 1997
1	§ 1 b	Keine Regelung der – Höhe der Schwellenwerte und Schätzung der Auftragswerte (nun in §§ 2, 3 VgV) – ausgenommenen Aufträge (nun in § 100 GWB)	Regelung in § 1 b
2	§ 7 b Nr. 5 Abs. 1 S. 2	Auftraggeber müssen dafür sorgen, dass sich ein Unternehmen jederzeit der Präqualifikation unterziehen kann	Keine Regelung
3	§ 16 b Nr. 1	Regelmäßige Bekanntmachung, wenn Auftragswert mindestens 750 000 Euro nach der VgV	Auftragswert nach § 1 b 750 000 ECU
4	§ 17 b Nr. 2 c	Festlegung des Mindestumfangs der Angaben für die Aufforderung zur Interessensbestätigung nach regelmäßiger Bekanntmachung	Keine Festlegung des Mindestumfangs
5	§ 18 b Nr. 1 Abs. 1	Angebotsfrist beim Offenen Verfahren 52 Tage	52 Kalendertage (Änderung nur redaktionell)
6	§ 18 b Nr. 1 Abs. 2	Verkürzung der Angebotsfrist beim Offenen Verfahren nach regelmäßiger Bekanntmachung auf i. d. R. 36 Tage, mindestens aber 22 Tage	Fristverkürzung nur auf mindestens 36 Tage möglich
7	§ 18 b Nr. 2 a	Frist für Teilnahmeantrag – mindestens 37 Tage – Verkürzung auf 22 Tage nach regelmäßiger Bekanntmachung	Frist für Teilnahmeantrag mindestens 5 Wochen
8	§ 18 Nr. 2 c	Angebotsfrist mindestens 24 Tage, wenn keine einvernehmliche Festlegung möglich	Angebotsfrist mindestens 3 Wochen, wenn keine einvernehmliche Festlegung möglich
9	§ 27 b	Mitteilung an nicht berücksichtigte Bewerber/Bieter	Keine Regelung
10	§ 30 b Nr. 2	Statistikpflicht für bestimmte Auftraggeber nach den Vorgaben der EU-Kommission	Keine Regelung
11	§ 30 b Nr. 3	Verweis auf Schwellenwerte nach VgV	Schwellenwerte nach § 1 b
12	§ 32 b	Angabe der „Nachprüfungsbehörden" (Vergabekammer, Vergabeprüfstelle)	Nur Vergabeprüfstelle
13	Anhänge	Erweiterte Angaben in den Bekanntmachungen (z. B. Termine, CPV-Referenznummer, Geltung des GPA)	

Anmerkung: Abschnitt 3 enthält keine ausdrückliche Regelung über die Zulassung elektronischer Angebote. Dies wird oberhalb der Schwellenwerte in § 15 VgV geregelt!

A II Einführung

Nr.	VOL/A Abschnitt 4 SKR-Paragraphen	VOL/A 2000	VOL/A 1997
1	§ 1 SKR	Keine Regelung der – Höhe der Schwellenwerte und Schätzung der Auftragswerte (nun in §§ 2, 3 VgV) – ausgenommenen Aufträge (nun in § 100 GWB)	Regelung in § 1 SKR
2	§ 5 Nr. 2 a SKR	Anpassung an das neue Insolvenzrecht	Begriff Konkurs- oder Vergleichsverfahren
3	§ 5 Nr. 5 Abs. 1 S. 2 SKR	Auftraggeber müssen dafür sorgen, dass sich ein Unternehmen jederzeit der Präqualifikation unterziehen kann	Keine Regelung
4	§ 8 Nr. 1 SKR	Regelmäßige Bekanntmachung, wenn Auftragswert mindestens 750 000 Euro nach der VgV	Auftragswert nach § 1 SKR 750 000 ECU
5	§ 9 Nr. 2 c SKR	Festlegung des Mindestumfangs der Angaben für die Aufforderung zur Interessensbestätigung nach regelmäßiger Bekanntmachung	Keine Festlegung des Mindestumfangs
6	§ 10 Nr. 1 Abs. 1 SKR	Angebotsfrist beim offenen Verfahren 52 Tage	52 Kalendertage (Änderung nur redaktionell)
7	§ 10 Nr. 1 Abs. 2 SKR	Verkürzung der Angebotsfrist beim Offenen Verfahren nach regelmäßiger Bekanntmachung auf i. d. R. 36 Tage, mindestens aber 22 Tage	Fristverkürzung nur auf mindestens 36 Tage möglich
8	§ 10 Nr. 2 a SKR	Frist für Teilnahmeantrag – mindestens 37 Tage – Verkürzung auf 22 Tage nach regelmäßiger Bekanntmachung	Frist für Teilnahmeantrag mindestens 5 Wochen
9	§ 10 Nr. 2 c SKR	Angebotsfrist mindestens 24 Tage, wenn keine einvernehmliche Festlegung möglich	Angebotsfrist mindestens 3 Wochen, wenn keine einvernehmliche Festlegung möglich
10	§ 12 SKR	Mitteilung an nicht berücksichtigte Bewerber/Bieter	Keine Regelung
11	§ 13 SKR	Bekanntmachung der Auftragserteilung	Bisher § 12 SKR
12	§ 14 SKR	Aufbewahrungs- und Berichtspflichten – Statistikpflicht für bestimmte Auftraggeber nach den Vorgaben der EU-Kommission (§ 14 Nr. 2 SKR) – Verweis auf Schwellenwerte nach VgV (§ 14 Nr. 3 SKR)	Bisher § 13 SKR – Keine Regelung – Schwellenwerte nach § 1 SKR
13	§ 15 SKR	Wettbewerbe	Bisher § 14 SKR
14	§ 16 SKR	Angabe der Vergabekammer	Angabe der Vergabeprüfstelle (bisher § 15 SKR)
15	Anhänge	Erweiterte Angaben in den Bekanntmachungen (z. B. Termine, CPV-Referenznummer, Geltung des GPA)	

Anmerkung: Abschnitt 4 enthält keine ausdrückliche Regelung über die Zulassung elektronischer Angebote. Dies wird oberhalb der Schwellenwerte in § 15 VgV geregelt!

4. Änderungen der VOF 2000

Die Verdingungsordnung für freiberufliche Leistungen wurde im Zuge der Anpassung des Vergaberechts an die neuen §§ 97 ff. GWB in ähnlicher Weise wie die VOB/A und die VOL/A, wenn auch in geringerem Umfang, geändert. Wo allerdings die VOL/A mit Blick auf die neue Vergabeverordnung in ihrem Regelungsgehalt reduziert und gekürzt wurde, ist die VOF im Wesentlichen unverändert geblieben. Ein Verzicht beispielsweise auf die Bestimmungen zur Berechnung des Auftragswertes wäre denkbar gewesen. Auf der anderen Seite dient es sicher auch der Rechtssicherheit, wenn der Regelbestand sich nicht alle drei Jahre grundlegend ändert.

Die Neuregelungen im Einzelnen:

4.1 Anwendungsbereich

Die **Umstellung aller Schwellenwerte und Betragsgrenzen** von bisher ECU auf nunmehr Euro dient auch in der VOF der Klarheit. Der vom WTO-Abkommen für Liefer- und Dienstleistungsaufträge der obersten oder oberen Bundesbehörden sowie vergleichbarer Bundeseinrichtungen vorgeschriebene Schwellenwert ist nun mit Rückverweis auf § 2 Nr. 2 VgV auch in § 2 Abs. 2 VOF (n. F.) mit Euro 130 000 enthalten. Ausnahmen bestehen für: Forschungs- und Entwicklungsdienstleistungen und Dienstleistungen des Anhangs I B der Dienstleistungsrichtlinie.

Die hier an zweiter Stelle genannte **Ausnahme** des Anhangs I B der DKR ist wiederum zugleich in § 2 Abs. 1 Satz 2 VOF unverändert als Ausnahme von der **Ausschreibungspflicht** geregelt. Diese „nachrangigen" Dienstleistungen, für die auf Seiten der EU-Kommission noch keine hinreichenden Erkenntnisse über Umfang und Art und Weise der Beauftragung bestehen, sind nahezu vollständig vom Vergaberecht ausgenommen; lediglich europäische Technische Spezifikationen sind bei der Leistungsbeschreibung zu beachten, § 8 Abs. 2 VOF; nach Erteilung des Auftrags muss der Auftraggeber auch bei solchen Aufträgen eine **Mitteilung an das Amt für amtliche Veröffentlichungen machen,** § 17 Abs. 1 VOF. Der Auftraggeber kann allerdings entscheiden, ob er eine Veröffentlichung dieser Mitteilung wünscht oder ablehnt, § 17 Abs. 2 VOF.

4.2 Einsatz von EDV

§ 14 VOF erlaubt es nun, die **Teilnahmeanträge** nicht nur durch Brief, Telegramm, Fernkopierer oder Telefon zu übermitteln, sondern auch „in sonstiger Weise elektronisch". Damit ist das **E-Mail** zugelassen. Die Pflicht des Bewerbers, parallel zu dieser Übermittlungsmethode noch vor Ablauf der Bewerbungsfrist die Bewerbung durch ein Schreiben zu bestätigen, gilt auch für diese elektronische Übermittlung.

Mit anderen Worten: Ein Bieter kann die Bewerbungsfrist bis zum letzten Tag ausschöpfen, und zur Fristwahrung seine Bewerbung dann per E-Mail absenden; parallel dazu muss er aber diese Bewerbung auch per Post abschicken. Dieser Brief kann dann auch nach Ablauf der Frist ankommen und dient nur der **Inhaltsbestätigung des E-Mail.** Nachdem die Angebotsabgabe im Verhandlungsverfahren nicht geregelt ist, kann sie sicherlich auch in der dargestellten Methode erfolgen.

A II Einführung

4.3 Mitteilungspflichten

Die in § 17 Abs. 4 VOF schon bisher geregelte Pflicht des Auftraggebers, nicht berücksichtigten Bewerbern auf deren schriftlichen Antrag die Gründe für die Ablehnung der Bewerbung und den Namen des erfolgreichen Bewerbers mitzuteilen, ist nun dahin erweitert worden, dass in diesem Fall auch die „Merkmale und Vorteile der erfolgreichen Bewerbung" mitzuteilen sind. Für diese Informationen gilt allerdings nach § 17 Abs. 4 Satz 2 VOF das Recht des Auftraggebers, **Informationen zurückzuhalten**, wenn die Weitergabe den Gesetzesvollzug vereiteln würde oder sonst nicht im öffentlichen Interesse läge oder den berechtigten Geschäftsinteressen von Bewerbern oder dem fairen Wettbewerb schaden würde. Diese Ausnahmen sind einerseits strenger, andererseits weiter gefasst als die bisher in § 17 Abs. 3 VOF für die Bekanntmachung der Auftragsvergabe gegebenen Ausnahmebestimmungen.

Die bisher in § 17 Abs. 5 Satz 2 VOF geregelte Pflicht, **Bewerbern auf schriftlichen Antrag** die Gründe dafür mitzuteilen, warum auf die Vergabe eines bekannt gemachten Auftrages verzichtet wird, ist erweitert worden. Das Antragserfordernis ist in § 17 Abs. 5 Satz 2 VOF (n. F.) weggefallen, bzw. bezieht sich aufgrund von Satz 3 dieser Bestimmung nur noch auf die Schriftform.

Auch die Mitteilungspflicht nach § 19 Abs. 2 VOF ist verschärft worden. Die Europäische Kommission muss nicht mehr nur zweijährlich, sondern jährlich mit einer statistischen Aufstellung über die vergebenen Aufträge informiert werden. Auftraggeber im Sinne von § 2 Nr. 2 Vergabeverordnung müssen zusätzlich Angaben über den Gesamtwert der Aufträge aufgrund von Ausnahmeregelungen zum Beschaffungsübereinkommen der WTO und weitere statistische Angaben aufgrund des WTO machen.

Zu Lasten dieser Auftraggeber wurde weiterhin bestimmt, dass sie auch den geschätzten Gesamtwert der Aufträge unterhalb der Schwellenwerte und deren Anzahl sowie die Ausnahmefälle an die Kommission mitteilen müssen, § 19 Abs. 3 VOF (neu).

Von den neu gefassten Berichtspflichten sind Dienstleistungsaufträge der Kategorie 8 des Anhangs I A und alle Aufträge des Anhangs I B der DKR ausgenommen, also Forschungs- und Entwicklungsdienstleistungen und die erwähnten nachrangigen Dienstleistungen.

Die Bekanntmachungspflicht nach § 20 Abs. 10 Satz 2 VOF wurde jetzt redaktionell auf § 17 VOF rückbezogen; bisher lautete sie noch fälschlich auf § 15.

Auch § 21 ist an das neue Recht angepasst worden. In der Bekanntmachung und der Aufgabenbeschreibung ist nun nicht mehr die Vergabeprüfstelle anzugeben, sondern die Nachprüfungsbehörden, also die **Vergabekammern**. Der gleiche Sachverhalt ist allerdings auch in § 17 VgV geregelt.

III. Vergabeverfahren nach der VOL 2000

1. VOL/A Abschnitt 1[1])

1.1 Anwendungsbereich

1.1.1 Institutioneller Anwendungsbereich

Abschnitt 1 betrifft diejenigen öffentlichen Auftraggeber, die nach den jeweiligen nationalen haushaltsrechtlichen Vorschriften zur Anwendung der VOL verpflichtet sind. Dies sind insbesondere **Bundes-, Landes- oder kommunale Behörden** und Einrichtungen, aber auch die staatlichen Zuwendungsempfänger.

1.1.2 Sachlicher Anwendungsbereich

Abschnitt 1 der VOL/A gilt für die Vergabe von Liefer- und Dienstleistungsaufträgen, deren geschätzter Auftragswert die **Schwellenwerte** der LKR, der DKR bzw. der SKR **nicht erreicht** (s. dazu oben I 1 sowie unten 2., 3. u. 4.)

Nach § 1 sind Leistungen, die im Rahmen einer **freiberuflichen Tätigkeit** erbracht oder im Wettbewerb mit freiberuflich Tätigen von Gewerbebetrieben angeboten werden, von Abschnitt 1 **ausgenommen**. Für die Vergabe dieser Leistungen bleiben die Bestimmungen der Haushaltsordnungen (z. B. § 55 BHO) jedoch unberührt. In der Praxis können nach Auffassung des Deutschen Verdingungsausschusses für Leistungen (DVAL) freiberufliche Leistungen grundsätzlich freihändig vergeben werden.

1.2 Verfahrensvorschriften

Die VOL/A gestaltet sowohl das auch im Haushaltsrecht verankerte Prinzip der **Wirtschaftlichkeit** als auch die EU-Grundsätze der **Nichtdiskriminierung und Transparenz** näher aus. Wettbewerb ist die beste Voraussetzung für eine wirtschaftliche Auftragsvergabe. Diese Prinzipien spiegeln sich in den Vergabevorschriften der VOL/A wider.

1.2.1 Vergabearten

Der Wettbewerbsgedanke kommt insbesondere dadurch zum Ausdruck, dass Leistungen grundsätzlich im Wege einer **Öffentlichen Ausschreibung** vergeben werden müssen, soweit nicht die Natur des Geschäfts oder besondere Umstände eine Ausnahme rechtfertigen (§ 3 Nr. 2). Eine **Beschränkte Ausschreibung** (§ 3 Nr. 1 Abs. 2, Nr. 3) bzw. eine **Freihändige Vergabe** (§ 3 Nr. 1 Abs. 3, Nr. 4) darf nur dann stattfinden, wenn einer der Ausnahmetatbestände in § 3 Nr. 3 bzw. Nr. 4 gegeben ist.

Bei der Vergabe von Aufträgen im Wege einer Beschränkten Ausschreibung kommt besonders § 3 Nr. 3 a in Betracht, „wenn die Leistung nach ihrer Eigenart nur von einem beschränkten Kreis von Unternehmen in geeigneter Weise ausgeführt werden kann".

---

1) Alle in Ziff. 1.1 bis 1.2.4 nicht näher bezeichneten Paragraphen sind solche des Abschnitts 1 der VOL/A.

A III Einführung

Für die Durchführung einer Freihändigen Vergabe erscheinen insbesondere folgende Tatbestände **praxisrelevant:**

§ 3 Nr. 4 a: „... wenn für die Leistung aus besonderen Gründen ... nur ein Unternehmen in Betracht kommt",

§ 3 Nr. 4 d: „... bei geringfügigen Nachbestellungen im Anschluss an einen bestehenden Vertrag",

§ 3 Nr. 4 f: „... wenn die Leistung besonders dringlich ist",

§ 3 Nr. 4 h: „... wenn die Leistung nach Art und Umfang vor der Vergabe nicht so eindeutig und erschöpfend beschrieben werden kann, dass hinreichend vergleichbare Angebote erwartet werden können",

§ 3 Nr. 4 i: „... wenn es sich um Leistungen handelt, die besondere schöpferische Fähigkeiten verlangen",

§ 3 Nr. 4 m: „... wenn es sich um eine vorteilhafte Gelegenheit handelt",

§ 3 Nr. 4 p: „... wenn sie durch Ausführungsbestimmungen von einem Bundesminister – ggf. Landesminister – bis zu einem bestimmten Höchstwert zugelassen ist".

Wichtig ist, dass in jedem Einzelfall **aktenkundig** zu machen ist, weshalb von einer Öffentlichen oder Beschränkten Ausschreibung abgesehen worden ist (§ 3 Nr. 5).

Darüber hinaus ist der Auftraggeber vor einer Beschränkten Ausschreibung und einer Freihändigen Vergabe gehalten, den in Betracht kommenden Bewerberkreis zu erkunden, sofern er keine ausreichende Marktkenntnis besitzt (§ 4 Nr. 1). Hierzu kann er zum einen der Vergabe einen **Öffentlichen Teilnahmewettbewerb** vorschalten (§ 3 Nr. 1 Abs. 4, § 4 Nr. 2 Abs. 1) oder zum anderen die **Auftragsberatungsstellen** zur Benennung von Bewerbern auffordern (§ 4 Nr. 2 Abs. 2).

1.2.2 Leistungsbeschreibung

Um die Gleichbehandlung der Bewerber nicht nur in verfahrensmäßiger, sondern auch in inhaltlicher Hinsicht zu gewährleisten, sieht § 8 Nr. 1 Abs. 1 vor, dass der Auftraggeber die Leistung **eindeutig** und so **erschöpfend** zu beschreiben hat, dass alle Bewerber die Beschreibung im gleichen Sinne verstehen und die Angebote miteinander verglichen werden können. Darüber hinaus darf die Beschreibung technischer Merkmale grundsätzlich nicht die Wirkung haben, dass bestimmte Unternehmen bevorzugt oder ausgeschlossen werden (§ 8 Nr. 3 Abs. 4). Auch dürfen Bezeichnungen für bestimmte Erzeugnisse oder Verfahren (z. B. Markennamen) nur ausnahmsweise verwendet werden (§ 8 Nr. 3 Abs. 5); in diesem Fall sind **gleichwertige** Leistungen zuzulassen.

1.2.3 Förmliches Verfahren

Einem fairen Wettbewerb dienen auch verschiedene **formale Anforderungen** an ein Beschaffungsverfahren.

Nach § 17 müssen in der **Bekanntmachung** von Öffentlichen Ausschreibungen und Teilnahmewettbewerben bzw. der Aufforderung zur Angebotsabgabe bestimmte Mindestangaben enthalten sein, um eine gleichmäßige Information der Bewerber zu gewährleisten.

Bei Öffentlichen und Beschränkten Ausschreibungen sind darüber hinaus Angebote nach § 18 im **verschlossenen Umschlag** und innerhalb der festgelegten **Angebotsfrist** abzugeben. Verstöße führen zum Ausschluss. Mit der VOL 2000 wird erstmals die Möglichkeit eröffnet, Angebote **in digitaler Form** abzugeben (§ 21 Nr. 3). Allerdings muss sichergestellt werden, dass der Inhalt der Angebote erst mit Ablauf der Angebotsfrist zugänglich wird. Ein elektronisches Angebot gilt als unterschrieben, wenn eine gültige **digitale Signatur** im Sinne des Signaturgesetzes vorliegt. § 22 sieht ferner vor, dass die Angebote bei dem Auftraggeber unter Verschluss verwahrt und in einem **formstrengen Verfahren geöffnet** werden. Elektronische Angebote sind entsprechend zu kennzeichnen und unter Verschluss zu halten.

Von besonderer praktischer Relevanz ist § 24, wonach **Verhandlungen** mit Bietern bei Ausschreibungen nach Öffnung der Angebote nur ausnahmsweise zulässig sind, um Manipulationen auch in diesem Verfahrensstadium vorzubeugen.

1.2.4 Zuschlagserteilung

Die Ermittlung des besten Angebotes erfolgt in **mehreren Stufen**. Zunächst werden die Angebote in formeller, rechnerischer und fachlicher Hinsicht **geprüft** (§ 23).

Daran schließt sich die **Wertung** der Angebote in folgenden Schritten an (§ 25):
- **Ausschluss** von Angeboten (Nr. 1)
- Prüfung der **Bietereignung** (Nr. 2 Abs. 1)
- Prüfung der **Preise** (Nr. 2 Abs. 2 und 3)
- Ermittlung des **wirtschaftlichsten Angebots** (Nr. 3).

Den Zuschlag erhält das unter Berücksichtigung aller Umstände wirtschaftlichste Angebot. Der niedrigste Angebotspreis allein ist nicht entscheidend, vielmehr sind in einer Gesamtschau alle auftragsbezogenen Kriterien (z. B. technische, funktionsbedingte, Kundendienst, Folgekosten) zu berücksichtigen.

Mit der Zuschlagserteilung, also der schriftlichen Annahme des Angebotes, kommt der **Vertrag** zustande (§ 28 Nr. 2 Abs. 1).

Kommt eine Zuschlagserteilung nicht in Betracht (weil z. B. kein bedingungsgemäßes Angebot abgegeben wurde), so ist bei Ausschreibungen die **Aufhebung** des Verfahrens zu prüfen (§ 26).

Die Information **nicht zum Zuge gekommener Bieter** richtet sich nach § 27.

2. VOL/A Abschnitt 2[1])

2.1 Anwendungsbereich

2.1.1 Institutioneller Anwendungsbereich

Nach § 4 Abs. 1 VgV haben Auftraggeber nach **§ 98 Nr. 1 bis 3 des GWB** (s. o. I 1.2) bei der Vergabe von Liefer- und Dienstleistungsaufträgen sowie bei der Durchführung von Auslobungsverfahren, die zu Dienstleistungen führen sollen, den

---

1) Alle in Ziff. 2.1 bis 2.2.7 nicht näher bezeichneten Paragraphen sind solche des Abschnitts 2 der VOL/A.

A III Einführung

2. Abschnitt der VOL/A anzuwenden. Gleiches gilt für Auftraggeber nach § 98 Nr. 5 GWB hinsichtlich der Vergabe von Dienstleistungsaufträgen und für Auslobungsverfahren, die zu Dienstleistungen führen sollen (§ 4 Abs. 2 VgV).

2.1.2 Sachlicher Anwendungsbereich

Abschnitt 2 der VOL/A gilt für die Vergabe von Liefer- und Dienstleistungsaufträgen, deren geschätzter Auftragswert die **Schwellenwerte** erreicht oder überschreitet. Diese Schwellenwerte liegen

- für Bundesbehörden bei 130 000 Euro
- für sonstige Auftraggeber bei 200 000 Euro.

Zu den Schwellenwerten im Einzelnen s. unter I 1.

Abschnitt 2 findet keine Anwendung auf Aufträge im **Sektorenbereich** (§ 4 Abs. 1 S. 2 VgV).

Abschnitt 2 gilt außerdem nicht für solche **freiberuflichen Leistungen,** deren Gegenstand eine Aufgabe ist, deren Lösung vorab nicht eindeutig und erschöpfend beschrieben werden kann. Für diese Aufträge findet die **VOF** Anwendung (§ 5 VgV).

Selbstverständlich findet Abschnitt 2 auch auf die Aufträge keine Anwendungen, die nach **§ 100 Abs. 2 GWB** generell vom GWB **ausgenommen** sind (s. unter I 1.2).

2.2 Verfahrensvorschriften

Bei der Vergabe von Liefer- und Dienstleistungsaufträgen oberhalb der Schwellenwerte gelten zusätzlich zu den übrigen Vergabevorschriften (Basisparagraphen) die als **a-Paragraphen** gekennzeichneten Vorschriften (§ 1 a Nr. 1 Abs. 1). Soweit die Bestimmungen der a-Paragraphen nicht entgegenstehen, bleiben die übrigen Vergabevorschriften unberührt. Während auf Aufträge, deren Gegenstand Lieferungen und Dienstleistungen nach **Anhang I A** sind, sämtliche Bestimmungen des 2. Abschnittes Anwendung finden (§ 1 a Nr. 2 Abs. 1), werden Dienstleistungsaufträge nach **Anhang I B** nur nach den Bestimmungen der Basisparagraphen und §§ 8 a und 27 a vergeben (§ 1 a Nr. 2 Abs. 2). Aufträge, deren Gegenstand Dienstleistungen des Anhangs I A und des Anhangs I B sind, werden nach den Regelungen vergeben, deren Wert überwiegt (§ 1 a Nr. 2 Abs. 3). Die a-Paragraphen verstärken aus europäischer Sicht die das deutsche Vergaberecht bereits prägenden Prinzipien Wettbewerb, Transparenz und Nichtdiskriminierung.

Abschnitt 2 enthält keine ausdrückliche Regelung über die Zulassung **elektronischer Angebote.** Dies wird oberhalb der Schwellenwerte in § 15 VgV geregelt.

2.2.1 Vergabearten

Im 2. Abschnitt der VOL/A stehen nach § 3 a folgende Vergabearten zur Verfügung:
- das **Offene Verfahren,** das der Öffentlichen Ausschreibung entspricht,
- das **Nichtoffene Verfahren,** das der Beschränkten Ausschreibung mit Öffentlichem Teilnahmewettbewerb entspricht,

- das **Verhandlungsverfahren**, das mit der Freihändigen Vergabe vergleichbar ist. Bezüglich des Verhandlungsverfahrens ist des Weiteren danach zu unterscheiden, ob es mit oder ohne Vergabebekanntmachung erfolgt.

Auch in Abschnitt 2 der VOL/A kommt dem Offenen Verfahren als sicherste Garantie für einen unbeschränkten Wettbewerb der **Vorrang** vor dem Nichtoffenen bzw. dem Verhandlungsverfahren zu. Der Vorrang des offenen Verfahrens wurde wegen seiner besonderen Bedeutung in § 101 Abs. 5 GWB gesetzlich verankert. Insbesondere das Verhandlungsverfahren darf nur in eng begrenzten Ausnahmefällen gewählt werden. Für die **Vergabepraxis** sind hier insbesondere folgende Tatbestände relevant:

- § 3 a Nr. 1 Abs. 4 b   keine vorherige Festlegung eines Gesamtpreises möglich
- § 3 a Nr. 1 Abs. 4 c   keine vorherige Festlegung der Spezifikation möglich
- § 3 a Nr. 2 c   nur ein Unternehmen kommt in Betracht
- § 3 a Nr. 2 d   zwingende Dringlichkeit
- § 3 a Nr. 2 e, f   zusätzliche Lieferungen und Dienstleistungen,
- § 3 a Nr. 2 g   neue Dienstleistungen

Die **Bekanntmachung** der Vergabeverfahren ist anhand der im Anhang des 2. Abschnittes befindlichen **Muster** vorzunehmen. Sie erfolgt zentral im **Supplement zum Amtsblatt der EG** (§§ 3 a, 17 a). Bei Bekanntmachungen sollen die Auftraggeber nach § 14 VgV das Gemeinsame Vokubular für das öffentliche Auftragswesen (**CPV**) zur Beschreibung des Auftragsgegenstandes verwenden. Das CPV wird vom BMWi im Bundesanzeiger bekannt gegeben.

2.2.2 Teilnehmer am Wettbewerb

§ 7 a regelt, welche **Nachweise** von einem Unternehmen im Hinblick auf seine wirtschaftliche und fachliche Leistungsfähigkeit verlangt werden können.

2.2.3 Leistungsbeschreibung

Da die Gleichbehandlung ausländischer Bewerber umso schwieriger erreichbar ist, je mehr **technische Normen** verwendet werden, die international nicht allgemein anerkannt sind, sieht § 8 a vor, dass die technischen Anforderungen in den Verdingungsunterlagen unter Bezugnahme auf europäische Spezifikationen (insbesondere EU-Normen) festzulegen sind.

2.2.4 Vorinformation

Nach § 17 a Nr. 2 sind die Auftraggeber verpflichtet, zu Beginn des Haushaltsjahres dem Amt für amtliche Veröffentlichungen der EG eine **unverbindliche Bekanntmachung** über alle Liefer- und Dienstleistungsaufträge des Anhangs I A zu übermitteln, deren geschätzter Wert mindestens 750 000 Euro beträgt und die während der folgenden 12 Monate vergeben werden sollen. Dadurch wird ausländischen Unternehmen die Möglichkeit gegeben, den häufig aufgrund der räumlichen Nähe bestehenden Informationsvorsprung inländischer Unternehmen zu kompensieren und sich auf ein anstehendes Vergabeverfahren vorzubereiten. Der Auftraggeber ist allerdings an seine bekannt gegebene Absicht nicht gebunden.

2.2.5 Fristen

Im Gegensatz zu den Basisparagraphen, bei denen die einzelnen Fristen nur abstrakt umschrieben sind („ausreichend, angemessen"), sieht § 18 a für gemeinschaftsweite Vergabeverfahren bestimmte **Mindestfristen** vor. Hierdurch soll verhindert werden, dass der Wettbewerb zugunsten der nationalen Unternehmen verzerrt wird. In Ausnahmefällen können bei **Dringlichkeit** die Fristen verkürzt werden, wobei aber auch hier wegen der Gefahr der Wettbewerbsbeeinträchtigung ein strenger Maßstab anzulegen ist (s. Abbildung 2 nächste Seite).

2.2.6 Zuschlag

Auch bei europaweiten Vergabeverfahren wird der Zuschlag auf das **wirtschaftlichste** Angebot erteilt (§ 25 Nr. 3).

Nach § 13 VgV muss der Auftraggeber die Bieter, deren Angebote nicht berücksichtigt werden sollen, über den Namen des Bieters, dessen Angebot angenommen werden soll und über den Grund der vorgesehenen Nichtberücksichtigung ihres Angebotes **informieren.** Die Information ist schriftlich spätestens 14 Kalendertage vor dem Vertragsschluss abzugeben. Vor Ablauf der Frist darf der Vertrag nicht geschlossen werden. Ein dennoch abgeschlossener Vertrag ist nichtig. Die Information soll die Bieter in die Lage versetzen, die Zuschlagserteilung ggf. durch die Einleitung eines Nachprüfungsverfahrens zu verhindern (s. unter II 2.5).

Hinsichtlich des **Verzichtes** auf eine Vergabe wird § 26 (Aufhebung einer Ausschreibung) durch § 26 a ergänzt.

Auf Antrag erhalten **nicht berücksichtigte Bewerber** oder Bieter innerhalb von 15 Tagen nach Antragseingang eine Mitteilung über die Gründe der Ablehnung sowie im Fall eines Angebotes über die Merkmale und Vorteile des erfolgreichen Angebots und den Namen des erfolgreichen Bieters (§ 27 a). Nach § 28 a machen die Auftraggeber darüber hinaus über jeden **vergebenen Auftrag** spätestens 48 Tage nach Auftragserteilung eine Mitteilung an das Amt für amtliche Veröffentlichungen der EG.

2.2.7 Wettbewerbe

§ 31 a regelt die Durchführung von Wettbewerben. Wettbewerbe sind **Auslobungsverfahren,** die zu einem Dienstleistungsauftrag führen sollen und dazu dienen, dem Auftraggeber Lösungsvorschläge zu unterbreiten.

Vergabeverfahren nach der VOL 2000   **A III**

Fristen				
	1. Abschnitt	2. Abschnitt	3. Abschnitt	4. Abschnitt
Angebotsfrist bei Öff. Ausschreibung/ Öff. Verfahren	„ausreichend" (§ 18)	52 Tage ab Absendung der Bekanntmachung (§ 18 a Nr. 1 Abs. 1) nach Vorinformation 36/22 Tage (§ 18 a Nr. 1 Abs. 2)	52 Tage ab Absendung der Bekanntmachung (§ 18 b Nr. 1 Abs. 1) (§ 10 Nr. 1 Abs. 1 SKR) 36/22 Tage nach regelmäßiger Bekanntmachung (§ 18 b Nr. 1 Abs. 2) (§ 10 Nr. 1 Abs. 2 SKR)	
Bewerbungsfrist bei Beschränkter Ausschreibung/ Nichtöff. Verfahren bzw. Freihändige Vergabe/Verhandlungsverfahren nach Öff. Teilnahmewettbewerb	„ausreichend" (§ 18 analog)	37 Tage nach Absendung der Bekanntmachung, bei bes. Dringlichkeit 15 Tage (§ 18 a Nr. 2 Abs. 1)	37 Tage ab Absendung der Bekanntmachung, mind. 22 Tage nach regel. Bekanntmachung (§ 18 b Nr. 2 a) (§ 10 Nr. 2 a SKR)	
Angebotsfrist bei Beschränkter Ausschreibung/ Nichtöff. Verfahren	„ausreichend" (§ 18)	40 Tage ab Absendung der Aufforderung zur Angebotsabgabe, bei bes. Dringlichkeit 10 Tage (§ 18 a Nr. 2 Abs. 2) nach Vorinformation 26 Tage (§ 18 a Nr. 2 Abs. 3)	einvernehmliche Festlegung; falls nicht möglich i. d. R. 24 Tage, keinesfalls weniger als 10 Tage ab Absendung der Aufforderung zur Angebotsabgabe (§ 18 b Nr. 2 b + c) (§ 10 Nr. 2 b + c)	
Angebotsfrist bei Freihändiger Vergabe/ Verhandlungsverfahren nach Öff. Teilnahmewettbewerb	„ausreichend" (§ 18, nicht zwingend)	„ausreichend" (§ 18, nicht zwingend)	einvernehmliche Festlegung (wie bei Nichtöff. Verfahren)	
Frist für Versendung der Unterlagen	keine Regelung	6 Tage nach Anforderung (§ 18 a Nr. 1 Abs. 5)	6 Tage nach Anforderung (§ 17 b Nr. 5) (§ 9 Nr. 5 SKR)	
Zusätzliche Auskünfte	unverzüglich (§ 17 Nr. 6 Abs. 1)	6 Tage vor Ablauf der Angebotsfrist (§ 18 a Nr. 1 Abs. 6) bzw. Nr. 2 Abs. 5)	6 Tage vor Ablauf der Angebotsfrist (§ 17 b Nr. 6) (§ 9 Nr. 6 SKR)	
Zuschlagsfrist		so kurz wie möglich (§ 19 Nr. 2)		
Unterrichtung der Bieter	nach Erteilung des Zuschlags (§ 27)	15 Tage nach Eingang des Antrags (§ 27 a)	für best. Sektorenauftraggeber innerhalb kürzester Frist (§ 27 b) (§ 12 SKR)	
Bekanntmachung der Auftragserteilung	keine Regelung	48 Tage nach Auftragserteilung (§ 28 a)	2 Monate nach Vergabe des Auftrags (§ 28 b) (§ 13 SKR)	

Abbildung 2

3. VOL/A Abschnitt 3[1])

3.1 Anwendungsbereich

3.1.1 Institutioneller Anwendungsbereich

Nach § 7 Abs. 1 Nr. 1 VgV wenden die in § 98 **Nr. 1 bis 3 GWB** genannten Auftraggeber den 3. **Abschnitt der VOL/A** an, wenn sie in folgenden Bereichen tätig sind:
- Trinkwasserversorgung (§ 8 Nr. 1 VgV)
- Betrieb von Häfen (§ 8 Nr. 4 b VgV)
- Betrieb von Bahn-/Busverkehr (§ 8 Nr. 4 c VgV).

3.1.2 Sachlicher Anwendungsbereich

Abschnitt 3 gilt für die Vergabe von Liefer- und Dienstleistungsaufträgen, deren **Auftragswert 400 000 Euro** erreicht oder überschreitet.

Abschnitt 3 findet keine Anwendung auf solche **freiberuflichen Leistungen,** deren Gegenstand vorab nicht eindeutig und erschöpfend beschrieben werden kann.

Die VOF, die solche Leistungen grundsätzlich erfasst, gilt gem. § 5 Satz 3 VgV nicht für Aufträge im Sektorenbereich. Für nicht vorab eindeutig und erschöpfend beschreibbare freiberufliche Leistungen besteht demnach im deutschen Recht eine Regelungslücke. Insoweit ist von einer **unmittelbaren Wirkung** der Sektorenrichtlinie auszugehen.

§ 9 VgV regelt **Ausnahmen** im Sektorenbereich (z. B. Produktion zum Eigenverbrauch, Aufträge, die anderen Zwecken als der Sektorentätigkeit dienen).

Eine weitere Ausnahme gilt nach § 10 VgV für Aufträge an sog. **verbundene Unternehmen.** Voraussetzung ist allerdings, dass das verbundene Unternehmen mindestens 80% seines Durchschnittsumsatzes während der letzten drei Jahre in der EU im Dienstleistungsbereich aus Leistungen für den Auftraggeber erzielt hat. Die gleiche Regelung gilt für Aufträge eines **Gemeinschaftsunternehmens** an einen der daran beteiligten Auftraggeber bzw. mit ihm verbundenen Unternehmen.

Darüber hinaus findet Abschnitt 3 keine Anwendung auf die Aufträge, die nach **§ 100 Abs. 2 GWB** dem Kartellvergaberecht entzogen sind.

Auch im 3. Abschnitt wird hinsichtlich des Regelungsumfanges zwischen **Dienstleistungen nach Anhang I A und I B** unterschieden. Aufträge, deren Gegenstand Dienstleistungen nach Anhang I B sind, werden danach nur nach den Bestimmungen der Basisparagraphen und der §§ 8 b und 28 b vergeben, lösen also nur Berichtspflichten aus.

3.2 Verfahrensvorschriften

Bei der Vergabe von Liefer- und Dienstleistungsaufträgen gelten zusätzlich zu den Basisparagraphen die als **b-Paragraphen** gekennzeichneten Vorschriften (§ 1 b Nr. 1 Abs. 1).

---

[1]) Alle in Ziff. 3.1 bis 3.2.7 nicht näher bezeichneten Paragraphen sind solche des Abschnitts 3 der VOL/A.

Soweit die Bestimmungen der b-Paragraphen nicht entgegenstehen, bleiben die Basisparagraphen unberührt.

Die in den b-Paragraphen enthaltenen Regelungen räumen den Auftraggebern eine erheblich größere **Flexibilität** ein, als dies bei den Regularien außerhalb der Sektoren der Fall ist. Im Gegenzug hierzu war allerdings im Interesse des gegenseitigen Vertrauens ein Mindestmaß an Transparenz sicherzustellen. Die gewährte Flexibilität wird jedoch für die vom 3. Abschnitt erfassten Auftraggeber auch bei Verfahren oberhalb der Schwellenwerte dadurch wieder eingeschränkt, dass zusätzlich zu den b-Paragraphen die Basisparagraphen Anwendung finden. So wird etwa die durch § 3 b eingeräumte Wahlfreiheit zwischen den einzelnen Vergabearten durch den zusätzlich geltenden § 3 insoweit relativiert, als es danach beim Vorrang der Öffentlichen Ausschreibung verbleibt.

Abschnitt 3 enthält keine ausdrückliche Regelung über die Zulassung **elektronischer Angebote.** Dies wird oberhalb der Schwellenwerte in § 15 VgV geregelt.

3.2.1 Regelmäßige Bekanntmachung

Die Auftraggeber veröffentlichen nach § 16 b Nr. 1 mindestens einmal jährlich **Bekanntmachungen,** die Angaben enthalten über alle für die nächsten zwölf Monate beabsichtigten Aufträge, deren Wert nach der VgV jeweils mindestens 750 000 Euro beträgt.

Unter der Bedingung, dass die in § 17 b Nr. 2 genannten Voraussetzungen erfüllt sind, kann die Veröffentlichung einer regelmäßigen Bekanntmachung nach § 17 b Nr. 1 Abs. 1 b als **Aufruf zum Wettbewerb** angesehen werden, an den sich ein Nichtoffenes Verfahren bzw. ein Verhandlungsverfahren anknüpfen kann (s. u. 3.2.2).

3.2.2 Vergabearten

§ 3 b Nr. 1 nennt folgende Vergabearten:
– das **Offene Verfahren,** das der Öffentlichen Ausschreibung entspricht,
– das **Nichtoffene Verfahren,** das der Beschränkten Ausschreibung nach Öffentlichem Teilnahmewettbewerb oder einem anderen Aufruf zum Wettbewerb (§ 17 b Nr. 1 Abs. 1) entspricht,
– das **Verhandlungsverfahren,** das an die Stelle der Freihändigen Vergabe tritt, ggf. nach Aufruf zum Wettbewerb (§ 17 b Nr. 1).

Zur Hierarchie der genannten Vergabearten trifft § 3 b ansonsten keine Aussage. Die dadurch zum Ausdruck kommende Gleichrangigkeit der Verfahren entspricht den Vorgaben der Sektorenrichtlinie, wonach – abgesehen von § 3 b Nr. 2 – lediglich ein Aufruf zum Wettbewerb (§ 17 b) erforderlich ist. Allerdings wird diese Wahlfreiheit für die zur Anwendung der Basisparagraphen verpflichteten Auftraggeber dadurch wieder eingeschränkt, dass diese zusätzlich den § 3 beachten müssen, wonach das **Offene Verfahren (= Öffentliche Ausschreibung) vorrangig** zu wählen ist (vgl. auch Erläuterungen des DVAL zu § 3 b).

Nichtoffene Verfahren bzw. Verhandlungsverfahren setzen vorbehaltlich des § 3 b Nr. 2 regelmäßig einen vorgeschalteten **Aufruf zum Wettbewerb** voraus. Unter diesen Oberbegriff sind die nachfolgend dargestellten Verfahren zu subsumieren:

A III Einführung

- **Bekanntmachung eines Öffentlichen Teilnahmewettbewerbs** nach den im Anhang enthaltenen Mustern B und C/SKR: Hierauf können interessierte Unternehmen sich um Teilnahme bewerben. Aus den eingehenden Teilnahmeanträgen wählt der Auftraggeber nach den Kriterien der Fachkunde, Leistungsfähigkeit und Zuverlässigkeit die Unternehmen aus, die im Rahmen des Nichtoffenen Verfahrens bzw. Verhandlungsverfahrens zur Angebotsabgabe aufgefordert werden.

- Veröffentlichung einer **regelmäßigen Bekanntmachung** nach dem im Anhang enthaltenen Muster E/SKR: Gem. § 16 b veröffentlichen die Auftraggeber mindestens einmal jährlich Bekanntmachungen, die Angaben enthalten über alle für die nächsten zwölf Monate beabsichtigten Aufträge, deren nach der VgV geschätzter Wert mindestens 750 000 Euro beträgt. Diese regelmäßige Bekanntmachung kann unter den in § 17 b Nr. 2 enthaltenen Voraussetzungen als Aufruf zum Wettbewerb dienen (**Regelmäßige Bekanntmachung mit Wettbewerbsaufruf**).

- Bekanntmachung über das Bestehen eines **Prüfsystems** gem. dem im Anhang enthaltenen Muster D/SKR: Nach § 7 b Nr. 5 können Auftraggeber ein System zur Prüfung von Unternehmen (**Präqualifikationsverfahren**) einrichten und anwenden. Die Bekanntmachung eines solchen Systems stellt einen Aufruf zum Wettbewerb gem. § 3 b i. V. m. § 17 b dar. Die Auswahl der Bieter erfolgt unter den Bewerbern, die sich im Rahmen eines solchen Systems qualifiziert haben. Das Verfahren dient der vom konkreten Vergabefall losgelösten Vorprüfung von Unternehmen.

In § 3 b Nr. 2 sind die Fälle aufgezählt, in denen ein Verfahren **ohne vorherigen Aufruf zum Wettbewerb** (§ 17 b) durchgeführt werden darf.

Für die **Vergabepraxis** scheinen folgende Tatbestände von besonderer Relevanz:

- Nur ein bestimmtes Unternehmen kommt in Frage, § 3 b Nr. 2 c,
- Dringlichkeit, § 3 b Nr. 2 d,
- Aufträge, die aufgrund einer **Rahmenvereinbarung** vergeben werden sollen, sofern die in § 5 b Nr. 2 Abs. 2 genannten Bedingungen erfüllt sind. Eine derartige Rahmenvereinbarung ist nach § 5 b eine Vereinbarung mit einem oder mehreren Unternehmen, in der die Bedingungen für Einzelaufträge festgelegt werden, die im Laufe eines bestimmten Zeitraums vergeben werden sollen, insbesondere über den in Aussicht genommenen Preis und ggf. die in Aussicht genommene Menge. Diese Rahmenvereinbarungen können (nicht müssen) aufgrund eines Verfahrens nach § 3 b Nr. 1 abgeschlossen werden. Ist dies der Fall, so können Einzelaufträge aufgrund der Rahmenvereinbarung nach § 3 b Nr. 2 e ohne vorherigen Aufruf zum Wettbewerb vergeben werden. Wurde die Rahmenvereinbarung nicht in einem Verfahren nach § 3 b Nr. 1 vergeben, so muss der Vergabe des Einzelauftrages ein Aufruf zum Wettbewerb vorausgehen,
- zusätzliche Lieferungen und Dienstleistungen, § 3 b Nr. 2 f und g.

Bei Bekanntmachungen im Amtsblatt der EG haben die Auftraggeber nach § 14 VgV das Gemeinsame Vokabular für das öffentliche Auftragswesen (**CPV**) zur Beschreibung des Auftragsgegenstandes zu verwenden.

3.2.3 Teilnehmer am Wettbewerb

§ 7 b Nr. 1 bis 3 regeln, nach welchen **Kriterien** die Bewerber für die Teilnahme an einem Nichtoffenen Verfahren oder einem Verhandlungsverfahren auszuwählen sind. § 7 b Nr. 5 bis 11 befasst sich mit dem sog. Präqualifikationsverfahren (s. o.).

3.2.4 Leistungsbeschreibung

Nach § 8 b Nr. 1 sind bei der Beschreibung der Leistung die technischen Anforderungen in den Verdingungsunterlagen unter Bezugnahme auf **europäische Spezifikationen** festzulegen. Zur Definition der verwandten Begriffe wird auf Anhang TS Nr. 1 verwiesen.

3.2.5 Fristen

Die zu beachtenden Fristen sind teilweise in § 17 b, überwiegend jedoch in § 18 b geregelt. Bei der Bemessung der Fristen kommt das höhere Maß an Flexibilität der Sektorenauftraggeber besonders deutlich zum Ausdruck (s. unter III 2.2.5).

3.2.6 Zuschlagserteilung

Nach § 25 b Nr. 1 Abs. 1 ist der Zuschlag auf das **wirtschaftlichste Angebot** zu erteilen. In der Vorschrift sind beispielhaft einige Kriterien für diese Wirtschaftlichkeitsbetrachtung genannt. Der Auftraggeber ist gehalten, die für seine Entscheidung maßgeblichen Kriterien in der Bekanntmachung oder in den Vergabeunterlagen zu nennen. Nicht dort genannte Kriterien darf er bei der Wertung nicht berücksichtigen. Nach der in § 12 VgV enthaltenen **Drittlandsklausel** können Sektorenauftraggeber bei Lieferaufträgen Angebote zurückweisen, bei denen der Warenanteil zu mehr als 50% des Gesamtwertes aus Ländern stammt, die nicht zum EWR gehören und mit denen auch keine sonstigen Vereinbarungen über gegenseitigen Marktzugang bestehen. Das BMWi gibt im Bundesanzeiger bekannt, mit welchen Ländern und auf welchen Sektoren solche Vereinbarungen bestehen. Bei gleichwertigen Angeboten ist dasjenige vorzuziehen, das nicht zurückgewiesen werden kann. Dabei sind die Preise als gleichwertig anzusehen, wenn sie nicht um mehr als 3% voneinander abweichen. Die Bevorzugung unterbleibt, wenn sie den Auftraggeber zum Erwerb inkompatibler Ausrüstung zwingen würde.

Nach § 13 VgV muss der Auftraggeber die Bieter, deren Angebote nicht berücksichtigt werden sollen 14 Kalendertage vor dem Vertragsschluss über die Gründe der Nichtberücksichtigung und den Namen des ausgewählten Bieters **schriftlich informieren** (s. unter II 2.5).

Auf Antrag erhalten **nicht berücksichtigte Bewerber oder Bieter** innerhalb kürzester Frist eine Mitteilung über die Gründe der Ablehnung sowie im Falle eines Angebotes über die Merkmale und Vorteile des erfolgreichen Angebots und den Namen des erfolgreichen Bieters (§ 27 b).

Jeder **vergebene Auftrag** ist nach den Bestimmungen des § 28 b binnen zwei Monaten nach der Vergabe in Form des Musters F/SKR bekannt zu machen.

3.2.7 Wettbewerbe

Dazu siehe unter II 2.2.7.

A III Einführung

4. VOL/A Abschnitt 4[1])

4.1 Anwendungsbereich

4.1.1 Institutioneller Anwendungsbereich

Nach § 7 Abs. 2 Nr. 1 VgV haben folgende Auftraggeber den **4. Abschnitt der VOL/A** anzuwenden:

– Auftraggeber nach § 98 **Nrn. 1 bis 3 GWB,** wenn sie in folgenden Bereichen tätig sind:
  - Elektrizitäts- und Gasversorgung (§ 8 Nr. 2 VgV)
  - Wärmeversorgung (§ 8 Nr. 3 VgV)
  - Betrieb von Flughäfen (§ 8 Nr. 4 a VgV)
– Auftraggeber nach § **98 Nr. 4 GWB.**

4.1.2 Sachlicher Anwendungsbereich

Nach § 2 Nr. 1 VgV gilt auch im Abschnitt 4 ein **Schwellenwert von 400 000 Euro.**

Freiberufliche Leistungen, deren Gegenstand vorab nicht eindeutig und erschöpfend beschrieben werden können, sind von Abschnitt 4 ausgenommen. Auch die VOF findet auf solche Aufträge gem. § 5 Satz 3 VOF keine Anwendung.

§ 9 VgV regelt **Ausnahmen** im Sektorenbereich.

Nach § 10 VgV sind auch Aufträge an **verbundene Unternehmen bzw. an Gemeinschaftsunternehmen** ausgenommen (s. unter III 3.1.1).

Auf Aufträge nach § 100 Abs. 2 GWB findet Abschnitt 4 ebenfalls keine Anwendung.

Auch im 4. Abschnitt wird bei Dienstleistungsaufträgen nach **Anhang I A und I B** differenziert. Nur die im Anhang I A erfassten Dienstleistungen werden voll vom 4. Abschnitt erfasst.

4.2 Verfahrensvorschriften

Die Vergabe von Liefer- und Dienstleistungsaufträgen im Rahmen des 4. Abschnittes erfolgt nach den SKR-Paragraphen. Die Basisparagraphen finden hier keine Anwendung.

Das heißt, dass dort wo die Inhalte der Basisparagraphen nicht in die SKR-Paragraphen eingeflossen sind, die Basisparagraphen auch völlig unberücksichtigt sind. Exemplarisch ist insoweit die Regelung der Vergabearten, wonach die in § 3 SKR eingeräumte Wahlfreiheit voll greift, da der in § 3 (Basisparagraph) normierte Anwendungsvorrang der Öffentlichen Ausschreibung entfällt. Demnach können die vom 4. Abschnitt erfassten Auftraggeber die in der Sektorenrichtlinie eingeräumte **Flexibilität in vollem Umfang ausschöpfen.**

Die SKR-Paragraphen sind weitestgehend mit den b-Paragraphen des 3. Abschnittes identisch. Lediglich die Regelungen der Sektorenrichtlinie, die im 3. Abschnitt nicht in die b-Paragraphen umgesetzt werden mussten, weil sie bereits vom Inhalt der Basisparagraphen abgedeckt waren, wurden im 4. Abschnitt in die SKR-Paragraphen integriert. Folglich stellen die SKR-Paragraphen eine Mischung aus den b- und den Basisparagraphen dar.

Deshalb wird auf die dortigen Ausführungen verwiesen.

---

[1]) Alle unter 4.1 bis 4.2 nicht näher bezeichneten Paragraphen sind solche des Abschnitts 4 der VOL/A.

IV. Vergabeverfahren nach der VOF 2000[1])

1. Anwendungsbereich

1.1 Institutioneller Anwendungsbereich

Insoweit wird auf die Ausführungen oben III 2.1.1 zu VOL/A Abschnitt 2 verwiesen. Nur **die dort genannten Auftraggeber** müssen bei der Vergabe freiberuflicher Leistungen die VOF anwenden.

1.2 Sachlicher Anwendungsbereich

1.2.1 Freiberufliche Leistungen

Zunächst ist zu prüfen, ob eine Dienstleistung **im Rahmen einer freiberuflichen Tätigkeit** erbracht oder im Wettbewerb mit freiberuflich Tätigen angeboten wird. Maßstab ist also in jedem Fall die Frage, ob die betreffende Tätigkeit typischerweise als solche eines freien Berufs erbracht wird.

§ 1 VOL/A EStG nimmt zum Zweck der Definition freiberuflicher Tätigkeit Bezug auf eine Vorschrift des Steuerrechts: **§ 18 Abs. 1 Nr. 1 EStG.** Er ist in der Fußnote zu § 1 VOL/A zitiert.

Auch für die Bestimmung dessen, was freiberufliche Tätigkeit im Sinn der VOF bedeutet, ist von dieser Definition auszugehen.

§ 18 Abs. 1 Nr. 1 Satz 2 EStG lautet:

„Zu der freiberuflichen Tätigkeit gehören die

selbständig ausgeübte wissenschaftliche, künstlerische, schriftstellerische, unterrichtende oder erzieherische Tätigkeit,

die selbständige Berufstätigkeit der Ärzte, Zahnärzte, Tierärzte, Rechtsanwälte, Notare, Patentanwälte, Vermessungsingenieure, Ingenieure, Architekten, Handelschemiker, Wirtschaftsprüfer, Steuerberater, beratenden Volks- und Betriebswirte, vereidigten Buchprüfer (vereidigten Bücherrevisoren), Steuerbevollmächtigten, Heilpraktiker, Dentisten, Krankengymnasten, Journalisten, Bildberichterstatter, Dolmetscher, Übersetzer, Lotsen und ähnlicher Berufe."

Eindeutig ist hier nur die **zweite Gruppe** der Beispielsfälle, die konkrete und üblicherweise verwendete Bezeichnungen enthält.

Allerdings ist auch die erstgenannte Gruppe der selbständig ausgeübten wissenschaftlichen, künstlerischen, schriftstellerischen, unterrichtenden oder erzieherischen Tätigkeit einigermaßen leicht bestimmbar: ohnehin kommen nur wissenschaftliche oder künstlerische Tätigkeiten in Betracht.

Da ein einheitlicher Oberbegriff fehlt, ist für die Zuordnung weiterer, nicht im Katalog enthaltener Berufe zu den freien Berufen zu prüfen:
1. Erbringt der Auftragnehmer eine persönliche Arbeitsleistung?
2. Besteht bezüglich der Art und Weise der Leistungserbringung Unabhängigkeit von Weisungen?

---

[1]) Alle unter IV. nicht näher bezeichneten Paragraphen sind solche der VOF.

A IV Einführung

3. Ist die Vergütung wert- oder tätigkeitsbezogen? Am Erfolg dagegen wie z. B. der Maklerlohn darf sie nicht orientiert sein.
4. Wird für die Ausübung des bestimmten Berufs eine wissenschaftliche oder künstlerische Ausbildung vorausgesetzt?

Wie erwähnt, gilt die VOF nicht nur für freiberufliche Tätigkeiten, sondern auch für solche, die im **Wettbewerb mit freiberuflich Tätigen** angeboten werden. Dabei ist Maßstab, ob ein Berufsfeld typischerweise einem Angehörigen eines freien Berufs zuzuordnen ist, nicht aber, ob sich in einem Tätigkeitsgebiet **auch** Angehörige freier Berufe betätigen.

Für Fälle der Verbindung freiberuflicher mit gewerblichen Dienstleistungen gilt das unter III 2.1.2 Gesagte. Die Verbindung darf nicht in der Absicht erfolgen, eines der verbundenen Leistungselemente oder alle der Anwendung der vom EG-Vergaberecht geprägten Vergabegrundsätze zu entziehen. Dann ist festzustellen, welches Leistungselement den überwiegenden (finanziell zu bemessenden) Wert hat.

1.2.2 Zuordnung zu Anhang I A oder I B

Nach § 2 Abs. 1 ist die freiberufliche Dienstleistung, für die die Anwendbarkeit der VOF geprüft wird, den Kategorien von **Anhang I A und I B zur VOF** zuzuordnen. Trifft keine der Kategorien 1 bis 26 zu, fällt die Dienstleistung unter die Auffangkategorie des Anhangs I B Nr. 27 „Sonstige Dienstleistungen" mit der entsprechenden Rechtsfolge.

Aus den in Anhang I A enthaltenen Kategorien (s. unter III 1.2.) kommen entsprechend der zu § 1 ausgeführten Definition freiberuflicher Leistungen in Anlehnung an § 18 Abs. 1 Nr. 1 EStG **nur die Kategorien**

7. Datenverarbeitung und verbundene Tätigkeiten,
8. Forschung und Entwicklung,
9. Buchprüfung,
10. Markt und Meinungsforschung,
11. Unternehmensberatung und verbundene Tätigkeiten,
12. Architektur; technische Beratung und Planung; integrierte technische Leistungen; Stadt- u. Landschaftsplanung; zugehörige wissenschaftliche und technische Beratung; technische Versuche und Analysen,
13. Werbung

in Betracht.

Für freiberufliche Leistungen kommen aus dem Anhang I B folgende Kategorien in Betracht:

21. Rechtsberatung,
24. Unterrichtswesen und Berufsausbildung,
25. Gesundheits-, Veterinär- und Sozialwesen,
26. Erholung, Kultur und Sport,
27. Sonstige Dienstleistungen.

Der Auffangtatbestand der Kategorie 27 „sonstige Dienstleistungen" bekräftigt noch einmal den Vollständigkeitsanspruch der beiden Bereiche. Neue, als „freie" zu charakterisierende Berufe, fallen darunter.

Bei der Vergabe der Dienstleistungen im Sinn des Anhangs I B können die öffentlichen Auftraggeber **frei verfahren** und müssen lediglich bei der Beschreibung der Aufgabenstellung etwa gegebene europäische Spezifikationen benutzen und die Kommission über solche Aufträge informieren, deren Wert den Schwellenwert überschreitet, § 2 Abs. 1 Satz 2 i. V. m. § 8 Abs. 2 und § 17.

Die Frage wird nun sein, inwieweit die in § 18 Abs. 1 Nr. 1 Satz 2 EStG aufgelisteten sowie die durch Analogie bestimmten freien Berufe mit den in Anhang I A und I B zur VOF dargestellten Kategorien übereinstimmen. § 2 Abs. 1 Satz 1 fordert die Anwendungen der Bestimmungen der VOF auf die Vergabe freiberuflicher Leistungen, **„soweit sie in Anhang I A und im Anhang I B genannt sind"**.

Beide Begriffssysteme sind jedenfalls aufs erste Hinsehen relativ offen. Hinzu kommt, dass sich laufend **neue Berufsbilder** entwickeln, die teilweise noch auf den traditionellen, vom universitären Abschluss gekennzeichneten Berufsbezeichnungen aufbauen, sich aber auch von diesen lösen.

Aus dem Katalog des § 18 Abs. 1 Nr. 1 EStG gehören demnach Ärzte, Zahnärzte, Tierärzte zu Kategorie 25; Rechtsanwälte, Notare, Patentanwälte zu Kategorie 21; Vermessungsingenieure, Ingenieure, Architekten, Handelschemiker zu Kategorie 12; Wirtschaftsprüfer, Steuerberater, beratende Volks- und Betriebswirte zu Kategorie 11; vereidigte Buchprüfer (vereidigte Bücherrevisoren) zu Kategorie 9; Steuerbevollmächtigte zu Kategorie 11; Heilpraktiker, Dentisten, Krankengymnasten zu Kategorie 25; Journalisten, Bildberichterstatter zu Kategorie 26; Dolmetscher, Übersetzer, Lotsen zu Kategorie 27.

Mischfälle, also die Kombination verschiedener Kategorien aus den beiden Anhängen I A und I B in einem Auftrag sind nach § 2 Abs. 4 nach dem quantitativen (finanziellen) Verhältnis der Werte der verschiedenen Elemente, zu beurteilen: das überwiegende bestimmt die Vergabeart.

1.2.3 Nicht eindeutig und erschöpfend beschreibbare Leistungen

Nach § 2 Abs. 2 Satz 2 ist weiter zu prüfen, ob der Gegenstand der Leistung, also die vom Auftraggeber erwartete Lösung (nicht, wie es teilweise den Anschein hat, der Tätigkeit!) **eindeutig und erschöpfend beschreibbar** ist.

Das Kriterium der **„Beschreibbarkeit"** der Leistung ist dem bisherigen deutschen Vergaberecht fremd. Es stammt aus der DKR und begründet nach Art. 11 Abs. 2 c DKR einen Ausnahmetatbestand für die Wahl des Verhandlungsverfahrens mit vorhergehender Vergabebekanntmachung. Als hervorzuhebendes Beispiel werden in dieser Bestimmung

„geistig-schöpferische Dienstleistungen"

genannt.

Diese Bevorzugung der Vergabe von geistig-schöpferischen Dienstleistungen durch das nicht näher ausgestaltete Verhandlungsverfahren ist zugleich der Grund für die

A IV Einführung

Schaffung der VOF: in dieser Verdingungsordnung ist **ausschließlich das Verhandlungsverfahren** vorgesehen, nur in engsten Ausnahmefällen ohne vorherige Vergabebekanntmachung.

Nach den Absichten, die mit der Schaffung der VOF verfolgt wurden – von vornherein hatte man vor allem die Architekten- und Ingenieurleistungen im Auge –, ist anzunehmen, dass die Beschreibbarkeit nicht die konkrete Tätigkeit selbst betreffen soll. Diese ist vielmehr bei freiberuflichen Dienstleistungen ohnehin vom insoweit weitgehend **weisungsunabhängigen Auftragnehmer** bestimmt. Dazu kommt, dass ja gerade bei Leistungen der Architekten und Ingenieure in § 15 Abs. 2 ff. HOAI durchaus Angaben enthalten sind, die die Leistungsbilder dieser Berufe genau beschreiben.

Also ging es um den werkvertraglichen **Erfolg**. Einzelheiten dieses Erfolgs entziehen sich aber bei geistig-schöpferischen Leistungen der vorherigen Festlegung. Die Gestalt des Entwurfes eines Architekten oder die Art einer technischen Lösung eines Ingenieurs lassen sich vor der Beauftragung nicht festlegen.

Damit engt sich der Anwendungsbereich wesentlich auf Aufträge ein, bei denen der Auftraggeber das Resultat der Leistung nicht bestimmen kann, sondern den **kreativen Fähigkeiten** des Auftragnehmers anheim gibt.

Hier wird allerdings zugleich deutlich, dass nur dieser kreative Gehalt eines Planungsvorhabens erfasst ist.

Soweit es dagegen um die technische Ausarbeitung einer gefundenen Entwurfslösung geht, wie beispielsweise die Umsetzung eines Entwurfs in Leistungsverzeichnisse oder die weitere Abwicklung eines Bauvorhabens (§ 15 Abs. 2 Nr. 6 ff. HOAI), ist die Leistung **und ihr Erfolg** – nämlich die Verwirklichung des geplanten Objekts – beschreibbar und unterfällt deshalb nicht der VOF.

Solche eindeutig und erschöpfend beschreibbare freiberufliche Leistungen sind nach dem Wortlaut von § 2 Abs. 2 Satz 2 nach der VOL zu vergeben[1].

1.2.4 Ausnahmen

Für Schiedsgerichts- und Schlichtungsleistungen (§ 2 Abs. 3 Buchst. a) und für bestimmte Forschungsvorhaben (§ 2 Abs. 2 Buchst. b) gilt eine völlige Befreiung von Vergabevorschriften. Sie fallen auch nicht unter Anhang I B, Kategorie 27 – „Sonstige Dienstleistungen" – ihre Vergabe ist keinerlei Reglement unterworfen.

Unter § 2 Abs. 3 Buchst. b fallen solche Forschungs- oder Entwicklungsaufträge

– deren Ergebnis nicht ausschließlich Eigentum des Auftraggebers wird
– deren Ergebnis nicht ausschließlich dem Gebrauch des Auftraggebers
– und der Ausübung seiner eigenen Tätigkeit dienen soll oder
– die nicht vollständig vom Auftraggeber bezahlt werden.

Hieraus ist zu schließen, dass die Ausnahme Forschungsleistungen mit forschungspolitischer Ausrichtung betrifft.

---
1) Siehe oben 2.1.2.

1.2.5 Schwellenwert

Für Leistungen, die nach den bisherigen Ausführungen der VOF unterworfen sind, gilt der unter III 2.1.2 dargestellte Schwellenwert von **200 000 Euro** ohne Umsatzsteuer, § 2 Abs. 2. Bei Architekten- und Ingenieurleistungen ist dieser nach dem voraussichtlich zu bezahlenden Honorar zu berechnen; dieses wiederum ergibt sich aus dem Stand der anrechenbaren Kosten, der im Zeitpunkt der Ausschreibung bekannt ist, sowie aus den jeweiligen Honorarzonen und den Leistungsprozenten der zu vergebenden Leistungsphasen der HOAI.

Die obersten und oberen Bundesbehörden müssen die VOF bereits von Auftragswerten ab **130 000 Euro** anwenden, § 2 Abs. 2 1. Spiegelstrich VOF i. V. m. § 2 Nr. 2 VgV, es sei denn, es handelte sich um Forschungs- und Entwicklungsdienstleistungen oder solche des Anhangs I B zur VOF.

Nach § 3 Abs. 2 darf ein Auftrag nicht in der Absicht aufgeteilt werden, ihn der Anwendung der VOF zu entziehen. Das bedeutet, dass für die Berechnung des Schwellenwerts ein Auftrag, der aufgespalten und an zwei verschiedene Auftragnehmer erteilt werden soll, als **ganzer** gilt, dies insbesondere bei der häufiger werdenden Aufteilung von Architektenaufträgen in einen Planungsteil (z. B. Leistungsphase 1 bis 5 des § 15 Abs. 2 HOAI) und einen Realisierungsteil (Leistungsphasen 6 bis 9 des § 15 Abs. 2 HOAI). Nach § 3 Abs. 3 können Teilleistungen eines Auftrags, der insgesamt den Schwellenwert überschreitet, nur dann ohne Beachtung der VOF vergeben werden, wenn die geschätzte Vergütung unter 80 000 Euro liegt und der Anteil des Teilauftrags am gesamten 20 % nicht überschreitet.

Bei Aufträgen, die nach **Zeitaufwand** honoriert werden, also beispielsweise Baubetreuungsleistungen oder EDV-Beratung, ist die voraussichtliche Gesamtvergütung für die Bemessung des Schwellenwerts zugrunde zu legen, § 3 Abs. 1 und Abs. 4, 2. Spiegelstrich VOF; im Übrigen nach dem Jahresbetrag vergleichbarer Aufträge. Aufträge ohne zeitliche Begrenzung sind mit dem 4fachen der Jahresvergütung zu berechnen, § 3 Abs. 5.

2. Verfahrensvorschriften

2.1 Verhandlungsverfahren

Aufträge, die nach ihrem institutionellen und sachlichen Anwendungsbereich nach der VOF zu vergeben sind, sind prinzipiell im **Verhandlungsverfahren** mit vorhergehender Vergabebekanntmachung auszuschreiben. Damit knüpft die VOF, wie unter IV 1.2.3 dargelegt, an den Sondertatbestand von Art. 11 Abs. 2 c DKR an, § 5 Abs. 1.

Grundsätzlich bedeutet das, dass sich auf eine Ausschreibung im EG-Amtsblatt und in anderen Ausschreibungsblättern Bewerber beim Auftraggeber melden und ihre Qualifikationen im Sinne von §§ 10 bis 13 präsentieren.

Aus diesen wählt der Auftragnehmer diejenigen aus, mit denen er dann in **Auftragsverhandlungen** im Sinne von §§ 16 bzw. 24 eintritt.

In eng begrenzten Ausnahmefällen darf nach § 5 Abs. 2 auf die Vergabebekanntmachung verzichtet werden.

2.2 Wettbewerbe

Einen **Sonderfall** des Vergabeverfahrens stellen die in § 20 erwähnten Wettbewerbe dar. Sie sind für Architekten- und Ingenieurleistungen in § 25 differenziert ausgebildet, so dass § 20 in der Praxis wohl nur für künstlerische Wettbewerbe in Betracht kommt.

Der **Schwellenwert** ist hier entweder an der späteren Vergütung für die Vertragsleistungen oder auch an der Preissumme zu bemessen, § 20 Abs. 2.

§ 20 Abs. 4 bis 10 stellen Grundsätze, die unmittelbar der Dienstleistungskoordinierungsrichtlinie entnommen sind, für Wettbewerbsverfahren auf.

Für Wettbewerbe über Architekten- oder Ingenieurleistungen, also **Planungswettbewerbe,** sollen nach § 25 Abs. 1 einheitliche Richtlinien gelten. Diese bestehen in den GRW 1995[1]). § 25 Abs. 2 bis 10 stellen Verfahrensgarantien auf, die in den GRW 1995 verwirklicht sind.

2.3 Teilnahmevoraussetzungen

In §§ 7 und 10 bis 13 sind die Voraussetzungen aufgeführt, die Teilnehmer am Vergabeverfahren nachweisen müssen. § 11 stellt negative Kriterien auf; § 12 finanzielle und wirtschaftliche Voraussetzungen, die denen des übrigen Vergaberechts entsprechen.

Die fachliche Eignung im Sinne von § 13 kann insbesondere durch die berufliche Zulassung, also bei Architekten oder Ingenieuren durch die Eintragung in der Architektenliste oder in der Liste der jeweiligen Ingenieurkammern nachgewiesen werden.

Bei anderen als Architekten- und Ingenieurleistungen kommt es nach § 13 Abs. 2 a bis h auf detaillierte Angaben über Qualifikation, Referenzobjekte, technische Leitung, Ausstattung, ggf. Qualifizierungen und ähnliche Kriterien an.

2.4 Aufgabenbeschreibung

§ 8 stellt ein Rudiment der Vorschriften des § 9 VOB/A bzw. § 8 VOL/A dar. Die Beschreibung der zu erbringenden Leistung muss demnach von allen Bewerbern im gleichen Sinne verstanden werden können.

Soweit auf technische Anforderungen Wert gelegt wird, sind nach Möglichkeit **europäische Spezifikationen** heranzuziehen. Soweit die Ausschreibungen technische Leistungen zum Gegenstand haben, ist hier bereits auf einen großen Bestand an europäischen Normen des CEN bzw. des CENELEC hinzuweisen, die vom Deutschen Institut für Normung e.V. veröffentlicht worden sind. Für den Baubereich sind sie in „VOB-Aktuell", einer $^{1}/_{4}$-Jahresschrift dieses Instituts aufgelistet.

2.5 Vorinformation

Auch nach der VOF wird eine **Vorinformation** gefordert, mit der Interessenten frühzeitig auf eine künftige Vergabe aufmerksam gemacht werden. Die beabsichtigten Aufträge, deren Wert 750 000 Euro übersteigt, müssen so bekannt gemacht wer-

---

1) Bundesanzeiger Nr. 64 vom 30. 3. 1996.

Vergabeverfahren nach der VOF 2000 **A IV**

den. Diese Vorinformation nach § 9 Abs. 1 ist für den Auftraggeber allerdings unverbindlich. Eine so angekündigte Ausschreibung kann dann auch wieder fallen gelassen werden, wenn sich die Absichten des Auftraggebers in der Zwischenzeit geändert haben.

Unabhängig von der Vorinformationspflicht ist die Bekanntmachung des **Verhandlungsverfahrens** im Amtsblatt der EU gemäß § 9 Abs. 2 bis 4 die zentrale Station des Vergabeverfahrens. Hier wird die interessierte Fachöffentlichkeit angesprochen; in der Regel übernehmen die Fachzeitschriften für Architekten und Ingenieure den Text in ihren Serviceteil und sorgen so für eine weite Verbreitung der Ausschreibung.

2.6 Fristen

In § 14 sind die vom Auftraggeber bei der Ausschreibung im Verhandlungsverfahren einzuhaltenden Mindestfristen festgelegt.

Für den **Teilnahmeantrag** sind 37 Tage ab Absendung der Bekanntmachung an das Amt für amtliche Veröffentlichungen in Luxemburg vorgesehen. Diese Frist kann im beschleunigten Verfahren bei besonderer Dringlichkeit auf 15 Tage reduziert werden. Dieser Begriff der „besonderen Dringlichkeit" ist im Kontrast zu dem Ausnahmetatbestand auszulegen, der für Verfahren ohne Vergabebekanntmachung von der Dienstleistungsrichtlinie und von § 5 Abs. 2 d aufgestellt ist. Das beschleunigte Verfahren stellt ein „Minus" zu diesen strengen Vorschriften dar; der Maßstab ist also geringer als der dort aufgestellte. Dementsprechend hat der Europäische Gerichtshof in zwei Urteilen im Baubereich das beschleunigte Verfahren für zulässig gehalten, auch wenn die Dringlichkeit vorhersehbar bzw. durch den Auftraggeber verschuldet war[1].

Nach der Änderung des § 14 Abs. 2 kann ein Bewerber seinen Teilnahmeantrag auch „in sonstiger Weise **elektronisch**" übermitteln, also als E-Mail. Damit kann er die Frist ausschöpfen, muss aber parallel innerhalb der Frist eine schriftliche Bestätigung versenden.

2.7 Zuschlag

§ 16 stellt in Übereinstimmung mit der Dienstleistungskoordinierungsrichtlinie abstrakte Kriterien für die Entscheidung über die Auftragserteilung auf. Es müssen **fachbezogene Kriterien** sein; der Preis darf nur bei Leistungen berücksichtigt werden, für die entweder keine Gebührenordnung besteht oder für deren Höhe eine bestehende Gebührenordnung einen Beurteilungsspielraum eröffnet.

Bei den oben unter IV 2.1.2 aufgezählten, Anhang I A unterfallenden **Kategorien** von freiberuflichen Dienstleistungen, außer Architekten- und Ingenieurleistungen, gibt es keine derartigen Gebührenordnungen.

Für Architekten- und Ingenieurleistungen wiederum gilt die **HOAI**. Nach ihrem Anspruch ergibt sich aus ihr allerdings für jede Aufgabe ein bestimmtes, konkret zu berechnendes Honorar, das ausgehend von anrechenbaren Kosten und der Honorar-

---

[1] Urteil v. 18. 3. 1992, „Complutense", Baurecht 1992, S. 547 und Urteil v. 2. 8. 1993, „Colle Isarco", EuGHE 1993, S. 4655.

A IV Einführung

zonenzuordnung objektiven Gesichtspunkten folgt; auch der Honorarrahmen zwischen den Mindest- und den Höchstsätzen ist nach dem Anspruch der §§ 11 und 12 HOAI objektiv zu bestimmen. Faktisch allerdings wird allgemein angenommen, dass zwischen den Mindest- und Höchstsätzen ein Verhandlungsspielraum besteht. Hier ist aber wiederum zu berücksichtigen, dass öffentliche Auftraggeber entsprechend den Vorgaben ihrer internen Richtlinien (z. B. RB Bau oder RL Bau) in der Regel nur die **Mindestsätze** anwenden. Der Preis bzw. das Honorar kann damit bei öffentlichen Aufträgen kein Vergabekriterium für Architekten- oder Ingenieurleistungen darstellen.

Dieser Situation versucht § 24 gerecht zu werden. Die optimale Qualifikation für eine bestimmte Aufgabe soll demnach in **„Auftragsgesprächen"** mit den ausgewählten Bewerbern gefunden werden. § 24 Abs. 3 weist auf eine Möglichkeit hin, mit der der Auftraggeber unter den Baubewerbern auswählen kann, die zur Angebotsabgabe aufgefordert worden sind: Von ihnen kann er (nach der HOAI zu vergütende) Lösungsvorschläge für die gestellte Aufgabe noch innerhalb des Verhandlungsverfahrens einholen. Das bedeutet, dass er unter den ausgewählten Bewerbern einen „kleinen" Wettbewerb um die beste Lösung veranstalten darf. Auf einen solchen „kleinen", ins Verhandlungsverfahren integrierten Wettbewerb sind die GRW 1995 und damit auch § 25 nicht anzuwenden. Der Auftraggeber ist vielmehr in seinem Vorgehen frei und muss lediglich die allgemeinen Grundsätze des Vergaberechts beachten.

Die Erfahrungen mit der unmittelbaren Anwendung der Bestimmungen der Dienstleistungskoordinierungsrichtlinie auf die Vergabe von Planungsaufträgen außerhalb klassischer offener Wettbewerbe zeigen Folgendes: der Vergleich von Architekturbüros aufgrund objektiver Merkmale bringt **keine** befriedigenden Ergebnisse, da es eben um die geistig-schöpferischen Qualitäten geht. Die Aussagen über die Büroausstattung und selbst Referenzobjekte stellen dafür nur Randbedingungen bzw. äußerliche Anhaltspunkte dar. Das Ausschreibungsverfahren führt deshalb, wenn nicht ein Leistungsvergleich durch den Wettbewerb um die beste Lösung stattfindet, zu willkürlichen und in der Regel unzuträglichen Ergebnissen.

V. Rechtsschutz bei öffentlichen Aufträgen

Bis 1994 gab es in der Bundesrepublik keinen auf das Vergabeverfahren unmittelbar bezogenen **Rechtsschutz**. Ganz vereinzelt wurden Verstöße öffentlicher Auftraggeber gegen den Gleichbehandlungsgrundsatz im Vergabeverfahren unter dem Gesichtspunkt des Wettbewerbsrechts nachgeprüft. Ausgangspunkt war dabei aber nicht das formalisierte Vergabeverfahren als Gegenstand von Rechtsansprüchen, sondern die Nachfragemacht öffentlicher Auftraggeber im einzelnen betroffenen Wirtschaftssektor, beispielsweise im Berliner Baumarkt (LG Berlin, Baurecht 1990, S. 596) oder bei Flugzeugbetankungsanlagen der Bundeswehr (LG Frankfurt/Main, Baurecht 1990, S. 91 ff.) oder die Nachfragemacht der Deutschen Bundespost bezüglich der Planungsleistungen für Bauten des Fernmeldewesens[1]).

Im Zuge seiner Bestrebungen, die nationalen Beschaffungsmärkte weiter zu öffnen, als dies durch den bloßen Erlass der BKR 1971 und der LKR 1977 erreicht worden war, erließ der Rat der Europäischen Gemeinschaft 1989 die **Rechtsmittelrichtlinie**, die die unmittelbare **Nachprüfung von** Vergabeverfahren und den konkreten Schutz der Bieter bei ihrem Anspruch auf den Zuschlag zum Ziel hatte. Aufgrund der widerstreitenden Interessen wurde in der Bundesrepublik der Umsetzungszeitpunkt erheblich überzogen. Erst im Herbst 1994 trat die Neuregelung als Ergänzung des Haushaltsgrundsätzegesetzes, §§ 57 b und 57 c, in Kraft. Mit diesen beiden Vorschriften und der auf ihrer Grundlage erlassenen Nachprüfungsverordnung wurde ein Rechtsweg geschaffen, der die Bieterrechte stärken sollte, ohne das traditionelle Vergabewesen zu gefährden.

Vor einer ersten, in die Verwaltung integrierten Instanz, der **Vergabeprüfstelle**, konnte ein Bieter einen Verstoß eines öffentlichen Auftraggebers im Vergabeverfahren rügen; die Vergabeprüfstelle hatte das Recht, das Vergabeverfahren zu unterbrechen und seine weitere Ausgestaltung vorzuschreiben. Gegen einen Bescheid der Vergabeprüfstelle hatte die Vergabestelle, also der öffentliche Auftraggeber kein Rechtsmittel. War der Bescheid der Vergabeprüfstelle für den Bieter negativ, konnte dieser den Vergabeüberwachungsausschuss anrufen, der in zweiter Instanz die Vorentscheidung nachprüfte. Vergabeprüfstelle und Vergabeüberwachungsausschüsse wurden von allen Bundesländern sowie von der Bundesrepublik selbst für ihren Vergabebereich eingerichtet und in zunehmenden Maße in Anspruch genommen. Durch umfassende Publikation der Entscheidungen der **Vergabeüberwachungsausschüsse** verdichtete sich das Netz der vergaberechtlichen Präjudizien.

Allerdings war die Europäische Kommission mit der Ausgestaltung des **Rechtsschutzes nicht** einverstanden; weiterer Druck auf die Verbesserung des Rechtsschutzes kam aus Anlass eines größeren Vergabefalls auch aus dem Ausland. Nicht staatliche Auftraggeber wehrten sich dagegen, gegen die Entscheidungen der Vergabeprüfstellen kein Rechtsmittel zu besitzen; in verschiedenen Fällen erklärten sich auch die Verwaltungsgerichte, angerufen entweder von Auftraggebern oder Bietern, für zuständig. Unter wettbewerbsrechtlichen Gesichtspunkten erhielten Bieter auch daneben vor den Zivilgerichten einstweiligen Rechtsschutz[2]).

In dieser Situation entschied sich die Bundesregierung für die Abkehr von der verwaltungsinternen Lösung des Rechtsschutzes hin zu einem **echten Rechtsweg**. In Anlehnung an die kartellrechtlichen Rechtsmittel wurde das Vergaberecht als

---
1) OLG Düsseldorf, NJW 1981, 585.
2) Zum Beispiel LG Hannover, EuZW 1997, 638.

A V Einführung

§§ 97 ff. in das GWB eingefügt. 5 Paragraphen regeln Grundsätze des Vergaberechts, §§ 102 ff. das Nachprüfungsverfahren.

Das neue Verfahren stellt einen Kompromiss zwischen der bisherigen Lösung und einem rein gerichtsförmigen Verfahren dar: In einer ersten Instanz, im Verfahren vor der immer noch in die Verwaltung integrierten **Vergabekammer** gelten noch die Grundsätze des Verwaltungsverfahrens. Die Instanz befindet sich weiterhin in der öffentlichen Verwaltung und stellt einen Teil dieser dar. Erst die zweite Instanz, der beim zuständigen Oberlandesgericht zu bildende **Vergabesenat**, ist eine echte Gerichtsinstanz. In Bayern ist der Vergabesenat beim Bayerischen Obersten Landesgericht gebildet worden.

Unter der Prämisse, dass die Bieter nun im Vergabeverfahren **echte subjektive Rechte** haben, musste das Nachprüfungsverfahren wie bisher den Konflikt zwischen den Bieterinteressen und dem Interesse der öffentlichen Auftraggeber an der Erfüllung ihrer Aufgaben durch zügige und rechtssichere Vergabeverfahren lösen. Das Resultat der §§ 102 ff. GWB ist ein äußerst komplizierter Kompromiss.

Um Bieterrechte wirklich zu schützen, musste verhindert werden, dass der Auftraggeber das Nachprüfungsverfahren dadurch unterläuft, dass er bei Kenntnis des Angriffs seitens eines Bieters den Auftrag an den von ihm bevorzugten **Konkurrenten** vergibt. Das wurde durch das Zuschlagsverbot des § 115 Abs. 1 GWB erreicht, das eingreift, sobald dem Auftraggeber der bei der Vergabekammer gestellte Nachprüfungsantrag zugestellt wird. Dieses Zuschlagsverbot kann mit dem verwaltungsrechtlichen Suspensiveffekt verglichen werden. Ein entgegen § 115 Abs. 1 GWB erteilter Zuschlag würde nach allgemeiner Auffassung gegen ein gesetzliches Verbot verstoßen und wäre damit nach § 134 BGB nichtig.

Die damit verbundene Behinderung des Vergabeverfahrens soll durch die Beschleunigungsmaxime kompensiert werden: Die Vergabekammer ist durch § 113 Abs. 1 Satz 1 GWB gehalten, innerhalb einer **Frist von 5 Wochen** ab Eingang des Antrags bei ihr zu entscheiden. Hält sich die Kammer nicht an diese Frist, so kann der dadurch in Ungewissheit gehaltene Bieter eine Untätigkeitsbeschwerde nach § 116 Abs. 2 GWB zum Vergabesenat einlegen. Nach § 116 Abs. 2, 2. Halbsatz GWB gilt andernfalls der Antrag des Antragstellers als abgelehnt.

Die Vorschriften über die Akteneinsicht (§ 111 GWB), die Beiladung betroffener Dritter (§ 109 GWB) und die Verhandlung in Abwesenheit von Beteiligten (§ 112 Abs. 2 GWB) zeigen den eher **öffentlich-rechtlichen Charakter des** Verfahrens vor der Vergabekammer.

Voraussetzung für die Zulässigkeit eines Nachprüfungsantrags ist – dies weiter als Schutz des Vergabeverfahrens –, dass der Bieter den von ihm behaupteten Verstoß zunächst bei der Vergabestelle unverzüglich rügt. Damit soll der Vergabestelle Gelegenheit gegeben werden, ihre Handhabung nochmals zu überdenken und gegebenenfalls zu korrigieren. Meint der Bieter, Mängel des Vergabeverfahrens schon in der Vergabebekanntmachung erkennen zu können, so muss er diese bis spätestens zum **Ablauf der Angebotsfrist** rügen.

Weiterhin ist ein Antrag nur dann zulässig, wenn ein Bieter geltend machen kann, durch den Verstoß in seinen konkreten Rechten betroffen zu sein. Wesentlich dafür ist das konkrete **Interesse am Auftrag**, § 117 Abs. 2 Satz 1 GWB. Weiterhin muss

Rechtsschutz bei öffentlichen Aufträgen   A V

der Antragsteller eines Nachprüfungsverfahrens nach § 107 Abs. 2 Satz 1 GWB eine objektive Rechtsverletzung behaupten. Eine solche liegt im Sinne von § 97 Abs. 7 GWB vor, wenn die Vergabestelle gegen eine bieterschützende Norm des Vergabeverfahrens verstoßen hat.

Schließlich muss der Antragsteller vortragen können, dass ihm durch die behauptete Verletzung der Vergabevorschrift ein Schaden entstanden ist oder zu entstehen droht, § 107 Abs. 2 Satz 2 GWB. Dieser Schaden wird in der Regel im Verlust des erwarteten Auftrags liegen.

Im Nachprüfungsverfahren kann der Auftraggeber beantragen, dass ihm vorab doch bereits gestattet wird, den **Zuschlag zu erteilen,** § 114 Abs. 2 Satz 1 GWB. Über einen solchen Antrag muss die Vergabekammer unter Berücksichtigung aller möglicherweise geschädigten Interessen sowie des Interesses der Allgemeinheit an einem raschen Abschluss des Vergabeverfahrens entscheiden. Wenn die nachteiligen Folgen einer Verzögerung der Vergabe bis zum Abschluss der Nachprüfung die damit verbundenen Vorteile überwiegen, hat die Vergabekammer den Zuschlag zu gestatten. Gegen eine ablehnende Entscheidung der Kammer hat die Vergabestelle die Möglichkeit der Beschwerde zum Vergabesenat.

Über den Nachprüfungsantrag hat die Vergabekammer in der Regel nach **mündlicher Verhandlung** zu entscheiden.

Die Zustellung der Entscheidung löst die **14-tägige Beschwerdefrist** aus; der Unterlegene – ob Bieter, Beigeladener oder Auftraggeber – kann zum jeweils zuständigen Vergabesenat Beschwerde einlegen. Dies muss durch einen Rechtsanwalt oder im Falle größerer Auftraggeber durch einen für diesen tätigen Volljuristen geschehen.

Statthaft ist auch die **Anschlussbeschwerde** des jeweiligen Beschwerdegegners. Der Vergabesenat hat keine der 5-Wochen-Frist des § 113 Abs. 1 Satz 1 GWB vergleichbare Entscheidungsfrist; allerdings bleibt die aufschiebende Wirkung der Anrufung der Vergabekammer nach § 115 Abs. 1 GWB auch bei der Beschwerde zum **OLG** noch zwei Wochen nach Ablauf der Beschwerdefrist erhalten. Geht es dem Antragsteller weiterhin um den Zuschlag, so muss er vor Ablauf dieser 2-Wochen-Frist des § 118 Abs. 1 Satz 1 GWB die Verlängerung der aufschiebenden Wirkung beantragen, § 118 Abs. 1 Satz 2 GWB.

Die Beschwerde muss zugleich mit ihrer Einlegung begründet werden. Der Vergabesenat soll dann eine mündliche Verhandlung durchführen und in dieser den Beteiligten Gelegenheit zur Stellungnahme geben. Erweist sich die Beschwerde als begründet, so hebt er die Entscheidung der Vergabekammer auf und entscheidet entweder selbst oder verweist die Sache zurück. Er kann aber auch Anweisungen geben, wie das Vergabeverfahren fortzusetzen ist. In besonders schweren Fällen kann er es als beendet erklären und eine neue Ausschreibung anordnen. Gegen die Entscheidung des Vergabesenats gibt es kein **weiteres Rechtsmittel.**

Die Entscheidung der Vergabekammer oder des Vergabesenats bindet dasjenige Gericht inhaltlich, das später von einem übergangenen Bieter wegen eines etwaigen Schadenersatzanspruches angerufen wird, § 124 Abs. 1 GWB.

A V Einführung

Überblickt man die zwei Jahre seit Einführung des neuen Nachprüfungsverfahrens, so kann ohne Einschränkung von einem **Erfolg** gesprochen werden. Die Regelung hat nicht zu einer Prozesslawine geführt; auf der anderen Seite wird sie doch immer wieder in Anspruch genommen und hat zu zahlreichen, sorgfältig begründeten Entscheidungen der Vergabesenate geführt, die inzwischen das Vergaberecht sehr deutlich mit beeinflussen. Wenn sie auch immer wieder übertrieben formal zu Lasten der Auftraggeber entscheiden, so zeigt sich auf der anderen Seite, dass noch viele Praktiken herrschen, die dem Vergaberecht nicht entsprechen und die unter dem Druck des Nachprüfungsverfahrens wohl schrittweise bereinigt werden.

Teil B
Texte

I.

Gesetz gegen Wettbewerbsbeschränkungen (GWB)

vom 26. August 1998 (BGBl. I S. 2546)

– Auszug –

VIERTER TEIL
Vergabe öffentlicher Aufträge

ERSTER ABSCHNITT
Vergabeverfahren

§ 97
Allgemeine Grundsätze

(1) Öffentliche Auftraggeber beschaffen Waren, Bau- und Dienstleistungen nach Maßgabe der folgenden Vorschriften im Wettbewerb und im Wege transparenter Vergabeverfahren.

(2) Die Teilnehmer an einem Vergabeverfahren sind gleich zu behandeln, es sei denn, eine Benachteiligung ist auf Grund dieses Gesetzs ausdrücklich geboten oder gestattet.

(3) Mittelständische Interessen sind vornehmlich durch Teilung der Aufträge in Fach- und Teillose angemessen zu berücksichtigen.

(4) Aufträge werden an fachkundige, leistungsfähige und zuverlässige Unternehmen vergeben; andere oder weitergehende Anforderungen dürfen an Auftragnehmer nur gestellt werden, wenn dies durch Bundes- oder Landesgesetz vorgesehen ist.

(5) Der Zuschlag wird auf das wirtschaftlichste Angebot erteilt.

(6) Die Bundesregierung wird ermächtigt, durch Rechtsverordnung mit Zustimmung des Bundesrates nähere Bestimmungen über das bei der Vergabe einzuhaltende Verfahren zu treffen, insbesondere über die Bekanntmachung, den Ablauf und die Arten der Vergabe, über die Auswahl und Prüfung der Unternehmen und Angebote, über den Abschluss des Vertrages und sonstige Fragen des Vergabeverfahrens.

(7) Die Unternehmen haben Anspruch darauf, dass der Auftraggeber die Bestimmungen über das Vergabeverfahren einhält.

§ 98

Auftraggeber

Öffentliche Auftraggeber im Sinne dieses Teils sind:

1. Gebietskörperschaften sowie deren Sondervermögen,
2. andere juristische Personen des öffentlichen und des privaten Rechts, die zu dem besonderen Zweck gegründet wurden, im Allgemeininteresse liegende Aufgaben nichtgewerblicher Art zu erfüllen, wenn Stellen, die unter Nummer 1 oder 3 fallen, sie einzeln oder gemeinsam durch Beteiligung oder auf sonstige Weise überwiegend finanzieren oder über ihre Leitung die Aufsicht ausüben oder mehr als die Hälfte der Mitglieder eines ihrer zur Geschäftsführung oder zur Aufsicht berufenen Organe bestimmt haben. Das Gleiche gilt dann, wenn die Stelle, die einzeln oder gemeinsam mit anderen die überwiegende Finanzierung gewährt oder die Mehrheit der Mitglieder eines zur Geschäftsführung oder Aufsicht berufenen Organs bestimmt hat, unter Satz 1 fällt,
3. Verbände, deren Mitglieder unter Nummer 1 oder 2 fallen,
4. natürliche oder juristische Personen des privaten Rechts, die auf dem Gebiet der Trinkwasser- oder Energieversorgung oder des Verkehrs oder der Telekommunikation tätig sind, wenn diese Tätigkeiten auf der Grundlage von besonderen oder ausschließlichen Rechten ausgeübt werden, die von einer zuständigen Behörde gewährt wurden, oder wenn Auftraggeber, die unter Nummern 1 bis 3 fallen, auf diese Personen einzeln oder gemeinsam einen beherrschenden Einfluss ausüben können,
5. natürliche oder juristische Personen des privaten Rechts in den Fällen, in denen sie für Tiefbaumaßnahmen, für die Errichtung von Krankenhäusern, Sport-, Erholungs- oder Freizeiteinrichtungen, Schul-, Hochschul- oder Verwaltungsgebäuden oder für damit in Verbindung stehende Dienstleistungen und Auslobungsverfahren von Stellen, die unter Nummern 1 bis 3 fallen, Mittel erhalten, mit denen diese Vorhaben zu mehr als 50 vom Hundert finanziert werden,
6. natürliche oder juristische Personen des privaten Rechts, die mit Stellen, die unter Nummern 1 bis 3 fallen, einen Vertrag über die Erbringung von Bauleistungen abgeschlossen haben, bei dem die Gegenleistung für die Bauarbeiten statt in einer Vergütung in dem Recht auf Nutzung der baulichen Anlage, ggf. zuzüglich der Zahlung eines Preises besteht, hinsichtlich der Aufträge an Dritte (Baukonzession).

§ 99

Öffentliche Aufträge

(1) Öffentliche Aufträge sind entgeltliche Verträge zwischen öffentlichen Auftraggebern und Unternehmen, die Liefer-, Bau- oder Dienstleistungen zum Gegenstand haben, und Auslobungsverfahren, die zu Dienstleistungsaufträgen führen sollen.

(2) Lieferaufträge sind Verträge zur Beschaffung von Waren, die insbesondere Kauf oder Ratenkauf oder Leasing, Miete oder Pacht mit oder ohne Kaufoption betreffen. Die Verträge können auch Nebenleistungen umfassen.

(3) Bauaufträge sind Verträge entweder über die Ausführung oder die gleichzeitige Planung und Ausführung eines Bauvorhabens oder eines Bauwerks, das Ergebnis von Tief- oder Hochbauarbeiten ist und eine wirtschaftliche oder technische Funktion erfüllen soll, oder einer Bauleistung durch Dritte gemäß den vom Auftraggeber genannten Erfordernissen.

(4) Als Dienstleistungsaufträge gelten die Verträge über Leistungen, die nicht unter Absatz 2 oder 3 fallen und keine Auslobungsverfahren sind.

(5) Auslobungsverfahren im Sinne dieses Teils sind nur solche Auslobungsverfahren, die dem Auftraggeber auf Grund vergleichender Beurteilung durch ein Preisgericht mit oder ohne Verteilung von Preisen zu einem Plan verhelfen sollen.

§ 100
Anwendungsbereich

(1) Dieser Teil gilt nur für Aufträge, welche die Auftragswerte erreichen oder überschreiten, die durch Rechtsverordnung nach § 127 festgelegt sind (Schwellenwerte).

(2) Dieser Teil gilt nicht für Arbeitsverträge und für Aufträge,

a) die auf Grund eines internationalen Abkommens im Zusammenhang mit der Stationierung von Truppen vergeben werden und für die besondere Verfahrensregeln gelten;

b) die auf Grund eines internationalen Abkommens zwischen der Bundesrepublik Deutschland und einem oder mehreren Staaten, die nicht Vertragsparteien des Übereinkommens über den Europäischen Wirtschaftsraum sind, für ein von den Unterzeichnerstaaten gemeinsam zu verwirklichendes und zu tragendes Projekt, für das andere Verfahrensregeln gelten, vergeben werden;

c) die auf Grund des besonderen Verfahrens einer internationalen Organisation vergeben werden;

d) die in Übereinstimmung mit den Rechts- und Verwaltungsvorschriften in der Bundesrepublik Deutschland für geheim erklärt werden oder deren Ausführung nach diesen Vorschriften besondere Sicherheitsmaßnahmen erfordert oder wenn der Schutz wesentlicher Interessen der Sicherheit des Staates es gebietet;

e) die dem Anwendungsbereich des Artikels 223 Abs. 1 Buchstabe b des Vertrages zur Gründung der Europäischen Gemeinschaft unterliegen;

f) die von Auftraggebern, die auf dem Gebiet der Trinkwasser- oder Energieversorgung oder des Verkehrs oder der Telekommunikation tätig sind, nach Maßgabe näherer Bestimmung durch Rechtsverordnung nach § 127 auf dem Gebiet vergeben werden, auf dem sie selbst tätig sind;

g) die an eine Person vergeben werden, die ihrerseits Auftraggeber nach § 98 Nr. 1, 2 oder 3 ist und auf ein Gesetz oder Verordnung beruhendes ausschließliches Recht zur Erbringung der Leistung hat;

h) über Erwerb oder Miete von oder Rechte an Grundstücken oder vorhandenen Gebäuden oder anderem unbeweglichen Vermögen ungeachtet ihrer Finanzierung;

i) über Dienstleistungen von verbundenen Unternehmen, die durch Rechtsverordnung nach § 127 näher bestimmt werden, für Auftraggeber, die auf dem Gebiet der Trinkwasser- oder Energieversorgung oder des Verkehrs oder der Telekommunikation tätig sind;
j) über die Ausstrahlung von Sendungen;
k) über Fernsprechdienstleistungen, Telexdienst, den beweglichen Telefondienst, Funkrufdienst und die Satellitenkommunikation;
l) über Schiedsgerichts- und Schlichtungsleistungen;
m) über finanzielle Dienstleistungen im Zusammenhang mit Ausgabe, Verkauf, Ankauf oder Übertragung von Wertpapieren oder anderen Finanzinstrumenten sowie Dienstleistungen der Zentralbanken;
n) über Forschungs- und Entwicklungsdienstleistungen, es sei denn, ihre Ergebnisse werden ausschließlich Eigentum des Auftraggebers für seinen Gebrauch bei der Ausübung seiner eigenen Tätigkeit und die Dienstleistung wird vollständig durch den Auftraggeber vergütet.

§ 101

Arten der Vergabe

(1) Die Vergabe von öffentlichen Liefer-, Bau- und Dienstleistungsaufträgen erfolgt im Wege von offenen Verfahren, nicht offenen Verfahren oder Verhandlungsverfahren.

(2) Offene Verfahren sind Verfahren, in denen eine unbeschränkte Anzahl von Unternehmen öffentlich zur Abgabe von Angeboten aufgefordert wird.

(3) Bei nicht offenen Verfahren wird öffentlich zur Teilnahme, aus dem Bewerberkreis sodann eine beschränkte Anzahl von Unternehmen zur Angebotsabgabe aufgefordert.

(4) Verhandlungsverfahren sind Verfahren, bei denen sich der Auftraggeber mit oder ohne vorherige öffentliche Aufforderung zur Teilnahme an ausgewählte Unternehmen wendet, um mit einem oder mehreren über die Auftragsbedingungen zu verhandeln.

(5) Öffentliche Auftraggeber haben das offene Verfahren anzuwenden, es sei denn, auf Grund dieses Gesetzes ist etwas anderes gestattet. Auftraggebern, die nur unter § 98 Nr. 4 fallen, stehen die drei Verfahren nach ihrer freien Wahl zur Verfügung.

ZWEITER ABSCHNITT

Nachprüfungsverfahren

I. Nachprüfungsbehörden

§ 102

Grundsatz

Unbeschadet der Prüfungsmöglichkeiten von Aufsichtsbehörden und Vergabeprüfstellen unterliegt die Vergabe öffentlicher Aufträge der Nachprüfung durch die Vergabekammern.

§ 103

Vergabeprüfstellen

(1) Der Bund und die Länder können Vergabeprüfstellen einrichten, denen die Überprüfung der Einhaltung der von Auftraggebern im Sinne des § 98 Nr. 1 bis 3 anzuwendenden Vergabebestimmungen obliegt. Sie können auch bei den Fach- und Rechtsaufsichtsbehörden angesiedelt werden.

(2) Die Vergabeprüfstelle prüft auf Antrag oder von Amts wegen die Einhaltung der von den Auftraggebern im Sinne des § 98 Nr. 1 bis 3 anzuwendenden Vergabevorschriften. Sie kann die das Vergabeverfahren durchführende Stelle verpflichten, rechtswidrige Maßnahmen aufzuheben und rechtmäßige Maßnahmen zu treffen, diese Stellen und Unternehmen bei der Anwendung der Vergabevorschriften beraten und streitschlichtend tätig werden.

(3) Gegen eine Entscheidung der Vergabeprüfstelle kann zur Wahrung von Rechten aus § 97 Abs. 7 nur die Vergabekammer angerufen werden. Die Prüfung durch die Vergabeprüfstelle ist nicht Voraussetzung für die Anrufung der Vergabekammer.

§ 104

Vergabekammern

(1) Die Nachprüfung der Vergabe öffentlicher Aufträge nehmen die Vergabekammern des Bundes für die dem Bund zuzurechnenden Aufträge, die Vergabekammern der Länder für die diesen zuzurechnenden Aufträge wahr.

(2) Rechte aus § 97 Abs. 7 sowie sonstige Ansprüche gegen öffentliche Auftraggeber, die auf die Vornahme oder das Unterlassen einer Handlung in einem Vergabeverfahren gerichtet sind, können außer vor den Vergabeprüfstellen nur von den Vergabekammern und dem Beschwerdegericht geltend gemacht werden. Die Zuständigkeit der ordentlichen Gerichte für die Geltendmachung von Schadensersatzansprüchen und die Befugnisse der Kartellbehörden bleiben unberührt.

§ 105

Besetzung, Unabhängigkeit

(1) Die Vergabekammern üben ihre Tätigkeit im Rahmen der Gesetze unabhängig und in eigener Verantwortung aus.

(2) Die Vergabekammern entscheiden in der Besetzung mit einem Vorsitzenden und zwei Beisitzern, von denen einer ein ehrenamtlicher Beisitzer ist. Der Vorsitzende und der hauptamtliche Beisitzer müssen Beamte auf Lebenszeit mit der Befähigung zum höheren Verwaltungsdienst oder vergleichbar fachkundige Angestellte sein. Der Vorsitzende oder der hauptamtliche Beisitzer müssen die Befähigung zum Richteramt haben; in der Regel soll dies der Vorsitzende sein. Die Beisitzer sollen über gründliche Kenntnisse des Vergabewesens, die ehrenamtlichen Beisitzer auch über mehrjährige praktische Erfahrungen auf dem Gebiet des Vergabewesens verfügen.

(3) Die Kammer kann das Verfahren dem Vorsitzenden oder dem hauptamtlichen Beisitzer ohne mündliche Verhandlung durch unanfechtbaren Beschluss zur alleinigen Entscheidung übertragen. Diese Übertragung ist nur möglich, sofern die Sache keine wesentlichen Schwierigkeiten in tatsächlicher oder rechticher Hinsicht aufweist und die Entscheidung nicht von grundsätzlicher Bedeutung sein wird.

(4) Die Mitglieder der Kammer werden für eine Amtszeit von fünf Jahren bestellt. Sie entscheiden unabhängig und sind nur dem Gesetz unterworfen.

§ 106
Einrichtung, Organisation

(1) Der Bund richtet die erforderliche Anzahl von Vergabekammern beim Bundeskartellamt ein. Einrichtung und Besetzung der Vergabekammern sowie die Geschäftsverteilung bestimmt der Präsident des Bundeskartellamts. Ehrenamtliche Beisitzer und deren Stellvertreter ernennt er auf Vorschlag der Spitzenorganisationen der öffentlich-rechtlichen Kammern. Der Präsident des Bundeskartellamts erlässt nach Genehmigung durch das Bundesministerium für Wirtschaft eine Geschäftsordnung und veröffentlicht diese im Bundesanzeiger.

(2) Die Einrichtung, Organisation und Besetzung der in diesem Abschnitt genannten Stellen (Nachprüfungsbehörden) der Länder bestimmen die nach Landesrecht zuständigen Stellen, mangels einer solchen Bestimmung die Landesregierung, die die Ermächtigung weiter übertragen kann. Bei der Besetzung der Vergabekammern muss gewährleistet sein, dass mindestens ein Mitglied die Befähigung zum Richteramt besitzt und nach Möglichkeit gründliche Kenntnisse des Vergabewesens vorhanden sind. Die Länder können gemeinsame Nachprüfungsbehörden einrichten.

II. Verfahren vor der Vergabekammer

§ 107
Einleitung, Antrag

(1) Die Vergabekammer leitet ein Nachprüfungsverfahren nur auf Antrag ein.

(2) Antragsbefugt ist jedes Unternehmen, das ein Interesse am Auftrag hat und eine Verletzung in seinen Rechten nach § 97 Abs. 7 durch Nichtbeachtung von Vergabevorschriften geltend macht. Dabei ist darzulegen, dass dem Unternehmen durch die behauptete Verletzung der Vergabevorschriften ein Schaden entstanden ist oder zu entstehen droht.

(3) Der Antrag ist unzulässig, soweit der Antragsteller den gerügten Verstoß gegen Vergabevorschriften bereits im Vergabeverfahren erkannt und gegenüber dem Auftraggeber nicht unverzüglich gerügt hat. Der Antrag ist außerdem unzulässig, soweit Verstöße gegen Vergabevorschriften, die aufgrund der Bekanntmachung erkennbar sind, nicht spätestens bis zum Ablauf der in der Bekanntmachung benannten Frist zur Angebotsabgabe oder zur Bewerbung gegenüber dem Auftraggeber gerügt werden.

§ 108
Form

(1) Der Antrag ist schriftlich bei der Vergabekammer einzureichen und unverzüglich zu begründen. Er soll ein bestimmtes Begehren enthalten. Ein Antragsteller ohne Wohnsitz oder gewöhnlichen Aufenthalt, Sitz oder Geschäftsleitung im Geltungsbereich dieses Gesetzes hat einen Empfangsbevollmächtigten im Geltungsbereich dieses Gesetzes zu benennen.

(2) Die Begründung muss die Bezeichnung des Antragsgegners, eine Beschreibung der behaupteten Rechtsverletzung mit Sachverhaltsdarstellung und die Bezeichnung der verfügbaren Beweismittel enthalten sowie darlegen, dass die Rüge gegenüber dem Auftraggeber erfolgt ist; sie soll, soweit bekannt, die sonstigen Beteiligten benennen.

§ 109
Verfahrensbeteiligte, Beiladung

Verfahrensbeteiligte sind der Antragsteller, der Auftraggeber und die Unternehmen, deren Interessen durch die Entscheidung schwerwiegend berührt werden und die deswegen von der Vergabekammer beigeladen worden sind. Die Entscheidung über die Beiladung ist unanfechtbar.

§ 110
Untersuchungsgrundsatz

(1) Die Vergabekammer erforscht den Sachverhalt von Amts wegen. Sie achtet bei ihrer gesamten Tätigkeit darauf, den Ablauf des Vergabeverfahrens nicht unangemessen zu beeinträchtigen.

(2) Sofern er nicht offensichtlich unzulässig oder unbegründet ist, stellt die Vergabekammer den Antrag nach Eingang dem Auftraggeber zu und fordert bei ihm die Akten an, die das Vergabeverfahren dokumentieren (Vergabeakten). Sofern eine Vergabeprüfstelle eingerichtet ist, übermittelt die Vergabekammer der Vergabeprüfstelle eine Kopie des Antrags. Der Auftraggeber stellt die Vergabeakten der Kammer sofort zur Verfügung. Die §§ 57 bis 59 Abs. 1 bis 5 gelten entsprechend.

§ 111
Akteneinsicht

(1) Die Beteiligten können die Akten bei der Vergabekammer einsehen und sich durch die Geschäftsstelle auf ihre Kosten Ausfertigungen, Auszüge oder Abschriften erteilen lassen.

(2) Die Vergabekammer hat die Einsicht in die Unterlagen zu versagen, soweit dies aus wichtigen Gründen, insbesondere des Geheimschutzes oder zur Wahrung von Fabrikations-, Betriebs- oder Geschäftsgeheimnissen geboten ist.

(3) Jeder Beteiligte hat mit Übersendung seiner Akten oder Stellungnahmen auf die in Absatz 2 genannten Geheimnisse hinzuweisen und diese in den Unterlagen entsprechend kenntlich zu machen. Erfolgt dies nicht, kann die Vergabekammer von seiner Zustimmung auf Einsicht ausgehen.

(4) Die Versagung der Akteneinsicht kann nur im Zusammenhang mit der sofortigen Beschwerde in der Hauptsache angegriffen werden.

§ 112
Mündliche Verhandlung

(1) Die Vergabekammer entscheidet auf Grund einer mündlichen Verhandlung, die sich auf einen Termin beschränken soll. Alle Beteiligten haben Gelegenheit zur Stellungnahme. Mit Zustimmung der Beteiligten oder bei Unzulässigkeit oder bei offensichtlicher Unbegründetheit des Antrags kann nach Lage der Akten entschieden werden.

(2) Auch wenn die Beteiligten in dem Verhandlungstermin nicht erschienen oder nicht ordnungsgemäß vertreten sind, kann in der Sache verhandelt und entschieden werden.

§ 113
Beschleunigung

(1) Die Vergabekammer trifft und begründet ihre Entscheidung schriftlich innerhalb einer Frist von fünf Wochen ab Eingang des Antrags. Bei besonderen tatsächlichen oder rechtlichen Schwierigkeiten kann der Vorsitzende im Ausnahmefall die Frist durch Mitteilung an die Beteiligten um den erforderlichen Zeitraum verlängern. Er begründet diese Verfügung schriftlich.

(2) Die Beteiligten haben an der Aufklärung des Sachverhalts mitzuwirken, wie es einem auf Förderung und raschen Abschluss des Verfahrens bedachten Vorgehen entspricht. Den Beteiligten können Fristen gesetzt werden, nach deren Ablauf weiterer Vortrag unbeachtet bleiben kann.

§ 114
Entscheidung der Vergabekammer

(1) Die Vergabekammer entscheidet, ob der Antragsteller in seinen Rechten verletzt ist und trifft die geeigneten Maßnahmen, um eine Rechtsverletzung zu beseitigen und eine Schädigung der betroffenen Interessen zu verhindern. Sie ist an die Anträge nicht gebunden und kann auch unabhängig davon auf die Rechtmäßigkeit des Vergabeverfahrens einwirken.

(2) Ein bereits erteilter Zuschlag kann nicht aufgehoben werden. Hat sich das Nachprüfungsverfahren durch Erteilung des Zuschlags, durch Aufhebung oder durch Einstellung des Vergabeverfahrens oder in sonstiger Weise erledigt, stellt die Vergabekammer auf Antrag eines Beteiligten fest, ob eine Rechtsverletzung vorgelegen hat. § 113 Abs. 1 gilt in diesem Fall nicht.

(3) Die Entscheidung der Vergabekammer ergeht durch Verwaltungsakt. Die Vollstreckung richtet sich, auch gegen einen Hoheitsträger, nach den Verwaltungsvollstreckungsgesetzen des Bundes und der Länder. § 61 gilt entsprechend.

§ 115
Aussetzung des Vergabeverfahrens

(1) Nach Zustellung eines Antrags auf Nachprüfung an den Auftraggeber darf dieser vor einer Entscheidung der Vergabekammer und dem Ablauf der Beschwerdefrist nach § 117 Abs. 1 den Zuschlag nicht erteilen.

Gesetz gegen Wettbewerbsbeschränkungen B I

(2) Die Vergabekammer kann dem Auftraggeber auf seinen Antrag gestatten, den Zuschlag nach Ablauf von zwei Wochen seit Bekanntgabe dieser Entscheidung zu erteilen, wenn unter Berücksichtigung aller möglicherweise geschädigten Interessen sowie des Interesses der Allgemeinheit an einem raschen Abschluss des Vergabeverfahrens die nachteiligen Folgen einer Verzögerung der Vergabe bis zum Abschluss der Nachprüfung die damit verbundenen Vorteile überwiegen. Das Beschwerdegericht kann auf Antrag das Verbot des Zuschlags nach Absatz 1 wiederherstellen; § 114 Abs. 2 Satz 1 bleibt unberührt. Wenn die Vergabekammer den Zuschlag nicht gestattet, kann das Beschwerdegericht auf Antrag des Auftraggebers unter den Voraussetzungen des Satzes 1 den sofortigen Zuschlag gestatten. Für das Vertrauen vor dem Beschwerdegericht gilt § 121 Abs. 2 Satz 1 und 2 entsprechend. Eine sofortige Beschwerde nach § 116 Abs. 1 ist gegen Entscheidungen der Vergabekammer nach diesem Absatz nicht zulässig.

(3) Sind Rechte des Antragstellers aus § 97 Abs. 7 im Vergabeverfahren auf andere Weise als durch den drohenden Zuschlag gefährdet, kann die Kammer auf besonderen Antrag mit weiteren vorläufigen Maßnahmen in das Vergabeverfahren eingreifen. Sie legt dabei den Beurteilungsmaßstab des Absatzes 2 Satz 1 zugrunde. Diese Entscheidung ist nicht selbständig anfechtbar.

III. Sofortige Beschwerde

§ 116
Zulässigkeit, Zuständigkeit

(1) Gegen Entscheidungen der Vergabekammer ist die sofortige Beschwerde zulässig. Sie steht den am Verfahren vor der Vergabekammer Beteiligten zu.

(2) Die sofortige Beschwerde ist auch zulässig, wenn die Vergabekammer über einen Antrag auf Nachprüfung nicht innerhalb der Frist des § 113 Abs. 1 entschieden hat; in diesem Fall gilt der Antrag als abgelehnt.

(3) Über die sofortige Beschwerde entscheidet ausschließlich das für den Sitz der Vergabekammer zuständige Oberlandesgericht. Bei den Oberlandesgerichten wird ein Vergabesenat gebildet.

(4) Rechtssachen nach den Absätzen 1 und 2 können von den Landesregierungen durch Rechtsverordnung anderen Oberlandesgerichten oder dem Obersten Landesgericht zugewiesen werden. Die Landesregierungen können die Ermächtigung auf die Landesjustizverwaltungen übertragen.

§ 117
Frist, Form

(1) Die sofortige Beschwerde ist binnen einer Notfrist von zwei Wochen, die mit der Zustellung der Entscheidung, im Fall des § 116 Abs. 2 mit dem Ablauf der Frist beginnt, schriftlich bei dem Beschwerdegericht einzulegen.

(2) Die sofortige Beschwerde ist zugleich mit ihrer Einlegung zu begründen. Die Beschwerdebegründung muss enthalten:

B I Texte

1. die Erklärung, inwieweit die Entscheidung der Vergabekammer angefochten und eine abweichende Entscheidung beantragt wird,
2. die Angabe der Tatsachen und Beweismittel, auf die sich die Beschwerde stützt.

(3) Die Beschwerdeschrift muss durch einen bei einem deutschen Gericht zugelassenen Rechtsanwalt unterzeichnet sein. Dies gilt nicht für Beschwerden von juristischen Personen des öffentlichen Rechts.

(4) Mit der Einlegung der Beschwerde sind die anderen Beteiligten des Verfahrens vor der Vergabekammer vom Beschwerdeführer durch Übermittlung einer Ausfertigung der Beschwerdeschrift zu unterrichten.

§ 118
Wirkung

(1) Die sofortige Beschwerde hat aufschiebende Wirkung gegenüber der Entscheidung der Vergabekammer. Die aufschiebende Wirkung entfällt zwei Wochen nach Ablauf der Beschwerdefrist. Hat die Vergabekammer den Antrag auf Nachprüfung abgelehnt, so kann das Beschwerdegericht auf Antrag des Beschwerdeführers die aufschiebende Wirkung bis zur Entscheidung über die Beschwerde verlängern.

(2) Bei seiner Entscheidung über den Antrag nach Absatz 1 Satz 3 berücksichtigt das Gericht die Erfolgsaussichten der Beschwerde. Es lehnt den Antrag ab, wenn unter Berücksichtigung aller möglicherweise geschädigten Interessen sowie des Interesses der Allgemeinheit an einem raschen Abschluss des Vergabeverfahrens die nachteiligen Folgen einer Verzögerung der Vergabe bis zur Entscheidung über die Beschwerde die damit verbundenen Vorteile überwiegen.

(3) Hat die Vergabekammer dem Antrag auf Nachprüfung durch Untersagung des Zuschlags stattgegeben, so unterbleibt dieser, solange nicht das Beschwerdegericht die Entscheidung der Vergabekammer nach § 121 oder § 123 aufhebt.

§ 119
Beteiligte am Beschwerdeverfahren

An dem Verfahren vor dem Beschwerdegericht beteiligt sind die an dem Verfahren vor der Vergabekammer Beteiligten.

§ 120
Verfahrensvorschriften

(1) Vor dem Beschwerdegericht müssen sich die Beteiligten durch einen bei einem deutschen Gericht zugelassenen Rechtsanwalt als Bevollmächtigten vertreten lassen. Juristische Personen des öffentlichen Rechts können sich durch Beamte oder Angestellte mit Befähigung zum Richteramt vertreten lassen.

(2) Die §§ 69, 70 Abs. 1 bis 3, § 71 Abs. 1 und 6, §§ 72, 73 mit Ausnahme der Verweisung auf § 227 Abs. 3 der Zivilprozessordnung, die §§ 111 und 113 Abs. 2 Satz 1 finden entsprechende Anwendung.

§ 121
Vorabentscheidung über den Zuschlag

(1) Auf Antrag des Auftraggebers kann das Gericht unter Berücksichtigung der Erfolgsaussichten der sofortigen Beschwerde den weiteren Fortgang des Vergabeverfahrens und den Zuschlag gestatten. Das Gericht kann den Zuschlag auch gestatten, wenn unter Berücksichtigung aller möglicherweise geschädigten Interessen sowie des Interesses der Allgemeinheit an einem raschen Abschluss des Vergabeverfahrens die nachteiligen Folgen einer Verzögerung der Vergabe bis zur Entscheidung über die Beschwerde die damit verbundenen Vorteile überwiegen.

(2) Der Antrag ist schriftlich zu stellen und gleichzeitig zu begründen. Die zur Begründung des Antrags vorzutragenden Tatsachen sowie der Grund für die Eilbedürftigkeit sind glaubhaft zu machen. Bis zur Entscheidung über den Antrag kann das Verfahren über die Beschwerde ausgesetzt werden.

(3) Die Entscheidung ist unverzüglich längstens innerhalb von fünf Wochen nach Eingang des Antrags zu treffen und zu begründen; bei besonderen tatsächlichen oder rechtlichen Schwierigkeiten kann der Vorsitzende im Ausnahmefall die Frist durch begründete Mitteilung an die Beteiligten um den erforderlichen Zeitraum verlängern. Die Entscheidung kann ohne mündliche Verhandlung ergehen. Ihre Begründung erläutert Rechtmäßigkeit oder Rechtswidrigkeit des Vergabeverfahrens. § 120 findet Anwendung.

(4) Gegen eine Entscheidung nach dieser Vorschrift ist ein Rechtsmittel nicht zulässig.

§ 122
Ende des Vergabeverfahrens nach Entscheidung des Beschwerdegerichts

Ist der Auftraggeber mit einem Antrag nach § 121 vor dem Beschwerdegericht unterlegen, gilt das Vergabeverfahren nach Ablauf von 10 Tagen nach Zustellung der Entscheidung als beendet, wenn der Auftraggeber nicht die Maßnahmen zur Herstellung der Rechtmäßigkeit des Verfahrens ergreift, die sich aus der Entscheidung ergeben; das Verfahren darf nicht fortgeführt werden.

§ 123
Beschwerdeentscheidung

Hält das Gericht die Beschwerde für begründet, so hebt es die Entscheidung der Vergabekammer auf. In diesem Fall entscheidet das Gericht in der Sache selbst oder spricht die Verpflichtung der Vergabekammer aus, unter Berücksichtigung der Rechtsauffassung des Gerichts über die Sache erneut zu entscheiden. Auf Antrag stellt es fest, ob das Unternehmen, das die Nachprüfung beantragt hat, durch den Auftraggeber in seinen Rechten verletzt ist. § 114 Abs. 2 gilt entsprechend.

§ 124
Bindungswirkung und Vorlagepflicht

(1) Wird wegen eines Verstoßes gegen Vergabevorschriften Schadensersatz begehrt und hat ein Verfahren vor der Vergabekammer stattgefunden, ist das ordentliche

Gericht an die bestandskräftige Entscheidung der Vergabekammer und die Entscheidung des Oberlandesgerichts sowie gegebenenfalls des nach Absatz 2 angerufenen Bundesgerichtshofs über die Beschwerde gebunden.

(2) Will ein Oberlandesgericht von einer Entscheidung eines anderen Oberlandesgerichts oder des Bundesgerichtshofes abweichen, so legt es die Sache dem Bundesgerichtshof vor. Der Bundesgerichtshof entscheidet anstelle des Oberlandesgerichts. Die Vorlagepflicht gilt nicht im Verfahren nach § 118 Abs. 1 Satz 3 und nach § 121.

DRITTER ABSCHNITT
Sonstige Regelungen

§ 125
Schadensersatz bei Rechtsmissbrauch

(1) Erweist sich der Antrag nach § 107 oder die sofortige Beschwerde nach § 116 als von Anfang an ungerechtfertigt, ist der Antragsteller oder der Beschwerdeführer verpflichtet, dem Gegner und den Beteiligten den Schaden zu erstezen, der ihnen durch den Missbrauch des Antrags- oder Beschwerderechts entstanden ist.

(2) Ein Missbrauch ist es insbesondere,
1. die Aussetzung oder die weitere Aussetzung des Vergabeverfahrens durch vorsätzlich oder grob fahrlässig vorgetragene falsche Angaben zu erwirken;
2. die Überprüfung mit dem Ziel zu beantragen, das Vergabeverfahren zu behindern oder Konkurrenten zu schädigen;
3. einen Antrag in der Absicht zu stellen, ihn später gegen Geld oder andere Vorteile zurückzunehmen.

(3) Erweisen sich die von der Vergabekammer entsprechend einem besonderen Antrag nach § 115 Abs. 3 getroffenen vorläufigen Maßnahmen als von Anfang an ungerechtfertigt, hat der Antragsteller dem Auftraggeber den aus der Vollziehung der angeordneten Maßnahmen entstandenen Schaden zu ersetzen.

§ 126
Anspruch auf Ersatz des Vertrauensschadens

Hat der Auftraggeber gegen eine den Schutz von Unternehmen bezweckende Vorschrift verstoßen und hätte das Unternehmen ohne diesen Verstoß bei der Wertung der Angebote eine echte Chance gehabt, den Zuschlag zu erhalten, die aber durch den Rechtsverstoß beeinträchtigt wurde, so kann das Unternehmen Schadensersatz für die Kosten der Vorbereitung des Angebots oder der Teilnahme an einem Vergabeverfahren verlangen. Weiterreichende Ansprüche auf Schadensersatz bleiben unberührt.

§ 127

Ermächtigungen

Die Bundesregierung kann durch Rechtsverordnung mit Zustimmung des Bundesrates Regelungen erlassen

1. zur Umsetzung der Schwellenwerte der Richtlinien der Europäischen Gemeinschaften über die Koordinierung der Verfahren zur Vergabe öffentlicher Aufträge in das deutsche Recht;
2. zur näheren Bestimmung der Tätigkeiten auf dem Gebiet der Trinkwasser- und der Energieversorgung, des Verkehrs und der Telekommunikation, soweit dies zur Erfüllung von Verpflichtungen aus Richtlinien der Europäischen Gemeinschaften erforderlich ist;
3. zur näheren Bestimmung der verbundenen Unternehmen, auf deren Dienstleistungen gegenüber Auftraggebern, die auf dem Gebiete der Trinkwasser- oder der Energieversorgung, des Verkehrs oder der Telekommunikation tätig sind, nach den Richtlinien der Europäischen Gemeinschaften dieser Teil nicht anzuwenden ist;
4. zur näheren Bestimmung der Aufträge von Unternehmen der Trinkwasser- oder der Energieversorgung, des Verkehrs oder der Telekommunikation, auf die nach den Richtlinien der Europäischen Gemeinschaften dieser Teil nicht anzuwenden ist;
5. über die genaue Abgrenzung der Zuständigkeiten der Vergabekammern von Bund und Ländern sowie der Vergabekammern der Länder voneinander;
6. über ein Verfahren, nach dem öffentliche Auftraggeber durch unabhängige Prüfer eine Bescheinigung erhalten können, dass ihr Vergabeverhalten mit den Regeln dieses Gesetzes und den auf Grund dieses Gesetzes erlassenen Vorschriften übereinstimmt;
7. über den Korrekturmechanismus gemäß Kapitel 3 und ein freiwilliges Streitschlichtungsverfahren der Europäischen Kommission gemäß Kapitel 4 der Richtlinie 92/13/EWG des Rates der Europäischen Gemeinschaften vom 25. Februar 1992 (ABl. EG Nr. L 76 S. 14);
8. über die Informationen, die von den Auftraggebern, den Vergabekammern und den Beschwerdegerichten dem Bundesministerium für Wirtschaft zu übermitteln sind, um Verpflichtungen aus Richtlinien des Rates der Europäischen Gemeinschaften zu erfüllen.

§ 128

Kosten des Verfahrens vor der Vergabekammer

(1) Für Amtshandlungen der Vergabekammern werden Kosten (Gebühren und Auslagen) zur Deckung des Verwaltungsaufwandes erhoben. Das Verwaltungskostengesetz findet Anwendung.

(2) Die Höhe der Gebühren bestimmt sich nach dem personellen und sachlichen Aufwand der Vergabekammer unter Berücksichtigung der wirtschaftlichen Bedeutung des Gegenstandes des Nachprüfungsverfahrens. Die Gebühr beträgt mindes-

tens 5000 Deutsche Mark; dieser Betrag kann aus Gründen der Billigkeit bis auf ein Zehntel ermäßigt werden. Die Gebühr soll den Betrag von 50 000 Deutsche Mark nicht überschreiten, kann aber im Einzelfall, wenn der Aufwand oder die wirtschaftliche Bedeutung außergewöhnlich hoch sind, bis zu einem Betrag von 100 000 Deutsche Mark erhöht werden.

(3) Soweit ein Beteiligter im Verfahren unterliegt, hat er die Kosten zu tragen. Mehrere Kostenschuldner haften als Gesamtschuldner. Hat sich der Antrag vor Entscheidung der Vergabekammer durch Rücknahme oder anderweitig erledigt, ist die Hälfte der Gebühr zu entrichten. Aus Gründen der Billigkeit kann von der Erhebung von Gebühren ganz oder teilweise abgesehen werden.

(4) Soweit die Anrufung der Vergabekammer erfolgreich ist, oder dem Antrag durch die Vergabeprüfstelle abgeholfen wird, findet eine Erstattung der zur zweckentsprechenden Rechtsverfolgung notwendigen Aufwendungen statt. Soweit ein Beteiligter im Verfahren unterliegt, hat er die zur zweckentsprechenden Rechtsverfolgung oder Rechtsverteidigung notwendigen Auslagen des Antragsgegners zu tragen. § 80 des Verwaltungsverfahrensgesetzes und die entsprechenden Vorschriften der Verwaltungsverfahrensgesetze der Länder gelten entsprechend.

§ 129
Kosten der Vergabeprüfstelle

Für Amtshandlungen der Vergabeprüfstellen des Bundes, die über die im § 103 Abs. 2 Satz 1 genannte Prüftätigkeit und die damit verbundenen Maßnahmen der Vergabeprüfstellen hinausgehen, werden Kosten zur Deckung des Verwaltungsaufwandes erhoben. § 28 gilt entsprechend. Die Gebühr beträgt 20 vom Hundert der Mindestgebühr nach § 128 Abs. 2; ist der Aufwand oder die wirtschaftliche Bedeutung im Einzelfall außergewöhnlich hoch, kann die Gebühr bis zur Höhe der vollen Mindestgebühr angehoben werden.

II.
Verordnung über die Vergabe öffentlicher Aufträge*)
(Vergabeverordnung – VgV)

vom 9. Januar 2001 (BGBl. I S. 110)

Auf Grund des § 97 Abs. 6 und des § 127 des Gesetzes gegen Wettbewerbsbeschränkungen in der Fassung der Bekanntmachung vom 26. August 1998 (BGBl. I S. 2546) verordnet die Bundesregierung:

ABSCHNITT 1
Vergabebestimmungen

§ 1
Zweck der Verordnung

Die Verordnung trifft nähere Bestimmungen über das bei der Vergabe öffentlicher Aufträge einzuhaltende Verfahren sowie über die Zuständigkeit und das Verfahren bei der Durchführung von Nachprüfungsverfahren für öffentliche Aufträge, deren geschätzte Auftragswerte die in § 2 geregelten Beträge ohne Umsatzsteuer erreichen oder übersteigen (Schwellenwerte).

§ 2
Schwellenwerte

Der Schwellenwert beträgt:

1. für Liefer- und Dienstleistungsaufträge im Bereich der Trinkwasser- oder Energieversorgung oder im Verkehrsbereich: 400 000 Euro,
2. für Liefer- und Dienstleistungsaufträge der obersten oder oberen Bundesbehörden sowie vergleichbarer Bundeseinrichtungen außer Forschungs- und Entwicklungs-Dienstleistungen und Dienstleistungen des Anhangs I B der Richtlinie 92/50/EWG des Rates über die Koordinierung der Verfahren zur Vergabe öffentlicher Dienstleistungsaufträge vom 18. Juni 1992 (ABl. EG Nr. L 209 S. 1) geändert durch die Richtlinie 97/52/EG vom 13. Oktober 1997 (ABl. EG Nr. L 328 S. 1): 130 000 Euro; im Verteidigungsbereich gilt dies bei Lieferaufträgen nur für Waren, die im Anhang II der Richtlinie 93/36/EWG des Rates über die Koordinierung der Verfahren zur Vergabe öffentlicher Lieferaufträge vom 14. Juni 1993 (ABl. EG Nr. L 199 S. 1) geändert durch die Richtlinie 97/52/EG vom 13. Oktober 1997 (ABl. EG Nr. L 328 S. 1) aufgeführt sind.
3. für alle anderen Liefer- und Dienstleistungsaufträge: 200 000 Euro,
4. für Bauaufträge: 5 Millionen Euro,

---

*) Die Verordnung dient der Umsetzung der Richtlinie 97/52/EG des Europäischen Parlaments und des Rates vom 13. Oktober 1997 zur Änderung der Richtlinien 92/50/EWG, 93/36/EWG und 93/37/EWG über die Koordinierung der Verfahren zur Vergabe öffentlicher Dienstleistungs-, Liefer- und Bauaufträge (ABl. EG Nr. L 328 S. 1) und der Richtlinie 98/4/EG des Europäischen Parlaments und des Rates zur Änderung der Richtlinie 93/38/EWG zur Koordinierung der Auftragsvergabe durch Auftraggeber im Bereich der Wasser-, Energie- und Verkehrsversorgung sowie im Telekommunikationssektor (ABl. EG Nr. L 101 S. 1) in deutsches Recht.

5. für Auslobungsverfahren, die zu einem Dienstleistungsauftrag führen sollen, dessen Schwellenwert,

6. für die übrigen Auslobungsverfahren der Wert, der bei Dienstleistungsaufträgen gilt,

7. für Lose von Bauaufträgen nach Nr. 4: 1 Million Euro oder bei Losen unterhalb von 1 Million Euro deren addierter Wert ab 20 vom Hundert des Gesamtwertes aller Lose und

8. für Lose von Dienstleistungsaufträgen nach Nr. 2 oder 3: 80 000 Euro oder bei Losen unterhalb von 80 000 Euro deren addierter Wert ab 20 vom Hundert des Gesamtwertes aller Lose; dies gilt nicht im Sektorenbereich.

§ 3
Schätzung der Auftragswerte

(1) Bei der Schätzung des Auftragswertes ist von der geschätzten Gesamtvergütung für die vorgesehene Leistung auszugehen.

(2) Der Wert eines beabsichtigten Auftrages darf nicht in der Absicht geschätzt oder aufgeteilt werden, ihn der Anwendung dieser Bestimmungen zu entziehen.

(3) Bei zeitlich begrenzten Lieferaufträgen mit einer Laufzeit bis zu zwölf Monaten sowie bei Dienstleistungsaufträgen bis zu 48 Monaten Laufzeit, für die kein Gesamtpreis angegeben wird, ist bei der Schätzung des Auftragswertes der Gesamtwert für die Laufzeit des Vertrages zugrunde zu legen. Bei Lieferaufträgen mit einer Laufzeit von mehr als zwölf Monaten ist der Gesamtwert einschließlich des geschätzten Restwertes zugrunde zu legen. Bei unbefristeten Verträgen oder bei nicht absehbarer Vertragsdauer folgt der Vertragswert aus der monatlichen Zahlung multipliziert mit 48.

(4) Bei regelmäßigen Aufträgen oder Daueraufträgen über Lieferungen oder Dienstleistungen ist bei der Schätzung des Auftragswertes entweder der tatsächliche Gesamtauftragswert entsprechender Aufträge für ähnliche Arten von Lieferungen oder Dienstleistungen aus den vorangegangenen zwölf Monaten oder dem vorangegangenen Haushaltsjahr, unter Anpassung an voraussichtliche Änderungen bei Mengen oder Kosten während der auf die erste Lieferung oder Dienstleistung folgenden zwölf Monate oder der geschätzte Gesamtwert während der auf die erste Lieferung oder Dienstleistung folgenden zwölf Monate oder während der Laufzeit des Vertrages, soweit diese länger als zwölf Monate ist, zugrunde zu legen.

(5) Bestehen die zu vergebenden Aufträge aus mehreren Losen, für die jeweils ein gesonderter Auftrag vergeben wird, müssen bei der Schätzung alle Lose berücksichtigt werden. Bei Lieferaufträgen gilt dies nur für Lose über gleichartige Lieferungen.

(6) Sieht der beabsichtigte Auftrag über Lieferungen oder Dienstleistungen Optionsrechte vor, so ist der voraussichtliche Vertragswert aufgrund des größtmöglichen Auftragswertes unter Einbeziehung der Optionsrechte zu schätzen.

(7) Bei der Schätzung des Auftragswertes von Bauleistungen ist außer dem Auftragswert der Bauaufträge der geschätzte Wert der Lieferungen zu berücksichtigen, die für die Ausführung der Bauleistungen erforderlich sind und vom Auftraggeber zur Verfügung gestellt werden.

Vergabeverordnung 2001 **B II**

(8) Der Wert einer Rahmenvereinbarung wird auf der Grundlage des geschätzten Höchstwertes aller für diesen Zeitraum geplanten Aufträge berechnet. Eine Rahmenvereinbarung ist eine Vereinbarung mit einem oder mehreren Unternehmen, in der die Bedingungen für Einzelaufträge festgelegt werden, die im Laufe eines bestimmten Zeitraums vergeben werden sollen, insbesondere über den in Aussicht genommenen Preis und gegebenenfalls die in Aussicht genommene Menge.

(9) Bei Auslobungsverfahren, die zu einem Dienstleistungsauftrag führen sollen, ist dessen Wert zu schätzen; bei allen übrigen Auslobungsverfahren die Summe der Preisgelder und Zahlungen an Teilnehmer.

(10) Maßgeblicher Zeitpunkt für die Schätzung des Auftragswertes ist der Tag der Absendung der Bekanntmachung der beabsichtigten Auftragsvergabe oder die sonstige Einleitung des Vergabeverfahrens.

§ 4
Vergabe von Liefer- und Dienstleistungsaufträgen

(1) Auftraggeber nach § 98 Nr. 1 bis 3 des Gesetzes gegen Wettbewerbsbeschränkungen (nachfolgend GWB) haben bei der Vergabe von Liefer- und Dienstleistungsaufträgen sowie bei der Durchführung von Auslobungsverfahren, die zu Dienstleistungen führen sollen, die Bestimmungen des 2. Abschnittes des Teiles A der Verdingungsordnung für Leistungen (VOL/A) in der Fassung der Bekanntmachung vom 17. August 2000 (BAnz. Nr. 200 a vom 24. Oktober 2000) anzuwenden, wenn in den §§ 5 und 6 nichts anderes bestimmt ist. Satz 1 findet auf Aufträge im Sektorenbereich keine Anwendung.

(2) Für Auftraggeber nach § 98 Nr. 5 GWB gilt Absatz 1 hinsichtlich der Vergabe von Dienstleistungsaufträgen und für Auslobungsverfahren, die zu Dienstleistungen führen sollen.

§ 5
Vergabe freiberuflicher Dienstleistungen

Auftraggeber nach § 98 Nr. 1 bis 3 und 5 GWB haben bei der Vergabe von Dienstleistungen, die im Rahmen einer freiberuflichen Tätigkeit erbracht oder im Wettbewerb mit freiberuflichen Tätigen angeboten werden, sowie bei Auslobungsverfahren, die zu solchen Dienstleistungen führen sollen, die Verdingungsordnung für freiberufliche Leistungen (VOF) in der Fassung der Bekanntmachung vom 25. Juli 2000 (BAnz. Nr. 173 a vom 13. September 2000) anzuwenden. Dies gilt nicht für Dienstleistungen, deren Gegenstand eine Aufgabe ist, deren Lösung vorab eindeutig und erschöpfend beschrieben werden kann. Satz 1 findet auf Aufträge im Sektorenbereich keine Anwendung.

§ 6
Vergabe von Bauleistungen

Auftraggeber nach § 98 Nr. 1 bis 3, 5 und 6 GWB haben bei der Vergabe von Bauaufträgen und Baukonzessionen die Bestimmungen des 2. Abschnittes des Teiles A der Verdingungsordnung für Bauleistungen (VOB/A) in der Fassung der Bekanntmachung vom 30. Mai 2000 (BAnz. Nr. 120 a vom 30. Juni 2000, BAnz. S. 19 125) anzuwenden; für die in § 98 Nr. 6 GWB genannten Auftraggeber gilt dies nur hinsichtlich der Bestimmungen, die auf diese Auftraggeber Bezug nehmen. Baukonzessionen sind Bauaufträge, bei denen die Gegenleistung für die Bauarbeiten statt in einer Vergütung in dem Recht auf Nutzung der baulichen Anlage, ggf. zuzüglich der Zahlung eines Preises besteht. Satz 1 findet auf Aufträge im Sektorenbereich keine Anwendung.

§ 7
Aufträge im Sektorenbereich

(1) Die in § 98 Nr. 1 bis 3 GWB genannten Auftraggeber, die eine Tätigkeit nach § 8 Nr. 1, Nr. 4 Buchstabe b oder Nr. 4 Buchstabe c ausüben, haben bei der Vergabe von Aufträgen die folgenden Bestimmungen anzuwenden:

1. im Fall von Liefer- und Dienstleistungsaufträgen sowie Auslobungsverfahren, die zu Dienstleistungen führen sollen, die Bestimmungen des 3. Abschnittes des Teiles A der Verdingungsordnung für Leistungen (VOL/A). Dies gilt nicht für Aufträge im Sinne des § 5;

2. im Fall von Bauaufträgen die Bestimmungen des 3. Abschnittes des Teiles A der Verdingungsordnung für Bauleistungen (VOB/A).

(2) Die in § 98 Nr. 1 bis 3 GWB genannten Auftraggeber, die eine Tätigkeit nach § 8 Nr. 2, Nr. 3 oder Nr. 4 Buchstabe a ausüben, und die in § 98 Nr. 4 GWB genannten Auftraggeber haben bei der Vergabe von Aufträgen die folgenden Bestimmungen anzuwenden:

1. im Fall von Liefer- und Dienstleistungsaufträgen sowie Auslobungsverfahren, die zu Dienstleistungen führen sollen, die Bestimmungen des 4. Abschnittes des Teiles A der Verdingungsordnung für Leistungen (VOL/A). Dies gilt nicht für Aufträge im Sinne des § 5;

2. im Fall von Bauaufträgen die Bestimmungen des 4. Abschnittes des Teiles A der Verdingungsordnung für Bauleistungen (VOB/A).

§ 8
Tätigkeit im Sektorenbereich

Tätigkeiten auf dem Gebiet der Trinkwasser- oder Energieversorgung oder im Verkehrsbereich (Sektorenbereich) sind die im Folgenden genannten Tätigkeiten:

1. Trinkwasserversorgung:

    die Bereitstellung und das Betreiben fester Netze zur Versorgung der Öffentlichkeit im Zusammenhang mit der Gewinnung, dem Transport oder der Verteilung von Trinkwasser sowie die Versorgung dieser Netze mit Trinkwasser; dies gilt auch wenn diese Tätigkeit mit der Ableitung und Klärung von Abwässern oder mit Wasserbauvorhaben sowie Vorhaben auf dem Gebiet der Bewässerung und der Entwässerung im Zusammenhang steht, sofern die zur Trinkwasserversorgung bestimmte Wassermenge mehr als 20 vom Hundert der mit dem Vorhaben oder Bewässerungs- oder Entwässerungsanlagen zur Verfügung gestellten Gesamtwassermenge ausmacht;

2. Elektrizitäts- und Gasversorgung:

   die Bereitstellung und das Betreiben fester Netze zur Versorgung der Öffentlichkeit im Zusammenhang mit der Erzeugung, dem Transport oder der Verteilung von Strom oder der Gewinnung von Gas sowie die Versorgung dieser Netze mit Strom oder Gas durch Unternehmen im Sinne des § 2 Abs. 3 des Energiewirtschaftsgesetzes;

3. Wärmeversorgung:

   die Bereitstellung und das Betreiben fester Netze zur Versorgung der Öffentlichkeit im Zusammenhang mit der Erzeugung, dem Transport oder der Verteilung von Wärme sowie die Versorgung dieser Netze mit Wärme;

4. Verkehrsbereich:

   a) die Nutzung eines geographisch abgegrenzten Gebietes zum Zwecke der Versorgung von Beförderungsunternehmen im Luftverkehr mit Flughäfen durch Flughafenunternehmer, die eine Genehmigung nach § 38 Abs. 2 Nr. 1 der Luftverkehrs-Zulassungsordnung in der Fassung der Bekanntmachung vom 27. März 1999 (BGBl. I S. 610) erhalten haben oder einer solchen bedürfen;

   b) die Nutzung eines geographisch abgegrenzten Gebietes zum Zwecke der Versorgung von Beförderungsunternehmen im See- oder Binnenschiffverkehr mit Häfen oder anderen Verkehrsendeinrichtungen;

   c) das Betreiben von Netzen zur Versorgung der Öffentlichkeit im Eisenbahn-, Straßenbahn- oder sonstigen Schienenverkehr, im öffentlichen Personenverkehr auch mit Kraftomnibussen und Oberleitungsbussen, mit Seilbahnen sowie mit automatischen Systemen. Im Verkehrsbereich ist ein Netz auch vorhanden, wenn die Verkehrsleistungen auf Grund einer behördlichen Auflage erbracht werden; dazu gehören die Festlegung der Strecken, Transportkapazitäten oder Fahrpläne.

§ 9

Ausnahmen im Sektorenbereich

(1) Die Tätigkeit des Auftraggebers nach § 98 Nr. 4 GWB gilt nicht als eine Tätigkeit

1. im Sinne des § 8 Nr. 1, sofern die Gewinnung von Trinkwasser für die Ausübung einer anderen Tätigkeit als der Trinkwasserversorgung der Öffentlichkeit erforderlich ist, die Lieferung an das öffentliche Netz nur von seinem Eigenverbrauch abhängt und unter Zugrundelegung des Mittels der letzten drei Jahre einschließlich des laufenden Jahres nicht mehr als 30 vom Hundert seiner gesamten Trinkwasserversorgung ausmacht;

2. im Sinne des § 8 Nr. 2, sofern die Erzeugung von Strom für die Ausübung einer anderen Tätigkeit als der Versorgung der Öffentlichkeit erforderlich ist, die Lieferung von Strom an das öffentliche Netz nur von seinem Eigenverbrauch abhängt und unter Zugrundelegung des Mittels der letzten drei Jahre einschließlich des laufendes Jahres nicht mehr als 30 vom Hundert seiner gesamten Energieerzeugung ausmacht;

3. im Sinne des § 8 Nr. 2, sofern die Erzeugung von Gas sich zwangsläufig aus der Ausübung einer anderen Tätigkeit ergibt, die Lieferung an das öffentliche Netz nur darauf abzielt, diese Erzeugung wirtschaftlich zu nutzen und unter Zugrundelegung des Mittels der letzten drei Jahre einschließlich des laufendes Jahres nicht mehr als 20 vom Hundert des Umsatzes des betreffenden Auftraggebers ausgemacht hat;
4. im Sinne des § 8 Nr. 3, sofern die Erzeugung von Wärme sich zwangsläufig aus der Ausübung einer anderen Tätigkeit ergibt, die Lieferung an das öffentliche Netz nur darauf abzielt, diese Erzeugung wirtschaftlich zu nutzen und unter Zugrundelegung des Mittels der letzten drei Jahre einschließlich des laufenden Jahres nicht mehr als 20 vom Hundert des Umsatzes des Auftraggebers ausgemacht hat.

(2) § 7 gilt nicht für Aufträge, die anderen Zwecken als der Durchführung der in § 8 genannten Tätigkeiten dienen.

(3) § 7 gilt nicht für Aufträge, die zur Durchführung der in § 8 genannten Tätigkeiten außerhalb des Gebiets, in dem der Vertrag zur Gründung der Europäischen Gemeinschaft gilt, vergeben werden, wenn sie nicht mit der tatsächlichen Nutzung eines Netzes oder einer Anlage innerhalb dieses Gebietes verbunden sind. Die betreffenden Auftraggeber teilen der Kommission der Europäischen Gemeinschaften auf Anfrage alle Tätigkeiten mit, die nach ihrer Auffassung unter Satz 1 fallen. Eine Kopie des Schreibens an die Kommission übersenden sie unaufgefordert dem Bundesministerium für Wirtschaft und Technologie.

(4) § 7 gilt nicht für Aufträge, die zum Zwecke der Weiterveräußerung oder Weitervermietung an Dritte vergeben werden, vorausgesetzt, dass der Auftraggeber kein besonderes oder ausschließliches Recht zum Verkauf oder zur Vermietung des Auftragsgegenstandes besitzt und dass andere Unternehmen unter der Möglichkeit haben, diese Waren unter gleichen Bedingungen wie der betreffende Auftraggeber zu verkaufen oder zu vermieten. Die betreffenden Auftraggeber teilen der Kommission oder Europäischen Gemeinschaften auf deren Anfrage aller Arten von Erzeugnissen mit, die nach ihrer Auffassung unter Satz 1 fallen. Eine Kopie des Schreibens an die Kommission übersenden sie unaufgefordert dem Bundesministerium für Wirtschaft und Technologie.

(5) § 7 gilt nicht für Aufträge, die
1. bei Tätigkeiten nach § 8 Nr. 1 die Beschaffung von Wasser oder
2. bei Tätigkeiten nach § 8 Nr. 2 und 3 die Beschaffung von Energie oder von Brennstoffen zum Zweck der Energieerzeugung

zum Gegenstand haben.

§ 10
Freistellung verbundener Unternehmen

(1) § 7 gilt nicht für Dienstleistungsaufträge,
1. die ein Auftraggeber an ein mit ihm verbundenes Unternehmen vergibt,
2. die ein gemeinsames Unternehmen, das mehrere Auftraggeber zur Durchführung von Tätigkeiten im Sinne des § 8 gebildet haben, an einen dieser Auftraggeber oder an ein Unternehmen vergibt, das mit einem dieser Auftraggeber verbunden ist,

sofern mindestens 80 vom Hundert des von diesem Unternehmen während der letzten drei Jahre in der Europäischen Gemeinschaft erzielten durchschnittlichen Umsatzes im Dienstleistungssektor aus der Erbringung dieser Dienstleistungen für die mit ihm verbundenen Unternehmen stammen. Satz 1 gilt auch, sofern das Unternehmen noch keine drei Jahre besteht, wenn zu erwarten ist, dass in den ersten drei Jahren seines Bestehens mindestens 80 vom Hundert erreicht werden. Werden die gleichen oder gleichartigen Dienstleistungen von mehr als einem mit dem Auftraggeber verbundenen Unternehmen erbracht, ist der Gesamtumsatz in der Europäischen Gemeinschaft zu berücksichtigen, der sich für diese Unternehmen aus der Erbringung von Dienstleistungen ergibt. Die Auftraggeber teilen der Kommission der Europäischen Gemeinschaften auf deren Verlangen den Namen der Unternehmen, die Art und den Wert des jeweiligen Dienstleistungsauftrages und alle Angaben mit, welche die Kommission der Europäischen Gemeinschaften zur Prüfung für erforderlich hält.

(2) Ein verbundenes Unternehmen im Sinne des Absatzes 1 ist ein Unternehmen, das als Mutter- oder Tochterunternehmen im Sinne des § 290 Abs. 1 des Handelsgesetzbuches gilt, ohne dass es auf die Rechtsform und den Sitz ankommt. Im Fall von Auftraggebern, auf die § 290 Abs. 1 des Handelsgesetzbuches nicht zutrifft, sind verbundene Unternehmen diejenigen, auf die der Auftraggeber unmittelbar oder mittelbar einen beherrschenden Einfluss ausüben kann, insbesondere auf Grund der Eigentumsverhältnisse, der finanziellen Beteiligung oder der für das Unternehmen geltenden Vorschriften. Es wird vermutet, dass ein beherrschender Einfluss ausgeübt wird, wenn der Auftraggeber

1. die Mehrheit des gezeichneten Kapitals des Unternehmens besitzt oder
2. über die Mehrheit mit der den Anteilen des Unternehmens verbundenen Stimmrechte verfügt oder
3. mehr als die Hälfte der Mitglieder der Verwaltungs-, Leitungs- oder Aufsichtsorgans des Unternehmens bestellen kann.

Verbundene Unternehmen sind auch diejenigen, die einen beherrschenden Einfluss im Sinne des Satzes 3 auf den Auftraggeber ausüben können oder die ebenso wie der Auftraggeber einem beherrschenden Einfluss eines anderen Unternehmens unterliegen.

§ 11

Auftraggeber nach dem Bundesberggesetz

(1) Die in § 98 Nr. 1 bis 4 GWB genannten Auftraggeber, die nach dem Bundesberggesetz eine Berechtigung zur Aufsuchung oder Gewinnung von Erdöl, Gas, Kohle oder anderen Festbrennstoffen erhalten haben, haben bei der Vergabe von Aufträgen zum Zwecke der Durchführung der zuvor bezeichneten Tätigkeiten den Grundsatz der Nichtdiskriminierung und der wettbewerbsorientierten Auftragsvergabe zu beachten. Insbesondere haben sie Unternehmen, die ein Interesse an einem solchen Auftrag haben können, ausreichende Informationen zur Verfügung zu stellen und bei der Auftragsvergabe objektive Kriterien zugrunde zu legen. Auf Aufträge, die die Beschaffung von Energie oder Brennstoffen zur Energieerzeugung zum Gegenstand haben, sind die Sätze 1 und 2 nicht anzuwenden.

(2) Die in Absatz 1 genannten Auftraggeber erteilen der Kommission der Europäischen Gemeinschaften unter den von dieser festgelegten Bedingungen Auskunft über die Vergabe der unter diese Vorschrift fallenden Aufträge.

§ 12
Drittlandsklausel

Auftraggeber, die eine der in § 8 genannten Tätigkeiten ausüben, können bei Lieferaufträgen Angebote zurückweisen, bei denen der Warenanteil zu mehr als 50 vom Hundert des Gesamtwertes aus Ländern stammt, die nicht Vertragsparteien des Abkommens über den Europäischen Wirtschaftsraum sind und mit denen auch keine sonstigen Vereinbarungen über gegenseitigen Marktzugang bestehen. Das Bundesministerium für Wirtschaft und Technologie gibt im Bundesanzeiger bekannt, mit welchen Ländern und auf welchen Sektoren solche Vereinbarungen bestehen. Sind zwei oder mehrere Warenangebote nach den Zuschlagskriterien des § 25 b Nr. 1 Abs. 1 oder § 11 SKR Nr. 1 Abs. 1 VOL/A gleichwertig, so ist das Angebot zu bevorzugen, das nicht nach Satz 1 zurückgewiesen werden kann. Die Preise sind als gleichwertig anzusehen, wenn sie um nicht mehr als 3 vom Hundert voneinander abweichen. Die Bevorzugung unterbleibt, sofern sie den Auftraggeber zum Erwerb von Ausrüstungen zwingen würde, die andere technische Merkmale als bereits genutzte Ausrüstungen haben und dadurch zu Inkompatibilität oder technischen Schwierigkeiten bei Betrieb und Wartung oder zu unverhältnismäßigen Kosten führen würden. Software, die in der Ausstattung für Telekommunikationsnetze verwendet wird, gilt als Ware im Sinne dieses Absatzes.

§ 13
Informationspflicht

Der Auftraggeber informiert die Bieter, deren Angebote nicht berücksichtigt werden sollen, über den Namen des Bieters, dessen Angebot angenommen werden soll und über den Grund der vorgesehenen Nichtberücksichtigung ihres Angebotes. Er gibt die Information schriftlich spätestens 14 Kalendertage vor dem Vertragsabschluss ab. Ein Vertrag darf vor Ablauf der Frist oder ohne dass die Information erteilt worden und die Frist abgelaufen ist, nicht geschlossen werden. Ein dennoch abgeschlossener Vertrag ist nichtig.

§ 14
Bekanntmachungen

Bei Bekanntmachungen im Amtsblatt der Europäischen Gemeinschaften nach diesen Bestimmungen sollen die Auftraggeber die Bezeichnungen des Gemeinsamen Vokabulars für das öffentliche Auftragswesen (Common Procurement Vocabulary – CPV) zur Beschreibung des Auftragsgegenstandes verwenden. Das Bundesministerium für Wirtschaft und Technologie gibt das CPV im Bundesanzeiger bekannt.

§ 15
Elektronische Angebotsabgabe

Soweit die Bestimmungen, auf die die §§ 4 bis 7 verweisen, keine Regelungen über die elektronische Angebotsabgabe enthalten, können die Auftraggeber zulassen, dass die Abgabe der Angebote in anderer Form als schriftlich per Post oder direkt erfolgen kann, sofern sie sicherstellen, dass die Vertraulichkeit der Angebote gewahrt ist. Digitale Angebote sind mit Signatur im Sinne des Signaturgesetzes zu versehen und zu verschlüsseln; die Verschlüsselung ist bis zum Ablauf der für die Einreichung der Angebote festgelegten Frist aufrechtzuerhalten.

§ 16
Ausgeschlossene Personen

(1) Als Organmitglied oder Mitarbeiter eines Auftraggebers oder als Beauftragter oder als Mitarbeiter eines Beauftragten dürfen bei Entscheidungen in einem Vergabeverfahren für einen Auftraggeber als voreingenommen geltende natürliche Personen nicht mitwirken, soweit sie in diesem Verfahren:

1. Bieter oder Bewerber sind,
2. einen Bieter oder Bewerber beraten oder sonst unterstützen oder als gesetzlicher Vertreter oder nur in dem Vergabeverfahren vertreten,
3. a) bei einem Bieter oder Bewerber gegen Entgelt beschäftigt oder bei ihm als Mitglied des Vorstandes, Aufsichtsrates oder gleichartigen Organs tätig sind, oder

   b) für ein in das Vergabeverfahren eingeschaltetes Unternehmen tätig sind, wenn dieses Unternehmen zugleich geschäftliche Beziehungen zum Auftraggeber und zum Bieter oder Bewerber hat,

es sei denn, dass dadurch für die Personen kein Interessenkonflikt besteht oder sich die Tätigkeiten nicht auf die Entscheidungen in dem Vergabeverfahren auswirken.

(2) Als voreingenommen gelten auch die Personen, deren Angehörige die Voraussetzungen nach Absatz 1 Nr. 1 bis 3 erfüllen. Angehörige sind der Verlobte, der Ehegatte, Lebenspartner, Verwandte und Verschwägerte gerader Linie, Geschwister, Kinder der Geschwister, Ehegatten und Lebenspartner der Geschwister und Geschwister der Ehegatten und Lebenspartner, Geschwister der Eltern, sowie Pflegeeltern und Pflegekinder.

ABSCHNITT 2
Nachprüfungsbestimmungen

§ 17
Angabe der Vergabekammer

Die Auftraggeber geben in der Vergabebekanntmachung und den Vergabeunterlagen die Anschrift der Vergabekammer an, der die Nachprüfung obliegt. Soweit eine Vergabeprüfstelle gemäß § 103 GWB besteht, kann diese zusätzlich genannt werden.

§ 18
Zuständigkeit der Vergabekammern

(1) Die Vergabekammer des Bundes ist zuständig für die Nachprüfung der Vergabeverfahren des Bundes und von Auftraggebern im Sinne des § 98 Nr. 2 GWB, sofern der Bund die Beteiligung verwaltet oder die sonstige Finanzierung überwiegend

gewährt hat oder der Bund über die Leitung übewiegend die Aufsicht ausübt oder die Mitglieder des zur Geschäftsführung oder zur Aufsicht berufenen Organs überwiegend bestimmt hat. Erfolgt die Beteiligung, sonstige Finanzierung oder Aufsicht über die Leitung oder Bestimmung der Mitglieder der Geschäftsführung oder des zur Aufsicht berufenen Organs durch mehrere Stellen und davon überwiegend durch den Bund, so ist die Vergabekammer des Bundes die zuständige Vergabekammer, es sei denn, die Beteiligten haben sich auf die Zuständigkeit einer anderen Vergabekammer geeinigt.

(2) Übt der Bund auf Auftraggeber im Sinne des § 98 Nr. 4 GWB einzeln einen beherrschenden Einfluss aus, ist die Vergabekammer des Bundes zuständig. Wird der beherrschende Einfluss gemeinsam mit einem anderen Auftraggeber nach § 98 Nr. 1 bis 3 GWB ausgeübt, ist die Vergabekammer des Bundes zuständig, sofern der Anteil des Bundes überwiegt. Ein beherrschender Einfluss wird angenommen, wenn die Stelle unmittelbar oder mittelbar die Mehrheit des gezeichneten Kapitals des Auftraggebers besitzt oder über die Mehrheit der mit den Anteilen des Auftraggebers verbundenen Stimmrechte verfügt oder mehr als die Hälfte der Mitglieder des Verwaltungs-, Leistungs- oder Aufsichtsorgans des Auftraggebers bestellen kann.

(3) Die Vergabekammer des Bundes ist zuständig für die Nachprüfung von Vergabeverfahren von Auftraggebern im Sinne des § 98 Nr. 5 GWB, sofern der Bund die Mittel allein oder überwiegend bewilligt hat.

(4) Ist bei Auftraggebern nach § 98 Nr. 6 GWB die Stelle, die unter § 98 Nr. 1 bis 3 GWB fällt, nach den Absätzen 1 bis 3 dem Bund zuzuordnen, ist die Vergabekammer des Bundes zuständig.

(5) Werden die Vergabeverfahren im Rahmen einer Organleihe für den Bund durchgeführt, ist die Vergabekammer des Bundes zuständig.

(6) Werden die Vergabeverfahren im Rahmen einer Auftragsverwaltung für den Bund durchgeführt, ist die Vergabekammer des jeweiligen Landes zuständig.

(7) Ist in entsprechender Anwendung der Absätze 1 bis 5 ein Auftraggeber einem Land zuzuordnen, ist die Vergabekammer des jeweiligen Landes zuständig.

(8) In allen anderen Fällen wird die Zuständigkeit der Vergabekammern nach dem Sitz des Auftraggebers bestimmt.

§ 19
Bescheinigungsverfahren

(1) Auftraggeber im Sinne von § 98 GWB, die im Sektorenbereich tätig sind, können ihre Vergabeverfahren und Vergabepraktiken regelmäßig von einem Prüfer untersuchen lassen, um eine Bescheinigung darüber zu erhalten, dass diese Verfahren und Praktiken mit §§ 97 bis 101 GWB und den nach §§ 7 bis 16 anzuwendenden Vergabebestimmungen übereinstimmen.

(2) Für das Bescheinigungsverfahren gilt die Europäische Norm EN 45 503[1]).

(3) Akkreditierungsstelle für die Prüfer ist das Bundesamt für Wirtschaft.

---

1) Die Europäische Norm EN 45 503 ist veröffentlicht als DIN EN 45 503 des DIN Deutsches Institut für Normung e. V., Berlin.

(4) Die Prüfer sind unabhängig und müssen die Voraussetzungen der Europäischen Norm EN 45 503 erfüllen.

(5) Die Prüfer berichten den Auftraggebern schriftlich über die Ergebnisse ihrer nach der Europäischen Norm durchgeführten Prüfung.

(6) Auftraggeber, die eine Bescheinigung erhalten haben, können im Rahmen ihrer zu veröffentlichenden Bekanntmachung im Amtsblatt der Europäischen Gemeinschaften folgende Erklärung abgeben:

„Der Auftraggeber hat gemäß der Richtlinie 92/13/EWG des Rates vom 25. Februar 1992 zur Koordinierung der Rechts- und Verwaltungsvorschriften für die Anwendung der Gemeinschaftsvorschriften über die Auftragsvergabe durch Auftraggeber im Bereich der Wasser-, Energie- und Verkehrsversorgung sowie im Telekommunikationssektor (ABl. EG Nr. L 76 S. 14) eine Bescheinigung darüber erhalten, dass seine Vergabeverfahren und -praktiken am ... mit dem Gemeinschaftsrecht über die Auftragsvergabe und den einzelstaatlichen Vorschriften zur Umsetzung des Gemeinschaftsrechts übereinstimmen."

(7) Auftraggeber können auch das von einem anderen Staat eingerichtete Bescheinigungssystem, das der Europäischen Norm EN 45 503 entspricht, nutzen.

§ 20
Schlichtungsverfahren

(1) Jeder Beteiligte an einem Vergabeverfahren von Auftraggebern im Sinne von § 98 GWB, die im Sektorenbereich tätig sind, oder jeder, dem im Zusammenhang mit einem solchen Vergabeverfahren durch einen Rechtsverstoß ein Schaden entstanden ist oder zu entstehen droht, kann ein nach den Absätzen 2 bis 7 geregeltes Schlichtungsverfahren in Anspruch nehmen.

(2) Der Antrag auf ein Schlichtungsverfahren ist an das Bundesministerium für Wirtschaft und Technologie zu richten, das den Antrag unverzüglich an die Kommission der Europäischen Gemeinschaften weiterleitet.

(3) Betrifft nach Auffassung der Kommission die Streitigkeit die korrekte Anwendung des Gemeinschaftsrechtes, informiert sie den Auftraggeber und bittet ihn, an dem Schlichtungsverfahren teilzunehmen. Das Schlichtungsverfahren wird nicht durchgeführt, falls der Auftraggeber dem Schlichtungsverfahren nicht beitritt. Der Antragsteller wird darüber informiert.

(4) Tritt der Auftraggeber dem Schlichtungsverfahren bei, schlägt die Kommission einen unabhängigen Schlichter vor. Jede Partei des Schlichtungsverfahrens erklärt, ob sie den Schlichter akzeptiert, und benennt einen weiteren Schlichter. Die Schlichter können bis zu zwei Personen als Sachverständige zu ihrer Beratung hinzuziehen. Die am Schlichtungsverfahren Beteiligten können die vorgesehenen Sachverständigen ablehnen.

(5) Jeder am Schlichtungsverfahren Beteiligte erhält die Möglichkeit, sich mündlich oder schriftlich zu äußern. Die Schlichter bemühen sich, möglichst rasch eine Einigung zwischen den Beteiligten herbeizuführen.

(6) Der Antragsteller und der Auftraggeber können jederzeit das Schlichtungsverfahren beenden. Beide kommen für ihre eigenen Kosten auf; die Kosten des Verfahrens sind hälftig zu tragen.

(7) Wird ein Antrag auf Nachprüfung nach § 107 GWB gestellt und hat bereits ein Beteiligter am Vergabeverfahren ein Schlichtungsverfahren eingeleitet, so hat der Auftraggeber die am Schlichtungsverfahren beteiligten Schlichter unverzüglich darüber zu informieren. Die Schlichter bieten dem Betroffenen an, dem Schlichtungsverfahren beizutreten. Die Schlichter können, falls sie es für angemessen erachten, entscheiden, das Schlichtungsverfahren zu beenden.

§ 21

Korrekturmechanismen der Kommission

(1) Erhält die Bundesregierung im Laufe eines Vergabeverfahrens vor Abschluss des Vertrages eine Mitteilung der Kommission der Europäischen Gemeinschaften, dass sie der Auffassung ist, dass ein klarer und eindeutiger Verstoß gegen das Gemeinschaftsrecht im Bereich der öffentlichen Aufträge vorliegt, der zu beseitigen ist, teilt das Bundesministerium für Wirtschaft und Technologie dies dem Auftraggeber mit.

(2) Der Auftraggeber ist verpflichtet, innerhalb von 14 Kalendertagen nach Eingang dieser Mitteilung dem Bundesministerium für Wirtschaft und Technologie zur Weitergabe an die Kommission eine Stellungnahme zu übermitteln, die insbesondere folgende Angaben enthält:

1. die Bestätigung, dass der Verstoß beseitigt wurde, oder

2. eine Begründung, warum der Verstoß nicht beseitigt wurde, gegebenenfalls dass das Vergabeverfahren bereits Gegenstand von Nachprüfungsverfahren nach dem Vierten Teil des GWB ist, oder

3. Angabe, dass das Vergabeverfahren ausgesetzt wurde.

(3) Ist das Vergabeverfahren Gegenstand eines Nachprüfungsverfahrens nach dem Vierten Teil des GWB oder wurde es ausgesetzt, so ist der Auftraggeber verpflichtet, das Bundesministerium für Wirtschaft und Technologie zur Weiterleitung an die Kommission unverzüglich über den Ausgang des Verfahrens zu informieren.

§ 22

Statistik

Die Vergabekammern und die Oberlandesgerichte informieren das Bundesministerium für Wirtschaft und Technologie unaufgefordert bis zum 31. Januar eines jeden Jahres, erstmals bis 31. Januar 2001, über die Anzahl der Nachprüfungsverfahren des Vorjahres und deren Ergebnisse.

ABSCHNITT 3
Übergangs- und Schlussbestimmungen

§ 23
Übergangsbestimmungen

Bereits begonnene Vergabeverfahren werden nach dem Recht, das zum Zeitpunkt des Beginns des Verfahrens galt, beendet.

§ 24
In-Kraft-Treten, Außer-Kraft-Treten

Diese Verordnung tritt am ersten Tage des auf die Verkündung folgenden Kalendermonats in Kraft. Gleichzeitig tritt die Vergabeverordnung vom 22. Februar 1994 (BGBl. I S. 321), geändert durch die Verordnung vom 29. September 1997 (BGBl. I S. 2384) außer Kraft.

Der Bundesrat hat zugestimmt.

III.

Verdingungsordnung für Leistungen
– ausgenommen Bauleistungen –
VOL

Bekanntmachung
der Neufassung der Verdingungsordnung für Leistungen (VOL)
Ausgabe 2000

Vom 17. August 2000

Bekanntmachung des Bundesministeriums für Wirtschaft und Technologie
(I B 3 – 265 000/12)[1])

Nachstehend wird die vom Deutschen Verdingungsausschuss für Leistungen (DVAL) erarbeitete Neufassung der Verdingungsordnung für Leistungen (VOL) bekannt gegeben. Sie dient insbesondere der Umsetzung der EG-Richtlinien 97/52/EG und 98/4/EG, die das EG-Vergaberecht an das Beschaffungsübereinkommen der Welthandelsorganisation WTO anpassen, in deutsches Recht und löst die Ausgabe 1997 der VOL ab.

Der Abschnitt 1 des Teiles A der VOL (VOL/A) gilt unterhalb der Schwellenwerte der EG-Vergaberichtlinien für die Auftraggeber, die durch Bundeshaushaltsordnung, Landeshaushaltsordnungen und die Gemeindehaushaltsordnungen zur Anwendung der VOL/A verpflichtet sind. Die Abschnitte 2 bis 4 der VOL/A sind oberhalb dieser Schwellenwerte erst mit dem In-Kraft-Treten der gemäß § 97 Abs. 6 und § 127 des Gesetzes gegen Wettbewerbsbeschränkungen (GWB) erlassenen Verordnung über die Vergabe öffentlicher Aufträge (Vergabeverordnung – VgV –) von den öffentlichen Auftraggebern nach § 98 GWB anzuwenden. Die bisherige Vergabeordnung mit der Verpflichtung zur Anwendung der Ausgabe 1997 der VOL/A wird zu diesem Zeitpunkt aufgehoben.

Die Neufassung der VOL/A ermöglicht die Zulassung elektronischer Angebote durch die öffentlichen Auftraggeber. Unterhalb der EG-Schwellenwerte geschieht dies durch eine explizite Regelung in § 21 des Abschnitts 1 der VOL/A. Oberhalb der EG-Schwellenwerte bestehen in den Abschnitten 2 bis 4 VOL/A keine ausdrücklichen Regelungen über das Zulassen elektronischer Angebote. Dies wird allein in § 15 der Vergabeverordnung geregelt.

Im Teil B der VOL (VOL/B) wurde lediglich der § 8 Nr. 1 an das neue Insolvenzrecht angepasst.

---

1) Veröffentlicht im BAnz. Nr. 200 a vom 24. Oktober 2000.

Inhaltsübersicht

VOL Teil A
Allgemeine Bestimmungen für die Vergabe von Leistungen

Abschnitt 1:	Basisparagraphen	VOL A/Seite
§ 1	Leistungen	95
§ 2	Grundsätze der Vergabe	95
§ 3	Arten der Vergabe	96
§ 4	Erkundung des Bewerberkreises	97
§ 5	Vergabe nach Losen	98
§ 6	Mitwirkung von Sachverständigen	98
§ 7	Teilnehmer am Wettbewerb	98
§ 8	Leistungsbeschreibung	99
§ 9	Vergabeunterlagen, Vertragsbedingungen	100
§ 10	Unteraufträge	102
§ 11	Ausführungsfristen	102
§ 12	Vertragsstrafen	102
§ 13	Verjährung der Gewährleistungsansprüche	102
§ 14	Sicherheitsleistungen	103
§ 15	Preise	103
§ 16	Grundsätze der Ausschreibung	103
§ 17	Bekanntmachung, Aufforderung zur Angebotsabgabe	103
§ 18	Form und Frist der Angebote	106
§ 19	Zuschlags- und Bindefrist	107
§ 20	Kosten	107
§ 21	Inhalt der Angebote	107
§ 22	Öffnung der Angebote bei Ausschreibungen; Vertraulichkeit	108
§ 23	Prüfung der Angebote	109
§ 24	Verhandlungen mit Bietern bei Ausschreibungen	110
§ 25	Wertung der Angebote	110
§ 26	Aufhebung der Ausschreibung	111
§ 27	Nicht berücksichtigte Angebote	112
§ 28	Zuschlag	113
§ 29	Vertragsurkunde	113
§ 30	Vergabevermerk	113

B III Texte

Abschnitt 2:	Bestimmungen nach der EG-Lieferkoordinierungs-richtlinie und der EG-Dienstleistungsrichtlinie	VOL A/Seite
§ 1	Leistungen	114
§ 1 a	Verpflichtung zur Anwendung der a-Paragraphen	114
§ 2	Grundsätze der Vergabe	115
§ 3	Arten der Vergabe	115
§ 3 a	Arten der Vergabe	117
§ 4	Erkundung des Bewerberkreises	119
§ 5	Vergabe nach Losen	120
§ 6	Mitwirkung von Sachverständigen	120
§ 7	Teilnehmer am Wettbewerb	120
§ 7 a	Teilnehmer am Wettbewerb	121
§ 8	Leistungsbeschreibung	124
§ 8 a	Leistungsbeschreibung	125
§ 9	Vergabeunterlagen, Vertragsbedingungen	126
§ 9 a	Angabe der Zuschlagskriterien	127
§ 10	Unteraufträge	127
§ 11	Ausführungsfristen	128
§ 12	Vertragsstrafen	128
§ 13	Verjährung der Gewährleistungsansprüche	128
§ 14	Sicherheitsleistungen	128
§ 15	Preise	129
§ 16	Grundsätze der Ausschreibung	129
§ 17	Bekanntmachung, Aufforderung zur Angebotsabgabe	129
§ 17 a	Bekanntmachung, Aufforderung zur Angebotsabgabe	132
§ 18	Form und Frist der Angebote	133
§ 18 a	Formen und Fristen	133
§ 19	Zuschlags- und Bindefrist	135
§ 20	Kosten	135
§ 21	Inhalt der Angebote	136
§ 22	Öffnung der Angebote bei Ausschreibungen; Vertraulichkeit	136
§ 23	Prüfung der Angebote	137
§ 24	Verhandlungen mit Bietern bei Ausschreibungen	138
§ 25	Wertung der Angebote	138
§ 26	Aufhebung der Ausschreibung	139
§ 26 a	Mitteilung über den Verzicht auf die Vergabe	140

		VOL A/Seite
§ 27	Nicht berücksichtigte Angebote	140
§ 27 a	Nicht berücksichtigte Bewerbungen und Angebote	141
§ 28	Zuschlag	141
§ 28 a	Bekanntmachung der Auftragserteilung	142
§ 29	Vertragsurkunde	142
§ 30	Vergabevermerk	142
§ 30 a	Melde- und Berichtspflichten	142
§ 31 a	Wettbewerbe	143
§ 32 a	Nachprüfungsbehörden	144
Anhang I A		145
Anhang I B		146
Anhang TS	Technische Spezifikationen	147
Anhang A	Offenes Verfahren	149
	I. Lieferaufträge	149
	II. Dienstleistungsaufträge	150
Anhang B	Nichtoffenes Verfahren	152
	I. Lieferaufträge	152
	II. Dienstleistungsaufträge	153
Anhang C	Verhandlungsverfahren	155
	I. Lieferaufträge	155
	II. Dienstleistungsaufträge	156
Anhang D	Verfahren zur Vorinformation gem. § 17 a Nr. 2	158
	I. Lieferaufträge	158
	II. Dienstleistungsaufträge	158
Anhang E	Vergebene Aufträge gem. § 28 a	159
	I. Lieferaufträge	159
	II. Dienstleistungsaufträge	159
Anhang F	Bekanntmachung über Wettbewerbe	161
Anhang G	Ergebnisse von Wettbewerben	162
Abschnitt 3:	**Bestimmungen nach der EG-Sektorenrichtlinie**	
§ 1	Leistungen	163
§ 1 b	Verpflichtung zur Anwendung der b-Paragraphen	163
§ 2	Grundsätze der Vergabe	164
§ 2 b	Schutz der Vertraulichkeit	164
§ 3	Arten der Vergabe	164
§ 3 b	Arten der Vergabe	166
§ 4	Erkundung des Bewerberkreises	167

B III Texte

		VOL A/Seite
§ 5	Vergabe nach Losen	168
§ 5 b	Rahmenvereinbarung	168
§ 6	Mitwirkung von Sachverständigen	169
§ 7	Teilnehmer am Wettbewerb	169
§ 7 b	Teilnehmer am Wettbewerb	170
§ 8	Leistungsbeschreibung	173
§ 8 b	Leistungsbeschreibung	174
§ 9	Vergabeunterlagen, Vertragsbedingungen	175
§ 9 b	Vergabeunterlagen	176
§ 10	Unteraufträge	177
§ 11	Ausführungsfristen	177
§ 12	Vertragsstrafen	178
§ 13	Verjährung der Gewährleistungsansprüche	178
§ 14	Sicherheitsleistungen	178
§ 15	Preise	178
§ 16	Grundsätze der Ausschreibung	179
§ 16 b	Regelmäßige Bekanntmachung	179
§ 17	Bekanntmachung, Aufforderung zur Angebotsabgabe	179
§ 17 b	Aufruf zum Wettbewerb	182
§ 18	Form und Frist der Angebote	184
§ 18 b	Angebotsfrist, Bewerbungsfrist	185
§ 19	Zuschlags- und Bindefrist	186
§ 20	Kosten	186
§ 21	Inhalt der Angebote	186
§ 22	Öffnung der Angebote bei Ausschreibungen, Vertraulichkeit	187
§ 23	Prüfung der Angebote	188
§ 24	Verhandlungen mit Bietern bei Ausschreibungen	189
§ 25	Wertung der Angebote	189
§ 25 b	Wertung der Angebote	190
§ 26	Aufhebung der Ausschreibung	191
§ 27	Nicht berücksichtigte Angebote	191
§ 27 b	Mitteilungspflichten	192
§ 28	Zuschlag	193
§ 28 b	Bekanntmachung der Auftragserteilung	193

VOL/A und VOL/B Inhaltsübersicht **B III**

		VOL A/Seite
§ 29	Vertragsurkunde	194
§ 30	Vergabevermerk	194
§ 30 b	Aufbewahrungs- und Berichtspflichten	194
§ 31 b	Wettbewerbe	195
§ 32 b	Nachprüfungsbehörden	195
Anhang I A		196
Anhang I B		197
Anhang TS	Technische Spezifikationen	198
Anhang A/SKR	Offenes Verfahren	200
Anhang B/SKR	Nichtoffenes Verfahren	202
Anhang C/SKR	Verhandlungsverfahren	204
Anhang D/SKR	Anwendung des Prüfsystems	206
Anhang E/SKR	Regelmäßige Bekanntmachung	207
Anhang F/SKR	Vergebene Aufträge	209
Anhang G/SKR	Bekanntmachung über Wettbewerbe	210
Anhang H/SKR	Ergebnisse von Wettbewerben	211

Abschnitt 4:	**Vergabebestimmungen nach der EG-Sektorenrichtlinie (VOL/A SKR)**	
§ 1 SKR	Geltungsbereich	212
§ 2 SKR	Diskriminierungsverbot, Schutz der Vertraulichkeit	212
§ 3 SKR	Arten der Vergabe	212
§ 4 SKR	Rahmenvereinbarung	214
§ 5 SKR	Teilnehmer am Wettbewerb	214
§ 6 SKR	Leistungsbeschreibung	217
§ 7 SKR	Vergabeunterlagen	219
§ 8 SKR	Regelmäßige Bekanntmachung	220
§ 9 SKR	Aufruf zum Wettbewerb	220
§ 10 SKR	Angebotsfrist, Bewerbungsfrist	222
§ 11 SKR	Wertung der Angebote	223
§ 12 SKR	Mitteilungspflichten	224
§ 13 SKR	Bekanntmachung der Auftragserteilung	224
§ 14 SKR	Aufbewahrungs- und Berichtspflichten	225
§ 15 SKR	Wettbewerbe	226
§ 16 SKR	Vergabekammer	226

B III Texte

		VOL A/Seite
Anhang I A		227
Anhang I B		228
Anhang TS	Technische Spezifikationen	229
Anhang A/SKR	Offenes Verfahren	230
Anhang B/SKR	Nichtoffenes Verfahren	232
Anhang C/SKR	Verhandlungsverfahren	234
Anhang D/SKR	Anwendung des Prüfsystems	236
Anhang E/SKR	Regelmäßige Bekanntmachung	237
Anhang F/SKR	Vergebene Aufträge	239
Anhang G/SKR	Bekanntmachung über Wettbewerbe	240
Anhang H/SKR	Ergebnisse von Wettbewerben	241

Anhang I

Beschluss des Rates vom 22. Dezember 1986 über die Normung auf dem Gebiet der Informationstechnik und der Telekommunikation (87/95/EWG) — 242

Anhang II

Verordnung (EWG, EURATOM) Nr. 1182/71 des Rates vom 3. Juni 1971 zur Festlegung der Regeln für die Fristen, Daten und Termine — 250

Erläuterungen zur VOL/A

I. Vorbemerkung	253
II. Allgemeine Erläuterungen	253
III. Erläuterungen zu den einzelnen Abschnitten	254

VOL Teil B
Allgemeine Vertragsbedingungen für die Ausführung von Leistungen (VOL/B)

Präambel

		VOL B/Seite
§ 1	Art und Umfang der Leistungen	265
§ 2	Änderung der Leistung	265
§ 3	Ausführungsunterlagen	266
§ 4	Ausführung der Leistung	266
§ 5	Behinderung und Unterbrechung der Leistung	267
§ 6	Art der Anlieferung und Versand	267
§ 7	Verzug und Nichterfüllung des Auftragnehmers	267
§ 8	Lösung des Vertrages durch den Auftraggeber	268
§ 9	Verzug des Auftraggebers, Lösung des Vertrages durch den Auftragnehmer	269

		VOL B/Seite
§ 10	Obhutspflichten	269
§ 11	Vertragsstrafe	269
§ 12	Güteprüfung	270
§ 13	Abnahme	271
§ 14	Gewährleistung und Verjährung	271
§ 15	Rechnung	273
§ 16	Leistungen nach Stundenberechnungssätzen	273
§ 17	Zahlung	274
§ 18	Sicherheitsleistung	274
§ 19	Streitigkeiten	275

1.
VOL Teil A
Allgemeine Bestimmungen für die Vergabe von Leistungen
Ausgabe 2000

Abschnitt 1: Basisparagraphen

1.1

§ 1
Leistungen

Leistungen im Sinne der VOL sind alle Lieferungen und Leistungen, ausgenommen
- Leistungen, die unter die Verdingungsordnung für Bauleistungen – VOB – fallen (VOB/A § 1),
- Leistungen, die im Rahmen einer freiberuflichen Tätigkeit[1]) erbracht oder im Wettbewerb mit freiberuflich Tätigen angeboten werden, soweit deren Auftragswerte die in der Vergabeverordnung festgelegten Schwellenwerte nicht erreichen; die Bestimmungen der Haushaltsordnungen bleiben unberührt,
- Leistungen ab der in der Vergabeverordnung festgelegten Schwellenwerte, die im Rahmen einer freiberuflichen Tätigkeit erbracht oder im Wettbewerb mit freiberuflich Tätigen angeboten werden und deren Gegenstand eine Aufgabe ist, deren Lösung nicht vorab eindeutig und erschöpfend beschrieben werden kann; diese Leistungen fallen unter die Verdingungsordnung für freiberufliche Leistungen – VOF –.

§ 2
Grundsätze der Vergabe

1. (1) Leistungen sind in der Regel im Wettbewerb zu vergeben.

   (2) Wettbewerbsbeschränkende und unlautere Verhaltensweisen sind zu bekämpfen.

2. Bei der Vergabe von Leistungen darf kein Unternehmen diskriminiert werden.

3. Leistungen sind unter ausschließlicher Verantwortung der Vergabestellen an fachkundige, leistungsfähige und zuverlässige Bewerber zu angemessenen Preisen zu vergeben.

4. Für die Berücksichtigung von Bewerbern, bei denen Umstände besonderer Art vorliegen, sind die jeweils hierüber erlassenen Rechts- und Verwaltungsvorschriften des Bundes und der Länder maßgebend.

---

1) vgl. § 18 Abs. 1 Nr. 1 EStG:

(1) Einkünfte aus selbständiger Arbeit sind:
1. Einkünfte aus freiberuflicher Tätigkeit. Zu der freiberuflichen Tätigkeit gehören die selbständig ausgeübte wissenschaftliche, künstlerische, schriftstellerische, unterrichtende oder erzieherische Tätigkeit, die selbständige Berufstätigkeit der Ärzte, Zahnärzte, Tierärzte, Rechtsanwälte, Notare, Patentanwälte, Vermessungsingenieure, Ingenieure, Architekten, Handelschemiker, Wirtschaftsprüfer, Steuerberater, beratenden Volks- und Betriebswirte, vereidigten Buchprüfer (vereidigten Bücherrevisoren), Steuerbevollmächtigten, Heilpraktiker, Dentisten, Krankengymnasten, Journalisten, Bildberichterstatter, Dolmetscher, Übersetzer, Lotsen und ähnlicher Berufe. Ein Angehöriger eines freien Berufs im Sinne der Sätze 1 und 2 ist auch dann freiberuflich tätig, wenn er sich der Mithilfe fachlich vorgebildeter Arbeitskräfte bedient; Voraussetzung ist, daß er auf Grund eigener Fachkenntnisse leitend und eigenverantwortlich tätig wird. Eine Vertretung im Fall vorübergehender Verhinderung steht der Annahme einer leitenden und eigenverantwortlichen Tätigkeit nicht entgegen; ...

§ 3
Arten der Vergabe

1. (1) Bei Öffentlicher Ausschreibung werden Leistungen im vorgeschriebenen Verfahren nach öffentlicher Aufforderung einer unbeschränkten Zahl von Unternehmen zur Einreichung von Angeboten vergeben.

    (2) Bei Beschränkter Ausschreibung werden Leistungen im vorgeschriebenen Verfahren nach Aufforderung einer beschränkten Zahl von Unternehmen zur Einreichung von Angeboten vergeben.

    (3) Bei Freihändiger Vergabe werden Leistungen ohne ein förmliches Verfahren vergeben.

    (4) Soweit es zweckmäßig ist, soll der Beschränkten Ausschreibung und der Freihändigen Vergabe eine öffentliche Aufforderung vorangehen, sich um Teilnahme zu bewerben

    (Beschränkte Ausschreibung mit Öffentlichem Teilnahmewettbewerb bzw. Freihändige Vergabe mit Öffentlichem Teilnahmewettbewerb).

2. Öffentliche Ausschreibung muss stattfinden, soweit nicht die Natur des Geschäfts oder besondere Umstände eine Ausnahme rechtfertigen.

3. Beschränkte Ausschreibung soll nur stattfinden,
    a) wenn die Leistung nach ihrer Eigenart nur von einem beschränkten Kreis von Unternehmen in geeigneter Weise ausgeführt werden kann, besonders wenn außergewöhnliche Fachkunde oder Leistungsfähigkeit oder Zuverlässigkeit erforderlich ist,
    b) wenn die Öffentliche Ausschreibung für den Auftraggeber oder die Bewerber einen Aufwand verursachen würde, der zu dem erreichbaren Vorteil oder dem Wert der Leistung im Missverhältnis stehen würde,
    c) wenn eine Öffentliche Ausschreibung kein wirtschaftliches Ergebnis gehabt hat,
    d) wenn eine Öffentliche Ausschreibung aus anderen Gründen (z.B. Dringlichkeit, Geheimhaltung) unzweckmäßig ist.

4. Freihändige Vergabe soll nur stattfinden,
    a) wenn für die Leistung aus besonderen Gründen (z.B. besondere Erfahrungen, Zuverlässigkeit oder Einrichtungen, bestimmte Ausführungsarten) nur *ein* Unternehmen in Betracht kommt,
    b) wenn im Anschluss an Entwicklungsleistungen Aufträge in angemessenem Umfang und für angemessene Zeit an Unternehmen, die an der Entwicklung beteiligt waren, vergeben werden müssen, es sei denn, dass dadurch die Wettbewerbsbedingungen verschlechtert werden,
    c) wenn für die Leistungen gewerbliche Schutzrechte zugunsten eines bestimmten Unternehmens bestehen, es sei denn, der Auftraggeber oder andere Unternehmen sind zur Nutzung dieser Rechte befugt,
    d) wenn bei geringfügigen Nachbestellungen im Anschluss an einen bestehenden Vertrag kein höherer Preis als für die ursprüngliche Leistung gefordert

wird und von einer Ausschreibung kein wirtschaftlicheres Ergebnis zu erwarten ist. Die Nachbestellungen sollen insgesamt 20 v. H. des Wertes der ursprünglichen Leistung nicht überschreiten,

e) wenn Ersatzteile oder Zubehörstücke zu Maschinen, Geräten usw. vom Lieferanten der ursprünglichen Leistung beschafft werden sollen und diese Stücke in brauchbarer Ausführung von anderen Unternehmen nicht oder nicht unter wirtschaftlichen Bedingungen bezogen werden können,

f) wenn die Leistung besonders dringlich ist,

g) wenn es aus Gründen der Geheimhaltung erforderlich ist,

h) wenn die Leistung nach Art und Umfang vor der Vergabe nicht so eindeutig und erschöpfend beschrieben werden kann, dass hinreichend vergleichbare Angebote erwartet werden können,

i) wenn es sich um Leistungen handelt, die besondere schöpferische Fähigkeiten verlangen,

k) wenn die Leistungen von Bewerbern angeboten werden, die zugelassenen, mit Preisabreden oder gemeinsamen Vertriebseinrichtungen verbundenen Kartellen angehören und keine kartellfremden Bewerber vorhanden sind,

l) wenn es sich um Börsenwaren handelt,

m) wenn es sich um eine vorteilhafte Gelegenheit handelt,

n) wenn nach Aufhebung einer Öffentlichen oder Beschränkten Ausschreibung eine erneute Ausschreibung kein wirtschaftliches Ergebnis verspricht,

o) wenn die Vergabe von Leistungen an Justizvollzugsanstalten, Einrichtungen der Jugendhilfe, Aus- und Fortbildungsstätten oder ähnliche Einrichtungen beabsichtigt ist,

p) wenn sie durch Ausführungsbestimmungen von einem Bundesminister – ggf. Landesminister – bis zu einem bestimmten Höchstwert zugelassen ist.

5. Es ist aktenkundig zu machen, weshalb von einer Öffentlichen oder Beschränkten Ausschreibung abgesehen worden ist.

§ 4
Erkundung des Bewerberkreises

1. Vor einer Beschränkten Ausschreibung und vor einer Freihändigen Vergabe hat der Auftraggeber den in Betracht kommenden Bewerberkreis zu erkunden, sofern er keine ausreichende Marktübersicht hat.

2. (1) Hierzu kann er öffentlich auffordern, sich um Teilnahme zu bewerben (Teilnahmewettbewerb im Sinne von § 3 Nr. 1 Abs. 4).

(2) Bei Auftragswerten über 5000 Euro kann er sich ferner von der Auftragsberatungsstelle des Bundeslandes, in dem der Auftraggeber seinen Sitz hat, unter Beachtung von § 7 Nr. 1 geeignete Bewerber benennen lassen. Dabei ist der Auftragsberatungsstelle die zu vergebende Leistung hinreichend zu beschreiben. Der Auftraggeber kann der Auftragsberatungsstelle vorgeben, wie viele Unternehmen er benannt haben will; er kann ferner auf besondere Erfor-

dernisse hinweisen, die von den Unternehmen zu erfüllen sind. Die Auftragsberatungsstelle soll in ihrer Mitteilung angeben, ob sie in der Lage ist, noch weitere Bewerber zu benennen.

In der Regel hat der Auftraggeber die ihm benannten Unternehmen zur Angebotsabgabe aufzufordern.

3. Weitergehende Vereinbarungen, welche die Zusammenarbeit zwischen öffentlichen Auftraggebern, dem Bundesminister für Wirtschaft und den Bundesländern bei der Vergabe öffentlicher Aufträge regeln, werden davon nicht berührt.

§ 5

Vergabe nach Losen

1. Der Auftraggeber hat in jedem Falle, in dem dies nach Art und Umfang der Leistung zweckmäßig ist, diese – z. B. nach Menge, Art – in Lose zu zerlegen, damit sich auch kleine und mittlere Unternehmen um Lose bewerben können. Die einzelnen Lose müssen so bemessen sein, dass eine unwirtschaftliche Zersplitterung vermieden wird.

2. Etwaige Vorbehalte wegen der Teilung in Lose, Umfang der Lose und mögliche Vergabe der Lose an verschiedene Bieter sind bereits in der Bekanntmachung (§ 17 Nr. 1 und 2) und bei der Aufforderung zur Angebotsabgabe (§ 17 Nr. 3) zu machen.

§ 6

Mitwirkung von Sachverständigen

1. Hält der Auftraggeber die Mitwirkung von Sachverständigen zur Klärung rein fachlicher Fragen für zweckmäßig, so sollen die Sachverständigen in der Regel von den Berufsvertretungen vorgeschlagen werden.

2. Sachverständige sollen in geeigneten Fällen auf Antrag der Berufsvertretungen gehört werden, wenn dem Auftraggeber dadurch keine Kosten entstehen und eine unzumutbare Verzögerung der Vergabe nicht eintritt.

3. Die Sachverständigen dürfen weder unmittelbar noch mittelbar an der betreffenden Vergabe beteiligt sein und beteiligt werden. Soweit die Klärung fachlicher Fragen die Erörterung von Preisen erfordert, hat sich die Beteiligung auf die Beurteilung im Sinne von § 23 Nr. 2 zu beschränken.

§ 7

Teilnehmer am Wettbewerb

1. (1) Inländische und ausländische Bewerber sind gleich zu behandeln. Der Wettbewerb darf insbesondere nicht auf Bewerber, die in bestimmten Bezirken ansässig sind, beschränkt werden.

   (2) Arbeitsgemeinschaften und andere gemeinschaftliche Bewerber sind Einzelbewerbern gleichzusetzen.

2. (1) Bei Öffentlicher Ausschreibung sind die Unterlagen an alle Bewerber abzugeben, die sich gewerbsmäßig mit der Ausführung von Leistungen der ausgeschriebenen Art befassen.

(2) Bei Beschränkter Ausschreibung sollen mehrere – im Allgemeinen mindestens drei – Bewerber zur Angebotsabgabe aufgefordert werden.

(3) Bei Freihändiger Vergabe sollen möglichst Angebote im Wettbewerb eingeholt werden.

(4) Bei Beschränkter Ausschreibung und Freihändiger Vergabe soll unter den Bewerbern möglichst gewechselt werden.

3. Bei Beschränkter Ausschreibung und Freihändiger Vergabe sind regelmäßig auch kleine und mittlere Unternehmen in angemessenem Umfang zur Angebotsabgabe aufzufordern.

4. Von den Bewerbern können zum Nachweis ihrer Fachkunde, Leistungsfähigkeit und Zuverlässigkeit entsprechende Angaben gefordert werden, soweit es durch den Gegenstand des Auftrags gerechtfertigt ist; dabei muss der Auftraggeber die berechtigten Interessen des Unternehmens am Schutz seiner Betriebsgeheimnisse berücksichtigen.

5. Von der Teilnahme am Wettbewerb können Bewerber ausgeschlossen werden,

   a) über deren Vermögen das Insolvenzverfahren oder ein vergleichbares gesetzliches Verfahren eröffnet oder die Eröffnung beantragt oder dieser Antrag mangels Masse abgelehnt worden ist,

   b) die sich in Liquidation befinden,

   c) die nachweislich eine schwere Verfehlung begangen haben, die ihre Zuverlässigkeit als Bewerber in Frage stellt,

   d) die ihre Verpflichtung zur Zahlung von Steuern und Abgaben sowie der Beiträge zur gesetzlichen Sozialversicherung nicht ordnungsgemäß erfüllt haben,

   e) die im Vergabeverfahren vorsätzlich unzutreffende Erklärungen in Bezug auf ihre Fachkunde, Leistungsfähigkeit und Zuverlässigkeit abgegeben haben.

6. Justizvollzugsanstalten, Einrichtungen der Jugendhilfe, Aus- und Fortbildungsstätten oder ähnliche Einrichtungen sind zum Wettbewerb mit gewerblichen Unternehmen nicht zuzulassen.

§ 8
Leistungsbeschreibung

1. (1) Die Leistung ist eindeutig und so erschöpfend zu beschreiben, dass alle Bewerber die Beschreibung im gleichen Sinne verstehen müssen und die Angebote miteinander verglichen werden können.

   (2) Um eine einwandfreie Preisermittlung zu ermöglichen, sind alle sie beeinflussenden Umstände festzustellen und in den Verdingungsunterlagen anzugeben.

   (3) Dem Auftragnehmer soll kein ungewöhnliches Wagnis aufgebürdet werden für Umstände und Ereignisse, auf die er keinen Einfluss hat und deren Einwirkung auf die Preise und Fristen er nicht im Voraus schätzen kann.

2. (1) Soweit die Leistung oder Teile derselben durch verkehrsübliche Bezeichnungen nach Art, Beschaffenheit und Umfang nicht hinreichend beschreibbar sind, können sie

    a) sowohl durch eine Darstellung ihres Zweckes, ihrer Funktion sowie der an sie gestellten sonstigen Anforderungen

    b) als auch in ihren wesentlichen Merkmalen und konstruktiven Einzelheiten,

gegebenenfalls durch Verbindung der Beschreibungsarten, beschrieben werden.

(2) Erforderlichenfalls ist die Leistung auch zeichnerisch oder durch Probestücke darzustellen oder anders zu erklären, z. B. durch Hinweise auf ähnliche Leistungen.

3. (1) An die Beschaffenheit der Leistung sind ungewöhnliche Anforderungen nur so weit zu stellen, wie es unbedingt notwendig ist.

(2) Bei der Beschreibung der Leistung sind die verkehrsüblichen Bezeichnungen anzuwenden; auf einschlägige Normen kann Bezug genommen werden.

(3) Bestimmte Erzeugnisse oder Verfahren sowie bestimmte Ursprungsorte und Bezugsquellen dürfen nur dann ausdrücklich vorgeschrieben werden, wenn dies durch die Art der zu vergebenden Leistung gerechtfertigt ist.

(4) Die Beschreibung technischer Merkmale darf nicht die Wirkung haben, dass bestimmte Unternehmen oder Erzeugnisse bevorzugt oder ausgeschlossen werden, es sei denn, dass eine solche Beschreibung durch die zu vergebende Leistung gerechtfertigt ist.

(5) Bezeichnungen für bestimmte Erzeugnisse oder Verfahren (z.B. Markennamen) dürfen ausnahmsweise, jedoch nur mit dem Zusatz „oder gleichwertiger Art", verwendet werden, wenn eine Beschreibung durch hinreichend genaue, allgemein verständliche Bezeichnungen nicht möglich ist.

4. Wenn für die Beurteilung der Güte von Stoffen, Teilen oder Erzeugnissen die Herkunft oder die Angabe des Herstellers unentbehrlich ist, sind die entsprechenden Angaben von den Bewerbern zu fordern, soweit nötig auch Proben und Muster. Die Angaben sind vertraulich zu behandeln.

§ 9
Vergabeunterlagen, Vertragsbedingungen

1. Die Vergabeunterlagen bestehen aus dem Anschreiben (Aufforderung zur Angebotsabgabe) und den Verdingungsunterlagen.

2. In den Verdingungsunterlagen ist vorzuschreiben, dass die Allgemeinen Vertragsbedingungen für die Ausführung von Leistungen (VOL/B) Bestandteil des Vertrages werden. Das gilt auch für etwaige Zusätzliche, Ergänzende sowie Besondere Vertragsbedingungen und, soweit erforderlich, für etwaige Technische Vertragsbedingungen.

3. (1) Die Allgemeinen Vertragsbedingungen bleiben grundsätzlich unverändert. Sie können von Auftraggebern, die ständig Leistungen vergeben, für die bei

ihnen allgemein gegebenen Verhältnisse durch Zusätzliche Vertragsbedingungen ergänzt werden. Diese dürfen den Allgemeinen Vertragsbedingungen nicht widersprechen.

(2) Für die Erfordernisse einer Gruppe gleich gelagerter Einzelfälle können die Allgemeinen Vertragsbedingungen und etwaige Zusätzliche Vertragsbedingungen durch Ergänzende Vertragsbedingungen ergänzt werden. Die Erfordernisse des Einzelfalles sind durch Besondere Vertragsbedingungen zu berücksichtigen. In den Ergänzenden und Besonderen Vertragsbedingungen sollen sich Abweichungen von den Allgemeinen Vertragsbedingungen auf die Fälle beschränken, für die in den Allgemeinen Vertragsbedingungen besondere Vereinbarungen ausdrücklich vorgesehen sind; sie sollen nicht weiter gehen, als es die Eigenart der Leistung und ihre Ausführung erfordern.

4. In den Zusätzlichen, Ergänzenden und Besonderen Vertragsbedingungen sollen, soweit erforderlich, insbesondere folgende Punkte geregelt werden:

a) Unterlagen (VOL/A § 22 Nr. 6 Abs. 3, VOL/B § 3, § 4 Nr. 2),

b) Umfang der Leistungen, u.U. Hundertsatz der Mehr- oder Minderleistungen (VOL/B §§ 1 und 2),

c) Benutzung von Lager- und Arbeitsplätzen, Zufahrtswegen, Anschlussgleisen, Wasser- und Energieanschlüssen,

d) Weitervergabe an Unterauftragnehmer (VOL/B § 4 Nr. 4),

e) Ausführungsfristen (VOL/A § 11, VOL/B § 5 Nr. 2),

f) Anlieferungs- oder Annahmestelle, falls notwendig auch Ort, Gebäude, Raum,

g) Kosten der Versendung zur Anlieferungs- oder Annahmestelle,

h) Art der Verpackung, Rückgabe der Packstoffe,

i) Übergang der Gefahr (VOL/B § 13 Nr. 1),

k) Haftung (VOL/B §§ 7 bis 10, 13 und 14),

l) Gefahrtragung bei höherer Gewalt (VOL/B § 5 Nr. 2),

m) Vertragsstrafen (VOL/A § 12, VOL/B § 11),

n) Prüfung der Beschaffenheit der Leistungen – Güteprüfung – (VOL/A § 8 Nr. 4, VOL/B § 12),

o) Abnahme (VOL/B § 13, Nr. 2),

p) Abrechnung (VOL/B §§ 15, 16 Nr. 2 und 3),

q) Leistungen nach Stundenverrechnungssätzen (VOL/B § 16),

r) Zahlung (VOL/B § 17),

s) Sicherheitsleistung (VOL/A § 14, VOL/B § 18),

t) Gerichtsstand (VOL/B § 19 Nr. 2),

u) Änderung der Vertragspreise (VOL/A § 15),

v) Besondere Vereinbarungen über die Gewährleistung.

5. Sollen Streitigkeiten aus dem Vertrag unter Ausschluss des ordentlichen Rechtsweges im schiedsrichterlichen Verfahren ausgetragen werden, so ist es in besonderer, nur das Schiedsverfahren betreffender Urkunde zu vereinbaren, soweit nicht § 1027 Abs. 2 der Zivilprozessordnung auch eine andere Form der Vereinbarung zulässt.

§ 10
Unteraufträge

1. In den Verdingungsunterlagen ist festzulegen, dass der Auftragnehmer

    a) bei der Übertragung von Teilen der Leistung (Unterauftrag) nach wettbewerblichen Gesichtspunkten verfährt,

    b) dem Unterauftragnehmer auf Verlangen den Auftraggeber benennt,

    c) dem Unterauftragnehmer insgesamt keine ungünstigeren Bedingungen – insbesondere hinsichtlich der Zahlungsweise und Sicherheitsleistungen – stellt, als zwischen ihm und dem Auftraggeber vereinbart sind.

2. (1) In den Verdingungsunterlagen ist festzulegen, dass der Auftragnehmer bei der Einholung von Angeboten für Unteraufträge regelmäßig kleine und mittlere Unternehmen angemessen beteiligt.

    (2) Bei Großaufträgen ist in den Verdingungsunterlagen weiter festzulegen, dass sich der Auftragnehmer bemüht, Unteraufträge an kleine und mittlere Unternehmen in dem Umfang zu erteilen, wie er es mit der vertragsgemäßen Ausführung der Leistung vereinbaren kann.

§ 11
Ausführungsfristen

1. Die Ausführungsfristen sind ausreichend zu bemessen. Außergewöhnlich kurze Fristen sind nur bei besonderer Dringlichkeit vorzusehen.

2. Wenn es ein erhebliches Interesse des Auftraggebers erfordert, sind Einzelfristen für in sich abgeschlossene Teile der Leistung zu bestimmen.

3. Ist für die Einhaltung von Ausführungsfristen die Übergabe von Zeichnungen oder anderen Unterlagen wichtig, so soll hierfür ebenfalls eine Frist festgelegt werden.

§ 12
Vertragsstrafen

Vertragsstrafen sollen nur für die Überschreitung von Ausführungsfristen ausbedungen werden und auch nur dann, wenn die Überschreitung erhebliche Nachteile verursachen kann. Die Strafe ist in angemessenen Grenzen zu halten.

§ 13
Verjährung der Gewährleistungsansprüche

1. Für die Verjährung der Gewährleistungsansprüche sollen die gesetzlichen Fristen ausbedungen werden.

2. Andere Regelungen für die Verjährung sollen vorgesehen werden, wenn dies wegen der Eigenart der Leistung erforderlich ist. In solchen Fällen sind alle Umstände gegeneinander abzuwägen; hierbei können die in dem Wirtschaftszweig üblichen Regelungen in Betracht gezogen werden.

§ 14
Sicherheitsleistungen

1. Sicherheitsleistungen sind nur zu fordern, wenn sie ausnahmsweise für die sach- und fristgemäße Durchführung der verlangten Leistung notwendig erscheinen.
2. Die Sicherheit soll nicht höher bemessen und ihre Rückgabe nicht für einen späteren Zeitpunkt vorgesehen werden, als nötig ist, um den Auftraggeber vor Schaden zu bewahren. Sie soll 5 vom Hundert der Auftragssumme nicht überschreiten.
3. Soweit nach diesen Grundsätzen eine teilweise Rückgabe von Sicherheiten möglich ist, hat dies unverzüglich zu geschehen.

§ 15
Preise

1. (1) Leistungen sollen zu festen Preisen vergeben werden.

   (2) Bei der Vergabe sind die Vorschriften über die Preise bei öffentlichen Aufträgen zu beachten.[1])
2. Sind bei längerfristigen Verträgen wesentliche Änderungen der Preisermittlungsgrundlagen zu erwarten, deren Eintritt oder Ausmaß ungewiss ist, so kann eine angemessene Änderung der Vergütung in den Verdingungsunterlagen vorgesehen werden.[2]) Die Einzelheiten der Preisänderungen sind festzulegen.

§ 16
Grundsätze der Ausschreibung

1. Der Auftraggeber soll erst dann ausschreiben, wenn alle Verdingungsunterlagen fertig gestellt sind und die Leistung aus der Sicht des Auftraggebers innerhalb der angegebenen Frist ausgeführt werden kann.
2. Ausschreibungen für vergabefremde Zwecke (z.B. Ertragsberechnungen, Vergleichsanschläge, Markterkundung) sind unzulässig.
3. Nummer 1 und 2 gelten für die Freihändige Vergabe entsprechend.

§ 17
Bekanntmachung, Aufforderung zur Angebotsabgabe

1. (1) Öffentliche Ausschreibungen sind durch Tageszeitungen, amtliche Veröffentlichungsblätter oder Fachzeitschriften bekannt zu machen.

---

1) Verordnung PR Nr. 30/53 über die Preise bei öffentlichen Aufträgen vom 21. November 1953 (BAnz. Nr. 244 vom 18. Dezember 1953), zuletzt geändert durch Verordnung PR Nr. 1/86 vom 15. April 1986 (BGBl. I S. 435 und BAnz. S. 5046) und Verordnung PR Nr. 1/89 vom 13. Juni 1989 (BGBl. I S. 1094 und BAnz. S. 3042)
2) Grundsätze zur Anwendung von Preisvorbehalten bei öffentlichen Aufträgen: Gemeinsames Ministerialblatt, herausgegeben vom Bundesminister des Innern, 1972 Nr. 22 Seite 384 f.; 1974 Nr. 5 Seite 75

(2) Diese Bekanntmachung soll mindestens folgende Angaben enthalten:

a) Bezeichnung (Anschrift) der zur Angebotsabgabe auffordernden Stelle, der den Zuschlag erteilenden Stelle sowie der Stelle, bei der die Angebote einzureichen sind,

b) Art der Vergabe (§ 3),

c) Art und Umfang der Leistung sowie den Ort der Leistung (z.B. Empfangs- oder Montagestelle),

d) etwaige Vorbehalte wegen der Teilung in Lose, Umfang der Lose und mögliche Vergabe der Lose an verschiedene Bieter,

e) etwaige Bestimmungen über die Ausführungsfrist,

f) Bezeichnung (Anschrift) der Stelle, die die Verdingungsunterlagen und das Anschreiben (Nummer 3) abgibt, sowie des Tages, bis zu dem sie bei ihr spätestens angefordert werden können,

g) Bezeichnung (Anschrift) der Stelle, bei der die Verdingungsunterlagen und das Anschreiben eingesehen werden können,

h) die Höhe etwaiger Vervielfältigungskosten und die Zahlungsweise (§ 20),

i) Ablauf der Angebotsfrist (§ 18),

k) die Höhe etwa geforderter Sicherheitsleistungen (§ 14),

l) die wesentlichen Zahlungsbedingungen oder Angabe der Unterlagen, in denen sie enthalten sind,

m) die mit dem Angebot vorzulegenden Unterlagen (§ 7 Nr. 4), die ggf. vom Auftraggeber für die Beurteilung der Eignung des Bewerbers (§ 2) verlangt werden,

n) Zuschlags- und Bindefrist (§ 19),

o) den besonderen Hinweis, dass der Bewerber mit der Abgabe seines Angebots auch den Bestimmungen über nicht berücksichtige Angebote (§ 27) unterliegt.

2. (1) Bei Beschränkter Ausschreibung und Freihändiger Vergabe mit Öffentlichem Teilnahmewettbewerb sind die Unternehmen durch Bekanntmachung in Tageszeitungen, amtlichen Veröffentlichungsblättern oder Fachzeitschriften aufzufordern, sich um Teilnahme zu bewerben.

(2) Diese Bekanntmachung soll mindestens folgende Angaben enthalten:

a) Bezeichnung (Anschrift) der zur Angebotsabgabe auffordernden Stelle und der den Zuschlag erteilenden Stelle,

b) Art der Vergabe (§ 3),

c) Art und Umfang der Leistung sowie den Ort der Leistung (z.B. Empfangs- oder Montagestelle),

d) etwaige Vorbehalte wegen der Teilung in Lose, Umfang der Lose und mögliche Vergabe der Lose an verschiedene Bieter,

e) etwaige Bestimmungen über die Ausführungsfrist,

f) Tag, bis zu dem der Teilnahmeantrag bei der unter Buchstabe g) näher bezeichneten Stelle eingegangen sein muss,

g) Bezeichnung (Anschrift) der Stelle, bei der der Teilnahmeantrag zu stellen ist,

h) Tag, an dem die Aufforderung zur Angebotsabgabe spätestens abgesandt wird,

i) die mit dem Teilnahmeantrag vorzulegenden Unterlagen (§ 7 Nr. 4), die ggf. vom Auftraggeber für die Beurteilung der Eignung des Bewerbers (§ 2) verlangt werden,

k) den besonderen Hinweis, dass der Bewerber mit der Abgabe seines Angebots auch den Bestimmungen über nicht berücksichtigte Angebote (§ 27) unterliegt.

3. (1) Bei Öffentlicher und Beschränkter Ausschreibung sind die Verdingungsunterlagen den Bewerbern mit einem Anschreiben (Aufforderung zur Angebotsabgabe) zu übergeben, das alle Angaben enthält, die außer den Verdingungsunterlagen für den Entschluss zur Abgabe eines Angebots notwendig sind. Dies gilt auch für Beschränkte Ausschreibungen nach Öffentlichem Teilnahmewettbewerb.

(2) Das Anschreiben soll insbesondere folgende Angaben enthalten:

a) Bezeichnung (Anschrift) der zur Angebotsabgabe auffordernden Stelle und der den Zuschlag erteilenden Stelle,

b) Art der Vergabe (§ 3),

c) Art und Umfang der Leistung sowie den Ort der Leistung (z.B. Empfangs- oder Montagestelle),

d) etwaige Vorbehalte wegen der Teilung in Lose, Umfang der Lose und mögliche Vergabe der Lose an verschiedene Bieter,

e) etwaige Bestimmungen über die Ausführungsfrist,

f) Bezeichnung (Anschrift) der Stelle, bei der die Verdingungsunterlagen eingesehen werden können, die nicht abgegeben werden,

g) genaue Aufschrift und Form der Angebote (§ 18 Nr. 2),

h) ob und unter welchen Bedingungen die Entschädigung für die Verdingungsunterlagen erstattet wird (§ 20),

i) Ablauf der Angebotsfrist (§ 18),

k) die mit dem Angebot vorzulegenden Unterlagen (§ 7 Nr. 4), die ggf. vom Auftraggeber für die Beurteilung der Eignung des Bieters (§ 2) verlangt werden,

l) die Höhe etwa geforderter Sicherheitsleistungen (§ 14),

m) sonstige Erfordernisse, die die Bewerber bei der Bearbeitung ihrer Angebote beachten müssen (§ 18 Nr. 3, § 9 Nr. 1, § 21),

n) Zuschlags- und Bindefrist (§ 19),

o) Nebenangebote und Änderungsvorschläge (Absatz 5),

p) den besonderen Hinweis, dass der Bewerber mit der Abgabe seines Angebots auch den Bestimmungen über nicht berücksichtigte Angebote (§ 27) unterliegt.

(3) Bei Freihändiger Vergabe sind Absatz 1 und 2 – soweit zweckmäßig – anzuwenden. Dies gilt auch für Freihändige Vergabe nach Öffentlichem Teilnahmewettbewerb.

(4) Auftraggeber, die ständig Leistungen vergeben, sollen die Erfordernisse, die die Bewerber bei der Bearbeitung ihrer Angebote beachten müssen, in Bewerbungsbedingungen zusammenfassen und dem Anschreiben beifügen (§§ 18, 19, 21).

(5) Wenn der Auftraggeber Nebenangebote und Änderungsvorschläge wünscht, ausdrücklich zulassen oder ausschließen will, so ist dies anzugeben; ebenso ist anzugeben, wenn Nebenangebote und Änderungsvorschläge ohne gleichzeitige Abgabe eines Hauptangebotes ausnahmsweise ausgeschlossen werden. Soweit der Bieter eine Leistung anbietet, die in den Verdingungsunterlagen nicht vorgesehen ist, sind von ihm im Angebot entsprechende Angaben über Ausführung und Beschaffenheit dieser Leistung zu verlangen.

(6) Die Aufforderung zur Angebotsabgabe ist bei Beschränkter Ausschreibung sowie bei Freihändiger Vergabe nach Öffentlichem Teilnahmewettbewerb an alle ausgewählten Bewerber am gleichen Tag abzusenden.

4. Jeder Bewerber soll die Leistungsbeschreibung sowie die anderen Teile der Verdingungsunterlagen, die mit dem Angebot dem Auftraggeber einzureichen sind, doppelt und alle anderen für seine Preisermittlung wesentlichen Unterlagen einfach erhalten. Wenn von den Unterlagen (z.B. Muster, Proben) – außer der Leistungsbeschreibung – keine Vervielfältigungen abgegeben werden können, sind sie in ausreichender Weise zur Einsicht auszulegen.

5. Die Namen der Bewerber, die Teilnahmeanträge gestellt haben, die Verdingungsunterlagen erhalten oder eingesehen haben, sind vertraulich zu behandeln.

6. (1) Erbitten Bewerber zusätzliche sachdienliche Auskünfte über die Verdingungsunterlagen und das Anschreiben, so sind die Auskünfte unverzüglich zu erteilen.

(2) Werden einem Bewerber wichtige Aufklärungen über die geforderte Leistung oder die Grundlagen seiner Preisermittlung gegeben, so sind sie auch den anderen Bewerbern gleichzeitig mitzuteilen.

§ 18
Form und Frist der Angebote

1. (1) Für die Bearbeitung und Abgabe der Angebote sind ausreichende Fristen vorzusehen. Dabei ist insbesondere der zusätzliche Aufwand für die Beschaffung von Unterlagen für die Angebotsbearbeitung, Erprobungen oder Besichtigungen zu berücksichtigen.

(2) Bei Freihändiger Vergabe kann von der Festlegung einer Angebotsfrist abgesehen werden. Dies gilt auch für Freihändige Vergabe nach Öffentlichem Teilnahmewettbewerb.

2. (1) Bei Ausschreibungen ist in der Aufforderung zur Angebotsabgabe vorzuschreiben, dass schriftliche Angebote als solche zu kennzeichnen und ebenso

wie etwaige Änderungen und Berichtigungen in einem verschlossenen Umschlag zuzustellen sind. Bei elektronischen Angeboten ist sicherzustellen, dass der Inhalt der Angebote erst mit Ablauf der für ihre Einreichung festgelegten Frist zugänglich wird.

(2) Bei Freihändiger Vergabe kann Absatz 1 entsprechend angewendet werden.

3. Bis zum Ablauf der Angebotsfrist können Angebote in den in Nr. 2 genannten Formen zurückgezogen werden.

§ 19
Zuschlags- und Bindefrist

1. Die Zuschlagsfrist beginnt mit dem Ablauf der Angebotsfrist (§ 18).

2. Die Zuschlagsfrist ist so kurz wie möglich und nicht länger zu bemessen, als der Auftraggeber für eine zügige Prüfung und Wertung der Angebote benötigt. Das Ende der Zuschlagsfrist soll durch Angabe des Kalendertages bezeichnet werden.

3. Es ist vorzusehen, dass der Bieter bis zum Ablauf der Zuschlagsfrist an sein Angebot gebunden ist (Bindefrist).

4. Die Nummern 1 bis 3 gelten bei Freihändiger Vergabe entsprechend.

§ 20
Kosten

1. (1) Bei Öffentlicher Ausschreibung dürfen für die Verdingungsunterlagen die Vervielfältigungskosten gefordert werden. In der Bekanntmachung (§ 17) ist anzugeben, wie hoch sie sind. Sie werden nicht erstattet.

(2) Bei Beschränkter Ausschreibung und Freihändiger Vergabe sind die Unterlagen unentgeltlich abzugeben. Eine Entschädigung (Absatz 1 Satz 1) darf nur ausnahmsweise gefordert werden, wenn die Selbstkosten der Vervielfältigung unverhältnismäßig hoch sind.

2. (1) Für die Bearbeitung des Angebots werden keine Kosten erstattet. Verlangt jedoch der Auftraggeber, dass der Bieter Entwürfe, Pläne, Zeichnungen, Berechnungen oder andere Unterlagen ausarbeitet, insbesondere in den Fällen des § 8 Nr. 2 Abs. 1 Buchstabe a), so ist einheitlich für alle Bieter in der Ausschreibung eine angemessene Kostenerstattung festzusetzen. Ist eine Kostenerstattung festgesetzt, so steht sie jedem Bieter zu, der ein der Ausschreibung entsprechendes Angebot mit den geforderten Unterlagen rechtzeitig eingereicht hat.

(2) Absatz 1 gilt für Freihändige Vergabe entsprechend.

§ 21
Inhalt der Angebote

1. (1) Die Angebote müssen die Preise sowie die geforderten Angaben und Erklärungen enthalten. Soweit Erläuterungen zur Beurteilung des Angebots erforderlich erscheinen, kann der Bieter sie auf besonderer Anlage seinem Angebot beifügen.

B III Texte

(2) Die Angebote müssen unterschrieben sein. Änderungen des Bieters an seinen Eintragungen müssen zweifelsfrei sein.

(3) Änderungen und Ergänzungen an den Verdingungsunterlagen sind unzulässig.

(4) Muster und Proben des Bieters müssen als zum Angebot gehörig gekennzeichnet sein.

2. Etwaige Nebenangebote und Änderungsvorschläge müssen auf besonderer Anlage gemacht und als solche deutlich gekennzeichnet werden.

3. Der Auftraggeber kann zulassen, dass Angebote auch auf andere Weise als schriftlich per Post oder direkt übermittelt werden, sofern sichergestellt ist, dass der Inhalt der Angebote erst mit Ablauf der für ihre Einreichung festgelegten Frist zugänglich wird. In diesem Fall gilt das Angebot als unterschrieben, wenn eine gültige digitale Signatur im Sinne des Signaturgesetzes[1]) vorliegt, bei Abgabe des Angebotes per Telekopie die Unterschrift auf der Telekopievorlage.

4. (1) Der Bieter hat auf Verlangen im Angebot anzugeben, ob für den Gegenstand des Angebots gewerbliche Schutzrechte bestehen oder von dem Bieter oder anderen beantragt sind.

(2) Der Bieter hat stets anzugeben, wenn er erwägt, Angaben aus seinem Angebot für die Anmeldung eines gewerblichen Schutzrechtes zu verwerten.

5. Arbeitsgemeinschaften und andere gemeinschaftliche Bieter haben in den Angeboten jeweils die Mitglieder zu benennen sowie eines ihrer Mitglieder als bevollmächtigten Vertreter für den Abschluss und die Durchführung des Vertrages zu bezeichnen. Fehlt eine dieser Bezeichnungen im Angebot, so ist sie vor der Zuschlagserteilung beizubringen.

6. Der Bieter kann schon im Angebot die Rückgabe von Entwürfen, Ausarbeitungen, Mustern und Proben verlangen, falls das Angebot nicht berücksichtigt wird (§ 27 Nr. 7).

§ 22
Öffnung der Angebote bei Ausschreibungen; Vertraulichkeit

1. Schriftliche Angebote sind auf dem ungeöffneten Umschlag mit Eingangsvermerk zu versehen und bis zum Zeitpunkt der Öffnung unter Verschluss zu halten. Den Eingangsvermerk soll ein an der Vergabe nicht Beteiligter anbringen. Elektronische Angebote sind entsprechend zu kennzeichnen und unter Verschluss zu halten.

2. (1) Die Verhandlung zur Öffnung der Angebote soll unverzüglich nach Ablauf der Angebotsfrist stattfinden.

(2) In der Verhandlung zur Öffnung der Angebote muss neben dem Verhandlungsleiter ein weiterer Vertreter des Auftraggebers anwesend sein.

---

[1] Gesetz zur digitalen Signatur (Signaturgesetz – SigG –).

(3) Bieter sind nicht zuzulassen.

3. Der Verhandlungsleiter stellt fest, ob die Angebote
   a) ordnungsgemäß verschlossen und äußerlich gekennzeichnet,
   b) bis zum Ablauf der Angebotsfrist bei der für den Eingang als zuständig bezeichneten Stelle

   eingegangen sind. Die Angebote werden geöffnet und in allen wesentlichen Teilen einschließlich der Anlagen gekennzeichnet.

4. (1) Über die Verhandlung zur Öffnung der Angebote ist eine Niederschrift zu fertigen. In die Niederschrift sind folgende Angaben aufzunehmen:
   a) Name und Wohnort der Bieter und die Endbeträge der Angebote, ferner andere den Preis betreffende Angaben,
   b) ob und von wem Nebenangebote und Änderungsvorschläge eingereicht worden sind.

   (2) Angebote, die nicht den Voraussetzungen der Nummer 3 Satz 1 entsprechen, müssen in der Niederschrift oder, soweit sie nach Schluss der Eröffnungsverhandlung eingegangen sind, in einem Nachtrag zur Niederschrift besonders aufgeführt werden; die Eingangszeit und etwa bekannte Gründe, aus denen die Voraussetzungen der Nummer 3 Satz 1 nicht erfüllt sind, sind zu vermerken.

   (3) Die Niederschrift ist von dem Verhandlungsleiter und dem weiteren Vertreter des Auftraggebers zu unterschreiben.

5. Die Niederschrift darf weder den Bietern noch der Öffentlichkeit zugänglich gemacht werden.

6. (1) Die Angebote und ihre Anlagen sind sorgfältig zu verwahren und vertraulich zu behandeln. Von den nicht ordnungsgemäß oder verspätet eingegangenen Angeboten sind auch der Umschlag und andere Beweismittel aufzubewahren.

   (2) Im Falle des § 21 Nr. 3 Abs. 2 ist sicherzustellen, dass die Kenntnis des Angebots auf die mit der Sache Befassten beschränkt bleibt.

   (3) Der Auftraggeber darf Angebotsunterlagen und die in den Angeboten enthaltenen eigenen Vorschläge eines Bieters nur für die Prüfung und Wertung der Angebote (§§ 23 und 25) verwenden. Eine darüber hinausgehende Verwendung bedarf der vorherigen schriftlichen Vereinbarung, in der auch die Entschädigung zu regeln ist.

   (4) Die Absätze 1 bis 3 gelten bei Freihändiger Vergabe entsprechend.

§ 23
Prüfung der Angebote

1. Nicht geprüft zu werden brauchen Angebote,
   a) die nicht ordnungsgemäß oder verspätet eingegangen sind, es sei denn, dass der nicht ordnungsgemäße oder verspätete Eingang durch Umstände verursacht worden ist, die nicht vom Bieter zu vertreten sind,
   b) die nicht unterschrieben sind (§ 21 Nr. 1 Abs. 2 Satz 1),

B III Texte

c) bei denen Änderungen des Bieters an seinen Eintragungen nicht zweifelsfrei sind (§ 21 Nr. 1 Abs. 2 Satz 2),

d) bei denen Änderungen oder Ergänzungen an den Verdingungsunterlagen vorgenommen worden sind (§ 21 Nr. 1 Abs. 3).

2. Die übrigen Angebote sind einzeln auf Vollständigkeit sowie auf rechnerische und fachliche Richtigkeit zu prüfen; ferner sind die für die Beurteilung der Wirtschaftlichkeit der einzelnen Angebote maßgebenden Gesichtspunkte festzuhalten. Gegebenenfalls sind Sachverständige (§ 6) hinzuzuziehen.

3. Das Ergebnis der Prüfung ist aktenkundig zu machen.

§ 24
Verhandlungen mit Bietern bei Ausschreibungen

1. (1) Nach Öffnung der Angebote bis zur Zuschlagserteilung darf mit den Bietern über ihre Angebote nur verhandelt werden, um Zweifel über die Angebote oder die Bieter zu beheben.

   (2) Verweigert ein Bieter die geforderten Aufklärungen und Angaben, so kann sein Angebot unberücksichtigt bleiben.

2. (1) Andere Verhandlungen, besonders über Änderungen der Angebote oder Preise, sind unstatthaft.

   (2) Ausnahmsweise darf bei einem Nebenangebot und Änderungsvorschlag (§ 17 Nr. 3 Abs. 5) oder bei einem Angebot aufgrund funktionaler Leistungsbeschreibung (§ 8 Nr. 2 Abs. 1 Buchstabe a)) mit dem Bieter, dessen Angebot als das wirtschaftlichste gewertet wurde (§ 25 Nr. 3), im Rahmen der geforderten Leistung über notwendige technische Änderungen geringen Umfangs verhandelt werden. Hierbei kann auch der Preis entsprechend angepasst werden. Mit weiteren Bietern darf nicht verhandelt werden.

3. Grund und Ergebnis der Verhandlungen sind vertraulich zu behandeln und schriftlich niederzulegen.

§ 25
Wertung der Angebote

1. (1) Ausgeschlossen werden:

   a) Angebote, für deren Wertung wesentliche Preisangaben fehlen (§ 21 Nr. 1 Abs. 1 Satz 1),

   b) Angebote, die nicht unterschrieben sind (§ 21 Nr. 1 Abs. 2 Satz 1),

   c) Angebote, in denen Änderungen des Bieters an seinen Eintragungen nicht zweifelsfrei sind (§ 21 Nr. 1 Abs. 2 Satz 2),

   d) Angebote, bei denen Änderungen oder Ergänzungen an den Verdingungsunterlagen vorgenommen worden sind (§ 21 Nr. 1 Abs. 3),

   e) Angebote, die verspätet eingegangen sind, es sei denn, dass der verspätete Eingang durch Umstände verursacht worden ist, die nicht vom Bieter zu vertreten sind,

f) Angebote von Bietern, die in Bezug auf die Vergabe eine unzulässige, wettbewerbsbeschränkende Abrede getroffen haben,

g) Nebenangebote und Änderungsvorschläge, soweit der Auftraggeber diese nach § 17 Nr. 3 Abs. 5 ausgeschlossen hat.

(2) Außerdem können ausgeschlossen werden:

a) Angebote, die nicht die geforderten Angaben und Erklärungen enthalten (§ 21 Nr. 1 Abs. 1 Satz 1),

b) Angebote von Bietern, die von der Teilnahme am Wettbewerb ausgeschlossen werden können (§ 7 Nr. 5),

c) Nebenangebote und Änderungsvorschläge, die nicht auf besonderer Anlage gemacht worden oder als solche nicht deutlich gekennzeichnet sind (§ 21 Nr. 2).

2. (1) Bei der Auswahl der Angebote, die für den Zuschlag in Betracht kommen, sind nur Bieter zu berücksichtigen, die für die Erfüllung der vertraglichen Verpflichtungen die erforderliche Fachkunde, Leistungsfähigkeit und Zuverlässigkeit besitzen.

(2) Erscheinen Angebote im Verhältnis zu der zu erbringenden Leistung ungewöhnlich niedrig, so überprüft der Auftraggeber vor der Vergabe des Auftrages die Einzelposten dieser Angebote. Zu diesem Zweck verlangt er vom Bieter die erforderlichen Belege. Der Auftraggeber berücksichtigt bei der Vergabe das Ergebnis dieser Überprüfung.

(3) Auf Angebote, deren Preise in offenbarem Missverhältnis zur Leistung stehen, darf der Zuschlag nicht erteilt werden.

3. Der Zuschlag ist auf das unter Berücksichtigung aller Umstände wirtschaftlichste Angebot zu erteilen. Der niedrigste Angebotspreis allein ist nicht entscheidend.

4. Nebenangebote und Änderungsvorschläge, die der Auftraggeber bei der Ausschreibung gewünscht oder ausdrücklich zugelassen hat, sind ebenso zu werten wie die Hauptangebote. Sonstige Nebenangebote und Änderungsvorschläge können berücksichtigt werden.

5. Die Gründe für die Zuschlagserteilung sind in den Akten zu vermerken.

§ 26
Aufhebung der Ausschreibung

1. Die Ausschreibung kann aufgehoben werden, wenn

a) kein Angebot eingegangen ist, das den Ausschreibungsbedingungen entspricht,

b) sich die Grundlagen der Ausschreibung wesentlich geändert haben,

c) sie kein wirtschaftliches Ergebnis gehabt hat,

d) andere schwerwiegende Gründe bestehen.

2. Die Ausschreibung kann unter der Voraussetzung, dass Angebote in Losen vorgesehen oder Nebenangebote und Änderungsvorschläge nicht ausgeschlossen sind, teilweise aufgehoben werden, wenn
   a) das wirtschaftlichste Angebot den ausgeschriebenen Bedarf nicht voll deckt,
   b) schwerwiegende Gründe der Vergabe der gesamten Leistung an einen Bieter entgegenstehen.
3. Die Gründe für die Aufhebung der Ausschreibung sind in den Akten zu vermerken.
4. Die Bieter sind von der Aufhebung der Ausschreibung unter Bekanntgabe der Gründe (Nummer 1 Buchstabe a) bis d), Nummer 2 Buchstabe a) und b)) unverzüglich zu benachrichtigen.
5. Eine neue Ausschreibung oder eine Freihändige Vergabe ist nur zulässig, wenn die vorhergehende Ausschreibung über denselben Gegenstand ganz oder teilweise aufgehoben ist.

§ 27
Nicht berücksichtigte Angebote

1. Ein Angebot gilt als nicht berücksichtigt, wenn bis zum Ablauf der Zuschlagsfrist kein Auftrag erteilt wurde. Die Vergabestelle teilt jedem erfolglosen Bieter nach Zuschlagserteilung auf dessen schriftlichen Antrag hin unverzüglich die Ablehnung seines Angebots schriftlich mit. Dem Antrag ist ein adressierter Freiumschlag beizufügen. Der Antrag kann bereits bei Abgabe des Angebotes gestellt werden. Weiterhin muss in den Verdingungsunterlagen bereits darauf hingewiesen werden, dass das Angebot nicht berücksichtigt worden ist, wenn bis zum Ablauf der Zuschlagsfrist kein Auftrag erteilt wurde.
2. In der Mitteilung gemäß Nummer 1 Satz 1 sind zusätzlich bekannt zu geben:
   a) Die Gründe für die Ablehnung (z.B. preisliche, technische, funktionsbedingte, gestalterische, ästhetische) seines Angebots. Bei der Mitteilung ist darauf zu achten, dass die Auskunft mit Rücksicht auf die Verpflichtung der Vergabestelle, die Angebote vertraulich zu behandeln (§ 22 Nr. 6 Abs. 1 Satz 1), keine Angaben aus Angeboten anderer Bieter enthält.
   b) Die Anzahl der eingegangenen Angebote.
   c) Der niedrigste und höchste Angebotsendpreis der nach § 23 geprüften Angebote.
3. Die zusätzliche Bekanntgabe nach Nummer 2 entfällt, wenn
   a) der Zuschlagspreis unter 5000 Euro liegt oder
   b) weniger als 8 Angebote eingegangen sind oder
   c) der Aufforderung zur Angebotsabgabe eine funktionale Leistungsbeschreibung (§ 8 Nr. 2 Abs. 1 Buchstabe a)) zugrunde gelegen hat oder
   d) das Angebot nach § 25 Nr. 1 ausgeschlossen worden ist oder nach § 25 Nr. 2 Abs. 1 nicht berücksichtigt werden konnte.
4. Ist aufgrund der Aufforderung zur Angebotsabgabe Vergabe in Losen vorgesehen, so sind zusätzlich in der Bekanntgabe nach Nummer 2 Buchstabe c) Preise zu Losangeboten dann mitzuteilen, wenn eine Vergleichbarkeit der Losangebote (z.B. gleiche Losgröße und Anzahl der Lose) gegeben ist.

VOL/A 2000 Abschnitt 1 **B III**

5. Sind Nebenangebote und Änderungsvorschläge eingegangen, so sind diese bei den Angaben gemäß Nummer 2 außer Betracht zu lassen; im Rahmen der Bekanntgabe nach Nummer 2 ist jedoch anzugeben, dass Nebenangebote und Änderungsvorschläge eingegangen sind.
6. Die Mitteilungen nach Nummer 1 und 2 sind abschließend.
7. Entwürfe, Ausarbeitungen, Muster und Proben zu nicht berücksichtigten Angeboten sind zurückzugeben, wenn dies im Angebot oder innerhalb von 24 Werktagen nach Ablehnung des Angebots verlangt wird.
8. Nicht berücksichtigte Angebote und Ausarbeitungen der Bieter dürfen nur mit ihrer Zustimmung für eine neue Vergabe oder für andere Zwecke benutzt werden.

§ 28
Zuschlag

1. (1) Der Zuschlag (§ 25 Nr. 3) auf ein Angebot soll schriftlich und so rechtzeitig erteilt werden, dass ihn der Bieter noch vor Ablauf der Zuschlagsfrist erhält. Wird ausnahmsweise der Zuschlag nicht schriftlich erteilt, so ist er umgehend schriftlich zu bestätigen.

    (2) Dies gilt nicht für die Fälle, in denen durch Ausführungsbestimmungen auf die Schriftform verzichtet worden ist.

2. (1) Wird auf ein Angebot rechtzeitig und ohne Abänderungen der Zuschlag erteilt, so ist damit nach allgemeinen Rechtsgrundsätzen der Vertrag abgeschlossen, auch wenn spätere urkundliche Festlegung vorgesehen ist.

    (2) Verzögert sich der Zuschlag, so kann die Zuschlagsfrist nur im Einvernehmen mit den in Frage kommenden Bietern verlängert werden.

§ 29
Vertragsurkunde

Eine besondere Urkunde kann über den Vertrag dann gefertigt werden, wenn die Vertragspartner dies für notwendig halten.

§ 30
Vergabevermerk

1. Über die Vergabe ist ein Vermerk zu fertigen, der die einzelnen Stufen des Verfahrens, die Maßnahmen, die Feststellung sowie die Begründung der einzelnen Entscheidungen enthält.
2. Wird auf die Vorlage zusätzlich zum Angebot verlangter Unterlagen und Nachweise verzichtet, ist dies im Vergabevermerk zu begründen.

1.2

Abschnitt 2: **Bestimmungen nach der EG-Lieferkoordinierungsrichtlinie*)
und der EG-Dienstleistungsrichtlinie**)**

§ 1
Leistungen

Leistungen im Sinne der VOL sind alle Lieferungen und Leistungen, ausgenommen
- Leistungen, die unter die Verdingungsordnung für Bauleistungen – VOB – fallen (VOB/A § 1),
- Leistungen, die im Rahmen einer freiberuflichen Tätigkeit[1]) erbracht oder im Wettbewerb mit freiberuflich Tätigen angeboten werden, soweit deren Auftragswerte die in der Vergabeverordnung festgelegten Schwellenwerte nicht erreichen; die Bestimmungen der Haushaltsordnungen bleiben unberührt,
- Leistungen ab der in der Vergabeverordnung festgelegten Schwellenwerte, die im Rahmen einer freiberuflichen Tätigkeit erbracht oder im Wettbewerb mit freiberuflich Tätigen angeboten werden und deren Gegenstand eine Aufgabe ist, deren Lösung nicht vorab eindeutig und erschöpfend beschrieben werden kann; diese Leistungen fallen unter die Verdingungsordnung für freiberufliche Leistungen – VOF –.

§ 1 a
Verpflichtung zur Anwendung der a-Paragraphen

1. (1) Bei der Vergabe von Liefer- und Dienstleistungsaufträgen gelten die Bestimmungen der a-Paragraphen zusätzlich zu den Basisparagraphen dieses Abschnittes. Soweit die Bestimmungen der a-Paragraphen nicht entgegenstehen, bleiben die Basisparagraphen dieses Abschnittes unberührt.

(2) Aufträge, deren Gegenstand Lieferungen und Dienstleistungen sind, werden nach den Regelungen über diejenigen Aufträge vergeben, deren Wert überwiegt.

(3) Soweit keine ausdrückliche Unterscheidung zwischen Liefer- und Dienstleistungsaufträgen erfolgt, gelten die Regelungen sowohl für Liefer- als auch für Dienstleistungsaufträge.

---

*) Richtlinie 93/36/EWG des Rates vom 14. Juni 1993 über die Koordinierung der Verfahren zur Vergabe öffentlicher Lieferaufträge, ABl. EG Nr. L 199, in der Fassung der Richtlinie 97/52/EG des Europäischen Parlaments und des Rates vom 13. Oktober 1997 ABl. EG Nr. L 328.
**) Richtlinie 92/50 EWG des Rates vom 18. Juni 1992 über die Koordinierung der Verfahren zur Vergabe öffentlicher Dienstleistungsaufträge, ABl. EG Nr. L 209, in der Fassung der Richtlinie 97/52/EG des Europäischen Parlaments und des Rates vom 13. Oktober 1997 ABl. EG Nr. L 328.
1) vgl. § 18 Abs. 1 Nr. 1 EStG:
(1) Einkünfte aus selbständiger Arbeit sind:
1. Einkünfte aus freiberuflicher Tätigkeit. Zu der freiberuflichen Tätigkeit gehören die selbständig ausgeübte wissenschaftliche, künstlerische, schriftstellerische, unterrichtende oder erzieherische Tätigkeit, die selbständige Berufstätigkeit der Ärzte, Zahnärzte, Tierärzte, Rechtsanwälte, Notare, Patentanwälte, Vermessungsingenieure, Ingenieure, Architekten, Handelschemiker, Wirtschaftsprüfer, Steuerberater, beratenden Volks- und Betriebswirte, vereidigten Buchprüfer (vereidigten Bücherrevisoren), Steuerbevollmächtigten, Heilpraktiker, Dentisten, Krankengymnasten, Journalisten, Bildberichterstatter, Dolmetscher, Übersetzer, Lotsen und ähnlicher Berufe. Ein Angehöriger eines freien Berufs im Sinne der Sätze 1 und 2 ist auch dann freiberuflich tätig, wenn er sich der Mithilfe fachlich vorgebildeter Arbeitskräfte bedient; Voraussetzung ist, dass er auf Grund eigener Fachkenntnisse leitend und eigenverantwortlich tätig wird. Eine Vertretung im Fall vorübergehender Verhinderung steht der Annahme einer leitenden und eigenverantwortlichen Tätigkeit nicht entgegen; ...

2. (1) Aufträge, deren Gegenstand Dienstleistungen nach Anhang I A sind, werden nach den Bestimmungen dieses Abschnittes vergeben.

(2) Aufträge, deren Gegenstand Dienstleistungen nach Anhang I B sind, werden nach den Bestimmungen der Basisparagraphen dieses Abschnittes und der §§ 8 a und 28 a vergeben.

(3) Aufträge, deren Gegenstand Dienstleistungen des Anhangs I A und des Anhangs I B sind, werden nach den Regelungen für diejenigen Dienstleistungen vergeben, deren Wert überwiegt.

§ 2
Grundsätze der Vergabe

1. (1) Leistungen sind in der Regel im Wettbewerb zu vergeben.

   (2) Wettbewerbsbeschränkende und unlautere Verhaltensweisen sind zu bekämpfen.

2. Bei der Vergabe von Leistungen darf kein Unternehmen diskriminiert werden.

3. Leistungen sind unter ausschließlicher Verantwortung der Vergabestellen an fachkundige, leistungsfähige und zuverlässige Bewerber zu angemessenen Preisen zu vergeben.

4. Für die Berücksichtigung von Bewerbern, bei denen Umstände besonderer Art vorliegen, sind die jeweils hierüber erlassenen Rechts- und Verwaltungsvorschriften des Bundes und der Länder maßgebend.

§ 3
Arten der Vergabe

1. (1) Bei Öffentlicher Ausschreibung werden Leistungen im vorgeschriebenen Verfahren nach öffentlicher Aufforderung einer unbeschränkten Zahl von Unternehmen zur Einreichung von Angeboten vergeben.

   (2) Bei Beschränkter Ausschreibung werden Leistungen im vorgeschriebenen Verfahren nach Aufforderung einer beschränkten Zahl von Unternehmen zur Einreichung von Angeboten vergeben.

   (3) Bei Freihändiger Vergabe werden Leistungen ohne ein förmliches Verfahren vergeben.

   (4) Soweit es zweckmäßig ist, soll der Beschränkten Ausschreibung und der Freihändigen Vergabe eine öffentliche Aufforderung vorangehen, sich um Teilnahme zu bewerben (Beschränkte Ausschreibung mit Öffentlichem Teilnahmewettbewerb bzw. Freihändige Vergabe mit Öffentlichem Teilnahmewettbewerb).

2. Öffentliche Ausschreibung muss stattfinden, soweit nicht die Natur des Geschäfts oder besondere Umstände eine Ausnahme rechtfertigen.

3. Beschränkte Ausschreibung soll nur stattfinden,
   a) wenn die Leistung nach ihrer Eigenart nur von einem beschränkten Kreis von Unternehmen in geeigneter Weise ausgeführt werden kann, besonders wenn außergewöhnliche Fachkunde oder Leistungsfähigkeit oder Zuverlässigkeit erforderlich ist,

b) wenn die Öffentliche Ausschreibung für den Auftraggeber oder die Bewerber einen Aufwand verursachen würde, der zu dem erreichbaren Vorteil oder dem Wert der Leistung im Missverhältnis stehen würde,

c) wenn eine Öffentliche Ausschreibung kein wirtschaftliches Ergebnis gehabt hat,

d) wenn eine Öffentliche Ausschreibung aus anderen Gründen (z. B. Dringlichkeit, Geheimhaltung) unzweckmäßig ist.

4. Freihändige Vergabe soll nur stattfinden,

   a) wenn für die Leistung aus besonderen Gründen (z. B. besondere Erfahrungen, Zuverlässigkeit oder Einrichtungen, bestimmte Ausführungsarten) nur *ein* Unternehmen in Betracht kommt,

   b) wenn im Anschluss an Entwicklungsleistungen Aufträge in angemessenem Umfang und für angemessene Zeit an Unternehmen, die an der Entwicklung beteiligt waren, vergeben werden müssen, es sei denn, dass dadurch die Wettbewerbsbedingungen verschlechtert werden,

   c) wenn für die Leistungen gewerbliche Schutzrechte zugunsten eines bestimmten Unternehmens bestehen, es sei denn, der Auftraggeber oder andere Unternehmen sind zur Nutzung dieser Rechte befugt,

   d) wenn bei geringfügigen Nachbestellungen im Anschluss an einen bestehenden Vertrag kein höherer Preis als für die ursprüngliche Leistung gefordert wird und von einer Ausschreibung kein wirtschaftlicheres Ergebnis zu erwarten ist. Die Nachbestellungen sollen insgesamt 20 v. H. des Wertes der ursprünglichen Leistung nicht überschreiten,

   e) wenn Ersatzteile oder Zubehörstücke zu Maschinen, Geräten usw. vom Lieferanten der ursprünglichen Leistung beschafft werden sollen und diese Stücke in brauchbarer Ausführung von anderen Unternehmen nicht oder nicht unter wirtschaftlichen Bedingungen bezogen werden können,

   f) wenn die Leistung besonders dringlich ist,

   g) wenn es aus Gründen der Geheimhaltung erforderlich ist,

   h) wenn die Leistung nach Art und Umfang vor der Vergabe nicht so eindeutig und erschöpfend beschrieben werden kann, dass hinreichend vergleichbare Angebote erwartet werden können,

   i) wenn es sich um Leistungen handelt, die besondere schöpferische Fähigkeiten verlangen,

   k) wenn die Leistungen von Bewerbern angeboten werden, die zugelassenen, mit Preisabreden oder gemeinsamen Vertriebseinrichtungen verbundenen Kartellen angehören und keine kartellfremden Bewerber vorhanden sind,

   l) wenn es sich um Börsenwaren handelt,

   m) wenn es sich um eine vorteilhafte Gelegenheit handelt,

   n) wenn nach Aufhebung einer Öffentlichen oder Beschränkten Ausschreibung eine erneute Ausschreibung kein wirtschaftliches Ergebnis verspricht,

o) wenn die Vergabe von Leistungen an Justizvollzugsanstalten, Einrichtungen der Jugendhilfe, Aus- und Fortbildungsstätten oder ähnliche Einrichtungen beabsichtigt ist,

p) wenn sie durch Ausführungsbestimmungen von einem Bundesminister – ggf. Landesminister – bis zu einem bestimmten Höchstwert zugelassen ist.

5. Es ist aktenkundig zu machen, weshalb von einer Öffentlichen oder Beschränkten Ausschreibung abgesehen worden ist.

§ 3 a
Arten der Vergabe

1. (1) Aufträge im Sinne des § 1a werden grundsätzlich im Wege des Offenen Verfahrens, das der Öffentlichen Ausschreibung gemäß § 3 Nr. 2 entspricht, in begründeten Fällen im Wege des Nichtoffenen Verfahrens, das der Beschränkten Ausschreibung mit Öffentlichem Teilnahmewettbewerb gemäß § 3 Nr. 1 Abs. 4 und Nr. 3 entspricht, vergeben. Unter den in Nr. 1 Abs. 4 und Nr. 2 genannten Voraussetzungen können sie auch im Verhandlungsverfahren mit oder ohne vorherige Öffentliche Vergabebekanntmachung vergeben werden; dabei wendet sich der Auftraggeber an Unternehmen seiner Wahl und verhandelt mit mehreren oder einem einzigen dieser Unternehmen über die Auftragsvergabe.

(2) Vergeben die Auftraggeber einen Auftrag im Nichtoffenen Verfahren, so können sie eine Höchstzahl von Unternehmen bestimmen, die zur Angebotsabgabe aufgefordert werden. Diese Zahl ist in der Bekanntmachung nach Absatz 3 anzugeben. Sie darf nicht unter fünf liegen.

(3) Auftraggeber, die einen Auftrag im Sinne des § 1 a vergeben wollen, erklären ihre Absicht durch eine Bekanntmachung gemäß § 17 a im Supplement zum Amtsblatt der Europäischen Gemeinschaften. Die Bekanntmachung enthält entweder die Aufforderung zur Abgabe von Angeboten (Offenes Verfahren) oder die Aufforderung, Teilnahmeanträge zu stellen (Nichtoffenes Verfahren bzw. Verhandlungsverfahren mit Teilnahmewettbewerb).

(4) Die Auftraggeber können Aufträge im Verhandlungsverfahren vergeben, vorausgesetzt dass sie eine Vergabebekanntmachung veröffentlicht haben:

a) wenn in einem Offenen oder einem Nichtoffenen Verfahren nur Angebote im Sinne des § 23 Nr. 1 oder des § 25 Nr. 1 abgegeben worden sind, sofern die ursprünglichen Bedingungen des Auftrags nicht grundlegend geändert werden.

Die Auftraggeber können in diesen Fällen von einer Vergabebekanntmachung absehen, wenn sie in das Verhandlungsverfahren alle Unternehmen einbeziehen, welche die Voraussetzungen des § 25 Nr. 2 Abs. 1 erfüllen und in dem Offenen oder Nichtoffenen Verfahren Angebote abgegeben haben, die nicht bereits aus formalen Gründen (§ 23 Nr. 1) nicht geprüft zu werden brauchen.

Bei einer erneuten Bekanntmachung gem. § 17 a können sich auch Unternehmen beteiligen, die sich bei einer ersten Bekanntmachung nach Nr. 1 Abs. 3 nicht beteiligt hatten.

b) in Ausnahmefällen, wenn es sich um Dienstleistungsaufträge handelt, die ihrer Natur nach oder wegen der damit verbundenen Risiken eine vorherige Festlegung eines Gesamtpreises nicht zulassen,

c) wenn die zu erbringenden Dienstleistungsaufträge, insbesondere geistig-schöpferische Dienstleistungen und Dienstleistungen der Kategorie 6 des Anhangs I A, dergestalt sind, dass vertragliche Spezifikationen nicht hinreichend genau festgelegt werden können, um den Auftrag durch die Wahl des besten Angebots in Übereinstimmung mit den Vorschriften über Offene und Nichtoffene Verfahren vergeben zu können.

Bei hinreichender Anzahl geeigneter Bewerber darf die Zahl der zur Verhandlung zugelassenen Unternehmen nicht unter drei liegen.

2. Die Auftraggeber können in folgenden Fällen Aufträge im Verhandlungsverfahren ohne vorherige Öffentliche Vergabebekanntmachung vergeben:

   a) wenn in einem Offenen oder einem Nichtoffenen Verfahren keine oder keine wirtschaftlichen Angebote abgegeben worden sind, sofern die ursprünglichen Bedingungen des Auftrags nicht grundlegend geändert werden; der Kommission der Europäischen Gemeinschaften ist auf ihren Wunsch ein Bericht vorzulegen;

   b) wenn es sich um die Lieferung von Waren handelt, die nur zum Zwecke von Forschungen, Versuchen, Untersuchungen, Entwicklungen oder Verbesserungen hergestellt werden, wobei unter diese Bestimmung nicht eine Serienfertigung zum Nachweis der Marktfähigkeit des Produktes oder zur Deckung der Forschungs- und Entwicklungskosten fällt;

   c) wenn der Auftrag wegen seiner technischen oder künstlerischen Besonderheiten oder aufgrund des Schutzes eines Ausschließlichkeitsrechts (z.B. Patent-, Urheberrecht) nur von einem bestimmten Unternehmen durchgeführt werden kann;

   d) soweit dies unbedingt erforderlich ist, wenn aus zwingenden Gründen, die der Auftraggeber nicht voraussehen konnte, die Fristen gemäß § 18 a nicht eingehalten werden können. Die Umstände, die die zwingende Dringlichkeit begründen, dürfen auf keinen Fall dem Verhalten des Auftraggebers zuzuschreiben sein;

   e) bei zusätzlichen Lieferungen des ursprünglichen Auftragnehmers, die entweder zur teilweisen Erneuerung von gelieferten Waren oder Einrichtungen zur laufenden Benutzung oder zur Erweiterung von Lieferungen oder bestehenden Einrichtungen bestimmt sind, wenn ein Wechsel des Unternehmens dazu führen würde, dass der Auftraggeber Waren mit unterschiedlichen technischen Merkmalen kaufen müsste und dies eine technische Unvereinbarkeit oder unverhältnismäßige technische Schwierigkeiten bei Gebrauch, Betrieb oder Wartung mit sich bringen würde. Die Laufzeit dieser Aufträge sowie die der Daueraufträge darf in der Regel drei Jahre nicht überschreiten;

   f) für zusätzliche Dienstleistungen, die weder in dem der Vergabe zugrunde liegenden Entwurf noch im zuerst geschlossenen Vertrag vorgesehen sind, die aber wegen eines unvorhergesehenen Ereignisses zur Ausführung der darin beschriebenen Dienstleistungen erforderlich sind, sofern der Auftrag an das

Unternehmen vergeben wird, das diese Dienstleistung erbringt, wenn sich die zusätzliche Dienstleistung in technischer und wirtschaftlicher Hinsicht nicht ohne wesentlichen Nachteil für den Auftraggeber vom Hauptauftrag trennen lassen oder wenn diese Dienstleistungen zwar von der Ausführung des ursprünglichen Auftrags getrennt werden können, aber für dessen Verbesserung unbedingt erforderlich sind.

Der Gesamtwert der Aufträge für die zusätzlichen Dienstleistungen darf jedoch 50 vom Hundert des Wertes des Hauptauftrags nicht überschreiten;

g) bei neuen Dienstleistungen, die in der Wiederholung gleichartiger Leistungen bestehen, die durch den gleichen Auftraggeber an das Unternehmen vergeben werden, das den ersten Auftrag erhalten hat, sofern sie einem Grundentwurf entsprechen und dieser Entwurf Gegenstand des ersten Auftrags war, der entweder im Offenen oder Nichtoffenen Verfahren vergeben wurde. Die Möglichkeit der Anwendung des Verhandlungsverfahrens muss bereits in der Ausschreibung des ersten Vorhabens angegeben werden; der für die nachfolgenden Dienstleistungen in Aussicht genommene Gesamtauftragswert wird vom Auftraggeber für die Anwendung des § 1a Nr. 4 berücksichtigt. Das Verhandlungsverfahren darf jedoch nur innerhalb von drei Jahren nach Abschluss des ersten Auftrags angewandt werden;

h) wenn im Anschluss an einen Wettbewerb im Sinne des § 31 a Nr. 1 Abs. 1 der Auftrag nach den Bedingungen dieses Wettbewerbs an den Gewinner oder an einen der Preisträger vergeben werden muss. Im letzteren Fall müssen alle Preisträger des Wettbewerbs zur Teilnahme an den Verhandlungen aufgefordert werden.

3. Es ist aktenkundig zu machen, weshalb von einem Offenen oder Nichtoffenen Verfahren abgewichen worden ist (vgl. §§ 30, 30 a).

§ 4
Erkundung des Bewerberkreises

1. Vor einer Beschränkten Ausschreibung und vor einer Freihändigen Vergabe hat der Auftraggeber den in Betracht kommenden Bewerberkreis zu erkunden, sofern er keine ausreichende Marktübersicht hat.

2. (1) Hierzu kann er öffentlich auffordern, sich um Teilnahme zu bewerben (Teilnahmewettbewerb im Sinne von § 3 Nr. 1 Abs. 4).

(2) Bei Auftragswerten über 5000 Euro kann er sich ferner von der Auftragsberatungsstelle des Bundeslandes, in dem der Auftraggeber seinen Sitz hat, unter Beachtung von § 7 Nr. 1 geeignete Bewerber benennen lassen. Dabei ist der Auftragsberatungsstelle die zu vergebende Leistung hinreichend zu beschreiben. Der Auftraggeber kann der Auftragsberatungsstelle vorgeben, wie viele Unternehmen er benannt haben will; er kann ferner auf besondere Erfordernisse hinweisen, die von den Unternehmen zu erfüllen sind.

Die Auftragsberatungsstelle soll in ihrer Mitteilung angeben, ob sie in der Lage ist, noch weitere Bewerber zu benennen. In der Regel hat der Auftraggeber die ihm benannten Unternehmen zur Angebotsabgabe aufzufordern.

3. Weitergehende Vereinbarungen, welche die Zusammenarbeit zwischen Auftraggebern, dem Bundesministerium für Wirtschaft und den Bundesländern bei der Vergabe von Aufträgen regeln, werden davon nicht berührt.

§ 5
Vergabe nach Losen

1. Der Auftraggeber hat in jedem Falle, in dem dies nach Art und Umfang der Leistung zweckmäßig ist, diese – z.b. nach Menge, Art – in Lose zu zerlegen, damit sich auch kleine und mittlere Unternehmen um Lose bewerben können. Die einzelnen Lose müssen so bemessen sein, dass eine unwirtschaftliche Zersplitterung vermieden wird.
2. Etwaige Vorbehalte wegen der Teilung in Lose, Umfang der Lose und mögliche Vergabe der Lose an verschiedene Bieter sind bereits in der Bekanntmachung (§ 17 Nr. 1 und 2) und bei der Aufforderung zur Angebotsabgabe (§ 17 Nr. 3) zu machen.

§ 6
Mitwirkung von Sachverständigen

1. Hält der Auftraggeber die Mitwirkung von Sachverständigen zur Klärung rein fachlicher Fragen für zweckmäßig, so sollen die Sachverständigen in der Regel von den Berufsvertretungen vorgeschlagen werden.
2. Sachverständige sollen in geeigneten Fällen auf Antrag der Berufsvertretungen gehört werden, wenn dem Auftraggeber dadurch keine Kosten entstehen und eine unzumutbare Verzögerung der Vergabe nicht eintritt.
3. Die Sachverständigen dürfen weder unmittelbar noch mittelbar an der betreffenden Vergabe beteiligt sein und beteiligt werden. Soweit die Klärung fachlicher Fragen die Erörterung von Preisen erfordert, hat sich die Beteiligung auf die Beurteilung im Sinne von § 23 Nr. 2 zu beschränken.

§ 7
Teilnehmer am Wettbewerb

1. (1) Inländische und ausländische Bewerber sind gleich zu behandeln. Der Wettbewerb darf insbesondere nicht auf Bewerber, die in bestimmten Bezirken ansässig sind, beschränkt werden.

   (2) Arbeitsgemeinschaften und andere gemeinschaftliche Bewerber sind Einzelbewerbern gleichzusetzen.

2. (1) Bei Öffentlicher Ausschreibung sind die Unterlagen an alle Bewerber abzugeben, die sich gewerbsmäßig mit der Ausführung von Leistungen der ausgeschriebenen Art befassen.

   (2) Bei Beschränkter Ausschreibung sollen mehrere – im Allgemeinen mindestens drei – Bewerber zur Angebotsabgabe aufgefordert werden.

   (3) Bei Freihändiger Vergabe sollen möglichst Angebote im Wettbewerb eingeholt werden.

   (4) Bei Beschränkter Ausschreibung und Freihändiger Vergabe soll unter den Bewerbern möglichst gewechselt werden.

3. Bei Beschränkter Ausschreibung und Freihändiger Vergabe sind regelmäßig auch kleine und mittlere Unternehmen in angemessenem Umfang zur Angebotsabgabe aufzufordern.

4. Von den Bewerbern können zum Nachweis ihrer Fachkunde, Leistungsfähigkeit und Zuverlässigkeit entsprechende Angaben gefordert werden, soweit es durch den Gegenstand des Auftrags gerechtfertigt ist; dabei muss der Auftraggeber die berechtigten Interessen des Unternehmens am Schutz seiner Betriebsgeheimnisse berücksichtigen.

5. Von der Teilnahme am Wettbewerb können Bewerber ausgeschlossen werden,

   a) über deren Vermögen das Insolvenzverfahren oder ein vergleichbares gesetzliches Verfahren eröffnet oder die Eröffnung beantragt oder dieser Antrag mangels Masse abgelehnt worden ist,

   b) die sich in Liquidation befinden,

   c) die nachweislich eine schwere Verfehlung begangen haben, die ihre Zuverlässigkeit als Bewerber in Frage stellt,

   d) die ihre Verpflichtung zur Zahlung von Steuern und Abgaben sowie der Beiträge zur gesetzlichen Sozialversicherung nicht ordnungsgemäß erfüllt haben,

   e) die im Vergabeverfahren vorsätzlich unzutreffende Erklärungen in Bezug auf ihre Fachkunde, Leistungsfähigkeit und Zuverlässigkeit abgegeben haben.

6. Justizvollzugsanstalten, Einrichtungen der Jugendhilfe, Aus- und Fortbildungsstätten oder ähnliche Einrichtungen sind zum Wettbewerb mit gewerblichen Unternehmen nicht zuzulassen.

§ 7a

Teilnehmer am Wettbewerb

1. Bewerber oder Bieter, die gemäß den Rechtsvorschriften des EG-Mitgliedstaates oder des Vertragsstaates des EWR-Abkommens, in dem sie ansässig sind, zur Erbringung der betreffenden Dienstleistung berechtigt sind, dürfen nicht allein deshalb zurückgewiesen werden, weil sie gemäß den einschlägigen deutschen Rechtsvorschriften entweder eine natürliche oder juristische Person sein müssten.

2. (1) In finanzieller und wirtschaftlicher Hinsicht kann von dem Unternehmen zum Nachweis seiner Leistungsfähigkeit in der Regel Folgendes verlangt werden:

   a) bei Lieferaufträgen Vorlage entsprechender Bankauskünfte,

   b) bei Dienstleistungsaufträgen entweder entsprechende Bankerklärungen oder der Nachweis entsprechender Berufshaftpflichtversicherungsdeckung,

   c) Vorlage von Bilanzen oder Bilanzauszügen des Unternehmens, falls deren Veröffentlichung nach dem Gesellschaftsrecht des Staates, in dem das Unternehmen ansässig ist, vorgeschrieben ist,

   d) Erklärung über den Gesamtumsatz des Unternehmens sowie den Umsatz bezüglich der besonderen Leistungsart, die Gegenstand der Vergabe ist, jeweils bezogen auf die letzten drei Geschäftsjahre.

(2) In fachlicher und technischer Hinsicht kann das Unternehmen je nach Art, Menge und Verwendungszweck der zu erbringenden Leistung seine Leistungsfähigkeit folgendermaßen nachweisen:

a) durch eine Liste der wesentlichen in den letzten Jahren erbrachten Leistungen mit Angabe des Rechnungswertes, der Leistungszeit sowie der öffentlichen oder privaten Auftraggeber:
   - bei Leistungen an öffentliche Auftraggeber durch eine von der zuständigen Behörde ausgestellte oder beglaubigte Bescheinigung,
   - bei Leistungen an private Auftraggeber durch eine von diesen ausgestellte Bescheinigung; ist eine derartige Bescheinigung nicht erhältlich, so ist eine einfache Erklärung des Unternehmens zulässig,

b) durch die Beschreibung der technischen Ausrüstung, der Maßnahmen des Unternehmens zur Gewährleistung der Qualität sowie der Untersuchungs- und Forschungsmöglichkeiten des Unternehmens,

c) durch Angaben über die technische Leitung oder die technischen Stellen, unabhängig davon, ob sie dem Unternehmen angeschlossen sind oder nicht, und zwar insbesondere über diejenigen, die mit der Qualitätskontrolle beauftragt sind,

d) durch Muster, Beschreibungen und/oder Fotografien der zu erbringenden Leistung, deren Echtheit auf Verlangen des Auftraggebers nachgewiesen werden muss,

e) durch Bescheinigungen der zuständigen amtlichen Qualitätskontrollinstitute oder -dienststellen, mit denen bestätigt wird, dass die durch entsprechende Bezugnahmen genau gekennzeichneten Leistungen bestimmten Spezifikationen oder Normen entsprechen,

f) sind die zu erbringenden Leistungen komplexer Art oder sollen sie ausnahmsweise einem besonderen Zweck dienen, durch eine Kontrolle, die von den Behörden des Auftraggebers oder in deren Namen von einer anderen damit einverstandenen zuständigen amtlichen Stelle aus dem Land durchgeführt wird, in dem das Unternehmen ansässig ist; diese Kontrolle betrifft die Produktionskapazitäten und erforderlichenfalls die Untersuchungs- und Forschungsmöglichkeiten des Unternehmens sowie die von diesem zur Gewährleistung der Qualität getroffenen Vorkehrungen,

g) durch Studiennachweise und Bescheinigungen über die berufliche Befähigung, insbesondere der für die Leistungen verantwortlichen Personen.

(3) Der Auftraggeber gibt bereits in der Bekanntmachung (§§ 17 und 17 a) an, welche Nachweise vorzulegen sind. Kann ein Unternehmen aus einem stichhaltigen Grund die vom Auftraggeber geforderten Nachweise nicht beibringen, so kann es seine Leistungsfähigkeit durch Vorlage anderer, vom Auftraggeber für geeignet erachteter Belege nachweisen.

(4) Der Auftraggeber kann von dem Bewerber oder Bieter entsprechende Bescheinigungen der zuständigen Stellen oder Erklärungen darüber verlangen, dass die in § 7 Nr. 5 genannten Ausschlussgründe auf ihn nicht zutreffen. Als ausreichender Nachweis für das Nichtvorliegen der in § 7 Nr. 5 genannten Tatbestände sind zu akzeptieren:

- bei den Buchstaben a) und b) ein Auszug aus dem Strafregister oder – in Ermangelung eines solchen – eine gleichwertige Bescheinigung einer Gerichts- oder Verwaltungsbehörde des Ursprungs- oder Herkunftslandes des Unternehmens, aus der hervorgeht, dass sich das Unternehmen nicht in einer solchen Lage befindet,
- bei dem Buchstaben d) eine von der zuständigen Behörde des betreffenden Mitgliedstaates ausgestellte Bescheinigung.

Wird eine solche Bescheinigung in dem betreffenden Land nicht ausgestellt oder werden darin nicht alle in § 7 Nr. 5 a) bis c) vorgesehenen Fälle erwähnt, so kann sie durch eine eidesstattliche Erklärung ersetzt werden, die das betreffende Unternehmen vor einer Gerichts- oder Verwaltungsbehörde, einem Notar oder jeder anderen befugten Behörde des betreffenden Staates abgibt.

In den Staaten, in denen es einen derartigen Eid nicht gibt, kann dieser durch eine feierliche Erklärung ersetzt werden. Die zuständige Behörde oder der Notar stellen eine Bescheinigung über die Echtheit der eidesstattlichen oder der feierlichen Erklärung aus.

(5) Unternehmen können aufgefordert werden, den Nachweis darüber zu erbringen, dass sie im Berufs- oder Handelsregister nach Maßgabe der Rechtsvorschriften des Landes der Gemeinschaft oder des Vertragsstaates des EWR-Abkommens eingetragen sind, in dem sie ansässig sind.[1])

(6) Für den Fall der Auftragserteilung kann der Auftraggeber verlangen, dass eine Bietergemeinschaft eine bestimmte Rechtsform annehmen muss, sofern dies für die ordnungsgemäße Durchführung des Auftrages notwendig ist.

3. Ist ein Teilnahmewettbewerb durchgeführt worden, so wählt der Auftraggeber anhand der gemäß Nr. 1 geforderten, mit dem Teilnahmeantrag vorgelegten Unterlagen unter den Bewerbern, die den Anforderungen an Fachkunde, Leistungsfähigkeit und Zuverlässigkeit entsprechen, diejenigen aus, die er gleichzeitig und unter Beifügen der Verdingungsunterlagen schriftlich auffordert, in einem Nichtoffenen Verfahren oder einem Verhandlungsverfahren ein Angebot einzureichen.

4. (1) Verlangt der Auftraggeber zum Nachweis dafür, dass das Unternehmen bei Dienstleistungsaufträgen bestimmte Qualitätsanforderungen erfüllt, die Vorlage von Bescheinigungen von unabhängigen Qualitätsstellen, so nehmen diese auf

---

1) Diese Berufs- oder Handelsregister sind: für die Bundesrepublik Deutschland das „Handelsregister", die „Handwerksrolle" und das „Vereinsregister"; für Belgien das „Registre du commerce" oder „Handelsregister" und die „Ordresprofessionnels" oder „Beroepsorden"; für Dänemark das „Aktieselskabs-Registret", das „Forenings-Registret" oder das „Handelsregistret" oder das „Erhvervs- og Selskabsstyrelsen"; für Frankreich das „Registre du commerce" und das „Répertoire des métiers"; für Italien das „Registro della Camera di Commercio, Industria, Agricoltura e Artigianato" oder das „Registro delle Commissioni provinciali per l'artigianato" oder der „Consiglio nazionale degli ordini professionali"; für Luxemburg das „Registre aux firmes" und die „Rôle de la Chambre des métiers"; für die Niederlande das „Handelsregister"; für Portugal das „Registo Nacional das Pessoas Colectivas". Im Vereinigten Königreich und in Irland kann der Unternehmer zur Vorlage einer Bescheinigung des „Registrar of Companies" oder des „Registrar of Friendly Societies" aufgefordert werden, aus der hervorgeht, dass die Lieferfirma „incorporated" oder „registered" ist. Wenn dies nicht der Fall ist, durch Vorlage einer Bescheinigung, wonach der betreffende Unternehmer eidesstattlich erklärt hat, dass er den betreffenden Beruf in dem Lande, in dem er ansässig ist, an einem bestimmten Ort und unter einem bestimmten Firmennamen ausübt; für Österreich das „Firmenbuch", das „Gewerberegister", die „Mitgliederverzeichnisse der Landeskammern"; für Finnland das „Kaupparekisteri" – „Handelsregistret"; für Island die „Firmaskrá", „Hlutafelagaskrá"; für Liechtenstein das „Gewerberegister"; für Norwegen „das Foretaksregisteret"; für Schweden „das Aktiebolagsregistret", das „Handelsregistret" und das „Föreningsregistret".

Qualitätsnachweisverfahren auf der Grundlage der einschlägigen Normen aus der Serie EN 29 000 und auf Bescheinigungen durch Stellen Bezug, die nach der Normenserie EN 45 000 zertifiziert sind.

(2) Gleichwertige Bescheinigungen von Stellen aus anderen EG-Mitgliedstaaten oder Vertragsstaaten des EWR-Abkommens sind anzuerkennen. Die Auftraggeber haben den Nachweis von Qualitätssicherungsmaßnahmen in anderer Form anzuerkennen, wenn Unternehmen bei Dienstleistungsaufträgen geltend machen, dass sie die betreffenden Bescheinigungen nicht beantragen dürfen oder innerhalb der einschlägigen Fristen nicht erhalten können.

5. Der Auftraggeber kann Unternehmen auffordern, die vorgelegten Bescheinigungen zu vervollständigen oder zu erläutern.

§ 8
Leistungsbeschreibung

1. (1) Die Leistung ist eindeutig und so erschöpfend zu beschreiben, dass alle Bewerber die Beschreibung im gleichen Sinne verstehen müssen und die Angebote miteinander verglichen werden können.

   (2) Um eine einwandfreie Preisermittlung zu ermöglichen, sind alle sie beeinflussenden Umstände festzustellen und in den Verdingungsunterlagen anzugeben.

   (3) Dem Auftragnehmer soll kein ungewöhnliches Wagnis aufgebürdet werden für Umstände und Ereignisse, auf die er keinen Einfluss hat und deren Einwirkung auf die Preise und Fristen er nicht im Voraus schätzen kann.

2. (1) Soweit die Leistung oder Teile derselben durch verkehrsübliche Bezeichnungen nach Art, Beschaffenheit und Umfang nicht hinreichend beschreibbar sind, können sie

   a) sowohl durch eine Darstellung ihres Zweckes, ihrer Funktion sowie der an sie gestellten sonstigen Anforderungen

   b) als auch in ihren wesentlichen Merkmalen und konstruktiven Einzelheiten,

   gegebenenfalls durch Verbindung der Beschreibungsarten, beschrieben werden.

   (2) Erforderlichenfalls ist die Leistung auch zeichnerisch oder durch Probestücke darzustellen oder anders zu erklären, z.B. durch Hinweise auf ähnliche Leistungen.

3. (1) An die Beschaffenheit der Leistung sind ungewöhnliche Anforderungen nur so weit zu stellen, wie es unbedingt notwendig ist.

   (2) Bei der Beschreibung der Leistung sind die verkehrsüblichen Bezeichnungen anzuwenden; auf einschlägige Normen kann Bezug genommen werden.

   (3) Bestimmte Erzeugnisse oder Verfahren sowie bestimmte Ursprungsorte und Bezugsquellen dürfen nur dann ausdrücklich vorgeschrieben werden, wenn dies durch die Art der zu vergebenden Leistung gerechtfertigt ist.

(4) Die Beschreibung technischer Merkmale darf nicht die Wirkung haben, dass bestimmte Unternehmen oder Erzeugnisse bevorzugt oder ausgeschlossen werden, es sei denn, dass eine solche Beschreibung durch die zu vergebende Leistung gerechtfertigt ist.

(5) Bezeichnungen für bestimmte Erzeugnisse oder Verfahren (z.B. Markennamen) dürfen ausnahmsweise, jedoch nur mit dem Zusatz „oder gleichwertiger Art", verwendet werden, wenn eine Beschreibung durch hinreichend genaue, allgemein verständliche Bezeichnungen nicht möglich ist.

4. Wenn für die Beurteilung der Güte von Stoffen, Teilen oder Erzeugnissen die Herkunft oder die Angabe des Herstellers unentbehrlich ist, sind die entsprechenden Angaben von den Bewerbern zu fordern, soweit nötig auch Proben und Muster. Die Angaben sind vertraulich zu behandeln.

§ 8 a

Leistungsbeschreibung

1. Bei der Beschreibung der Leistung sind die technischen Anforderungen (siehe Anhang TS Nr. 1) in den Verdingungsunterlagen unter Bezugnahme auf europäische Spezifikationen festzulegen; das sind

    – in innerstaatliche Normen übernommene europäische Normen (siehe Anhang TS Nr. 1.3) und

    – europäische technische Zulassungen (siehe Anhang TS Nr. 1.4) und

    – gemeinsame technische Spezifikationen (siehe Anhang TS Nr. 1.5).

2. (1) Von der Bezugnahme auf europäische Spezifikationen kann abgesehen werden, wenn

    a) die Normen keine Bestimmungen zur Feststellung der Übereinstimmung einschließen oder es keine technischen Möglichkeiten gibt, die Übereinstimmung eines Erzeugnisses mit diesen Normen in zufrieden stellender Weise festzustellen;

    b) die Anwendung die Durchführung der Richtlinie 86/361/EWG des Rates vom 24. Juli 1986 über die erste Phase der gegenseitigen Anerkennung der Allgemeinzulassungen von Telekommunikations-Endgeräten[1]) oder die Anwendung des Beschlusses 87/95/EWG des Rates vom 22. Dezember 1986 über die Normung auf dem Gebiet der Informationstechnik und der Telekommunikation[2]) oder anderer Gemeinschaftsinstrumente in bestimmten Dienstleistungs- oder Produktionsbereichen beeinträchtigen würde;

    c) die Anwendung dieser Normen den Auftraggeber zum Erwerb von Anlagen zwingen würde, die mit bereits benutzten Anlagen inkompatibel sind, oder wenn sie unverhältnismäßig hohe Kosten oder unverhältnismäßige technische Schwierigkeiten verursachen würde, jedoch nur im Rahmen einer klar definierten und schriftlich festgelegten, verbindlichen Strategie für die Verpflichtung zur Übernahme europäischer Normen oder gemeinsamer technischer Spezifikationen innerhalb eines bestimmten Zeitraums;

---

1) ABl. EG Nr. L 217 vom 5. August 1986, S. 21, geändert durch die Richtlinie 91/263/EWG (ABl. EG Nr. L 128 vom 23. 5. 1991, S. 1).
2) ABl. EG Nr. L 36 vom 7. Februar 1987, S. 31 (siehe Anhang I).

d) das betreffende Vorhaben von wirklich innovativer Art ist, so dass die Anwendung bestehender Normen nicht angemessen wäre.

(2) Die Gründe für die Ausnahme von der Anwendung europäischer Spezifikationen sind soweit als möglich in der Vergabebekanntmachung im Amtsblatt der Europäischen Gemeinschaften oder in den Vergabeunterlagen anzugeben. Sie sind festzuhalten und den Mitgliedstaaten und der Kommission der Europäischen Gemeinschaften auf Anfrage zu übermitteln.

3. Falls keine gemeinschaftsrechtliche Spezifikation vorliegt, gilt Anhang TS Nr. 2.

§ 9
Vergabeunterlagen, Vertragsbedingungen

1. Die Vergabeunterlagen bestehen aus dem Anschreiben (Aufforderung zur Angebotsabgabe) und den Verdingungsunterlagen.

2. In den Verdingungsunterlagen ist vorzuschreiben, dass die Allgemeinen Vertragsbedingungen für die Ausführung von Leistungen (VOL/B) Bestandteil des Vertrages werden. Das gilt auch für etwaige Zusätzliche, Ergänzende sowie Besondere Vertragsbedingungen und, soweit erforderlich, für etwaige Technische Vertragsbedingungen.

3. (1) Die Allgemeinen Vertragsbedingungen bleiben grundsätzlich unverändert. Sie können von Auftraggebern, die ständig Leistungen vergeben, für die bei ihnen allgemein gegebenen Verhältnisse durch Zusätzliche Vertragsbedingungen ergänzt werden. Diese dürfen den Allgemeinen Vertragsbedingungen nicht widersprechen.

(2) Für die Erfordernisse einer Gruppe gleich gelagerter Einzelfälle können die Allgemeinen Vertragsbedingungen und etwaige Zusätzliche Vertragsbedingungen durch Ergänzende Vertragsbedingungen ergänzt werden. Die Erfordernisse des Einzelfalles sind durch Besondere Vertragsbedingungen zu berücksichtigen. In den Ergänzenden und Besonderen Vertragsbedingungen sollen sich Abweichungen von den Allgemeinen Vertragsbedingungen auf die Fälle beschränken, für die in den Allgemeinen Vertragsbedingungen besondere Vereinbarungen ausdrücklich vorgesehen sind; sie sollen nicht weiter gehen als es die Eigenart der Leistung und ihre Ausführung erfordern.

4. In den Zusätzlichen, Ergänzenden und Besonderen Vertragsbedingungen sollen, soweit erforderlich, insbesondere folgende Punkte geregelt werden:

   a) Unterlagen (VOL/A § 22 Nr. 6 Abs. 3, VOL/B § 3, § 4 Nr. 2),

   b) Umfang der Leistungen, u.U. Hundertsatz der Mehr- oder Minderleistungen (VOL/B §§ 1 und 2),

   c) Benutzung von Lager- und Arbeitsplätzen, Zufahrtswegen, Anschlussgleisen, Wasser- und Energieanschlüssen,

   d) Weitervergabe an Unterauftragnehmer (VOL/B § 4 Nr. 4),

   e) Ausführungsfristen (VOL/A § 11, VOL/B § 5 Nr. 2),

f) Anlieferungs- oder Annahmestelle, falls notwendig auch Ort, Gebäude, Raum,

g) Kosten der Versendung zur Anlieferungs- oder Annahmestelle,

h) Art der Verpackung, Rückgabe der Packstoffe,

i) Übergang der Gefahr (VOL/B § 13 Nr. 1),

k) Haftung (VOL/B §§ 7 bis 10, 13 und 14),

l) Gefahrtragung bei höherer Gewalt (VOL/B § 5 Nr. 2),

m) Vertragsstrafen (VOL/A § 12, VOL/B § 11),

n) Prüfung der Beschaffenheit der Leistungen – Güteprüfung – (VOL/A § 8 Nr. 4, VOL/B § 12),

o) Abnahme (VOL/B § 13 Nr. 2),

p) Abrechnung (VOL/B §§ 15, 16 Nr. 2 und 3),

q) Leistungen nach Stundenverrechnungssätzen (VOL/B § 16),

r) Zahlung (VOL/B § 17),

s) Sicherheitsleistung (VOL/A § 14, VOL/B § 18),

t) Gerichtsstand (VOL/B § 19 Nr. 2),

u) Änderung der Vertragspreise (VOL/A § 15),

v) Besondere Vereinbarungen über die Gewährleistung.

5. Sollen Streitigkeiten aus dem Vertrag unter Ausschluss des ordentlichen Rechtsweges im schiedsrichterlichen Verfahren ausgetragen werden, so ist es in besonderer, nur das Schiedsverfahren betreffender Urkunde zu vereinbaren, soweit nicht § 1027 Abs. 2 der Zivilprozessordnung auch eine andere Form der Vereinbarung zulässt.

§ 9 a
Angabe der Zuschlagskriterien

Die Auftraggeber geben in den Verdingungsunterlagen oder in der Vergabebekanntmachung alle Zuschlagskriterien an, deren Verwendung sie vorsehen, möglichst in der Reihenfolge der ihnen zuerkannten Bedeutung.

§ 10
Unteraufträge

1. In den Verdingungsunterlagen ist festzulegen, dass der Auftragnehmer

    a) bei der Übertragung von Teilen der Leistung (Unterauftrag) nach wettbewerblichen Gesichtspunkten verfährt,

    b) dem Unterauftragnehmer auf Verlangen den Auftraggeber benennt,

    c) dem Unterauftragnehmer insgesamt keine ungünstigeren Bedingungen – insbesondere hinsichtlich der Zahlungsweise und Sicherheitsleistungen – stellt, als zwischen ihm und dem Auftraggeber vereinbart sind.

2. (1) In den Verdingungsunterlagen ist festzulegen, dass der Auftragnehmer bei der Einholung von Angeboten für Unteraufträge regelmäßig kleine und mittlere Unternehmen angemessen beteiligt.

(2) Bei Großaufträgen ist in den Verdingungsunterlagen weiter festzulegen, dass sich der Auftragnehmer bemüht, Unteraufträge an kleine und mittlere Unternehmen in dem Umfang zu erteilen, wie er es mit der vertragsgemäßen Ausführung der Leistung vereinbaren kann.

§ 11
Ausführungsfristen

1. Die Ausführungsfristen sind ausreichend zu bemessen. Außergewöhnlich kurze Fristen sind nur bei besonderer Dringlichkeit vorzusehen.

2. Wenn es ein erhebliches Interesse des Auftraggebers erfordert, sind Einzelfristen für in sich abgeschlossene Teile der Leistung zu bestimmen.

3. Ist für die Einhaltung von Ausführungsfristen die Übergabe von Zeichnungen oder anderen Unterlagen wichtig, so soll hierfür ebenfalls eine Frist festgelegt werden.

§ 12
Vertragsstrafen

Vertragsstrafen sollen nur für die Überschreitung von Ausführungsfristen ausbedungen werden und auch nur dann, wenn die Überschreitung erhebliche Nachteile verursachen kann. Die Strafe ist in angemessenen Grenzen zu halten.

§ 13
Verjährung der Gewährleistungsansprüche

1. Für die Verjährung der Gewährleistungsansprüche sollen die gesetzlichen Fristen ausbedungen werden.

2. Andere Regelungen für die Verjährung sollen vorgesehen werden, wenn dies wegen der Eigenart der Leistung erforderlich ist. In solchen Fällen sind alle Umstände gegeneinander abzuwägen; hierbei können die in dem Wirtschaftszweig üblichen Regelungen in Betracht gezogen werden.

§ 14
Sicherheitsleistungen

1. Sicherheitsleistungen sind nur zu fordern, wenn sie ausnahmsweise für die sach- und fristgemäße Durchführung der verlangten Leistung notwendig erscheinen.

2. Die Sicherheit soll nicht höher bemessen und ihre Rückgabe nicht für einen späteren Zeitpunkt vorgesehen werden, als nötig ist, um den Auftraggeber vor Schaden zu bewahren. Sie soll 5 v. H. der Auftragssumme nicht überschreiten.

3. Soweit nach diesen Grundsätzen eine teilweise Rückgabe von Sicherheiten möglich ist, hat dies unverzüglich zu geschehen.

§ 15
Preise

1. (1) Leistungen sollen zu festen Preisen vergeben werden.

   (2) Bei der Vergabe sind die Vorschriften über die Preise bei öffentlichen Aufträgen zu beachten.[1]

2. Sind bei längerfristigen Verträgen wesentliche Änderungen der Preisermittlungsgrundlagen zu erwarten, deren Eintritt oder Ausmaß ungewiss ist, so kann eine angemessene Änderung der Vergütung in den Verdingungsunterlagen vorgesehen werden.[2] Die Einzelheiten der Preisänderungen sind festzulegen.

§ 16
Grundsätze der Ausschreibung

1. Der Auftraggeber soll erst dann ausschreiben, wenn alle Verdingungsunterlagen fertig gestellt sind und die Leistung aus der Sicht des Auftraggebers innerhalb der angegebenen Frist ausgeführt werden kann.

2. Ausschreibungen für vergabefremde Zwecke (z. B. Ertragsberechnungen, Vergleichsanschläge, Markterkundung) sind unzulässig.

3. Nummer 1 und 2 gelten für die Freihändige Vergabe entsprechend.

§ 17
Bekanntmachung, Aufforderung zur Angebotsabgabe

1. (1) Öffentliche Ausschreibungen sind durch Tageszeitungen, amtliche Veröffentlichungsblätter oder Fachzeitschriften bekannt zu machen.

   (2) Diese Bekanntmachung soll mindestens folgende Angaben enthalten:

   a) Bezeichnung (Anschrift) der zur Angebotsabgabe auffordernden Stelle, der den Zuschlag erteilenden Stelle sowie der Stelle, bei der die Angebote einzureichen sind,

   b) Art der Vergabe (§ 3),

   c) Art und Umfang der Leistung sowie den Ort der Leistung (z.B. Empfangs- oder Montagestelle),

   d) etwaige Vorbehalte wegen der Teilung in Lose, Umfang der Lose und mögliche Vergabe der Lose an verschiedene Bieter,

   e) etwaige Bestimmungen über die Ausführungsfrist,

   f) Bezeichnung (Anschrift) der Stelle, die die Verdingungsunterlagen und das Anschreiben (Nummer 3) abgibt, sowie des Tages, bis zu dem sie bei ihr spätestens angefordert werden können,

---

1) Verordnung PR Nr. 30/53 über die Preise bei öffentlichen Aufträgen vom 21. November 1953 (BAnz. Nr. 244 vom 18. Dezember 1953), zuletzt geändert durch Verordnung PR Nr. 1/86 vom 15. April 1986 (BGBl. I S. 435 und BAnz. S. 5046) und Verordnung PR Nr. 1/89 vom 13. Juni 1989 (BGBl. I S. 1094 und BAnz. S. 3042).

2) Grundsätze zur Anwendung von Preisvorbehalten bei öffentlichen Aufträgen: Gemeinsames Ministerialblatt, herausgegeben vom Bundesminister des Innern, 1972 Nr. 22 Seite 384 f.; 1974 Nr. 5 Seite 75.

g) Bezeichnung (Anschrift) der Stelle, bei der die Verdingungsunterlagen und das Anschreiben eingesehen werden können,

h) die Höhe etwaiger Vervielfältigungskosten und die Zahlungsweise (§ 20),

i) Ablauf der Angebotsfrist (§ 18),

k) die Höhe etwa geforderter Sicherheitsleistungen (§ 14),

l) die wesentlichen Zahlungsbedingungen oder Angabe der Unterlagen, in denen sie enthalten sind,

m) die mit dem Angebot vorzulegenden Unterlagen (§ 7 Nr. 4), die ggf. vom Auftraggeber für die Beurteilung der Eignung des Bewerbers (§ 2) verlangt werden,

n) Zuschlags- und Bindefrist (§ 19),

o) den besonderen Hinweis, dass der Bewerber mit der Abgabe seines Angebots auch den Bestimmungen über nicht berücksichtigte Angebote (§ 27) unterliegt.

2. (1) Bei Beschränkter Ausschreibung und Freihändiger Vergabe mit Öffentlichem Teilnahmewettbewerb sind die Unternehmen durch Bekanntmachung in Tageszeitungen, amtlichen Veröffentlichungsblättern oder Fachzeitschriften aufzufordern, sich um Teilnahme zu bewerben.

(2) Diese Bekanntmachung soll mindestens folgende Angaben enthalten:

a) Bezeichnung (Anschrift) der zur Angebotsabgabe auffordernden Stelle und der den Zuschlag erteilenden Stelle,

b) Art der Vergabe (§ 3),

c) Art und Umfang der Leistung sowie den Ort der Leistung (z.B. Empfangs- oder Montagestelle),

d) etwaige Vorbehalte wegen der Teilung in Lose, Umfang der Lose und mögliche Vergabe der Lose an verschiedene Bieter,

e) etwaige Bestimmungen über die Ausführungsfrist,

f) Tag, bis zu dem der Teilnahmeantrag bei der unter Buchstabe g) näher bezeichneten Stelle eingegangen sein muss,

g) Bezeichnung (Anschrift) der Stelle, bei der der Teilnahmeantrag zu stellen ist,

h) Tag, an dem die Aufforderung zur Angebotsabgabe spätestens abgesandt wird,

i) die mit dem Teilnahmeantrag vorzulegenden Unterlagen (§ 7 Nr. 4), die ggf. vom Auftraggeber für die Beurteilung der Eignung des Bewerbers (§ 2) verlangt werden,

k) den besonderen Hinweis, dass der Bewerber mit der Abgabe seines Angebots auch den Bestimmungen über nicht berücksichtigte Angebote (§ 27) unterliegt.

3. (1) Bei Öffentlicher und Beschränkter Ausschreibung sind die Verdingungsunterlagen den Bewerbern mit einem Anschreiben (Aufforderung zur Angebotsabgabe) zu übergeben, das alle Angaben enthält, die außer den Verdingungsunterlagen für den Entschluss zur Abgabe eines Angebots notwendig sind. Dies gilt auch für Beschränkte Ausschreibungen nach Öffentlichem Teilnahmewettbewerb.

(2) Das Anschreiben soll insbesondere folgende Angaben enthalten:

a) Bezeichnung (Anschrift) der zur Angebotsabgabe auffordernden Stelle und der den Zuschlag erteilenden Stelle,

b) Art der Vergabe (§ 3),

c) Art und Umfang der Leistung sowie den Ort der Leistung (z.B. Empfangs- oder Montagestelle),

d) etwaige Vorbehalte wegen der Teilung in Lose, Umfang der Lose und mögliche Vergabe der Lose an verschiedene Bieter,

e) etwaige Bestimmungen über die Ausführungsfrist,

f) Bezeichnung (Anschrift) der Stelle, bei der die Verdingungsunterlagen eingesehen werden können, die nicht abgegeben werden,

g) genaue Aufschrift und Form der Angebote (§ 18 Nr. 2),

h) ob und unter welchen Bedingungen die Entschädigung für die Verdingungsunterlagen erstattet wird (§ 20),

i) Ablauf der Angebotsfrist (§ 18),

k) Sprache, in der Angebote abgefasst sein müssen,

l) die mit dem Angebot vorzulegenden Unterlagen (§ 7 Nr. 4), die ggf. vom Auftraggeber für die Beurteilung der Eignung des Bieters (§ 2) verlangt werden,

m) die Höhe etwa geforderter Sicherheitsleistungen (§ 14),

n) sonstige Erfordernisse, die die Bewerber bei der Bearbeitung ihrer Angebote beachten müssen (§ 18 Nr. 3, § 9 Nr. 1, § 21),

o) Zuschlags- und Bindefrist (§ 19),

p) Nebenangebote und Änderungsvorschläge (Absatz 5),

q) den besonderen Hinweis, dass der Bewerber mit der Abgabe seines Angebots auch den Bestimmungen über nicht berücksichtigte Angebote (§ 27) unterliegt.

(3) Bei Freihändiger Vergabe sind Absatz 1 und 2 – soweit zweckmäßig – anzuwenden. Dies gilt auch für Freihändige Vergabe nach Öffentlichem Teilnahmewettbewerb.

(4) Auftraggeber, die ständig Leistungen vergeben, sollen die Erfordernisse, die die Bewerber bei der Bearbeitung ihrer Angebote beachten müssen, in Bewerbungsbedingungen zusammenfassen und dem Anschreiben beifügen (§§ 18, 19, 21).

(5) Wenn der Auftraggeber Nebenangebote und Änderungsvorschläge wünscht, ausdrücklich zulassen oder ausschließen will, so ist dies anzugeben; ebenso ist anzugeben, wenn Nebenangebote und Änderungsvorschläge ohne gleichzeitige Abgabe eines Hauptangebotes ausnahmsweise ausgeschlossen werden.

Soweit der Bieter eine Leistung anbietet, die in den Verdingungsunterlagen nicht vorgesehen ist, sind von ihm im Angebot entsprechende Angaben über Ausführung und Beschaffenheit dieser Leistung zu verlangen.

(6) Die Aufforderung zur Angebotsabgabe ist bei Beschränkter Ausschreibung sowie bei Freihändiger Vergabe nach Öffentlichem Teilnahmewettbewerb an alle ausgewählten Bewerber am gleichen Tag abzusenden.

4. Jeder Bewerber soll die Leistungsbeschreibung sowie die anderen Teile der Verdingungsunterlagen, die mit dem Angebot dem Auftraggeber einzureichen sind, doppelt und alle anderen für seine Preisermittlung wesentlichen Unterlagen einfach erhalten. Wenn von den Unterlagen (z.B. Muster, Proben) – außer der Leistungsbeschreibung – keine Vervielfältigungen abgegeben werden können, sind sie in ausreichender Weise zur Einsicht auszulegen.

5. Die Namen der Bewerber, die Teilnahmeanträge gestellt haben, die Verdingungsunterlagen erhalten oder eingesehen haben, sind vertraulich zu behandeln.

6. (1) Erbitten Bewerber zusätzliche sachdienliche Auskünfte über die Verdingungsunterlagen und das Anschreiben, so sind die Auskünfte unverzüglich zu erteilen.

(2) Werden einem Bewerber wichtige Aufklärungen über die geforderte Leistung oder die Grundlagen seiner Preisermittlung gegeben, so sind sie auch den anderen Bewerbern gleichzeitig mitzuteilen.

§ 17 a
Bekanntmachung, Aufforderung zur Angebotsabgabe

1. (1) Die Bekanntmachung im Sinne des § 3 a Nr. 1 Abs. 3 wird nach den in den Anhängen A bis C enthaltenen Mustern erstellt. Ihre Länge darf eine Seite des Amtsblatts der Europäischen Gemeinschaften, d.h. rund 650 Worte, nicht überschreiten.

Die Bekanntmachung ist unverzüglich dem Amt für amtliche Veröffentlichungen der Europäischen Gemeinschaften[1]) zuzuleiten. In Fällen besonderer Dringlichkeit muss die Bekanntmachung mittels Fernschreiben, Telegramm oder Fernkopierer übermittelt werden. Der Auftraggeber muss den Tag der Absendung nachweisen können.

(2) Die Bekanntmachung wird kostenlos spätestens zwölf Tage nach der Absendung im Supplement zum Amtsblatt der Europäischen Gemeinschaften in der jeweiligen Originalsprache und eine Zusammenfassung der wichtigsten Bestandteile davon in den anderen Amtssprachen der Gemeinschaft veröffent-

---

1) Amt für amtliche Veröffentlichungen der Europäischen Gemeinschaften, 2, rue Mercier, L-2985 Luxemburg, Telefon: 0 03 52/29 29-1, Telefax: 0 03 52/29 29 42 670.
http://ted.eur-op.eu.int
E-mail: mp-ojs@opoce.cec.eu.int

licht; hierbei ist nur der Wortlaut in der Originalsprache verbindlich. In Fällen besonderer Dringlichkeit wird die Bekanntmachung spätestens fünf Tage nach der Absendung veröffentlicht.

(3) In den amtlichen Veröffentlichungsblättern sowie in den Zeitungen und Zeitschriften der Bundesrepublik Deutschland darf die Bekanntmachung nicht vor dem in der Veröffentlichung zu nennenden Tag der Absendung veröffentlicht werden. Diese Veröffentlichung darf keine anderen als die im Supplement zum Amtsblatt der Europäischen Gemeinschaften veröffentlichten Angaben enthalten.

2. Die Auftraggeber veröffentlichen sobald wie möglich nach Beginn des jeweiligen Haushaltsjahres nicht verbindliche Bekanntmachungen, die Angaben enthalten über alle für die nächsten zwölf Monate beabsichtigten Aufträge, deren nach der Vergabeverordnung geschätzter Wert jeweils mindestens 750 000 EURO beträgt. Die Lieferaufträge sind nach Warenbereichen aufzuschlüsseln, die Dienstleistungsaufträge nach den im Anhang I A genannten Kategorien.

3. Die Bekanntmachungen sind nach dem im Anhang D enthaltenen Muster zu erstellen und dem Amt für amtliche Veröffentlichungen der Europäischen Gemeinschaften zu übermitteln.

§ 18
Form und Frist der Angebote

1. (1) Für die Bearbeitung und Abgabe der Angebote sind ausreichende Fristen vorzusehen. Dabei ist insbesondere der zusätzliche Aufwand für die Beschaffung von Unterlagen für die Angebotsbearbeitung, Erprobungen oder Besichtigungen zu berücksichtigen.

   (2) Bei Freihändiger Vergabe kann von der Festlegung einer Angebotsfrist abgesehen werden. Dies gilt auch für Freihändige Vergabe nach Öffentlichem Teilnahmewettbewerb.

2. (1) Bei Ausschreibungen ist in der Aufforderung zur Angebotsabgabe vorzuschreiben, dass schriftliche Angebote als solche zu kennzeichnen und ebenso wie etwaige Änderungen und Berichtigungen in einem verschlossenen Umschlag zuzustellen sind. Bei elektronischen Angeboten ist sicherzustellen, dass der Inhalt der Angebote erst mit Ablauf der für ihre Einreichung festgelegten Frist zugänglich wird.

   (2) Bei Freihändiger Vergabe kann Absatz 1 entsprechend angewendet werden.

3. Bis zum Ablauf der Angebotsfrist können Angebote in den in Nr. 2 genannten Formen zurückgezogen werden.

§ 18 a
Formen und Fristen

1. (1) Beim Offenen Verfahren beträgt die Angebotsfrist mindestens 52 Tage[1], gerechnet vom Tage der Absendung der Bekanntmachung an.

---

[1] Die Berechnung der Fristen erfolgt nach der Verordnung (EWG/Euratom) Nr. 1182/71 des Rates vom 3. Juni 1971 zur Festlegung der Regeln für die Fristen, Daten und Termine, ABl. EG Nr. L 124 vom 8. Juni 1971, S. 1 (vgl. Anhang III). So gelten z.B. als Tage alle Tage einschl. Feiertage, Sonntage und Sonnabende.

(2) Die Frist für den Eingang der Angebote kann durch eine kürzere Frist ersetzt werden, wenn die nachstehenden Voraussetzungen erfüllt sind:

a) Der öffentliche Auftraggeber muss eine Vorinformation gemäß § 17 a Nr. 2 nach dem vorgeschriebenen Muster (Anhang D) mindestens 52 Tage, höchstens aber 12 Monate vor dem Zeitpunkt der Absendung der Bekanntmachung des Auftrags im Offenen Verfahren nach § 17 a Nr. 1 an das Amtsblatt der Europäischen Gemeinschaften abgesandt haben. Diese Vorinformation muss mindestens ebenso viele Informationen wie das Muster einer Bekanntmachung für das Offene Verfahren (Anhang A) enthalten, soweit diese Informationen zum Zeitpunkt der Absendung der Bekanntmachung für die Vorinformation vorlagen.

b) Die verkürzte Frist muss für die Interessenten ausreichen, um ordnungsgemäße Angebote einreichen zu können. Sie sollte in der Regel nicht weniger als 36 Tage vom Zeitpunkt der Absendung der Bekanntmachung des Auftrags an betragen; sie muss auf jeden Fall mindestens 22 Tage betragen.

(3) Können die Angebote nur nach einer Ortsbesichtigung oder Einsichtnahme in nicht übersandte Verdingungsunterlagen erstellt werden, so ist die Mindestangebotsfrist nach Absatz 1 und 2 entsprechend zu verlängern.

(4) Setzt der Auftraggeber eine Frist zur Anforderung der Verdingungsunterlagen, berücksichtigt er die 12-Tage-Frist der Veröffentlichung im Amtsblatt der Europäischen Gemeinschaften (s. § 17 a Nr. 1 Abs. 2) ab Datum der Absendung der Bekanntmachung.

(5) Sind die Verdingungsunterlagen und die zusätzlichen Unterlagen rechtzeitig angefordert worden, so muss der Auftraggeber die genannten Unterlagen innerhalb von 6 Tagen nach Eingang des Antrags an die Unternehmen absenden.

(6) Der Auftraggeber muss rechtzeitig angeforderte zusätzliche Auskünfte über die Verdingungsunterlagen und das Anschreiben spätestens 6 Tage vor Ablauf der Angebotsfrist erteilen.

2. (1) Beim Nichtoffenen Verfahren beträgt die vom Auftraggeber festzusetzende Frist für den Antrag auf Teilnahme mindestens 37 Tage, in Fällen besonderer Dringlichkeit mindestens 15 Tage, jeweils gerechnet vom Tag der Absendung der Bekanntmachung an. Dasselbe gilt im Verhandlungsverfahren in den Fällen des § 3a Nr. 1 Abs. 3.

(2) Die vom Auftraggeber festzusetzende Angebotsfrist beim Nichtoffenen Verfahren beträgt mindestens 40 Tage, gerechnet vom Tag der Absendung der schriftlichen Aufforderung zur Angebotsabgabe an. In Fällen besonderer Dringlichkeit beträgt die Frist mindestens 10 Tage, gerechnet vom Tage der Absendung der Aufforderung zur Angebotsabgabe an.

(3) Die Frist nach Absatz 2 Satz 1 kann auf 26 Tage verkürzt werden. Nr. 1 Abs. 2 gilt entsprechend; die in der Vorinformation genannten Informationen müssen dem im Anhang B (Nichtoffenes Verfahren) bzw. im Anhang C (Verhandlungsverfahren) enthaltenen Muster entsprechen, sofern diese zum Zeitpunkt der Absendung der Bekanntmachung der Vorinformation vorlagen.

(4) Können die Angebote nur nach einer Ortsbesichtigung oder Einsichtnahme in nicht übersandte Verdingungsunterlagen erstellt werden, so ist die Mindestangebotsfrist nach Absatz 2 Satz 1 und Absatz 3 entsprechend zu verlängern.

(5) Der Auftraggeber muss rechtzeitig angeforderte zusätzliche Auskünfte über die Verdingungsunterlagen und das Anschreiben spätestens 6 Tage, in Fällen besonderer Dringlichkeit spätestens 4 Tage vor Ablauf der Angebotsfrist erteilen.

(6) Die Teilnahmeanträge sowie die Aufforderung zur Angebotsabgabe können schriftlich, elektronisch, telegrafisch, telefonisch oder fernschriftlich übermittelt werden. In den drei letztgenannten Fällen müssen sie schriftlich oder elektronisch bestätigt werden. In Fällen besonderer Dringlichkeit müssen sie auf dem schnellstmöglichen Wege übermittelt werden.

Werden die Teilnahmeanträge hierbei telegrafisch, telefonisch oder fernschriftlich übermittelt, so müssen sie schriftlich oder elektronisch bestätigt werden.

§ 19
Zuschlags- und Bindefrist

1. Die Zuschlagsfrist beginnt mit dem Ablauf der Angebotsfrist (§ 18).
2. Die Zuschlagsfrist ist so kurz wie möglich und nicht länger zu bemessen, als der Auftraggeber für eine zügige Prüfung und Wertung der Angebote benötigt. Das Ende der Zuschlagsfrist soll durch Angabe des Kalendertages bezeichnet werden.
3. Es ist vorzusehen, dass der Bieter bis zum Ablauf der Zuschlagsfrist an sein Angebot gebunden ist (Bindefrist).
4. Die Nummern 1 bis 3 gelten bei Freihändiger Vergabe entsprechend.

§ 20
Kosten

1. (1) Bei Öffentlicher Ausschreibung dürfen für die Verdingungsunterlagen die Vervielfältigungskosten gefordert werden. In der Bekanntmachung (§ 17) ist anzugeben, wie hoch sie sind. Sie werden nicht erstattet.

   (2) Bei Beschränkter Ausschreibung und Freihändiger Vergabe sind die Unterlagen unentgeltlich abzugeben. Eine Entschädigung (Absatz 1 Satz 1) darf nur ausnahmsweise gefordert werden, wenn die Selbstkosten der Vervielfältigung unverhältnismäßig hoch sind.

2. (1) Für die Bearbeitung des Angebots werden keine Kosten erstattet. Verlangt jedoch der Auftraggeber, dass der Bieter Entwürfe, Pläne, Zeichnungen, Berechnungen oder andere Unterlagen ausarbeitet, insbesondere in den Fällen des § 8 Nr. 2 Abs. 1 Buchstabe a), so ist einheitlich für alle Bieter in der Ausschreibung eine angemessene Kostenerstattung festzusetzen. Ist eine Kostenerstattung festgesetzt, so steht sie jedem Bieter zu, der ein der Ausschreibung entsprechendes Angebot mit den geforderten Unterlagen rechtzeitig eingereicht hat.

   (2) Absatz 1 gilt für Freihändige Vergabe entsprechend.

§ 21
Inhalt der Angebote

1. (1) Die Angebote müssen die Preise sowie die geforderten Angaben und Erklärungen enthalten. Soweit Erläuterungen zur Beurteilung des Angebots erforderlich erscheinen, kann der Bieter sie auf besonderer Anlage seinem Angebot beifügen.

   (2) Die Angebote müssen unterschrieben sein. Änderungen des Bieters an seinen Eintragungen müssen zweifelsfrei sein.

   (3) Änderungen und Ergänzungen an den Verdingungsunterlagen sind unzulässig.

   (4) Muster und Proben des Bieters müssen als zum Angebot gehörig gekennzeichnet sein.

2. Etwaige Nebenangebote und Änderungsvorschläge müssen auf besonderer Anlage gemacht und als solche deutlich gekennzeichnet werden.

3. (1) Der Bieter hat auf Verlangen im Angebot anzugeben, ob für den Gegenstand des Angebots gewerbliche Schutzrechte bestehen oder von dem Bieter oder anderen beantragt sind.

   (2) Der Bieter hat stets anzugeben, wenn er erwägt, Angaben aus seinem Angebot für die Anmeldung eines gewerblichen Schutzrechtes zu verwerten.

4. Arbeitsgemeinschaften und andere gemeinschaftliche Bieter haben in den Angeboten jeweils die Mitglieder zu benennen sowie eines ihrer Mitglieder als bevollmächtigten Vertreter für den Abschluss und die Durchführung des Vertrages zu bezeichnen. Fehlt eine dieser Bezeichnungen im Angebot, so ist sie vor der Zuschlagserteilung beizubringen.

5. Der Bieter kann schon im Angebot die Rückgabe von Entwürfen, Ausarbeitungen, Mustern und Proben verlangen, falls das Angebot nicht berücksichtigt wird (§ 27 Nr. 7).

§ 22
Öffnung der Angebote bei Ausschreibungen; Vertraulichkeit

1. Schriftliche Angebote sind auf dem ungeöffneten Umschlag mit Eingangsvermerk zu versehen und bis zum Zeitpunkt der Öffnung unter Verschluss zu halten. Den Eingangsvermerk soll ein an der Vergabe nicht Beteiligter anbringen. Elektronische Angebote sind entsprechend zu kennzeichnen und unter Verschluss zu halten.

2. (1) Die Verhandlung zur Öffnung der Angebote soll unverzüglich nach Ablauf der Angebotsfrist stattfinden.

   (2) In der Verhandlung zur Öffnung der Angebote muss neben dem Verhandlungsleiter ein weiterer Vertreter des Auftraggebers anwesend sein.

   (3) Bieter sind nicht zuzulassen.

3. Der Verhandlungsleiter stellt fest, ob die Angebote
   a) ordnungsgemäß verschlossen und äußerlich gekennzeichnet,
   b) bis zum Ablauf der Angebotsfrist bei der für den Eingang als zuständig bezeichneten Stelle

   eingegangen sind. Die Angebote werden geöffnet und in allen wesentlichen Teilen einschließlich der Anlagen gekennzeichnet.

4. (1) Über die Verhandlung zur Öffnung der Angebote ist eine Niederschrift zu fertigen. In die Niederschrift sind folgende Angaben aufzunehmen:
   a) Name und Wohnort der Bieter und die Endbeträge der Angebote, ferner andere den Preis betreffende Angaben,
   b) ob und von wem Nebenangebote und Änderungsvorschläge eingereicht worden sind.

   (2) Angebote, die nicht den Voraussetzungen der Nummer 3 Satz 1 entsprechen, müssen in der Niederschrift oder, soweit sie nach Schluss der Eröffnungsverhandlung eingegangen sind, in einem Nachtrag zur Niederschrift besonders aufgeführt werden; die Eingangszeit und etwa bekannte Gründe, aus denen die Voraussetzungen der Nummer 3 Satz 1 nicht erfüllt sind, sind zu vermerken.

   (3) Die Niederschrift ist von dem Verhandlungsleiter und dem weiteren Vertreter des Auftraggebers zu unterschreiben.

5. Die Niederschrift darf weder den Bietern noch der Öffentlichkeit zugänglich gemacht werden.

6. (1) Die Angebote und ihre Anlagen sind sorgfältig zu verwahren und vertraulich zu behandeln. Von den nicht ordnungsgemäß oder verspätet eingegangenen Angeboten sind auch der Umschlag und andere Beweismittel aufzubewahren.

   (2) Im Falle des § 21 Nr. 3 Abs. 2 ist sicherzustellen, dass die Kenntnis des Angebots auf die mit der Sache Befassten beschränkt bleibt.

   (3) Der Auftraggeber darf Angebotsunterlagen und die in den Angeboten enthaltenen eigenen Vorschläge eines Bieters nur für die Prüfung und Wertung der Angebote (§§ 23 und 25) verwenden. Eine darüber hinausgehende Verwendung bedarf der vorherigen schriftlichen Vereinbarung, in der auch die Entschädigung zu regeln ist.

   (4) Die Absätze 1 bis 3 gelten bei Freihändiger Vergabe entsprechend.

§ 23
Prüfung der Angebote

1. Nicht geprüft zu werden brauchen Angebote,
   a) die nicht ordnungsgemäß oder verspätet eingegangen sind, es sei denn, dass der nicht ordnungsgemäße oder verspätete Eingang durch Umstände verursacht worden ist, die nicht vom Bieter zu vertreten sind,
   b) die nicht unterschrieben sind (§ 21 Nr. 1 Abs. 2 Satz 1),
   c) bei denen Änderungen des Bieters an seinen Eintragungen nicht zweifelsfrei sind (§ 21 Nr. 1 Abs. 2 Satz 2),
   d) bei denen Änderungen oder Ergänzungen an den Verdingungsunterlagen vorgenommen worden sind (§ 21 Nr. 1 Abs. 3).

B III Texte

2. Die übrigen Angebote sind einzeln auf Vollständigkeit sowie auf rechnerische und fachliche Richtigkeit zu prüfen; ferner sind die für die Beurteilung der Wirtschaftlichkeit der einzelnen Angebote maßgebenden Gesichtspunkte festzuhalten. Gegebenenfalls sind Sachverständige (§ 6) hinzuzuziehen.

3. Das Ergebnis der Prüfung ist aktenkundig zu machen.

§ 24
Verhandlungen mit Bietern bei Ausschreibungen

1. (1) Nach Öffnung der Angebote bis zur Zuschlagserteilung darf mit den Bietern über ihre Angebote nur verhandelt werden, um Zweifel über die Angebote oder die Bieter zu beheben.

   (2) Verweigert ein Bieter die geforderten Aufklärungen und Angaben, so kann sein Angebot unberücksichtigt bleiben.

2. (1) Andere Verhandlungen, besonders über Änderungen der Angebote oder Preise, sind unstatthaft.

   (2) Ausnahmsweise darf bei einem Nebenangebot oder Änderungsvorschlag (§ 17 Nr. 3 Abs. 5) oder bei einem Angebot aufgrund funktionaler Leistungsbeschreibung (§ 8 Nr. 2 Abs. 1 Buchstabe a)) mit dem Bieter, dessen Angebot als das wirtschaftlichste gewertet wurde (§ 25 Nr. 3), im Rahmen der geforderten Leistung über notwendige technische Änderungen geringen Umfangs verhandelt werden. Hierbei kann auch der Preis entsprechend angepasst werden. Mit weiteren Bietern darf nicht verhandelt werden.

3. Grund und Ergebnis der Verhandlungen sind vertraulich zu behandeln und schriftlich niederzulegen.

§ 25
Wertung der Angebote

1. (1) Ausgeschlossen werden:

   a) Angebote, für deren Wertung wesentliche Preisangaben fehlen (§ 21 Nr. 1 Abs. 1 Satz 1),

   b) Angebote, die nicht unterschrieben sind (§ 21 Nr. 1 Abs. 2 Satz 1),

   c) Angebote, in denen Änderungen des Bieters an seinen Eintragungen nicht zweifelsfrei sind (§ 21 Nr. 1 Abs. 2 Satz 2),

   d) Angebote, bei denen Änderungen oder Ergänzungen an den Verdingungsunterlagen vorgenommen worden sind (§ 21 Nr. 1 Abs. 3),

   e) Angebote, die verspätet eingegangen sind, es sei denn, dass der verspätete Eingang durch Umstände verursacht worden ist, die nicht vom Bieter zu vertreten sind,

   f) Angebote von Bietern, die in Bezug auf die Vergabe eine unzulässige, wettbewerbsbeschränkende Abrede getroffen haben,

   g) Nebenangebote und Änderungsvorschläge, soweit der Auftraggeber diese nach § 17 Nr. 3 Abs. 5 ausgeschlossen hat.

(2) Außerdem können ausgeschlossen werden:
   a) Angebote, die nicht die geforderten Angaben und Erklärungen enthalten (§ 21 Nr. 1 Abs. 1 Satz 1),
   b) Angebote von Bietern, die von der Teilnahme am Wettbewerb ausgeschlossen werden können (§ 7 Nr. 5),
   c) Nebenangebote und Änderungsvorschläge, die nicht auf besonderer Anlage gemacht worden oder als solche nicht deutlich gekennzeichnet sind (§ 21 Nr. 2).

2. (1) Bei der Auswahl der Angebote, die für den Zuschlag in Betracht kommen, sind nur Bieter zu berücksichtigen, die für die Erfüllung der vertraglichen Verpflichtungen die erforderliche Fachkunde, Leistungsfähigkeit und Zuverlässigkeit besitzen.

   (2) Erscheinen Angebote im Verhältnis zu der zu erbringenden Leistung ungewöhnlich niedrig, so überprüft der Auftraggeber vor der Vergabe des Auftrags die Einzelposten dieser Angebote. Zu diesem Zweck verlangt er vom Bieter die erforderlichen Belege. Der Auftraggeber berücksichtigt bei der Vergabe das Ergebnis dieser Überprüfung.

   (3) Auf Angebote, deren Preise in offenbarem Missverhältnis zur Leistung stehen, darf der Zuschlag nicht erteilt werden.

3. Der Zuschlag ist auf das unter Berücksichtigung aller Umstände wirtschaftlichste Angebot zu erteilen. Der niedrigste Angebotspreis allein ist nicht entscheidend.

4. Nebenangebote und Änderungsvorschläge, die der Auftraggeber bei der Ausschreibung gewünscht oder ausdrücklich zugelassen hat, sind ebenso zu werten wie die Hauptangebote. Sonstige Nebenangebote und Änderungsvorschläge können berücksichtigt werden.

5. Die Gründe für die Zuschlagserteilung sind in den Akten zu vermerken.

§ 26
Aufhebung der Ausschreibung

1. Die Ausschreibung kann aufgehoben werden, wenn
   a) kein Angebot eingegangen ist, das den Ausschreibungsbedingungen entspricht,
   b) sich die Grundlagen der Ausschreibung wesentlich geändert haben,
   c) sie kein wirtschaftliches Ergebnis gehabt hat,
   d) andere schwerwiegende Gründe bestehen.

2. Die Ausschreibung kann unter der Voraussetzung, dass Angebote in Losen vorgesehen oder Nebenangebote und Änderungsvorschläge nicht ausgeschlossen sind, teilweise aufgehoben werden, wenn
   a) das wirtschaftlichste Angebot den ausgeschriebenen Bedarf nicht voll deckt,
   b) schwerwiegende Gründe der Vergabe der gesamten Leistung an einen Bieter entgegenstehen.

3. Die Gründe für die Aufhebung der Ausschreibung sind in den Akten zu vermerken.

4. Die Bieter sind von der Aufhebung der Ausschreibung unter Bekanntgabe der Gründe (Nummer 1 Buchstabe a) bis d), Nummer 2 Buchstabe a) und b)) unverzüglich zu benachrichtigen.

5. Eine neue Ausschreibung oder eine Freihändige Vergabe ist nur zulässig, wenn die vorhergehende Ausschreibung über denselben Gegenstand ganz oder teilweise aufgehoben ist.

§ 26 a
Mitteilung über den Verzicht auf die Vergabe

Die Entscheidung, auf die Vergabe eines dem EG-weiten Wettbewerb unterstellten Auftrages zu verzichten, teilt der Auftraggeber dem Amt für amtliche Veröffentlichungen der Europäischen Gemeinschaften[1]) mit.

Den Bewerbern oder Bietern teilt der Auftraggeber die Gründe für seine Entscheidung mit, auf die Vergabe eines im Amtsblatt der Europäischen Gemeinschaften bekannt gemachten Auftrages zu verzichten oder das Verfahren erneut einzuleiten. Auf Antrag teilt er ihnen dies schriftlich mit.

§ 27
Nicht berücksichtigte Angebote

1. Ein Angebot gilt als nicht berücksichtigt, wenn bis zum Ablauf der Zuschlagsfrist kein Auftrag erteilt wurde.

   Die Vergabestelle teilt jedem erfolglosen Bieter nach Zuschlagserteilung auf dessen schriftlichen Antrag hin unverzüglich die Ablehnung seines Angebots schriftlich mit. Dem Antrag ist ein adressierter Freiumschlag beizufügen. Der Antrag kann bereits bei der Abgabe des Angebotes gestellt werden.

   Weiterhin muss in den Verdingungsunterlagen bereits darauf hingewiesen werden, dass das Angebot nicht berücksichtigt worden ist, wenn bis zum Ablauf der Zuschlagsfrist kein Auftrag erteilt wurde.

2. In der Mitteilung gemäß Nummer 1 Satz 1 sind zusätzlich bekannt zu geben:
   a) Die Gründe für die Ablehnung (z. B. preisliche, technische, funktionsbedingte, gestalterische, ästhetische) seines Angebots. Bei der Mitteilung ist darauf zu achten, dass die Auskunft mit Rücksicht auf die Verpflichtung der Vergabestelle, die Angebote vertraulich zu behandeln (§ 22 Nr. 6 Abs. 1 Satz 1), keine Angaben aus Angeboten anderer Bieter enthält.
   b) Die Anzahl der eingegangenen Angebote.
   c) Der niedrigste und höchste Angebotsendpreis der nach § 23 geprüften Angebote.

---

[1]) Amt für amtliche Veröffentlichungen der Europäischen Gemeinschaften, 2, rue Mercier, L-2985 Luxemburg, Telefon: 0 03 52/29 29-1, Telefax: 0 03 52/29 29 42 670.
http://ted.eur-op.eu.int
E-mail: mp-ojs@opoce.cec.eu.int

3. Die zusätzliche Bekanntgabe nach Nummer 2 entfällt, wenn
   a) der Zuschlagspreis unter 5000 Euro liegt oder
   b) weniger als 8 Angebote eingegangen sind oder
   c) der Aufforderung zur Angebotsabgabe eine funktionale Leistungsbeschreibung (§ 8 Nr. 2 Abs. 2 Buchstabe a)) zugrunde gelegt hat oder
   d) das Angebot nach § 25 Nr. 1 ausgeschlossen worden ist oder nach § 25 Nr. 2 Abs. 1 nicht berücksichtigt werden konnte.

4. Ist aufgrund der Aufforderung zur Angebotsabgabe Vergabe in Losen vorgesehen, so sind zusätzlich in der Bekanntgabe nach Nummer 2 Buchstabe c) Preise zu Losangeboten dann mitzuteilen, wenn eine Vergleichbarkeit der Losangebote (z.B. gleiche Losgröße und Anzahl der Lose) gegeben ist.

5. Sind Nebenangebote und Änderungsvorschläge eingegangen, so sind diese bei den Angaben gemäß Nummer 2 außer Betracht zu lassen; im Rahmen der Bekanntgabe nach Nummer 2 ist jedoch anzugeben, dass Nebenangebote und Änderungsvorschläge eingegangen sind.

6. Die Mitteilungen nach Nummer 1 und 2 sind abschließend.

7. Entwürfe, Ausarbeitungen, Muster und Proben zu nicht berücksichtigten Angeboten sind zurückzugeben, wenn dies im Angebot oder innerhalb von 24 Werktagen nach Ablehnung des Angebots verlangt wird.

8. Nicht berücksichtigte Angebote und Ausarbeitungen der Bieter dürfen nur mit ihrer Zustimmung für eine neue Vergabe oder für andere Zwecke benutzt werden.

§ 27 a
Nicht berücksichtigte Bewerbungen und Angebote

1. Der Auftraggeber teilt innerhalb von 15 Tagen nach Eingang eines entsprechenden Antrags den nicht berücksichtigten Bewerbern oder Bietern die Gründe für die Ablehnung ihrer Bewerbung oder ihres Angebotes und den Bietern, die ein ordnungsgemäßes Angebot eingereicht haben, auch die Merkmale und Vorteile des erfolgreichen Angebots und den Namen des erfolgreichen Bieters mit.

2. Der Auftraggeber kann in Nummer 1 genannte Informationen zurückhalten, wenn die Weitergabe den Gesetzesvollzug vereiteln würde oder sonst nicht im öffentlichen Interesse läge oder die berechtigten Geschäftsinteressen von Unternehmen oder den fairen Wettbewerb beeinträchtigen würde.

§ 28
Zuschlag

1. (1) Der Zuschlag (§ 25 Nr. 3) auf ein Angebot soll schriftlich und so rechtzeitig erteilt werden, dass ihn der Bieter noch vor Ablauf der Zuschlagsfrist erhält. Wird ausnahmsweise der Zuschlag nicht schriftlich erteilt, so ist er umgehend schriftlich zu bestätigen.

   (2) Dies gilt nicht für die Fälle, in denen durch Ausführungsbestimmungen auf die Schriftform verzichtet worden ist.

2. (1) Wird auf ein Angebot rechtzeitig und ohne Abänderungen der Zuschlag erteilt, so ist damit nach allgemeinen Rechtsgrundsätzen der Vertrag abgeschlossen, auch wenn eine spätere urkundliche Festlegung vorgesehen ist.

(2) Verzögert sich der Zuschlag, so kann die Zuschlagsfrist nur im Einvernehmen mit den in Frage kommenden Bietern verlängert werden.

§ 28 a
Bekanntmachung über die Auftragserteilung

1. (1) Die Auftraggeber machen über jeden vergebenen Auftrag Mitteilung nach den im Anhang E enthaltenen Mustern innerhalb von 48 Tagen nach Vergabe des Auftrags an das Amt für amtliche Veröffentlichungen der Europäischen Gemeinschaften.[1])

(2) Bei der Mitteilung von vergebenen Aufträgen über Dienstleistungen nach Anhang I B geben die Auftraggeber an, ob sie mit der Veröffentlichung einverstanden sind.

2. Die Auftraggeber brauchen bestimmte Angaben über die Auftragsvergabe jedoch nicht mitzuteilen, wenn dies dem öffentlichen Interesse zuwiderläuft, die legitimen geschäftlichen Interessen einzelner öffentlicher oder privater Unternehmen berührt oder den fairen Wettbewerb zwischen den Unternehmen beeinträchtigen würde.

§ 29
Vertragsurkunde

Eine besondere Urkunde kann über den Vertrag dann gefertigt werden, wenn die Vertragspartner dies für notwendig halten.

§ 30
Vergabevermerk

1. Über die Vergabe ist ein Vermerk zu fertigen, der die einzelnen Stufen des Verfahrens, die Maßnahmen, die Feststellung sowie die Begründung der einzelnen Entscheidungen enthält.

2. Wird auf die Vorlage zusätzlich zum Angebot verlangter Unterlagen und Nachweise verzichtet, ist dies im Vergabevermerk zu begründen.

§ 30 a
Melde- und Berichtspflichten

1. Auf Verlangen der Kommission der Europäischen Gemeinschaften sind aus dem Vergabevermerk folgende Angaben zu übermitteln:
    a) Name und Anschrift des Auftraggebers,
    b) Art und Umfang der Leistung,
    c) Wert des Auftrages,

---

[1]) Amt für amtliche Veröffentlichungen der Europäischen Gemeinschaften, 2, rue Mercier, L-2985 Luxemburg, Telefon: 0 03 52/29 29-1, Telefax: 0 03 52/29 29 42 670.
http://ted.eur-op.eu.int
E-mail: mp-ojs@opoce.cec.eu.int

d) Name der berücksichtigten Bewerber oder Bieter und Gründe für ihre Auswahl,

e) Name der ausgeschlossenen Bewerber oder Bieter und die Gründe für die Ablehnung,

f) Name des erfolgreichen Bieters und die Gründe für die Auswahl seines Angebotes sowie – falls bekannt – den Anteil, den der erfolgreiche Bieter an Dritte weiterzugeben beabsichtigt,

g) bei Verhandlungsverfahren Gründe für die Wahl dieses Verfahrens (§ 3 a Nr. 1 Abs. 4 und Nr. 2),

h) Gründe für die Ausnahme von der Anwendung europäischer technischer Spezifikationen (§ 8 a Nr. 2 Abs. 1).

2. Die Auftraggeber übermitteln an die zuständige Stelle eine jährliche statistische Aufstellung über die vergebenen Aufträge. Die Aufstellung nach Satz 1 enthält mindestens Angaben über die Anzahl und den Wert der vergebenen Aufträge ab den Schwellenwerten, aufgeschlüsselt nach den in § 3 a vorgesehenen Verfahren, Warenbereichen entsprechend der Nomenklatur CPV, Dienstleistungskategorien entsprechend der Nomenklatur in den Anhängen I A und I B und Nationalität des Unternehmens, das den Zuschlag erhalten hat, bei Verhandlungsverfahren aufgeschlüsselt nach § 3a, mit Angaben über Anzahl und Wert der Aufträge, die in die einzelnen EG-Mitgliedstaaten und in Drittländer vergeben wurden. Die statistischen Aufstellungen für oberste und obere Bundesbehörden und vergleichbare Bundeseinrichtungen enthalten auch den geschätzten Gesamtwert der Aufträge unterhalb der Schwellenwerte sowie nach Anzahl und Gesamtwert der Aufträge, die aufgrund von Ausnahmeregelungen zum Beschaffungsübereinkommen vergeben wurden. Sie enthalten keine Angaben über Dienstleistungen der Kategorie 8 des Anhangs I A und über Fernmeldedienstleistungen der Kategorie 5, deren CPC-Referenznummern 7524, 7525 und 7526 lauten, sowie über Dienstleistungen des Anhangs I B, sofern der geschätzte Wert ohne Umsatzsteuer unter 200 000 Euro liegt.

§ 31 a
Wettbewerbe

1. (1) Wettbewerbe sind Auslobungsverfahren, die zu einem Dienstleistungsauftrag führen sollen.

   (2) Für Wettbewerbe über freiberufliche Leistungen insbesondere auf dem Gebiet der Raumplanung, Stadtplanung, der Architektur und des Bauwesens gelten die Bestimmungen der Verdingungsordnung für freiberufliche Leistungen (VOF).

2. (1) Die auf die Durchführung des Wettbewerbs anwendbaren Regeln sind den an der Teilnahme am Wettbewerb Interessierten mitzuteilen.

   (2) Die Zulassung zur Teilnahme an einem Wettbewerb darf nicht beschränkt werden:
   – auf das Gebiet eines Mitgliedstaates oder einen Teil davon,
   – auf natürliche oder juristische Personen.

(3) Bei Wettbewerben mit beschränkter Teilnehmerzahl haben die Auftraggeber eindeutige und nichtdiskriminierende Auswahlkriterien festzulegen. Die Zahl der Bewerber muss ausreichen, um einen echten Wettbewerb zu gewährleisten.

(4) Das Preisgericht darf nur aus Preisrichtern bestehen, die von den Teilnehmern des Wettbewerbs unabhängig sind. Wird von den Wettbewerbsteilnehmern eine bestimmte berufliche Qualifikation verlangt, muss mindestens ein Drittel der Preisrichter über dieselbe oder eine gleichwertige Qualifikation verfügen.

(5) Das Preisgericht ist in seinen Entscheidungen und Stellungnahmen unabhängig. Es trifft diese aufgrund von Wettbewerbsarbeiten, die anonym vorgelegt werden, und nur aufgrund von Kriterien, die in der Bekanntmachung nach Nummer 3 genannt sind.

3. (1) Auftraggeber, die einen Wettbewerb durchführen wollen, teilen ihre Absicht durch Bekanntmachung nach dem im Anhang F enthaltenen Muster mit. Die Bekanntmachung ist dem Amt für amtliche Veröffentlichungen der Europäischen Gemeinschaften[1]) unverzüglich mitzuteilen.

(2) § 17 a Nr. 1 gilt entsprechend.

(3) Auftraggeber, die einen Wettbewerb durchgeführt haben, geben spätestens 48 Tage nach Durchführung eine Bekanntmachung nach dem im Anhang G enthaltenen Muster an das Amt für amtliche Veröffentlichungen der Europäischen Gemeinschaften. § 27 a gilt entsprechend.

§ 32 a

Nachprüfungsbehörden

In der Vergabebekanntmachung und den Vergabeunterlagen ist die Stelle anzugeben, an die sich der Bewerber oder Bieter zur Nachprüfung behaupteter Verstöße gegen Vergabebestimmungen wenden kann.

---

[1]) Amt für amtliche Veröffentlichungen der Europäischen Gemeinschaften, 2, rue Mercier, L-2985 Luxemburg, Telefon: 0 03 52/29 29-1, Telefax: 0 03 52/29 29 42 670.
http://ted.eur-op.eu.int
E-mail: mp-ojs@opoce.cec.eu.int

Anhang I A

Kategorie	Titel	CPC-Referenznummer
1	Instandhaltung und Reparatur	6112, 6122, 633, 886
2	Landverkehr[1]) einschließlich Geldtransport und Kurierdienst, ohne Postverkehr	712 (außer 71235, 7512, 87304)
3	Fracht- und Personenbeförderung im Flugverkehr, ohne Postverkehr	73 (außer 7321)
4	Postbeförderung im Landverkehr[1]) sowie Luftpostbeförderung	71235, 7321
5	Fernmeldewesen[2])	752
6	Finanzielle Dienstleistungen a) Versicherungsleistungen b) Bankenleistungen und Wertpapiergeschäfte[3])	 ex 81 812, 814
7	Datenverarbeitung und verbundene Tätigkeiten	84
8	Forschung und Entwicklung[4])	85
9	Buchführung, -haltung und -prüfung	862
10	Markt- und Meinungsforschung	864
11	Unternehmensberatung und verbundene Tätigkeiten	865, 866
12	Architektur, technische Beratung und Planung; integrierte technische Leistungen; Stadt- und Landschaftsplanung; zugehörige wissenschaftliche und technische Beratung; technische Versuche und Analysen	867
13	Werbung	871
14	Gebäudereinigung und Hausverwaltung	874, 82201 bis 82206
15	Verlegen und Drucken gegen Vergütung oder auf vertraglicher Grundlage	88442
16	Abfall- und Abwasserbeseitigung; sanitäre und ähnliche Dienstleistungen	94

---

1) Ohne Eisenbahnverkehr der Kategorie 18.
2) Ohne Fernsprechdienstleistungen, Telex, beweglichen Telefondienst, Funkrufdienst und Satellitenkommunikation.
3) Ohne Verträge über Ausgabe, Verkauf, Ankauf oder Übertragung von Wertpapieren oder anderen Finanzinstrumenten.
4) Ohne Aufträge über Forschungs- und Entwicklungsdienstleistungen, es sei denn, ihre Ergebnisse werden ausschließlich Eigentum des Auftraggebers für seinen Gebrauch bei der Ausübung seiner eigenen Tätigkeit sein und die Dienstleistungen werden vollständig durch den Auftraggeber vergütet.

Anhang I B

Kategorie	Titel	CPC-Referenznummer
17	Gaststätten- und Beherbergungsgewerbe	64
18	Eisenbahnen	711
19	Schifffahrt	72
20	Neben- und Hilfstätigkeiten des Verkehrs	74
21	Rechtsberatung	861
22	Arbeits- und Arbeitskräftevermittlung	872
23	Auskunfts- und Schutzdienste (ohne Geldtransport)	873 (außer 87304)
24	Unterrichtswesen und Berufsausbildung	92
25	Gesundheits-, Veterinär- und Sozialwesen	93
26	Erholung, Kultur und Sport	96
27	Sonstige Dienstleistungen	

Anhang TS
Technische Spezifikationen

1. **Begriffsbestimmungen**

   1.1 „Technische Spezifikationen" sind sämtliche, insbesondere in den Verdingungsunterlagen enthaltenen, technischen Anforderungen an ein Material, ein Erzeugnis oder eine Lieferung, mit deren Hilfe das Material, das Erzeugnis oder die Lieferung so bezeichnet werden können, dass sie ihren durch den Auftraggeber festgelegten Verwendungszweck erfüllen. Zu diesen technischen Anforderungen gehören Qualitätsstufen, Gebrauchstauglichkeit, Sicherheit und Abmessungen, ebenso die Vorschriften für Materialien, Erzeugnisse oder Lieferungen hinsichtlich Qualitätssicherung, Terminologie, Bildzeichen, Prüfungen und Prüfverfahren, Verpackung, Kennzeichnung und Beschriftung. Außerdem gehören dazu auch die Vorschriften für die Planung und Berechnung von Bauwerken; die Bedingungen für die Prüfung, Inspektion und Abnahme von Bauwerken, die Konstruktionsmethoden oder -verfahren und alle anderen technischen Anforderungen, die der Auftraggeber bezüglich fertiger Bauwerke oder der dazu notwendigen Materialien oder Teile durch allgemeine oder spezielle Vorschriften anzugeben in der Lage ist.

   1.2 „Norm" technische Spezifikation, die von einer anerkannten Normenorganisation zur wiederholten oder ständigen Anwendung angenommen wurde, deren Einhaltung grundsätzlich nicht zwingend vorgeschrieben ist.

   1.3 „Europäische Norm": die von dem Europäischen Komitee für Normung (CEN) oder dem Europäischen Komitee für Elektrotechnische Normung (CENELEC) gem. deren gemeinsamen Regeln als Europäische Normen (EN) oder Harmonisierungsdokumente (HD) angenommenen Normen oder vom Europäischen Institut für Telekommunikationsnormen (ETSI) entsprechend seinen eigenen Vorschriften als „Europäische Telekommunikationsnorm" (ETS) angenommenen Normen.

   1.4 „Gemeinsame technische Spezifikationen": technische Spezifikation, die nach einem von den Mitgliedstaaten anerkannten Verfahren erarbeitet wurde, um die einheitliche Anwendung in allen Mitgliedstaaten sicherzustellen und die im Amtsblatt der Europäischen Gemeinschaften veröffentlicht wurde.

   1.5 „Europäische Spezifikation": eine gemeinsame technische Spezifikation, eine europäische technische Zulassung oder eine einzelstaatliche Norm, durch die eine europäische Norm umgesetzt wird.

2. **Mangels europäischer Spezifikationen**

   2.1 werden die technischen Spezifikationen unter Bezugnahme auf die einzelstaatlichen technischen Spezifikationen festgelegt, die anerkanntermaßen den wesentlichen Anforderungen der Gemeinschaftsrichtlinien zur technischen Harmonisierung entsprechen, und zwar insbesondere nach den in der Richtlinie 89/100/EWG[1]) vorgesehenen Verfahren.

---

1) ABl. EG Nr. L 40 vom 11. 02. 1989, S. 12.

2.2 können die technischen Spezifikationen unter Bezugnahme auf die einzelstaatlichen technischen Spezifikationen betreffend die Planung, Berechnung und Verwirklichung von Bauvorhaben und den Einsatz von Produkten festgelegt werden.

2.3 können die technischen Spezifikationen unter Bezugnahme auf sonstige Dokumente festgelegt werden. In einem solchen Fall ist unter Beachtung der nachstehenden Normenrangfolge zurückzugreifen auf

– die innerstaatlichen Normen, mit denen vom Land des Auftraggebers akzeptierte internationale Normen umgesetzt werden;

– sonstige innerstaatliche Normen und innerstaatliche technische Zulassungen des Landes des Auftraggebers;

– alle weiteren Normen.

Anhang A

I. Lieferaufträge
Offenes Verfahren

1. Name, Anschrift, Telefon-, Telegramm-, Fernschreib- und Fernkopier-Nummer oder -Adresse des Auftraggebers (Vergabestelle):
2. a) Verfahrensart:
   b) Art des Vertrages, für den Angebote eingereicht werden sollen:
3. a) Ort der Lieferung:
   b) Art und Menge der zu liefernden Waren einschließlich etwaiger Optionsrechte für weitere Aufträge und nach Möglichkeit voraussichtliche Zeitpunkte, bis zu denen diese Rechte wahrgenommen werden können:
   CPV-Referenznummer:
   c) Angaben darüber, ob ein Angebot für Teile und/oder für die Gesamtheit der angeforderten Lieferungen eingereicht werden kann:
   d) Ausnahme von der Anwendung der Normen gemäß § 8 a:
4. Etwa vorgeschriebene Lieferfrist und nach Möglichkeit Zeitpunkt des Beginns der Lieferung:
5. a) Name und Anschrift der Stelle, bei der die sachdienlichen Unterlagen angefordert bzw. eingesehen werden können:
   b) Tag, bis zu dem die genannten Unterlagen angefordert werden können:
   c) Gegebenenfalls Betrag und Bedingungen für die Zahlung des Betrages, der zu entrichten ist, um die genannten Unterlagen zu erhalten:
6. a) Tag, bis zu dem die Angebote eingehen müssen:
   b) Anschrift der Stelle, bei der sie einzureichen sind:
   c) Sprache bzw. Sprachen, in denen sie abzufassen sind:
7. Entfällt
8. Gegebenenfalls geforderte Kautionen und Sicherheiten:
9. Wesentliche Finanzierungs- und Zahlungsbedingungen und/oder Hinweise auf die Vorschriften, in denen sie enthalten sind:
10. Gegebenenfalls Rechtsform, die die Bietergemeinschaft bei der Auftragserteilung annehmen muss:
11. Auskünfte zur Lage des Unternehmens sowie Auskünfte und Formalitäten, die zur Beurteilung der vom Unternehmen zu erfüllenden wirtschaftlichen und technischen Mindestbedingungen erforderlich sind:
12. Frist, während der die Bieter an ihre Angebote gebunden sind:
13. Kriterien für die Auftragserteilung und, falls möglich, deren Rangfolge. Andere Kriterien als der niedrigste Preis müssen genannt werden, falls sie nicht in den Verdingungsunterlagen enthalten sind:
14. Gegebenenfalls Verbot von Änderungsvorschlägen:

15. Sonstige Angaben, insbesondere die Stelle, an die sich der Bewerber oder Bieter zur Nachprüfung behaupteter Verstöße gegen Vergabebestimmungen wenden kann:

16. Tag der Veröffentlichung der Vorinformation im Amtsblatt der Europäischen Gemeinschaften oder Hinweis auf ihre Nichtveröffentlichung:

17. Tag der Absendung der Bekanntmachung:

18. Tag des Eingangs der Bekanntmachung beim Amt für amtliche Veröffentlichungen der Europäischen Gemeinschaften:[1])

19. Angabe, ob der Auftrag in den Anwendungsbereich des Beschaffungsübereinkommens fällt:[2])

II. Dienstleistungsaufträge

Offenes Verfahren

1. Name, Anschrift, Telefon-, Telegrafen-, Fernschreib- und Fernkopiernummer des Auftraggebers (Vergabestelle):

2. Kategorie der Dienstleistung und Beschreibung einschließlich etwaiger Optionsrechte für weitere Aufträge und nach Möglichkeit voraussichtliche Zeitpunkte, bis zu denen diese Rechte wahrgenommen werden können:

   CPV-Referenznummer:

3. Ausführungsort:

4. a) Angabe, ob die Erbringung der Dienstleistung aufgrund von Rechts- und Verwaltungsvorschriften einem besonderen Berufsstand vorbehalten ist:

   b) Verweisung auf die Rechts- und Verwaltungsvorschrift:

   c) Angabe, ob juristische Personen die Namen und die berufliche Qualifikation der Personen angeben müssen, die für die Ausführung der betreffenden Dienstleistung verantwortlich sein sollen:

5. Angabe, ob Dienstleistungserbringer Angebote für einen Teil der betreffenden Dienstleistungen abgeben können:

6. Gegebenenfalls Verbot von Änderungsvorschlägen:

7. Dauer des Auftrags oder Frist für die Erbringung der Dienstleistung und nach Möglichkeit Zeitpunkt des Beginns der Dienstleistung:

8. a) Name und Anschrift der Stelle, bei der die maßgeblichen Unterlagen angefordert werden können:

   b) Einsendefrist für die Anträge:

   c) gegebenenfalls Höhe und Einzelheiten der Zahlung der Gebühr für die Übersendung dieser Unterlagen:

---

1) Wird vom Amt für amtliche Veröffentlichungen der Europäischen Gemeinschaften eingetragen.
2) Vergleiche Erläuterungen zu den Anhängen der VOL/A.

9. a) Tag, bis zu dem die Angebote eingehen müssen:

   b) Anschrift der Stelle, bei der sie einzureichen sind:

   c) Sprache bzw. Sprachen, in denen sie abzufassen sind:

10. Entfällt

11. Gegebenenfalls geforderte Kautionen und Sicherheiten:

12. Wesentliche Finanzierungs- und Zahlungsbedingungen und/oder Verweisung auf die maßgeblichen Vorschriften:

13. Gegebenenfalls Rechtsform, die die Bietergemeinschaft, an die der Auftrag vergeben wird, haben muss:

14. Angaben zur Lage des Dienstleistungserbringers sowie Angaben und Formalitäten, die zur Beurteilung der Frage erforderlich sind, ob das Unternehmen die wirtschaftlichen und technischen Mindestanforderungen erfüllt:

15. Bindefrist:

16. Kriterien für die Auftragserteilung und, falls möglich, deren Rangfolge. Andere Kriterien als der niedrigste Preis müssen genannt werden, falls sie nicht in den Verdingungsunterlagen enthalten sind:

17. Sonstige Angaben, insbesondere die Stelle, an die sich der Bewerber oder Bieter zur Nachprüfung behaupteter Verstöße gegen Vergabebestimmungen wenden kann:

18. Tag der Veröffentlichung der Vorinformation im Amtsblatt der Europäischen Gemeinschaften oder Hinweis auf ihre Nichtveröffentlichung:

19. Tag der Absendung der Bekanntmachung:

20. Tag des Eingangs der Bekanntmachung beim Amt für amtliche Veröffentlichungen der Europäischen Gemeinschaften:[1])

21. Angabe, ob der Auftrag in den Anwendungsbereich des Beschaffungsübereinkommens fällt:[2])

---

1) Wird vom Amt für amtliche Veröffentlichungen der Europäischen Gemeinschaften eingetragen.
2) Vergleiche Erläuterungen zu den Anhängen der VOL/A.

Anhang B

I. Lieferaufträge

Nichtoffenes Verfahren

1. Name, Anschrift, Telefon-, Telegramm-, Fernschreib- und Fernkopier-Nummer oder -Adresse des Auftraggebers (Vergabestelle):

2. a) Verfahrensart:
   b) gegebenenfalls Begründung für das beschleunigte Verfahren:
   c) Art des Vertrages, für den Angebote eingereicht werden sollen:

3. a) Ort der Lieferung:
   b) Art und Menge der zu liefernden Waren einschließlich etwaiger Optionsrechte für weitere Aufträge und nach Möglichkeit voraussichtliche Zeitpunkte, bis zu denen diese Rechte wahrgenommen werden können:
   CPV-Referenznummer:
   c) Angaben darüber, ob ein Angebot für Teile und/oder für die Gesamtheit der angeforderten Lieferungen eingereicht werden kann:
   d) Ausnahme von der Anwendung von Normen gemäß § 8 a:

4. Etwa vorgeschriebene Lieferfrist und nach Möglichkeit Zeitpunkt des Beginns der Lieferung:

5. Gegebenenfalls Rechtsform, die die Bietergemeinschaft bei der Auftragserteilung annehmen muss:

6. a) Tag, bis zu dem die Anträge auf Teilnahme eingehen müssen:
   b) Anschrift der Stelle, bei der sie einzureichen sind:
   c) Sprache bzw. Sprachen, in denen sie abzufassen sind:

7. Tag, bis zu dem die Aufforderung zur Angebotsabgabe abgesandt wird:

8. Gegebenenfalls geforderte Kautionen und Sicherheiten:

9. Auskünfte über die Lage des Unternehmens sowie Auskünfte und Formalitäten, die zur Beurteilung der vom Unternehmen zu erfüllenden wirtschaftlichen und technischen Mindestbedingungen erforderlich sind:

10. Kriterien für die Auftragserteilung und, falls möglich, deren Rangfolge. Andere Kriterien als der niedrigste Preis müssen genannt werden, falls sie nicht in den Verdingungsunterlagen enthalten sind:

11. Beabsichtigte Zahl oder Marge von Lieferanten, die zur Angebotsabgabe aufgefordert wird:

12. Gegebenenfalls Verbot von Änderungsvorschlägen:

13. Sonstige Angaben, insbesondere die Stelle, an die sich der Bewerber oder Bieter zur Nachprüfung behaupteter Verstöße gegen Vergabebestimmungen wenden kann:

14. Tag der Veröffentlichung der Vorinformation im Amtsblatt der Europäischen Gemeinschaften oder Hinweis auf Nichtveröffentlichung:
15. Tag der Absendung der Bekanntmachung:
16. Tag des Eingangs der Bekanntmachung beim Amt für amtliche Veröffentlichungen der Europäischen Gemeinschaften:[1])
17. Angabe, ob der Auftrag in den Anwendungsbereich des Beschaffungsübereinkommens fällt:[2])

II. Dienstleistungsaufträge
Nichtoffenes Verfahren

1. Name, Anschrift, Telefon-, Telegrafen-, Fernschreib- und Fernkopiernummer des Auftraggebers (Vergabestelle):
2. Kategorie der Dienstleistung und Beschreibung einschließlich etwaiger Optionsrechte für weitere Aufträge und nach Möglichkeit voraussichtliche Zeitpunkte, bis zu denen diese Rechte wahrgenommen werden können:
   CPV-Referenznummer:
3. Ausführungsort:
4. a) Angabe, ob die Ausführung der Leistung durch Rechts- und Verwaltungsvorschriften einem besonderen Berufsstand vorbehalten ist:
   b) Verweisung auf die Rechts- und Verwaltungsvorschrift:
   c) Angabe, ob juristische Personen die Namen und die berufliche Qualifikation der Personen angeben müssen, die für die Ausführung der betreffenden Dienstleistung verantwortlich sein sollen:
5. Angabe, ob Dienstleistungserbringer Angebote für einen Teil der betreffenden Dienstleistungen abgeben können:
6. Beabsichtigte Zahl oder Marge von Dienstleistungserbringern, die zur Angebotsabgabe aufgefordert werden:
7. Gegebenenfalls Verbot von Änderungsvorschlägen:
8. Dauer des Auftrags oder Frist für die Erbringung der Dienstleistung und nach Möglichkeit Zeitpunkt des Beginns der Dienstleistung:
9. Gegebenenfalls Rechtsform, die die Bietergemeinschaft, an die der Auftrag vergeben wird, haben muss:
10. a) Gegebenenfalls Begründung der Inanspruchnahme des beschleunigten Verfahrens:
    b) Einsendefrist für die Anträge auf Teilnahme:
    c) Anschrift, an die diese Anträge zu richten sind:
    d) Sprache(n), in der (denen) diese Anträge abgefasst sein müssen:
11. Frist für die Absendung von Aufforderungen zur Angebotsabgabe:
12. Gegebenenfalls geforderte Kautionen und Sicherheiten:

---

1) Wird vom Amt für amtliche Veröffentlichungen der Europäischen Gemeinschaften eingetragen.
2) Vergleiche Erläuterungen zu den Anhängen der VOL/A.

B III Texte

13. Angaben zur Lage des Dienstleistungserbringers sowie Angaben und Formalitäten, die zur Beurteilung der Frage erforderlich sind, ob der Unternehmer die wirtschaftlichen und technischen Mindestanforderungen erfüllt:

14. Kriterien für die Auftragserteilung und, falls möglich, deren Rangfolge. Andere Kriterien als der niedrigste Preis müssen genannt werden, falls sie nicht in den Verdingungsunterlagen enthalten sind:

15. Sonstige Angaben, insbesondere die Stelle, an die sich der Bewerber oder Bieter zur Nachprüfung behaupteter Verstöße gegen Vergabebestimmungen wenden kann:

16. Datum der Veröffentlichung der Vorinformation im Amtsblatt der Europäischen Gemeinschaften oder Hinweis auf ihre Nichtveröffentlichung:

17. Tag der Absendung der Bekanntmachung:

18. Tag des Eingangs der Bekanntmachung beim Amt für amtliche Veröffentlichungen der Europäischen Gemeinschaften:[1])

19. Angabe, ob der Auftrag in den Anwendungsbereich des Beschaffungsübereinkommens fällt:[2])

---

1) Wird vom Amt für amtliche Veröffentlichungen der Europäischen Gemeinschaften eingetragen.
2) Vergleiche Erläuterungen zu den Anhängen der VOL/A.

Anhang C

I. Lieferaufträge

Verhandlungsverfahren

1. Name, Anschrift, Telefon-, Telegramm-, Fernschreib- und Fernkopier-Nummer oder -adresse des Auftraggebers (Vergabestelle):
2. a) Verfahrensart:
   b) Gegebenenfalls Begründung für die Inspruchnahme des beschleunigten Verfahrens:
   c) Art des Vertrages, für den die Angebote eingereicht werden sollen:
3. a) Ort der Lieferung:
   b) Art und Menge der zu liefernden Waren einschließlich etwaiger Optionsrechte für weitere Aufträge und nach Möglichkeit voraussichtliche Zeitpunkte, bis zu denen diese Rechte wahrgenommen werden können:
   CPV-Referenznummer:
   c) Angaben darüber, ob ein Angebot für Teile und/oder für die Gesamtheit der angeforderten Lieferungen eingereicht werden kann:
   d) Ausnahme von der Anwendung der Normen gemäß § 8 a:
4. Etwa vorgeschriebene Lieferfrist und nach Möglichkeit Zeitpunkt des Beginns der Lieferungen:
5. Gegebenenfalls Rechtsform, die die Bietergemeinschaft bei der Auftragserteilung annehmen muss:
6. a) Tag, bis zu dem die Anträge auf Teilnahme eingehen müssen:
   b) Anschrift der Stelle, bei der sie einzureichen sind:
   c) Sprache bzw. Sprachen, in denen sie abzufassen sind:
7. Gegebenenfalls geforderte Kautionen und Sicherheiten:
8. Auskünfte über die Lage des Unternehmens sowie Auskünfte und Formalitäten, die zur Beurteilung der vom Unternehmen zu erfüllenden wirtschaftlichen und technischen Mindestbedingungen erforderlich sind:
9. Beabsichtigte Zahl oder Marge von Lieferanten, die zur Angebotsabgabe aufgefordert werden:
10. Gegebenenfalls Verbot von Änderungsvorschlägen:
11. Gegebenenfalls Name und Anschrift der vom Auftraggeber ausgewählten Unternehmen:
12. Datum vorhergehender Veröffentlichungen im Amtsblatt der Europäischen Gemeinschaften:
13. Sonstige Angaben, insbesondere die Stelle, an die sich der Bewerber oder Bieter zur Nachprüfung behaupteter Verstöße gegen Vergabebestimmungen wenden kann:
14. Tag der Absendung der Bekanntmachung:

15. Tag des Eingangs der Bekanntmachung beim Amt für amtliche Veröffentlichungen der Europäischen Gemeinschaften:[1])
16. Angabe, ob der Auftrag in den Anwendungsbereich des Beschaffungsübereinkommens fällt:[2])

II. Dienstleistungsaufträge

Verhandlungsverfahren

1. Name, Anschrift, Telefon-, Telegrafen-, Fernschreib- und Fernkopiernummer des Auftraggebers (Vergabestelle):
2. Kategorie der Dienstleistung und Beschreibung einschließlich etwaiger Optionsrechte für weitere Aufträge und nach Möglichkeit voraussichtliche Zeitpunkte, bis zu denen diese Rechte wahrgenommen werden können:
CPV-Referenznummer:
3. Ausführungsort:
4. a) Angabe, ob die Ausführung der Leistung durch Rechts- und Verwaltungsvorschriften einem besonderen Berufsstand vorbehalten ist:
   b) Verweisung auf die Rechts- und Verwaltungsvorschrift:
   c) Angabe, ob juristische Personen die Namen und die berufliche Qualifikation der Personen angeben müssen, die für die Ausführung der betreffenden Dienstleistung verantwortlich sein sollen:
5. Angabe, ob Dienstleistungserbringer Angebote für einen Teil der betreffenden Dienstleistungen abgeben können:
6. Beabsichtigte Zahl oder Marge von Dienstleistungserbringern, die zur Angebotsabgabe aufgefordert werden:
7. Gegebenenfalls Verbot von Änderungsvorschlägen:
8. Dauer des Auftrags oder Frist für die Erbringung der Dienstleistung und nach Möglichkeit Zeitpunkt des Beginns der Dienstleistung:
9. Gegebenenfalls Rechtsform, die die Bietergemeinschaft, an die der Antrag vergeben wird, haben muss:
10. a) Gegebenenfalls Begründung der Inanspruchnahme des beschleunigten Verfahrens:
    b) Einsendefrist für die Anträge auf Teilnahme:
    c) Anschrift, an die diese Anträge zu richten sind:
    d) Sprache(n), in der (denen) diese Anträge abgefasst sein müssen:
11. Gegebenenfalls geforderte Kautionen und Sicherheiten:
12. Angaben zur Lage des Dienstleistungserbringers sowie Angaben und Formalitäten, die zur Beurteilung der Frage erforderlich sind, ob der Unternehmer die wirtschaftlichen und technischen Mindestanforderungen erfüllt:

---

[1]) Wird vom Amt für amtliche Veröffentlichungen der Europäischen Gemeinschaften eingetragen.
[2]) Vergleiche Erläuterungen zu den Anhängen der VOL/A.

13. Gegebenenfalls Name und Anschrift der vom öffentlichen Auftraggeber bereits ausgewählten Dienstleistungserbringer:
14. Sonstige Angaben, insbesondere die Stelle, an die sich der Bewerber oder Bieter zur Nachprüfung behaupteter Verstöße gegen Vergabebestimmungen wenden kann:
15. Tag der Absendung der Bekanntmachung:
16. Tag des Eingangs der Bekanntmachung beim Amt für amtliche Veröffentlichungen der Europäischen Gemeinschaften:[1])
17. Tag(e) der Veröffentlichung von Vorinformationen im Amtsblatt der Europäischen Gemeinschaften:
18. Angabe, ob der Auftrag in den Anwendungsbereich des Beschaffungsübereinkommens fällt:[2])

---

1) Wird vom Amt für amtliche Veröffentlichungen der Europäischen Gemeinschaften eingetragen.
2) Vergleiche Erläuterungen zu den Anhängen der VOL/A.

Anhang D

I. Lieferaufträge
Verfahren zur Vorinformation gem. § 17 a Nr. 2

1. Name, Anschrift, Telefon-, Telegramm-, Fernschreib- und Fernkopiernummer oder -Adresse des Auftraggebers (Vergabestelle) sowie der Stelle, bei der zusätzliche Auskünfte erlangt werden können:

2. Art und Menge oder Wert der zu liefernden Ware:

   CPV-Referenznummer:

3. Voraussichtlicher Zeitpunkt, zu dem das Verfahren zur Vergabe des Auftrags oder der Aufträge eingeleitet werden wird (sofern bekannt):

4. Andere Auskünfte:

5. Tag der Absendung der Bekanntmachung:

6. Tag des Eingangs der Bekanntmachung beim Amt für amtliche Veröffentlichungen der Europäischen Gemeinschaften:[1])

7. Angabe, ob der Auftrag in den Anwendungsbereich des Beschaffungsübereinkommens fällt:[2])

II. Dienstleistungsaufträge
Verfahren zur Vorinformation gem. § 17 a Nr. 2

1. Name, Anschrift, Telefon-, Telegrafen-, Fernschreib- und Fernkopiernummer des Auftraggebers (Vergabestelle) und gegebenenfalls der Stelle, von der zusätzliche Angaben erlangt werden können:

2. Beabsichtigte Gesamtbeschaffungen von Dienstleistungen in jeder Kategorie des Anhangs I A:

3. Geschätzter Zeitpunkt der Einleitung der Vergabeverfahren nach Kategorien:

4. Sonstige Angaben:

5. Tag der Absendung der Bekanntmachung:

6. Tag des Eingangs der Bekanntmachung beim Amt für amtliche Veröffentlichungen der Europäischen Gemeinschaften:[1])

7. Angabe, ob der Auftrag in den Anwendungsbereich des Beschaffungsübereinkommens fällt:[2])

---

1) Wird vom Amt für amtliche Veröffentlichungen der Europäischen Gemeinschaften eingetragen.
2) Vergleiche Erläuterungen zu den Anhängen der VOL/A.

Anhang E

I. Lieferaufträge

Vergebene Aufträge gem. § 28 a

1. Name und Anschrift des Auftraggebers (Vergabestelle):

2. a) Verfahrensart:

   b) im Fall von Verhandlungsverfahren ohne vorherige Bekanntmachung Begründung der Wahl dieses Verfahrens gemäß § 3 a Nr. 2:

3. Tag der Auftragsvergabe:

4. Zuschlagskriterien:

5. Anzahl der eingegangenen Angebote:

6. Name und Anschrift der oder des Auftragnehmer(s):

7. Art und Menge der gelieferten Waren, gegebenenfalls nach Auftragnehmer: CPV-Referenznummer:

8. Gezahlter Preis oder Preisspanne (Minimum/Maximum):

9. Wert des erteilten Auftrags oder Werte des höchsten und des niedrigsten Angebots, die bei der Auftragsvergabe berücksichtigt wurden:[1])

10. Andere Auskünfte:

11. Tag der Veröffentlichung der Bekanntmachung im Amtsblatt der Europäischen Gemeinschaften:

12. Tag der Absendung der Bekanntmachung:

13. Tag des Eingangs der Bekanntmachung beim Amt für amtliche Veröffentlichungen der Europäischen Gemeinschaften:[2])

II. Dienstleistungsaufträge

Vergebene Aufträge gem. § 28 a

1. Name und Anschrift des Auftraggebers (Vergabestelle):

2. Gewähltes Vergabeverfahren; im Fall von Verhandlungsverfahren ohne vorherige Bekanntmachung, Begründung der Wahl dieses Verfahrens gemäß § 3 a Nr. 2:

3. Kategorie der Dienstleistung und Beschreibung; CPV-Referenznummer:

4. Tag der Auftragserteilung:

---

1) Bei Ziffer 9 handelt es sich um eine Formulierung aus dem Beschaffungsübereinkommen der WTO. Es sind Fälle denkbar, bei denen zum Zeitpunkt der Bekanntmachung der (tatsächlich) gezahlte – oder zu zahlende – Preis noch nicht feststeht (z.B. bei Rahmenübereinkünften). Nur in diesen Fällen müssen Angaben unter Ziffer 9 gemacht werden; im Übrigen sind die Angaben unter Ziffer 8 und 9 in der Regel identisch.

2) Wird vom Amt für amtliche Veröffentlichungen der Europäischen Gemeinschaften eingetragen.

5. Kriterien für die Auftragserteilung:

6. Anzahl der eingegangenen Angebote:

7. Name und Anschrift des/der Dienstleistungserbringer(s):

8. gezahlter Preis oder Preisspanne (Minimum/Maximum):

9. Wert des erteilten Auftrags oder Werte des höchsten und des niedrigsten Angebotes, die bei der Auftragsvergabe berücksichtigt wurden:[1])

10. Gegebenenfalls Wert oder Teil des Auftrags, der an Dritte weitergegeben werden kann.

11. Sonstige Angaben:

12. Tag der Veröffentlichung der Ausschreibung im Amtsblatt der Europäischen Gemeinschaften:

13. Tag der Absendung der Bekanntmachung:

14. Tag des Eingangs der Bekanntmachung beim Amt für amtliche Veröffentlichungen der Europäischen Gemeinschaften:[2])

15. Bezüglich von Aufträgen für Dienstleistungen im Sinne des Anhangs I B: Einverständnis des öffentlichen Auftraggebers mit der Veröffentlichung der Bekanntmachung:

---

[1] Bei Ziffer 9 handelt es sich um eine Formulierung aus dem Beschaffungsübereinkommen der WTO. Es sind Fälle denkbar, bei denen zum Zeitpunkt der Bekanntmachung der (tatsächlich) gezahlte – oder zu zahlende – Preis noch nicht feststeht (z.B. bei Rahmenübereinkünften). Nur in diesen Fällen müssen Angaben unter Ziffer 9 gemacht werden; im Übrigen sind die Angaben unter Ziffer 8 und 9 in der Regel identisch.

[2] Wird vom Amt für amtliche Veröffentlichungen der Europäischen Gemeinschaften eingetragen.

Anhang F
Bekanntmachung über Wettbewerbe

1. Name, Anschrift, Telefon-, Telegrafen-, Fernschreib- und Fernkopiernummer des Auftraggebers und der Dienststelle, bei der einschlägige Unterlagen erhältlich sind:

2. Beschreibung des Vorhabens:

3. Art des Wettbewerbs: offen oder beschränkt:

4. Bei offenen Wettbewerben: Frist für den Eingang von Wettbewerbsarbeiten:

5. Bei beschränkten Wettbewerben:
   a) beabsichtigte Zahl der Teilnehmer:
   b) gegebenenfalls Namen bereits ausgewählter Teilnehmer:
   c) anzuwendende Kriterien bei der Auswahl von Teilnehmern:
   d) Frist für den Eingang von Anträgen auf Teilnahme:

6. Gegebenenfalls Angabe, ob die Teilnahme einem besonderen Berufsstand vorbehalten ist:

7. Anzuwendende Auswahlkriterien:

8. Gegebenenfalls Namen der Mitglieder des Preisgerichts:

9. Angabe, ob die Entscheidung des Preisgerichts den Auftraggeber bindet:

10. Gegebenenfalls Anzahl und Höhe der Preise:

11. Angabe, ob die Teilnehmer Anspruch auf Kostenerstattung haben:

12. Angabe, ob die Preisgewinner Anspruch auf den Zuschlag von Folgeaufträgen haben:

13. Sonstige Angaben, insbesondere die Stelle, an die sich der Bewerber oder Bieter zur Nachprüfung behaupteter Verstöße gegen Vergabebestimmungen wenden kann:

14. Tag der Absendung der Bekanntmachung:

15. Tag des Eingangs der Bekanntmachung beim Amt für amtliche Veröffentlichungen der Europäischen Gemeinschaften:[1])

---

1) Wird vom Amt für amtliche Veröffentlichungen der Europäischen Gemeinschaften eingetragen.

Anhang G
Ergebnisse von Wettbewerben

1. Name, Anschrift, Telefon-, Telegrafen-, Fernschreib- und Fernkopiernummer des Auftraggebers:
2. Beschreibung des Vorhabens:
3. Gesamtzahl der Teilnehmer:
4. Anzahl ausländischer Teilnehmer:
5. Der/die Gewinner des Wettbewerbs:
6. Gegebenenfalls der/die Preis(e):
7. Sonstige Angaben, insbesondere die Stelle, an die sich der Teilnehmer zur Nachprüfung behaupteter Verstöße gegen die Wettbewerbsbestimmungen wenden kann:
8. Verweisung auf die Bekanntmachung über den Wettbewerb:
9. Tag der Absendung der Bekanntmachung:
10. Tag des Eingangs der Bekanntmachung beim Amt für amtliche Veröffentlichungen der Europäischen Gemeinschaften:[1]

---

[1] Wird vom Amt für amtliche Veröffentlichungen der Europäischen Gemeinschaften eingetragen.

1.3
Abschnitt 3: Bestimmungen nach der EG-Sektorenrichtlinie*)

§ 1
Leistungen

Leistungen im Sinne der VOL sind alle Lieferungen und Leistungen, ausgenommen
- Leistungen, die unter die Verdingungsordnung für Bauleistungen – VOB – fallen (VOB/A § 1),
- Leistungen, die im Rahmen einer freiberuflichen Tätigkeit[1]) erbracht oder im Wettbewerb mit freiberuflich Tätigen von Gewerbebetrieben angeboten werden, soweit deren Auftragswerte die in der Vergabeverordnung festgelegten Schwellenwerte nicht erreichen;

§ 1 b
Verpflichtung zur Anwendung der b-Paragraphen

1. (1) Bei der Vergabe von Liefer- und Dienstleistungsaufträgen gelten die Bestimmungen der b-Paragraphen zusätzlich zu den Basisparagraphen dieses Abschnittes. Soweit die Bestimmungen der b-Paragraphen nicht entgegenstehen, bleiben die Basisparagraphen dieses Abschnittes unberührt.

(2) Aufträge, deren Gegenstand Lieferungen und Dienstleistungen sind, werden nach den Regelungen über diejenigen Aufträge vergeben, deren Wert überwiegt.

(3) Soweit keine ausdrückliche Unterscheidung zwischen Liefer- und Dienstleistungsaufträgen erfolgt, gelten die Regelungen sowohl für Liefer- als auch Dienstleistungsaufträge.

2. (1) Aufträge, deren Gegenstand Dienstleistungen nach Anhang I A sind, werden nach den Bestimmungen dieses Abschnittes vergeben.

(2) Aufträge, deren Gegenstand Dienstleistungen nach Anhang I B sind, werden nach den Bestimmungen der Basisparagraphen dieses Abschnittes und der §§ 8 b und 28 b vergeben.

(3) Aufträge, deren Gegenstand Dienstleistungen des Anhangs I A und des Anhangs I B sind, werden nach den Regelungen für diejenigen Dienstleistungen vergeben, deren Wert überwiegt.

---
*) Richtlinie 93/38/EWG des Rates vom 14. Juni 1993 betreffend die Auftragsvergabe durch Auftraggeber im Bereich Wasser-, Energie- und Verkehrsversorgung sowie im Telekommunikationssektor, ABl. EG Nr. L 199 vom 9. 8. 1993, in der Fassung der Richtlinie 98/4/EG des Europäischen Parlaments und des Rates vom 16. Februar 1998 (ABl. EG L 101 vom 1. April 1998).

1) Vgl. § 18 Abs. 1 Nr. 1 EStG:

(1) Einkünfte aus selbständiger Arbeit sind:
1. Einkünfte aus freiberuflicher Tätigkeit. Zu der freiberuflichen Tätigkeit gehören die selbständig ausgeübte wissenschaftliche, künstlerische, schriftstellerische, unterrichtende oder erzieherische Tätigkeit, die selbständige Berufstätigkeit der Ärzte, Zahnärzte, Tierärzte, Rechtsanwälte, Notare, Patentanwälte, Vermessungsingenieure, Ingenieure, Architekten, Handelschemiker, Wirtschaftsprüfer, Steuerberater, beratenden Volks- und Betriebswirte, vereidigten Buchprüfer (vereidigten Bücherrevisoren), Steuerbevollmächtigten, Heilpraktiker, Dentisten, Krankengymnasten, Journalisten, Bildberichterstatter, Dolmetscher, Übersetzer, Lotsen und ähnlicher Berufe. Ein Angehöriger eines freien Berufs im Sinne der Sätze 1 und 2 ist auch dann freiberuflich tätig, wenn er sich der Mithilfe fachlich vorgebildeter Arbeitskräfte bedient; Voraussetzung ist, dass er aufgrund eigener Fachkenntnisse leitend und eigenverantwortlich tätig wird. Eine Vertretung im Fall vorübergehender Verhinderung steht der Annahme einer leitenden und eigenverantwortlichen Tätigkeit nicht entgegen;

§ 2
Grundsätze der Vergabe

1. (1) Leistungen sind in der Regel im Wettbewerb zu vergeben.

   (2) Wettbewerbsbeschränkende und unlautere Verhaltensweisen sind zu bekämpfen.
2. Bei der Vergabe von Leistungen darf kein Unternehmen diskriminiert werden.
3. Leistungen sind unter ausschließlicher Verantwortung der Vergabestellen an fachkundige, leistungsfähige und zuverlässige Bewerber zu angemessenen Preisen zu vergeben.
4. Für die Berücksichtigung von Bewerbern, bei denen Umstände besonderer Art vorliegen, sind die jeweils hierüber erlassenen Rechts- und Verwaltungsvorschriften des Bundes und der Länder maßgebend.

§ 2 b
Schutz der Vertraulichkeit

1. Die Übermittlung technischer Spezifikationen für interessierte Unternehmen, die Prüfung und die Auswahl von Unternehmen und die Auftragsvergabe können die Auftraggeber mit Auflagen zum Schutz der Vertraulichkeit verbinden.
2. Das Recht der Unternehmen, von einem Auftraggeber in Übereinstimmung mit innerstaatlichen Rechtsvorschriften die Vertraulichkeit der von ihnen zur Verfügung gestellten Informationen zu verlangen, wird nicht eingeschränkt.

§ 3
Arten der Vergabe

1. (1) Bei Öffentlicher Ausschreibung werden Leistungen im vorgeschriebenen Verfahren nach öffentlicher Aufforderung einer unbeschränkten Zahl von Unternehmen zur Einreichung von Angeboten vergeben.

   (2) Bei Beschränkter Ausschreibung werden Leistungen im vorgeschriebenen Verfahren nach Aufforderung einer beschränkten Zahl von Unternehmen zur Einreichung von Angeboten vergeben.

   (3) Bei Freihändiger Vergabe werden Leistungen ohne ein förmliches Verfahren vergeben.

   (4) Soweit es zweckmäßig ist, soll der Beschränkten Ausschreibung und der Freihändigen Vergabe eine öffentliche Aufforderung vorangehen, sich um Teilnahme zu bewerben (Beschränkte Ausschreibung mit Öffentlichem Teilnahmewettbewerb bzw. Freihändige Vergabe mit Öffentlichem Teilnahmewettbewerb).
2. Öffentliche Ausschreibung muss stattfinden, soweit nicht die Natur des Geschäfts oder besondere Umstände eine Ausnahme rechtfertigen.
3. Beschränkte Ausschreibung soll nur stattfinden,
   a) wenn die Leistung nach ihrer Eigenart nur von einem beschränkten Kreis von Unternehmen in geeigneter Weise ausgeführt werden kann, besonders wenn außergewöhnliche Fachkunde oder Leistungsfähigkeit oder Zuverlässigkeit erforderlich ist,

b) wenn die Öffentliche Ausschreibung für den Auftraggeber oder die Bewerber einen Aufwand verursachen würde, der zu dem erreichbaren Vorteil oder dem Wert der Leistung im Missverhältnis stehen würde,

c) wenn eine Öffentliche Ausschreibung kein wirtschaftliches Ergebnis gehabt hat,

d) wenn eine Öffentliche Ausschreibung aus anderen Gründen (z.b. Dringlichkeit, Geheimhaltung) unzweckmäßig ist.

4. Freihändige Vergabe soll nur stattfinden,

a) wenn für die Leistung aus besonderen Gründen (z.B. besondere Erfahrungen, Zuverlässigkeit oder Einrichtungen, bestimmte Ausführungsarten) nur *ein* Unternehmen in Betracht kommt,

b) wenn im Anschluss an Entwicklungsleistungen Aufträge in angemessenem Umfang und für angemessene Zeit an Unternehmen, die an der Entwicklung beteiligt waren, vergeben werden müssen, es sei denn, dass dadurch die Wettbewerbsbedingungen verschlechtert werden,

c) wenn für die Leistungen gewerbliche Schutzrechte zugunsten eines bestimmten Unternehmens bestehen, es sei denn, der Auftraggeber oder andere Unternehmen sind zur Nutzung dieser Rechte befugt,

d) wenn bei geringfügigen Nachbestellungen im Anschluss an einen bestehenden Vertrag kein höherer Preis als für die ursprüngliche Leistung gefordert wird und von einer Ausschreibung kein wirtschaftlicheres Ergebnis zu erwarten ist. Die Nachbestellungen sollen insgesamt 20 v. H. des Wertes der ursprünglichen Leistung nicht überschreiten,

e) wenn Ersatzteile oder Zubehörstücke zu Maschinen, Geräten usw. vom Lieferanten der ursprünglichen Leistung beschafft werden sollen und diese Stücke in brauchbarer Ausführung von anderen Unternehmen nicht oder nicht unter wirtschaftlichen Bedingungen bezogen werden können,

f) wenn die Leistung besonders dringlich ist,

g) wenn es aus Gründen der Geheimhaltung erforderlich ist,

h) wenn die Leistung nach Art und Umfang vor der Vergabe nicht so eindeutig und erschöpfend beschrieben werden kann, dass hinreichend vergleichbare Angebote erwartet werden können,

i) wenn es sich um Leistungen handelt, die besondere schöpferische Fähigkeiten verlangen,

k) wenn die Leistungen von Bewerbern angeboten werden, die zugelassenen, mit Preisabreden oder gemeinsamen Vertriebseinrichtungen verbundenen Kartellen angehören und keine kartellfremden Bewerber vorhanden sind,

l) wenn es sich um Börsenwaren handelt,

m) wenn es sich um eine vorteilhafte Gelegenheit handelt,

n) wenn nach Aufhebung einer Öffentlichen oder Beschränkten Ausschreibung eine erneute Ausschreibung kein wirtschaftliches Ergebnis verspricht,

o) wenn die Vergabe von Leistungen an Justizvollzugsanstalten, Einrichtungen der Jugendhilfe, Aus- und Fortbildungsstätten oder ähnliche Einrichtungen beabsichtigt ist,

p) wenn sie durch Ausführungsbestimmungen von einem Bundesminister – ggf. Landesminister – bis zu einem bestimmten Höchstwert zugelassen ist.

5. Es ist aktenkundig zu machen, weshalb von einer Öffentlichen oder Beschränkten Ausschreibung abgesehen worden ist.

§ 3 b

Arten der Vergabe

1. Aufträge im Sinne von § 1 b werden in folgenden Verfahren vergeben:

    a) im Offenen Verfahren, das der Öffentlichen Ausschreibung (§ 3 Nr. 1 Abs. 1) entspricht,

    b) im Nichtoffenen Verfahren, das der Beschränkten Ausschreibung nach Öffentlichem Teilnahmewettbewerb (§ 3 Nr. 1 Abs. 3) oder einem anderen Aufruf zum Wettbewerb (§ 17 b Nr. 1 Abs. 1) entspricht,

    c) im Verhandlungsverfahren, das an die Stelle der Freihändigen Vergabe (§ 3 Nr. 1 Abs. 3) tritt.

    Beim Verhandlungsverfahren wendet sich der Auftraggeber an ausgewählte Unternehmen und verhandelt mit einem oder mehreren dieser Unternehmen über den Auftragsinhalt, gegebenenfalls nach Aufruf zum Wettbewerb (§ 17 b Nr. 1).

2. Die Auftraggeber können in folgenden Fällen ein Verfahren ohne vorherigen Aufruf zum Wettbewerb durchführen,

    a) wenn im Rahmen eines Verfahrens mit vorherigem Aufruf zum Wettbewerb keine oder keine geeigneten Angebote abgegeben worden sind, sofern die ursprünglichen Bedingungen des Auftrages nicht grundlegend geändert werden;

    b) wenn ein Auftrag nur zum Zweck von Forschungen, Versuchen, Untersuchungen oder Entwicklungen und nicht mit dem Ziel der Gewinnerzielung oder der Deckung der Forschungs- und Entwicklungskosten beim Auftragnehmer vergeben wird und die Vergabe des Auftrags einem Aufruf zum Wettbewerb für Folgeaufträge, die insbesondere diese Ziele verfolgen, nicht vorgreift;

    c) wenn der Auftrag wegen seiner technischen oder künstlerischen Besonderheiten oder aufgrund des Schutzes von Ausschließlichkeitsrechten nur von einem bestimmten Unternehmen durchgeführt werden kann;

    d) wenn dringliche Gründe im Zusammenhang mit Ereignissen, die der Auftraggeber nicht voraussehen konnte, es nicht zulassen, die in den Offenen Verfahren, Nichtoffenen Verfahren oder Verhandlungsverfahren vorgesehenen Fristen einzuhalten;

    e) bei Aufträgen, die aufgrund einer Rahmenvereinbarung vergeben werden sollen, sofern die in § 5 b Nr. 2 Abs. 2 genannte Bedingung erfüllt ist;

f) im Falle von Lieferaufträgen bei zusätzlichen, vom ursprünglichen Unternehmen durchzuführenden Leistungen, die entweder zur teilweisen Erneuerung von gängigen Waren oder Einrichtungen oder zur Erweiterung von Lieferungen oder bestehenden Einrichtungen bestimmt sind, wenn ein Wechsel des Unternehmens dazu führen würde, dass der Auftraggeber Material unterschiedlicher technischer Merkmale kaufen müsste und dies eine technische Unvereinbarkeit oder unverhältnismäßige technische Schwierigkeiten bei Gebrauch und Wartung mit sich bringen würde;

g) bei zusätzlichen Dienstleistungen, die weder in dem der Vergabe zugrunde liegenden Entwurf noch im zuerst vergebenen Auftrag vorgesehen sind, die aber wegen eines unvorhergesehenen Ereignisses zur Ausführung dieses Auftrages erforderlich sind, sofern der Auftrag an das Unternehmen vergeben wird, das den ersten Auftrag ausführt,

– wenn sich diese zusätzlichen Dienstleistungen in technischer oder wirtschaftlicher Hinsicht nicht ohne wesentlichen Nachteil für den Auftraggeber vom Hauptauftrag trennen lassen,

– oder wenn diese zusätzlichen Dienstleistungen zwar von der Ausführung des ersten Auftrags getrennt werden können, aber für dessen Abrundung unbedingt erforderlich sind;

h) wenn es sich um Waren handelt, die an Börsen notiert und gekauft werden;

i) bei Gelegenheitskäufen, wenn Waren aufgrund einer besonders günstigen Gelegenheit, die sich für einen sehr kurzen Zeitraum ergeben hat, zu einem Preis gekauft werden können, der erheblich unter den normalerweise marktüblichen Preisen liegt;

k) bei dem zu besonders günstigen Bedingungen erfolgenden Kauf von Waren entweder bei einem Unternehmen, das seine gewerbliche Tätigkeit endgültig einstellt, oder bei den Verwaltern im Rahmen eines Konkurses, eines Vergleichsverfahrens oder eines in den einzelstaatlichen Rechtsvorschriften vorgesehenen gleichartigen Verfahrens;

l) wenn der betreffende Dienstleistungsauftrag im Anschluss an einen durchgeführten Wettbewerb gemäß den einschlägigen Bestimmungen an den Gewinner oder einen der Gewinner vergeben werden muss. Im letzteren Fall sind alle Gewinner des Wettbewerbs zur Teilnahme an Verhandlungen einzuladen.

§ 4
Erkundung des Bewerberkreises

1. Vor einer Beschränkten Ausschreibung und vor einer Freihändigen Vergabe hat der Auftraggeber den in Betracht kommenden Bewerberkreis zu erkunden, sofern er keine ausreichende Marktübersicht hat.

2. (1) Hierzu kann er öffentlich auffordern, sich um Teilnahme zu bewerben (Teilnahmewettbewerb im Sinne von § 3 Nr. 1 Abs. 4).

   (2) Bei Auftragswerten über 5000 Euro kann er sich ferner von der Auftragsberatungsstelle des Bundeslandes, in dem der Auftraggeber seinen Sitz hat, unter Beachtung von § 7 Nr. 1 geeignete Bewerber benennen lassen. Dabei ist

der Auftragsberatungsstelle die zu vergebende Leistung hinreichend zu beschreiben. Der Auftraggeber kann der Auftragsberatungsstelle vorgeben, wie viele Unternehmen er benannt haben will; er kann ferner auf besondere Erfordernisse hinweisen, die von den Unternehmen zu erfüllen sind. Die Auftragsberatungsstelle soll in ihrer Mitteilung angeben, ob sie in der Lage ist, noch weitere Bewerber zu benennen.

In der Regel hat der Auftraggeber die ihm benannten Unternehmen zur Angebotsabgabe aufzufordern.

3. Weitergehende Vereinbarungen, welche die Zusammenarbeit zwischen Auftraggebern, dem Bundesministerium für Wirtschaft und den Bundesländern bei der Vergabe öffentlicher Aufträge regeln, werden davon nicht berührt.

§ 5
Vergabe nach Losen

1. Der Auftraggeber hat in jedem Falle, in dem dies nach Art und Umfang der Leistung zweckmäßig ist, diese – z.B. nach Menge, Art – in Lose zu zerlegen, damit sich auch kleine und mittlere Unternehmen um Lose bewerben können. Die einzelnen Lose müssen so bemessen sein, dass eine unwirtschaftliche Zersplitterung vermieden wird.

2. Etwaige Vorbehalte wegen der Teilung in Lose, Umfang der Lose und mögliche Vergabe der Lose an verschiedene Bieter sind bereits in der Bekanntmachung (§ 17 Nr. 1 und 2) und bei der Aufforderung zur Angebotsabgabe (§ 17 Nr. 3) zu machen.

§ 5 b
Rahmenvereinbarung

1. Eine Rahmenvereinbarung ist eine Vereinbarung mit einem oder mehreren Unternehmen, in der die Bedingungen für Einzelaufträge festgelegt werden, die im Laufe eines bestimmten Zeitraums vergeben werden sollen, insbesondere über den in Aussicht genommenen Preis und ggf. die in Aussicht genommene Menge.

2. (1) Rahmenvereinbarungen können als Auftrag im Sinne dieser Vergabebestimmungen angesehen werden und aufgrund eines Verfahrens nach § 3 b Nr. 1 abgeschlossen werden.

(2) Ist eine Rahmenvereinbarung in einem Verfahren nach § 3 b Nr. 1 abgeschlossen worden, so kann ein Einzelauftrag aufgrund dieser Rahmenvereinbarung nach § 3 b Nr. 2 Buchst. e) ohne vorherigen Aufruf zum Wettbewerb vergeben werden.

(3) Ist eine Rahmenvereinbarung nicht in einem Verfahren nach § 3 b Nr. 1 abgeschlossen worden, so muss der Vergabe des Einzelauftrages ein Aufruf zum Wettbewerb vorausgehen.

3. Rahmenvereinbarungen dürfen nicht dazu missbraucht werden, den Wettbewerb zu verhindern, einzuschränken oder zu verfälschen.

§ 6
Mitwirkung von Sachverständigen

1. Hält der Auftraggeber die Mitwirkung von Sachverständigen zur Klärung rein fachlicher Fragen für zweckmäßig, so sollen die Sachverständigen in der Regel von den Berufsvertretungen vorgeschlagen werden.
2. Sachverständige sollen in geeigneten Fällen auf Antrag der Berufsvertretungen gehört werden, wenn dem Auftraggeber dadurch keine Kosten entstehen und eine unzumutbare Verzögerung der Vergabe nicht eintritt.
3. Die Sachverständigen dürfen weder unmittelbar noch mittelbar an der betreffenden Vergabe beteiligt sein und beteiligt werden. Soweit die Klärung fachlicher Fragen die Erörterung von Preisen erfordert, hat sich die Beteiligung auf die Beurteilung im Sinne von § 23 Nr. 2 zu beschränken.

§ 7
Teilnehmer am Wettbewerb

1. (1) Inländische und ausländische Bewerber sind gleich zu behandeln. Der Wettbewerb darf insbesondere nicht auf Bewerber, die in bestimmten Bezirken ansässig sind, beschränkt werden.

   (2) Arbeitsgemeinschaften und andere gemeinschaftliche Bewerber sind Einzelbewerbern gleichzusetzen.

2. (1) Bei Öffentlicher Ausschreibung sind die Unterlagen an alle Bewerber abzugeben, die sich gewerbsmäßig mit der Ausführung von Leistungen der ausgeschriebenen Art befassen.

   (2) Bei Beschränkter Ausschreibung sollen mehrere – im Allgemeinen mindestens drei – Bewerber zur Angebotsabgabe aufgefordert werden.

   (3) Bei Freihändiger Vergabe sollen möglichst Angebote im Wettbewerb eingeholt werden.

   (4) Bei Beschränkter Ausschreibung und Freihändiger Vergabe soll unter den Bewerbern möglichst gewechselt werden.

3. Bei Beschränkter Ausschreibung und Freihändiger Vergabe sind regelmäßig auch kleine und mittlere Unternehmen in angemessenem Umfang zur Angebotsabgabe aufzufordern.

4. Von den Bewerbern können zum Nachweis ihrer Fachkunde, Leistungsfähigkeit und Zuverlässigkeit entsprechende Angaben gefordert werden, soweit es durch den Gegenstand des Auftrags gerechtfertigt ist; dabei muss der Auftraggeber die berechtigten Interessen des Unternehmens am Schutz seiner Betriebsgeheimnisse berücksichtigen.

5. Von der Teilnahme am Wettbewerb können Bewerber ausgeschlossen werden,
   a) über deren Vermögen das Insolvenzverfahren oder ein vergleichbares gesetzliches Verfahren eröffnet oder die Eröffnung beantragt oder dieser Antrag mangels Masse abgelehnt worden ist,
   b) die sich in Liquidation befinden,

c) die nachweislich eine schwere Verfehlung begangen haben, die ihre Zuverlässigkeit als Bewerber in Frage stellt,

d) die ihre Verpflichtung zur Zahlung von Steuern und Abgaben sowie der Beiträge zur gesetzlichen Sozialversicherung nicht ordnungsgemäß erfüllt haben,

e) die im Vergabeverfahren vorsätzlich unzutreffende Erklärungen in Bezug auf ihre Fachkunde, Leistungsfähigkeit und Zuverlässigkeit abgegeben haben.

6. Justizvollzugsanstalten, Einrichtungen der Jugendhilfe, Aus- und Fortbildungsstätten oder ähnliche Einrichtungen sind zum Wettbewerb mit gewerblichen Unternehmen nicht zuzulassen.

§ 7 b
Teilnehmer am Wettbewerb

1. (1) Auftraggeber, die Bewerber für die Teilnahme an einem Nichtoffenen Verfahren oder an einem Verhandlungsverfahren auswählen, richten sich dabei nach objektiven Regeln und Kriterien. Diese Regeln und Kriterien legen sie schriftlich fest und stellen sie Unternehmen, die ihr Interesse bekundet haben, zur Verfügung.

(2) Kriterien im Sinne des Abs. 1 sind insbesondere Fachkunde, Leistungsfähigkeit und Zuverlässigkeit. Zu deren Nachweis können entsprechende Angaben gefordert werden, soweit es durch den Gegenstand des Auftrags gerechtfertigt ist; dabei muss der Auftraggeber die berechtigten Interessen des Unternehmens am Schutz seiner Betriebsgeheimnisse berücksichtigen.

(3) In finanzieller und wirtschaftlicher Hinsicht kann der Auftraggeber vom Unternehmen zum Nachweis der Leistungsfähigkeit in der Regel Folgendes verlangen:

a) Vorlage entsprechender Bankauskünfte,

b) Vorlage von Bilanzen oder Bilanzauszügen des Unternehmens,

c) Erklärung über den Gesamtumsatz des Unternehmens sowie den Umsatz bezüglich der besonderen Leistungsart, die Gegenstand der Vergabe ist, jeweils bezogen auf die letzten drei Geschäftsjahre.

Kann ein Unternehmen aus stichhaltigen Gründen die vom Auftraggeber geforderten Nachweise nicht erbringen, so können andere, vom Auftraggeber für geeignet erachtete Belege verlangt werden.

(4) In technischer Hinsicht kann der Auftraggeber vom Unternehmen je nach Art, Menge und Verwendungszweck der zu erbringenden Leistung zum Nachweis der Leistungsfähigkeit in der Regel Folgendes verlangen:

a) eine Liste der wesentlichen in den letzten Jahren erbrachten Leistungen mit Angabe des Rechnungswertes, der Leistungszeit sowie der öffentlichen oder privaten Auftraggeber:

– bei Leistungen an öffentliche Auftraggeber durch eine von der zuständigen Behörde ausgestellte oder beglaubigte Bescheinigung,

- bei Leistungen an private Auftraggeber durch eine von diesen ausgestellte Bescheinigung; ist eine derartige Bescheinigung nicht erhältlich, so ist eine einfache Erklärung des Unternehmens zulässig,

b) die Beschreibung der technischen Ausrüstung, der Maßnahmen des Unternehmens zur Gewährleistung der Qualität sowie die Untersuchungs- und Forschungsmöglichkeiten des Unternehmens,

c) Angaben über die technische Leitung oder die technischen Stellen, unabhängig davon, ob sie dem Unternehmen angeschlossen sind oder nicht, und zwar insbesondere über diejenigen, die mit der Qualitätskontrolle beauftragt sind,

d) Muster, Beschreibungen und/oder Fotografien der zu erbringenden Leistung, deren Echtheit auf Verlangen des Auftraggebers nachgewiesen werden muss,

e) Bescheinigungen der zuständigen amtlichen Qualitätskontrollinstitute oder -dienststellen, mit denen bestätigt wird, dass die durch entsprechende Bezugnahmen genau gekennzeichneten Leistungen bestimmten Spezifikationen oder Normen entsprechen,

f) sind die zu erbringenden Leistungen komplexer Art oder sollen sie ausnahmsweise einem besonderen Zweck dienen, eine Prüfung, die von dem Auftraggeber oder in dessen Namen von einer anderen damit einverstandenen Stelle durchgeführt wird; diese Prüfung betrifft die Produktionskapazitäten und erforderlichenfalls die Untersuchungs- und Forschungsmöglichkeiten des Unternehmens sowie die von diesem zur Gewährleistung der Qualität getroffenen Vorkehrungen.

2. Kriterien nach Nr. 1 können auch Ausschließungsgründe nach § 7 Nr. 5 sein.

3. Ein Kriterium kann auch die objektive Notwendigkeit sein, die Zahl der Bewerber so weit zu verringern, dass ein angemessenes Verhältnis zwischen den besonderen Merkmalen des Vergabeverfahrens und dem zur Durchführung notwendigen Aufwand sichergestellt ist. Es sind jedoch so viele Bewerber zu berücksichtigen, dass ein Wettbewerb gewährleistet ist.

4. Bietergemeinschaften sind Einzelbietern gleichzusetzen, wenn sie die Arbeiten im eigenen Betrieb oder in den Betrieben der Mitglieder ausführen. Von solchen Gemeinschaften kann nicht verlangt werden, dass sie zwecks Einreichung eines Angebots oder für das Verhandlungsverfahren eine bestimmte Rechtsform annehmen; von der den Zuschlag erhaltenden Gemeinschaft kann dies jedoch verlangt werden, sofern es für die ordnungsgemäße Durchführung des Auftrags notwendig ist.

5. (1) Auftraggeber können ein System zur Prüfung von Unternehmen (Präqualifikationsverfahren) einrichten und anwenden. Sie sorgen dann dafür, dass sich Unternehmen jederzeit einer Prüfung unterziehen können.

(2) Das System kann mehrere Qualifikationsstufen umfassen. Es wird auf der Grundlage der vom Auftraggeber aufgestellten objektiven Regeln und Kriterien gehandhabt. Der Auftraggeber nimmt dabei auf geeignete europäische Normen über die Qualifizierung von Unternehmen Bezug. Diese Kriterien und Regeln können erforderlichenfalls auf den neuesten Stand gebracht werden.

(3) Auf Verlangen werden diese Qualifizierungsregeln und -kriterien sowie deren Fortschreibung Unternehmen, die ihr Interesse bekundet haben, übermittelt. Bezieht sich der Auftraggeber auf das Qualifizierungssystem einer anderen Einrichtung, so teilt er deren Namen mit.

6. In ihrer Entscheidung über die Qualifikation sowie bei der Überarbeitung der Prüfungskriterien und -regeln dürfen die Auftraggeber nicht
   - bestimmten Unternehmen administrative, technische oder finanzielle Verpflichtungen auferlegen, die sie anderen Unternehmen nicht auferlegt hätten,
   - Prüfungen und Nachweise verlangen, die sich mit bereits vorliegenden objektiven Nachweisen überschneiden.

7. Die Auftraggeber unterrichten die Antragsteller innerhalb einer angemessenen Frist über die Entscheidung zu deren Qualifikation. Kann diese Entscheidung nicht innerhalb von sechs Monaten nach Eingang des Prüfungsantrags getroffen werden, hat der Auftraggeber dem Antragsteller spätestens zwei Monate nach Eingang des Antrags die Gründe für eine längere Bearbeitungszeit mitzuteilen und anzugeben, wann über die Annahme oder die Ablehnung seines Antrags entschieden wird.

8. Negative Entscheidungen über die Qualifikation werden den Antragstellern unter Angabe der Gründe mitgeteilt. Die Gründe müssen sich auf die in Nr. 5 erwähnten Prüfungskriterien beziehen.

9. Die als qualifiziert anerkannten Unternehmen sind in ein Verzeichnis aufzunehmen. Dabei ist eine Untergliederung nach Produktgruppen und Leistungsarten möglich.

10. Die Auftraggeber können einem Unternehmen die Qualifikation nur aus Gründen aberkennen, die auf den in Nr. 5 erwähnten Kriterien beruhen. Die beabsichtigte Aberkennung muss dem betroffenen Unternehmen im Voraus schriftlich unter Angabe der Gründe mitgeteilt werden.

11. (1) Das Prüfsystem ist nach dem im Anhang D/SKR enthaltenen Muster im Amtsblatt der Europäischen Gemeinschaften[1]) bekannt zu machen.

    (2) Wenn das System mehr als drei Jahre gilt, ist die Bekanntmachung jährlich zu veröffentlichen. Bei kürzerer Dauer genügt eine Bekanntmachung zu Beginn des Verfahrens.

12. (1) Verlangt der Auftraggeber zum Nachweis dafür, dass der Dienstleistungserbringer bestimmte Qualitätsanforderungen erfüllt, die Vorlage von Bescheinigungen von unabhängigen Qualitätsstellen, so nehmen diese auf Qualitätsnachweisverfahren auf der Grundlage der einschlägigen Normen aus der Serie EN 29000 und auf Bescheinigungen durch Stellen Bezug, die nach der Normenserie EN 45000 zertifiziert sind.

---

1) Amt für amtliche Veröffentlichungen der Europäischen Gemeinschaften, 2, rue Mercier, L-2985 Luxemburg, Telefon: 0 03 52/29 29-1, Telefax: 0 03 52/29 29 42 670.
http://ted.eur-op.eu.int
E-mail: mp-ojs@opoce.cec.eu.int

(2) Gleichwertige Bescheinigungen von Stellen aus anderen EG-Mitgliedstaaten oder Vertragsstaaten des EWR-Abkommens sind anzuerkennen. Die Auftraggeber haben den Nachweis von Qualitätssicherungsmaßnahmen in anderer Form anzuerkennen, wenn Dienstleistungserbringer geltend machen, dass sie die betreffenden Bescheinigungen nicht beantragen dürfen oder innerhalb der einschlägigen Fristen nicht erhalten können.

§ 8
Leistungsbeschreibung

1. (1) Die Leistung ist eindeutig und so erschöpfend zu beschreiben, dass alle Bewerber die Beschreibung im gleichen Sinne verstehen müssen und die Angebote miteinander verglichen werden können.

   (2) Um eine einwandfreie Preisermittlung zu ermöglichen, sind alle sie beeinflussenden Umstände festzustellen und in den Verdingungsunterlagen anzugeben.

   (3) Dem Auftragnehmer soll kein ungewöhnliches Wagnis aufgebürdet werden für Umstände und Ereignisse, auf die er keinen Einfluss hat und deren Einwirkung auf die Preise und Fristen er nicht im Voraus schätzen kann.

2. (1) Soweit die Leistung oder Teile derselben durch verkehrsübliche Bezeichnungen nach Art, Beschaffenheit und Umgang nicht hinreichend beschreibbar sind, können sie

   a) sowohl durch eine Darstellung ihres Zweckes, ihrer Funktion sowie der an sie gestellten sonstigen Anforderungen

   b) als auch in ihren wesentlichen Merkmalen und konstruktiven Einzelheiten

   gegebenenfalls durch Verbindung der Beschreibungsarten, beschrieben werden.

   (2) Erforderlichenfalls ist die Leistung auch zeichnerisch oder durch Probestücke darzustellen oder anders zu erklären, z.B. durch Hinweise auf ähnliche Leistungen.

3. (1) An die Beschaffenheit der Leistung sind ungewöhnliche Anforderungen nur soweit zu stellen, wie es unbedingt notwendig ist.

   (2) Bei der Beschreibung der Leistung sind die verkehrsüblichen Bezeichnungen anzuwenden; auf einschlägige Normen kann Bezug genommen werden.

   (3) Bestimmte Erzeugnisse oder Verfahren sowie bestimmte Ursprungsorte und Bezugsquellen dürfen nur dann ausdrücklich vorgeschrieben werden, wenn dies durch die Art der zu vergebenden Leistung gerechtfertigt ist.

   (4) Die Beschreibung technischer Merkmale darf nicht die Wirkung haben, dass bestimmte Unternehmen oder Erzeugnisse bevorzugt oder ausgeschlossen werden, es sei denn, dass eine solche Beschreibung durch die zu vergebende Leistung gerechtfertigt ist.

   (5) Bezeichnungen für bestimmte Erzeugnisse oder Verfahren (z.B. Markennamen) dürfen ausnahmsweise, jedoch nur mit dem Zusatz „oder gleichwertiger Art", verwendet werden, wenn eine Beschreibung durch hinreichend genaue, allgemein verständliche Bezeichnungen nicht möglich ist.

4. Wenn für die Beurteilung der Güte von Stoffen, Teilen oder Erzeugnissen die Herkunft oder die Angabe des Herstellers unentbehrlich ist, sind die entsprechenden Angaben von den Bewerbern zu fordern, soweit nötig auch Proben und Muster. Die Angaben sind vertraulich zu behandeln.

§ 8 b
Leistungsbeschreibung

1. Bei der Beschreibung der Leistung sind die technischen Anforderungen (siehe Anhang TS Nr. 1) in den Verdingungsunterlagen unter Bezugnahme auf europäische Spezifikationen festzulegen; das sind

- in innerstaatliche Normen übernommene europäische Normen (s. Anhang TS Nr. 1.3) und
- europäische technische Zulassungen (s. Anhang TS Nr. 1.4) und
- gemeinsame technische Spezifikationen (s. Anhang TS Nr. 1.5).

2. (1) Von der Bezugnahme auf eine europäische Spezifikation kann abgesehen werden, wenn

   a) es technisch unmöglich ist, die Übereinstimmung eines Erzeugnisses mit den europäischen Spezifikationen in zufriedenstellender Weise festzustellen;

   b) die Anwendung von Nr. 1 die Anwendung der Richtlinie 86/361/EWG des Rates vom 24. Juli 1986 betreffend, die erste Phase der gegenseitigen Anerkennung der Allgemeinzulassungen von Telekommunikations-Endgeräten[1]) oder die Anwendung des Beschlusses 87/95/EWG des Rates vom 22. Dezember 1986 über die Normung auf dem Gebiet der Informationstechnik und der Telekommunikation[2]) beeinträchtigen würde;

   c) bei der Anpassung der bestehenden Praktiken an die europäischen Spezifikationen letztere den Auftraggeber zum Erwerb von Anlagen zwingen würden, die mit bereits benutzten Anlagen inkompatibel sind oder unverhältnismäßig hohe Kosten oder unverhältnismäßig technische Schwierigkeiten verursachen würden. Die Auftraggeber nehmen diese Abweichungsmöglichkeit nur im Rahmen einer klar definierten und schriftlich festgelegten Strategie, mit der Verpflichtung zur Übernahme europäischer Spezifikationen in Anspruch;

   d) die betreffende europäische Spezifikation für die geplante spezielle Anwendung ungeeignet ist oder den seit ihrer Verabschiedung eingetretenen technischen Entwicklungen nicht Rechnung trägt. Die Auftraggeber, die diese Abweichungsmöglichkeit in Anspruch nehmen, teilen der zuständigen Normungsstelle oder jeder anderen zur Revision der europäischen Spezifikationen befugten Stelle mit, warum sie die europäischen Spezifikationen für ungeeignet halten, und beantragen deren Revision;

   e) das betreffende Vorhaben von wirklich innovativer Art ist und die Anwendung der europäischen Spezifikationen nicht angemessen wäre.

---

1) ABl. EG Nr. L 217 vom 5. 8. 1986, S. 21, geändert durch die Richtlinie 91/263/EWG (ABl. EG Nr. L 128 vom 23. 5. 1991, S. 1).
2) ABl. EG Nr. L 36 vom 7. 2. 1987, S. 31 (siehe Anhang I).

(2) Die Ausnahme von der Anwendung europäischer Spezifikationen ist in der Bekanntmachung über den Aufruf zum Wettbewerb nach den Anhängen A/SKR bis E/SKR anzugeben.

3. Falls keine europäische Spezifikation vorliegt, gilt Anhang TS Nr. 2.

4. Die Auftraggeber bestimmen die zusätzlichen Spezifikationen, die zur Ergänzung der europäischen Spezifikationen oder der anderen Normen erforderlich sind. Hierbei geben sie Spezifikationen, die eher Leistungsanforderungen als Auslegungsmerkmale oder Beschreibungen enthalten, den Vorrang, sofern sie nicht aus objektiven Gründen die Anwendung solcher Spezifikationen für die Ausführung des Auftrags für unzweckmäßig erachten.

5. Verbindliche technische Vorschriften bleiben unberührt, sofern sie mit dem Gemeinschaftsrecht vereinbar sind.

6. Eine Leistung, die von den vorgegebenen technischen Spezifikationen abweicht, darf angeboten werden, wenn sie mit dem geforderten Schutzniveau in Bezug auf Sicherheit, Gesundheit und Gebrauchstauglichkeit gleichwertig ist. Die Abweichung muss im Angebot eindeutig bezeichnet sein. Die Gleichwertigkeit ist mit dem Angebot nachzuweisen.

7. (1) Die Auftraggeber teilen den Unternehmen, die ihr Interesse an einem Auftrag bekundet haben, auf Anfrage die technischen Spezifikationen mit, die regelmäßig in ihren Aufträgen genannt werden oder die sie bei Beschaffungen im Zusammenhang mit regelmäßigen Bekanntmachungen benutzen.

(2) Soweit sich solche technischen Spezifikationen aus Unterlagen ergeben, die interessierten Unternehmen zur Verfügung stehen, genügt eine Bezugnahme auf diese Unterlagen.

§ 9
Vergabeunterlagen, Vertragsbedingungen

1. Die Vergabeunterlagen bestehen aus dem Anschreiben (Aufforderung zur Angebotsabgabe) und den Verdingungsunterlagen.

2. In den Verdingungsunterlagen ist vorzuschreiben, dass die Allgemeinen Vertragsbedingungen für die Ausführung von Leistungen (VOL/B) Bestandteil des Vertrages werden. Das gilt auch für etwaige Zusätzliche, Ergänzende sowie Besondere Vertragsbedingungen und, soweit erforderlich, für etwaige Technische Vertragsbedingungen.

3. (1) Die Allgemeinen Vertragsbedingungen bleiben grundsätzlich unverändert. Sie können von Auftraggebern, die ständig Leistungen vergeben, für die bei ihnen allgemein gegebenen Verhältnisse durch Zusätzliche Vertragsbedingungen ergänzt werden. Diese dürfen den Allgemeinen Vertragsbedingungen nicht widersprechen.

(2) Für die Erfordernisse einer Gruppe gleich gelagerter Einzelfälle können die Allgemeinen Vertragsbedingungen und etwaige Zusätzliche Vertragsbedingungen durch Ergänzende Vertragsbedingungen ergänzt werden. Die Erfordernisse des Einzelfalles sind durch Besondere Vertragsbedingungen zu berücksichtigen.

In den Ergänzenden und Besonderen Vertragsbedingungen sollen sich Abweichungen von den Allgemeinen Vertragsbedingungen auf die Fälle beschränken, für die in den Allgemeinen Vertragsbedingungen besondere Vereinbarungen ausdrücklich vorgesehen sind; sie sollen nicht weiter gehen, als es die Eigenart der Leistung und ihre Ausführung erfordern.

4. In den Zusätzlichen, Ergänzenden und Besonderen Vertragsbedingungen sollen, soweit erforderlich, insbesondere folgende Punkte geregelt werden:

   a) Unterlagen (VOL/A § 22 Nr. 6 Abs. 3, VOL/B § 3, § 4 Nr. 2),

   b) Umfang der Leistungen, u.U. Hundertsatz der Mehr- oder Minderleistung (VOL/B §§ 1 und 2),

   c) Benutzung von Lager- und Arbeitsplätzen, Zufahrtswegen, Anschlussgleisen, Wasser- und Energieanschlüssen,

   d) Weitervergabe an Unterauftragnehmer (VOL/B § 4 Nr. 4),

   e) Ausführungsfristen (VOL/A § 11, VOL/B § 5 Nr. 2),

   f) Anlieferungs- oder Annahmestelle, falls notwendig auch Ort, Gebäude, Raum,

   g) Kosten der Versendung zur Anlieferungs- oder Annahmestelle,

   h) Art der Verpackung, Rückgabe der Packstoffe,

   i) Übergang der Gefahr (VOL/B § 13 Nr. 1),

   k) Haftung (VOL/B §§ 7 bis 10, 13 und 14),

   l) Gefahrtragung bei höherer Gewalt (VOL/B § 5 Nr. 2),

   m) Vertragsstrafen (VOL/A § 12, VOL/B § 11),

   n) Prüfung der Beschaffenheit der Leistungen – Güteprüfung – (VOL/A § 8 Nr. 4, VOL/B § 12),

   o) Abnahme (VOL/B § 13 Nr. 2),

   p) Abrechnung (VOL/B §§ 15, 16 Nr. 2 und 3),

   q) Leistungen nach Stundenverrechnungssätzen (VOL/B § 16),

   r) Zahlung (VOL/B § 17),

   s) Sicherheitsleistung (VOL/A § 14, VOL/B § 18),

   t) Gerichtsstand (VOL/B § 19 Nr. 2),

   u) Änderung der Vertragspreise (VOL/A § 15),

   v) Besondere Vereinbarungen über die Gewährleistung.

5. Sollen Streitigkeiten aus dem Vertrag unter Ausschluss des ordentlichen Rechtsweges im schiedsrichterlichen Verfahren ausgetragen werden, so ist es in besonderer, nur das Schiedsverfahren betreffender Urkunde zu vereinbaren, soweit nicht § 1027 Abs. 2 der Zivilprozessordnung auch eine andere Form der Vereinbarung zulässt.

§ 9 b
Vergabeunterlagen

1. Bei Aufträgen im Sinne von § 1 b muss das Anschreiben außer den Angaben nach § 17 Nr. 3 Abs. 2 Folgendes enthalten:

a) Anschrift der Stelle, bei der zusätzliche Unterlagen angefordert werden können,
b) Tag, bis zu dem zusätzliche Unterlagen angefordert werden können,
c) gegebenenfalls Betrag und Zahlungsbedingungen für zusätzliche Unterlagen,
d) Angabe, dass die Angebote in deutscher Sprache abzufassen sind,
e) Hinweis auf die Veröffentlichung der Bekanntmachung,
f) sofern nicht in der Bekanntmachung angegeben (§ 17 b Nr. 1), die maßgebenden Wertungskriterien im Sinne von § 25 b Nr. 1 Abs. 1 wie etwa Lieferzeit, Ausführungsdauer, Betriebskosten, Rentabilität, Qualität, Ästhetik und Zweckmäßigkeit, technischer Wert, Kundendienst und technische Hilfe, Verpflichtungen hinsichtlich der Ersatzteile, Versorgungssicherheit, Preis; diese Angaben möglichst in der Reihenfolge der ihnen zuerkannten Bedeutung.

2. Wenn der Auftraggeber Nebenangebote und Änderungsvorschläge nicht oder nur in Verbindung mit einem Hauptangebot zulassen will, so ist dies anzugeben. Ebenso sind gegebenenfalls die Mindestanforderungen an die Nebenangebote und Änderungsvorschläge anzugeben und auf welche Weise sie einzureichen sind.

3. Der Auftraggeber kann die Bieter auffordern, in ihrem Angebot die Leistungen anzugeben, die sie an Nachunternehmer zu vergeben beabsichtigen.

§ 10
Unteraufträge

1. In den Verdingungsunterlagen ist festzulegen, dass der Auftragnehmer
   a) bei der Übertragung von Teilen der Leistung (Unterauftrag) nach wettbewerblichen Gesichtspunkten verfährt,
   b) dem Unterauftragnehmer auf Verlangen den Auftraggeber benennt,
   c) dem Unterauftragnehmer insgesamt keine ungünstigeren Bedingungen – insbesondere hinsichtlich der Zahlungsweise und Sicherheitsleistungen – stellt, als zwischen ihm und dem Auftraggeber vereinbart sind.

2. (1) In den Verdingungsunterlagen ist festzulegen, dass der Auftragnehmer bei der Einholung von Angeboten für Unteraufträge regelmäßig kleine und mittlere Unternehmen angemessen beteiligt.

   (2) Bei Großaufträgen ist in den Verdingungsunterlagen weiter festzulegen, dass sich der Auftragnehmer bemüht, Unteraufträge an kleine und mittlere Unternehmen in dem Umfang zu erteilen, wie er es mit der vertragsgemäßen Ausführung der Leistung vereinbaren kann.

§ 11
Ausführungsfristen

1. Die Ausführungsfristen sind ausreichend zu bemessen. Außergewöhnlich kurze Fristen sind nur bei besonderer Dringlichkeit vorzusehen.

2. Wenn es ein erhebliches Interesse des Auftraggebers erfordert, sind Einzelfristen für in sich abgeschlossene Teile der Leistung zu bestimmen.

3. Ist für die Einhaltung von Ausführungsfristen die Übergabe von Zeichnungen oder anderen Unterlagen wichtig, so soll hierfür ebenfalls eine Frist festgelegt werden.

§ 12
Vertragsstrafen

Vertragsstrafen sollen nur für die Überschreitung von Ausführungsfristen ausbedungen werden und auch nur dann, wenn die Überschreitung erhebliche Nachteile verursachen kann. Die Strafe ist in angemessenen Grenzen zu halten.

§ 13
Verjährung der Gewährleistungsansprüche

1. Für die Verjährung der Gewährleistungsansprüche sollen die gesetzlichen Fristen ausbedungen werden.
2. Andere Regelungen für die Verjährung sollen vorgesehen werden, wenn dies wegen der Eigenart der Leistung erforderlich ist. In solchen Fällen sind alle Umstände gegeneinander abzuwägen; hierbei können die in dem Wirtschaftszweig üblichen Regelungen in Betracht gezogen werden.

§ 14
Sicherheitsleistungen

1. Sicherheitsleistungen sind nur zu fordern, wenn sie ausnahmsweise für die sach- und fristgemäße Durchführung der verlangten Leistung notwendig erscheinen.
2. Die Sicherheit soll nicht höher bemessen und ihre Rückgabe nicht für einen späteren Zeitpunkt vorgesehen werden, als nötig ist, um den Auftraggeber vor Schaden zu bewahren. Sie soll 5 v. H. der Auftragssumme nicht überschreiten.
3. Soweit nach diesen Grundsätzen eine teilweise Rückgabe von Sicherheiten möglich ist, hat dies unverzüglich zu geschehen.

§ 15
Preise

1. (1) Leistungen sollen zu festen Preisen vergeben werden.

   (2) Bei der Vergabe sind die Vorschriften über die Preise bei öffentlichen Aufträgen zu beachten*).

2. Sind bei längerfristigen Verträgen wesentliche Änderungen der Preisermittlungsgrundlagen zu erwarten, deren Eintritt oder Ausmaß ungewiss ist, so kann eine angemessene Änderung der Vergütung in den Verdingungsunterlagen vorgesehen werden**). Die Einzelheiten der Preisänderungen sind festzulegen.

---

*) Verordnung PR Nr. 30/53 über die Preise bei öffentlichen Aufträgen vom 21. November 1953 (BAnz. Nr. 244 vom 18. Dezember 1953), zuletzt geändert durch Verordnung PR Nr. 1/86 vom 15. April 1986 (BGBl. I S. 435 und BAnz. S. 5046) und Verordnung PR Nr. 1/89 vom 13. Juni 1989 (BGBl. I S. 1094 und BAnz. S. 3042).

**) Grundsätze zur Anwendung von Preisvorbehalten bei öffentlichen Aufträgen: Gemeinsames Ministerialblatt, herausgegeben vom Bundesminister des Innern, 1972 Nr. 22 Seite 384 f.; 1974 Nr. 5 Seite 75.

§ 16
Grundsätze der Ausschreibung

1. Der Auftraggeber soll erst dann ausschreiben, wenn alle Verdingungsunterlagen fertig gestellt sind und die Leistung aus der Sicht des Auftraggebers innerhalb der angegebenen Frist ausgeführt werden kann.
2. Ausschreibungen für vergabefremde Zwecke (z.B. Ertragsberechnungen, Vergleichsanschläge, Markterkundung) sind unzulässig.
3. Nummer 1 und 2 gelten für die Freihändige Vergabe entsprechend.

§ 16 b
Regelmäßige Bekanntmachung

1. Die Auftraggeber veröffentlichen mindestens einmal jährlich Bekanntmachungen, die Angaben enthalten über alle für die nächsten zwölf Monate beabsichtigten Aufträge, deren nach der Vergabeverordnung geschätzter Wert jeweils mindestens 750 000 Euro beträgt. Die Lieferaufträge sind nach Warenbereichen aufzuschlüsseln, die Dienstleistungsaufträge nach den im Anhang I A genannten Kategorien.
2. Die Bekanntmachungen sind nach dem im Anhang E/SKR enthaltenen Muster zu erstellen und dem Amt für amtliche Veröffentlichungen der Europäischen Gemeinschaften zu übermitteln.[1])

§ 17
Bekanntmachung, Aufforderung zur Angebotsabgabe

1. (1) Öffentliche Ausschreibungen sind durch Tageszeitungen, amtliche Veröffentlichungsblätter oder Fachzeitschriften bekannt zu machen.

    (2) Diese Bekanntmachung soll mindestens folgende Angaben enthalten:

    a) Bezeichnung (Anschrift) der zur Angebotsabgabe auffordernden Stelle, der den Zuschlag erteilenden Stelle sowie der Stelle, bei der die Angebote einzureichen sind,

    b) Art der Vergabe (§ 3),

    c) Art und Umfang der Leistung sowie den Ort der Leistung (z.B. Empfangs- oder Montagestelle),

    d) etwaige Vorbehalte wegen der Teilung in Lose, Umfang der Lose und mögliche Vergabe der Lose an verschiedene Bieter,

    e) etwaige Bestimmungen über die Ausführungsfrist,

    f) Bezeichnung (Anschrift) der Stelle, die die Verdingungsunterlagen und das Anschreiben (Nummer 3) abgibt, sowie des Tages, bis zu dem sie bei ihr spätestens angefordert werden können,

---

1) Amt für amtliche Veröffentlichungen der Europäischen Gemeinschaften, 2, rue Mercier, L-2985 Luxemburg, Telefon: 0 03 52/29 29-1, Telefax: 0 03 52/29 42 670.
http://ted.eur-op.eu.int
E-mail: mp-ojs@opoce.cec.eu.int

g) Bezeichnung (Anschrift) der Stelle, bei der die Verdingungsunterlagen und das Anschreiben eingesehen werden können,

h) die Höhe etwaiger Vervielfältigungskosten und die Zahlungsweise (§ 20),

i) Ablauf der Angebotsfrist (§ 18),

k) die Höhe etwa geforderter Sicherheitsleistungen (§ 14),

l) die wesentlichen Zahlungsbedingungen oder Angabe der Unterlagen, in denen sie enthalten sind,

m) die mit dem Angebot vorzulegenden Unterlagen (§ 7 Nr. 4), die ggf. vom Auftraggeber für die Beurteilung der Eignung des Bewerbers (§ 2) verlangt werden,

n) Zuschlags- und Bindefrist (§ 19),

o) den besonderen Hinweis, dass der Bewerber mit der Abgabe seines Angebots auch den Bestimmungen über nicht berücksichtigte Angebote (§ 27) unterliegt.

2. (1) Bei Beschränkter Ausschreibung und Freihändiger Vergabe mit Öffentlichem Teilnahmewettbewerb sind die Unternehmen durch Bekanntmachung in Tageszeitungen, amtlichen Veröffentlichungsblättern oder Fachzeitschriften aufzufordern, sich um Teilnahme zu bewerben.

(2) Diese Bekanntmachung soll mindestens folgende Angaben enthalten:

a) Bezeichnung (Anschrift) der zur Angebotsabgabe auffordernden Stelle und der den Zuschlag erteilenden Stelle,

b) Art der Vergabe (§ 3),

c) Art und Umfang der Leistung sowie den Ort der Leistung (z.B. Empfangs- oder Montagestelle),

d) etwaige Vorbehalte wegen der Teilung in Lose, Umfang der Lose und mögliche Vergabe der Lose an verschiedene Bieter,

e) etwaige Bestimmungen über die Ausführungsfrist,

f) Tag, bis zu dem der Teilnahmeantrag bei der unter Buchstabe g) näher bezeichneten Stelle eingegangen sein muss,

g) Bezeichnung (Anschrift) der Stelle, bei der der Teilnahmeantrag zu stellen ist,

h) Tag, an dem die Aufforderung zur Angebotsabgabe spätestens abgesandt wird,

i) die mit dem Teilnahmeantrag vorzulegenden Unterlagen (§ 7 Nr. 4), die ggf. vom Auftraggeber für die Beurteilung der Eignung des Bewerbers (§ 2) verlangt werden,

k) den besonderen Hinweis, dass der Bewerber mit der Abgabe seines Angebots auch den Bestimmungen über nicht berücksichtigte Angebote (§ 27) unterliegt.

3. (1) Bei Öffentlicher und Beschränkter Ausschreibung sind die Verdingungsunterlagen den Bewerbern mit einem Anschreiben (Aufforderung zur Angebotsabgabe) zu übergeben, das alle Angaben enthält, die außer den Verdingungs-

unterlagen für den Entschluss zur Abgabe eines Angebots notwendig sind. Dies gilt auch für Beschränkte Ausschreibungen nach Öffentlichem Teilnahmewettbewerb.

(2) Das Anschreiben soll insbesondere folgende Angaben enthalten:

a) Bezeichnung (Anschrift) der zur Angebotsabgabe auffordernden Stelle und der den Zuschlag erteilenden Stelle,

b) Art der Vergabe (§ 3),

c) Art und Umfang der Leistung sowie den Ort der Leistung (z.B. Empfangs- oder Montagestelle),

d) etwaige Vorbehalte wegen der Teilung in Lose, Umfang der Lose und mögliche Vergabe der Lose an verschiedene Bieter,

e) etwaige Bestimmungen über die Ausführungsfrist,

f) Bezeichnung (Anschrift) der Stelle, bei der die Verdingungsunterlagen eingesehen werden können, die nicht abgegeben werden,

g) genaue Aufschrift und Form der Angebote (§ 18 Nr. 2),

h) ob und unter welchen Bedingungen die Entschädigung für die Verdingungsunterlagen erstattet wird (§ 20),

i) Ablauf der Angebotsfrist (§ 18),

k) Sprache, in der die Angebote abgefasst sein müssen,

l) die mit dem Angebot vorzulegenden Unterlagen (§ 7 Nr. 4), die ggf. vom Auftraggeber für die Beurteilung der Eignung des Bieters (§ 2) verlangt werden,

m) die Höhe etwa geforderter Sicherheitsleistungen (§ 14),

n) sonstige Erfordernisse, die die Bewerber bei der Bearbeitung ihrer Angebote beachten müssen (§ 18 Nr. 3, § 9 Nr. 1, § 21),

o) Zuschlags- und Bindefrist (§ 19),

p) Nebenangebote und Änderungsvorschläge (Absatz 5),

q) den besonderen Hinweis, dass der Bewerber mit der Abgabe seines Angebots auch den Bestimmungen über nicht berücksichtigte Angebote (§ 27) unterliegt.

(3) Bei Freihändiger Vergabe sind Absatz 1 und 2 – soweit zweckmäßig – anzuwenden.

Dies gilt auch für Freihändige Vergabe nach Öffentlichem Teilnahmewettbewerb.

(4) Auftraggeber, die ständig Leistungen vergeben, sollen die Erfordernisse, die die Bewerber bei der Bearbeitung ihrer Angebote beachten müssen, in Bewerbungsbedingungen zusammenfassen und dem Anschreiben beifügen (§§ 18, 19, 21).

(5) Wenn der Auftraggeber Nebenangebote und Änderungsvorschläge wünscht, ausdrücklich zulassen oder ausschließen will, so ist dies anzugeben; ebenso ist anzugeben, wenn Nebenangebote und Änderungsvorschläge ohne gleichzeitige

Abgabe eines Hauptangebotes ausnahmsweise ausgeschlossen werden. Soweit der Bieter eine Leistung anbietet, die in den Verdingungsunterlagen nicht vorgesehen ist, sind von ihm im Angebot entsprechende Angaben über Ausführung und Beschaffenheit dieser Leistung zu verlangen.

(6) Die Aufforderung zur Angebotsabgabe ist bei Beschränkter Ausschreibung sowie bei Freihändiger Vergabe nach Öffentlichem Teilnahmewettbewerb an alle ausgewählten Bewerber am gleichen Tag abzusenden.

4. Jeder Bewerber soll die Leistungsbeschreibung sowie die anderen Teile der Verdingungsunterlagen, die mit dem Angebot dem Auftraggeber einzureichen sind, doppelt und alle anderen für seine Preisermittlung wesentlichen Unterlagen einfach erhalten. Wenn von den Unterlagen (z.B. Muster, Proben) – außer der Leistungsbeschreibung – keine Vervielfältigungen abgegeben werden können, sind sie in ausreichender Weise zur Einsicht auszulegen.

5. Die Namen der Bewerber, die Teilnahmeanträge gestellt haben, die Verdingungsunterlagen erhalten oder eingesehen haben, sind vertraulich zu behandeln.

6. (1) Erbitten Bewerber zusätzliche sachdienliche Auskünfte über die Verdingungsunterlagen und das Anschreiben, so sind die Auskünfte unverzüglich zu erteilen.

(2) Werden einem Bewerber wichtige Aufklärungen über die geforderte Leistung oder die Grundlagen seiner Preisermittlung gegeben, so sind sie auch den anderen Bewerbern gleichzeitig mitzuteilen.

§ 17 b
Aufruf zum Wettbewerb

1. (1) Ein Aufruf zum Wettbewerb kann erfolgen,
   a) durch Veröffentlichung einer Bekanntmachung nach den Anhängen A/SKR, B/SKR und C/SKR oder
   b) durch Veröffentlichung einer regelmäßigen Bekanntmachung oder
   c) durch Veröffentlichung einer Bekanntmachung über das Bestehen eines Prüfsystems nach § 7 b Nr. 5.

   (2) Die Kosten der Veröffentlichung der Bekanntmachungen im Amtsblatt der Europäischen Gemeinschaften werden von den Gemeinschaften getragen.

2. Erfolgt der Aufruf zum Wettbewerb durch Veröffentlichung einer regelmäßigen Bekanntmachung, so
   a) muss in der Bekanntmachung der Inhalt des zu vergebenden Auftrags nach Art und Umfang genannt sein,
   b) muss die Bekanntmachung den Hinweis enthalten, dass dieser Auftrag im Nichtoffenen Verfahren oder Verhandlungsverfahren ohne spätere Veröffentlichung eines Aufrufs zur Angebotsabgabe vergeben wird, sowie die Aufforderung an die interessierten Unternehmen, ihr Interesse schriftlich mitzuteilen,

c) müssen die Auftraggeber später alle Bewerber auf der Grundlage von genaueren Angaben über den Auftrag auffordern, ihr Interesse zu bestätigen, bevor mit der Auswahl der Bieter oder der Teilnehmer an einer Verhandlung begonnen wird. Die Angaben müssen mindestens Folgendes umfassen:

aa) Art und Menge, einschließlich etwaiger Optionen auf zusätzliche Aufträge und möglichenfalls veranschlagte Frist für die Inanspruchnahme dieser Optionen; bei wiederkehrenden Aufträgen Art und Menge und möglichenfalls veranschlagte Frist für die Veröffentlichung der Bekanntmachungen späterer Ausschreibungen für die Lieferungen und Dienstleistungen, die Gegenstand des Auftrages sein sollen;

bb) Art des Verfahrens: Nichtoffenes Verfahren oder Verhandlungsverfahren;

cc) Gegebenenfalls Zeitpunkt des Beginns oder Abschlusses der Leistungen;

dd) Anschrift und letzter Tag für die Vorlage des Antrags auf Aufforderung zur Angebotsabgabe sowie die Sprache oder Sprachen, in denen die Angebote abzugeben sind;

ee) die Anschrift der Stelle, die den Zuschlag erteilt und die Auskünfte gibt, die für den Erhalt der Spezifikationen und anderer Dokumente notwendig sind;

ff) alle wirtschaftlichen und technischen Anforderungen, finanziellen Garantien und Angaben, die von den Lieferanten oder Dienstleistungserbringern verlangt werden;

gg) Höhe der für die Vergabeunterlagen zu entrichtenden Beträge und Zahlungsbedingungen;

hh) Art des Auftrages, der Gegenstand des Vergabeverfahrens ist (Kauf, Leasing, Miete oder Mietkauf oder mehrere Arten von Aufträgen);

d) dürfen zwischen deren Veröffentlichung und dem Zeitpunkt der Zusendung der Aufforderung an die Bewerber gemäß Buchstabe c) höchstens zwölf Monate vergangen sein. Im Übrigen gilt § 18 b Nr. 2.

3. Erfolgt ein Aufruf zum Wettbewerb durch Veröffentlichung einer Bekanntmachung über das Bestehen eines Prüfsystems, so werden die Bieter in einem Nichtoffenen Verfahren oder die Teilnehmer an einem Verhandlungsverfahren unter den Bewerbern ausgewählt, die sich im Rahmen eines solchen Systems qualifiziert haben.

4. (1) Der Tag der Absendung der Bekanntmachung muss nachgewiesen werden können. Vor dem Tag der Absendung darf die Bekanntmachung nicht veröffentlicht werden.

(2) Alle Veröffentlichungen dürfen nur die dem Amt für amtliche Veröffentlichungen der Europäischen Gemeinschaften übermittelten Angaben enthalten.

(3) Die Bekanntmachung wird ungekürzt spätestens zwölf Tage nach der Absendung im Supplement zum Amtsblatt der Europäischen Gemeinschaften in der Originalsprache veröffentlicht. Eine Zusammenfassung der wichtigsten Anga-

ben wird in den übrigen Amtssprachen der Gemeinschaften veröffentlicht; der Wortlaut in der Originalsprache ist verbindlich. In Ausnahmefällen bemüht sich das Amt für amtliche Veröffentlichungen der Europäischen Gemeinschaften, die in Nr. 1 Abs. 1 Buchst. a) genannten Bekanntmachungen auf Antrag des Auftraggebers innerhalb von fünf Tagen zu veröffentlichen, sofern die Bekanntmachung dem Amt durch elektronische Briefübermittlung, per Fernkopierer oder Fernschreiben zugestellt worden ist.

5. Sind im Offenen Verfahren die Vergabeunterlagen und zusätzlichen Unterlagen rechtzeitig angefordert worden, sind sie den Bewerbern in der Regel innerhalb von sechs Tagen nach Eingang des Antrags zuzusenden.

6. Rechtzeitig beantragte Auskünfte über die Vergabeunterlagen sind spätestens sechs Tage vor Ablauf der Angebotsfrist zu erteilen.

7. Die Vergabeunterlagen sind beim Nichtoffenen Verfahren und beim Verhandlungsverfahren mit vorherigem Aufruf zum Wettbewerb an alle ausgewählten Bewerber am selben Tag abzusenden.

8. Die Vergabeunterlagen sind den Bewerbern in kürzestmöglicher Frist und in geeigneter Weise zu übermitteln.

9. Die Anforderungen der Verdingungsunterlagen und Anträge auf Teilnahme sind auch dann zu berücksichtigen, wenn sie durch Telegramm, Fernschreiben, Fernkopierer, Telefon oder in sonstiger Weise elektronisch übermittelt werden, sofern die sonstigen Teilnahmebedingungen erfüllt sind.

§ 18
Form und Frist der Angebote

1. (1) Für die Bearbeitung und Abgabe der Angebote sind ausreichende Fristen vorzusehen. Dabei ist insbesondere der zusätzliche Aufwand für die Beschaffung von Unterlagen für die Angebotsbearbeitung, Erprobungen oder Besichtigungen zu berücksichtigen.

   (2) Bei Freihändiger Vergabe kann von der Festlegung einer Angebotsfrist abgesehen werden. Dies gilt auch für Freihändige Vergabe nach Öffentlichem Teilnahmewettbewerb.

2. (1) Bei Ausschreibungen ist in der Aufforderung zur Angebotsabgabe vorzuschreiben, dass schriftliche Angebote als solche zu kennzeichnen und ebenso wie etwaige Änderungen und Berichtigungen in einem verschlossenen Umschlag zuzustellen sind. Bei elektronischen Angeboten ist sicherzustellen, dass der Inhalt der Angebote erst mit Ablauf der für ihre Einreichung festgelegten Frist zugänglich wird.

   (2) Bei Freihändiger Vergabe kann Absatz 1 entsprechend angewendet werden.

3. Bis zum Ablauf der Angebotsfrist können Angebote in den in Nr. 2 genannten Formen zurückgezogen werden.

§ 18 b
Angebotsfrist, Bewerbungsfrist

1. (1) Beim Offenen Verfahren beträgt die Frist für den Eingang der Angebote (Angebotsfrist) mindestens 52 Tage[1]), gerechnet vom Tag der Absendung der Bekanntmachung an.

   (2) Die Frist für den Eingang der Angebote kann durch eine kürzere Frist ersetzt werden, wenn die nachstehenden Voraussetzungen erfüllt sind:

   a) Der öffentliche Auftraggeber muss eine regelmäßige Bekanntmachung gemäß § 16 b Nr. 1 nach dem vorgeschriebenen Muster (Anhang E/SKR) mindestens 52 Tage, höchstens aber 12 Monate vor dem Zeitpunkt der Absendung der Bekanntmachung des Auftrages im Offenen Verfahren nach § 17 b Nr. 1 Buchst. a) an das Amtsblatt der Europäischen Gemeinschaften abgesandt haben. Diese regelmäßige Bekanntmachung muss mindestens ebenso viele Informationen wie das Muster einer Bekanntmachung für das Offene Verfahren (Anhang A/SKR) enthalten, soweit diese Informationen zum Zeitpunkt der Absendung der Bekanntmachung für die regelmäßige Bekanntmachung vorlagen.

   b) Die verkürzte Frist muss für die Interessenten ausreichen, um ordnungsgemäße Angebote einreichen zu können. Sie sollte in der Regel nicht weniger als 36 Tage vom Zeitpunkt der Absendung der Bekanntmachung des Auftrages an betragen; sie muss auf jeden Fall mindestens 22 Tage betragen.

2. Bei Nichtoffenen Verfahren und Verhandlungsverfahren mit vorherigem Aufruf zum Wettbewerb gilt:

   a) Die Frist für den Eingang von Teilnahmeanträgen (Bewerbungsfrist) aufgrund der Bekanntmachung nach § 17 b Nr. 1 Abs. 1 Buchst. a) oder der Aufforderung nach § 17 b Nr. 2 Abs. 3 Buchst. c) beträgt grundsätzlich mindestens 37 Tage vom Tag der Absendung an. Sie darf auf keinen Fall kürzer sein als die in § 17 b Nr. 4 Abs. 3 vorgesehenen Fristen für die Veröffentlichung plus zehn Tage. Die Frist nach Satz 1 kann auf 22 Tage verkürzt werden. Nr. 1 Abs. 2 gilt entsprechend; die in der regelmäßigen Bekanntmachung genannten Informationen müssen dem im Anhang B/SKR (Nichtoffenes Verfahren) bzw. im Anhang C/SKR (Verhandlungsverfahren) enthaltenen Muster entsprechen, sofern diese zum Zeitpunkt der Absendung der regelmäßigen Bekanntmachung vorlagen.

   b) Die Angebotsfrist kann zwischen dem Auftraggeber und den ausgewählten Bewerbern einvernehmlich festgelegt werden, vorausgesetzt dass allen Bewerbern dieselbe Frist für die Erstellung und Einreichung von Angeboten eingeräumt wird.

   c) Falls eine einvernehmliche Festlegung der Angebotsfrist nicht möglich ist, setzt der Auftraggeber im Regelfall eine Frist von mindestens 24 Tagen fest. Sie darf jedoch keinesfalls kürzer als zehn Tage sein, gerechnet vom Tag der Absendung der Aufforderung zur Angebotsabgabe. Bei der Festlegung der Frist werden insbesondere die in Nr. 3 genannten Faktoren berücksichtigt.

---

1) Die Berechnung der Fristen erfolgt nach der Verordnung (EWG/Euratom) Nr. 1182/71 des Rates vom 3. Juni 1971 zur Festlegung der Regeln für die Fristen, Daten und Termine, ABl. Nr. 124 vom 8. Juni 1971, S. 1 (vgl. Anhang II). So gelten z.B. als Tage alle Tage einschließlich Feiertage, Sonntage und Sonnabende.

3. Können die Angebote nur nach Prüfung von umfangreichen Unterlagen, z.B. ausführlichen technischen Spezifikationen, oder nur nach einer Ortsbesichtigung oder Einsichtnahme in ergänzende Unterlagen zu den Vergabeunterlagen erstellt werden, so muss dies beim Festsetzen angemessener Fristen berücksichtigt werden.

§ 19
Zuschlags- und Bindefrist

1. Die Zuschlagsfrist beginnt mit dem Ablauf der Angebotsfrist (§ 18).

2. Die Zuschlagsfrist ist so kurz wie möglich und nicht länger zu bemessen, als der Auftraggeber für eine zügige Prüfung und Wertung der Angebote benötigt. Das Ende der Zuschlagsfrist soll durch Angabe des Kalendertages bezeichnet werden.

3. Es ist vorzusehen, dass der Bieter bis zum Ablauf der Zuschlagsfrist an sein Angebot gebunden ist (Bindefrist).

4. Die Nummern 1 bis 3 gelten bei Freihändiger Vergabe entsprechend

§ 20
Kosten

1. (1) Bei Öffentlicher Ausschreibung dürfen für die Verdingungsunterlagen die Vervielfältigungskosten gefordert werden. In der Bekanntmachung (§ 17) ist anzugeben, wie hoch sie sind. Sie werden nicht erstattet.

   (2) Bei Beschränkter Ausschreibung und Freihändiger Vergabe sind die Unterlagen unentgeltlich abzugeben. Eine Entschädigung (Absatz 1 Satz 1) darf nur ausnahmsweise gefordert werden, wenn die Selbstkosten der Vervielfältigung unverhältnismäßig hoch sind.

2. (1) Für die Bearbeitung des Angebotes werden keine Kosten erstattet. Verlangt jedoch der Auftraggeber, dass der Bieter Entwürfe, Pläne, Zeichnungen, Berechnungen oder andere Unterlagen ausarbeitet, insbesondere in den Fällen des § 8 Nr. 2 Abs. 1 Buchst. a), so ist einheitlich für alle Bieter in der Ausschreibung eine angemessene Kostenerstattung festzusetzen. Ist eine Kostenerstattung festgesetzt, so steht sie jedem Bieter zu, der ein der Ausschreibung entsprechendes Angebot mit den geforderten Unterlagen rechtzeitig eingereicht hat.

   (2) Absatz 1 gilt für Freihändige Vergabe entsprechend.

§ 21
Inhalt der Angebote

1. (1) Die Angebote müssen die Preise sowie die geforderten Angaben und Erklärungen enthalten. Soweit Erläuterungen zur Beurteilung des Angebots erforderlich erscheinen, kann der Bieter sie auf besonderer Anlage seinem Angebot beifügen.

(2) Die Angebote müssen unterschrieben sein. Änderungen des Bieters an seinen Eintragungen müssen zweifelsfrei sein.

(3) Änderungen und Ergänzungen an den Verdingungsunterlagen sind unzulässig.

(4) Muster und Proben des Bieters müssen als zum Angebot gehörig gekennzeichnet sein.

2. Etwaige Nebenangebote und Änderungsvorschläge müssen auf besonderer Anlage gemacht und als solche deutlich gekennzeichnet werden.

3. (1) Der Bieter hat auf Verlangen im Angebot anzugeben, ob für den Gegenstand des Angebots gewerbliche Schutzrechte bestehen oder von dem Bieter oder anderen beantragt sind.

    (2) Der Bieter hat stets anzugeben, wenn er erwägt, Angaben aus seinem Angebot für die Anmeldung eines gewerblichen Schutzrechtes zu verwerten.

4. Arbeitsgemeinschaften und andere gemeinschaftliche Bieter haben in den Angeboten jeweils die Mitglieder zu benennen sowie eines ihrer Mitglieder als bevollmächtigten Vertreter für den Abschluss und die Durchführung des Vertrages zu bezeichnen. Fehlt eine dieser Bezeichnungen im Angebot, so ist sie vor der Zuschlagserteilung beizubringen.

5. Der Bieter kann schon im Angebot die Rückgabe von Entwürfen, Ausarbeitungen, Mustern und Proben verlangen, falls das Angebot nicht berücksichtigt wird (§ 27 Nr. 7).

§ 22
Öffnung der Angebote bei Ausschreibungen; Vertraulichkeit

1. Schriftliche Angebote sind auf dem ungeöffneten Umschlag mit Eingangsvermerk zu versehen und bis zum Zeitpunkt der Öffnung unter Verschluss zu halten. Den Eingangsvermerk soll ein an der Vergabe nicht Beteiligter anbringen. Elektronische Angebote sind entsprechend zu kennzeichnen und unter Verschluss zu halten.

2. (1) Die Verhandlung zur Öffnung der Angebote soll unverzüglich nach Ablauf der Angebotsfrist stattfinden.

    (2) In der Verhandlung zur Öffnung der Angebote muss neben dem Verhandlungsleiter ein weiterer Vertreter des Auftraggebers anwesend sein.

    (3) Bieter sind nicht zuzulassen.

3. Der Verhandlungsleiter stellt fest, ob die Angebote
    a) ordnungsgemäß verschlossen und äußerlich gekennzeichnet,
    b) bis zum Ablauf der Angebotsfrist bei der für den Eingang als zuständig bezeichneten Stelle
        eingegangen sind. Die Angebote werden geöffnet und in allen wesentlichen Teilen einschließlich der Anlagen gekennzeichnet.

4. (1) Über die Verhandlung zur Öffnung der Angebote ist eine Niederschrift zu fertigen. In die Niederschrift sind folgende Angaben aufzunehmen:

a) Name und Wohnort der Bieter und die Endbeträge der Angebote, ferner andere den Preis betreffende Angaben,

b) ob und von wem Nebenangebote und Änderungsvorschläge eingereicht worden sind.

(2) Angebote, die nicht den Voraussetzungen der Nummer 3 Satz 1 entsprechen, müssen in der Niederschrift oder, soweit sie nach Schluss der Eröffnungsverhandlung eingegangen sind, in einem Nachtrag zur Niederschrift besonders aufgeführt werden; die Eingangszeit und etwa bekannte Gründe, aus denen die Voraussetzungen der Nummer 3 Satz 1 nicht erfüllt sind, sind zu vermerken.

(3) Die Niederschrift ist von dem Verhandlungsleiter und dem weiteren Vertreter des Auftraggebers zu unterschreiben.

5. Die Niederschrift darf weder den Bietern noch der Öffentlichkeit zugänglich gemacht werden.

6. (1) Die Angebote und ihre Anlagen sind sorgfältig zu verwahren und vertraulich zu behandeln. Von den nicht ordnungsgemäß oder verspätet eingegangenen Angeboten sind auch der Umschlag und andere Beweismittel aufzubewahren.

(2) Im Falle des § 21 Nr. 3 Abs. 2 ist sicherzustellen, dass die Kenntnis des Angebots auf die mit der Sache Befassten beschränkt bleibt.

(3) Der Auftraggeber darf Angebotsunterlagen und die in den Angeboten enthaltenen eigenen Vorschläge eines Bieters nur für die Prüfung und Wertung der Angebote (§§ 23 und 25) verwenden. Eine darüber hinausgehende Verwendung bedarf der vorherigen schriftlichen Vereinbarung, in der auch die Entschädigung zu regeln ist.

(4) Die Absätze 1 bis 3 gelten bei Freihändiger Vergabe entsprechend.

§ 23
Prüfung der Angebote

1. Nicht geprüft zu werden brauchen Angebote,
   a) die nicht ordnungsgemäß oder verspätet eingegangen sind, es sei denn, dass der nicht ordnungsgemäße oder verspätete Eingang durch Umstände verursacht worden ist, die nicht vom Bieter zu vertreten sind,
   b) die nicht unterschrieben sind (§ 21 Nr. 1 Abs. 2 Satz 1),
   c) bei denen Änderungen des Bieters an seinen Eintragungen nicht zweifelsfrei sind (§ 21 Nr. 1 Abs. 2 Satz 2),
   d) bei denen Änderungen oder Ergänzungen an den Verdingungsunterlagen vorgenommen worden sind (§ 21 Nr. 1 Abs. 3).

2. Die übrigen Angebote sind einzeln auf Vollständigkeit sowie auf rechnerische und fachliche Richtigkeit zu prüfen; ferner sind die für die Beurteilung der Wirtschaftlichkeit der einzelnen Angebote maßgebenden Gesichtspunkte festzuhalten. Gegebenenfalls sind Sachverständige (§ 6) hinzuzuziehen.

3. Das Ergebnis der Prüfung ist aktenkundig zu machen.

§ 24
Verhandlungen mit Bietern bei Ausschreibungen

1. (1) Nach Öffnung der Angebote bis zur Zuschlagserteilung darf mit den Bietern über ihre Angebote nur verhandelt werden, um Zweifel über die Angebote oder die Bieter zu beheben.

   (2) Verweigert ein Bieter die geforderten Aufklärungen und Angaben, so kann sein Angebot unberücksichtigt bleiben.

2. (1) Andere Verhandlungen, besonders über Änderungen der Angebote oder Preise, sind unstatthaft.

   (2) Ausnahmsweise darf bei einem Nebenangebot oder Änderungsvorschlag (§ 17 Nr. 3 Abs. 5) oder bei einem Angebot aufgrund funktionaler Leistungsbeschreibung (§ 8 Nr. 2 Abs. 1 Buchst. a)) mit dem Bieter, dessen Angebot als das wirtschaftlichste gewertet wurde (§ 25 Nr. 3), im Rahmen der geforderten Leistung über notwendige technische Änderungen geringen Umfangs verhandelt werden. Hierbei kann auch der Preis entsprechend angepasst werden. Mit weiteren Bietern darf nicht verhandelt werden.

3. Grund und Ergebnis der Verhandlungen sind vertraulich zu behandeln und schriftlich niederzulegen.

§ 25
Wertung der Angebote

1. (1) Ausgeschlossen werden:
   a) Angebote, für deren Wertung wesentliche Preisangaben fehlen (§ 21 Nr. 1 Abs. 1 Satz 1),
   b) Angebote, die nicht unterschrieben sind (§ 21 Nr. 1 Abs. 2 Satz 1),
   c) Angebote, in denen Änderungen des Bieters an seinen Eintragungen nicht zweifelsfrei sind (§ 21 Nr. 1 Abs. 2 Satz 2),
   d) Angebote, bei denen Änderungen oder Ergänzungen an den Verdingungsunterlagen vorgenommen worden sind (§ 21 Nr. 1 Abs. 3),
   e) Angebote, die verspätet eingegangen sind, es sei denn, dass der verspätete Eingang durch Umstände verursacht worden ist, die nicht vom Bieter zu vertreten sind,
   f) Angebote von Bietern, die in Bezug auf die Vergabe eine unzulässige, wettbewerbsbeschränkende Abrede getroffen haben,
   g) Nebenangebote und Änderungsvorschläge, soweit der Auftraggeber diese nach § 17 Nr. 3 Abs. 5 ausgeschlossen hat.

   (2) Außerdem können ausgeschlossen werden:
   a) Angebote, die nicht die geforderten Angaben und Erklärungen enthalten (§ 21 Nr. 1 Abs. 1 Satz 1),
   b) Angebote von Bietern, die von der Teilnahme am Wettbewerb ausgeschlossen werden können (§ 7 Nr. 5),

c) Nebenangebote und Änderungsvorschläge, die nicht auf besonderer Anlage gemacht worden oder als solche nicht deutlich gekennzeichnet sind (§ 21 Nr. 2).

2. (1) Bei der Auswahl der Angebote, die für den Zuschlag in Betracht kommen, sind nur Bieter zu berücksichtigen, die für die Erfüllung der vertraglichen Verpflichtungen die erforderliche Fachkunde, Leistungsfähigkeit und Zuverlässigkeit besitzen.

(2) Erscheinen Angebote im Verhältnis zu der zu erbringenden Leistung ungewöhnlich niedrig, so überprüft der Auftraggeber vor der Vergabe des Auftrags die Einzelposten dieser Angebote. Zu diesem Zweck verlangt er vom Bieter die erforderlichen Belege. Der Auftraggeber berücksichtigt bei der Vergabe das Ergebnis der Überprüfung.

(3) Auf Angebote, deren Preise in offenbarem Missverhältnis zur Leistung stehen, darf der Zuschlag nicht erteilt werden.

3. Der Zuschlag ist auf das unter Berücksichtigung aller Umstände wirtschaftlichste Angebot zu erteilen. Der niedrigste Angebotspreis allein ist nicht entscheidend.

4. Nebenangebote und Änderungsvorschläge, die der Auftraggeber bei der Ausschreibung gewünscht oder ausdrücklich zugelassen hat, sind ebenso zu werten wie die Hauptangebote. Sonstige Nebenangebote und Änderungsvorschläge können berücksichtigt werden.

5. Die Gründe für die Zuschlagserteilung sind in den Akten zu vermerken.

§ 25 b
Wertung der Angebote

1. (1) Der Auftrag ist auf das wirtschaftlich günstigste Angebot unter Berücksichtigung der auftragsbezogenen Kriterien wie etwa Lieferfrist, Ausführungsdauer, Betriebskosten, Rentabilität, Qualität, Ästhetik und Zweckmäßigkeit, technischer Wert, Kundendienst und technische Hilfe, Verpflichtungen hinsichtlich der Ersatzteile, Versorgungssicherheit, Preis zu erteilen.

(2) Bei der Wertung der Angebote dürfen nur Kriterien berücksichtigt werden, die in der Bekanntmachung oder in den Vergabeunterlagen genannt sind.

2. (1) Erscheinen im Falle eines bestimmten Auftrags Angebote im Verhältnis zur Leistung als ungewöhnlich niedrig, so muss der Auftraggeber vor deren Ablehnung schriftlich Aufklärung über die Einzelposten der Angebote verlangen, wo er dies für angezeigt hält; die anschließende Prüfung erfolgt unter Berücksichtigung der eingegangenen Begründungen. Er kann eine zumutbare Frist für die Antwort festlegen.

(2) Der Auftraggeber kann Begründungen berücksichtigen, die objektiv gerechtfertigt sind durch die Wirtschaftlichkeit der Herstellungsmethode, die gewählten technischen Lösungen, außergewöhnlich günstige Bedingungen für den Bieter bei der Durchführung des Auftrags oder die Originalität der vom Bieter vorgeschlagenen Erzeugnisse.

(3) Angebote, die aufgrund einer staatlichen Beihilfe ungewöhnlich niedrig sind, dürfen von den Auftraggebern nur zurückgewiesen werden, wenn diese den Bieter darauf hingewiesen haben und dieser nicht den Nachweis liefern konnte, dass die Beihilfe der Kommission der Europäischen Gemeinschaften gemeldet oder von ihr genehmigt wurde. Auftraggeber, die unter diesen Umständen ein Angebot zurückweisen, müssen die Kommission der Europäischen Gemeinschaften darüber unterrichten.

3. Ein Angebot nach § 8 b Nr. 6 ist wie ein Hauptangebot zu werten.

4. (1) Nebenangebote und Änderungsvorschläge sind zu werten, es sei denn, der Auftraggeber hat sie in der Bekanntmachung oder in den Vergabeunterlagen nicht zugelassen.

(2) Wenn der Auftraggeber an Nebenangebote und Änderungsvorschläge Mindestanforderungen gestellt hat, darf der Zuschlag auf solche Angebote nur erteilt werden, wenn sie den Mindestanforderungen entsprechen.

§ 26
Aufhebung der Ausschreibung

1. Die Ausschreibung kann aufgehoben werden, wenn
   a) kein Angebot eingegangen ist, das den Ausschreibungsbedingungen entspricht,
   b) sich die Grundlagen der Ausschreibung wesentlich geändert haben,
   c) sie kein wirtschaftliches Ergebnis gehabt hat,
   d) andere schwerwiegende Gründe bestehen.

2. Die Ausschreibung kann unter der Voraussetzung, dass Angebote in Losen vorgesehen oder Nebenangebote und Änderungsvorschläge nicht ausgeschlossen sind, teilweise aufgehoben werden, wenn
   a) das wirtschaftlichste Angebot den ausgeschriebenen Bedarf nicht voll deckt,
   b) schwerwiegende Gründe der Vergabe der gesamten Leistung an einen Bieter entgegenstehen.

3. Die Gründe für die Aufhebung der Ausschreibung sind in den Akten zu vermerken.

4. Die Bieter sind von der Aufhebung der Ausschreibung unter Bekanntgabe der Gründe (Nummer 1 Buchstabe a) bis d), Nummer 2 Buchstabe a) und b)) unverzüglich zu benachrichtigen.

5. Eine neue Ausschreibung oder eine Freihändige Vergabe ist nur zulässig, wenn die vorhergehende Ausschreibung über denselben Gegenstand ganz oder teilweise aufgehoben ist.

§ 27
Nicht berücksichtigte Angebote

1. Ein Angebot gilt als nicht berücksichtigt, wenn bis zum Ablauf der Zuschlagsfrist kein Auftrag erteilt wurde.

Die Vergabestelle teilt jedem erfolglosen Bieter nach Zuschlagserteilung auf dessen schriftlichen Antrag hin unverzüglich die Ablehnung seines Angebots schriftlich mit. Dem Antrag ist ein adressierter Freiumschlag beizufügen. Der Antrag kann bereits bei der Abgabe des Angebotes gestellt werden. Weiterhin muss in den Verdingungsunterlagen bereits darauf hingewiesen werden, dass das Angebot nicht berücksichtigt worden ist, wenn bis zum Ablauf der Zuschlagsfrist kein Auftrag erteilt wurde.

2. In der Mitteilung gemäß Nummer 1 Satz 1 sind zusätzlich bekannt zu geben:

   a) Die Gründe für die Ablehnung (z.B. preisliche, technische, funktionsbedingte, gestalterische, ästhetische) seines Angebots. Bei der Mitteilung ist darauf zu achten, dass die Auskunft mit Rücksicht auf die Verpflichtung der Vergabestelle, die Angebote vertraulich zu behandeln (§ 22 Nr. 6 Abs. 1 Satz 1), keine Angaben aus Angeboten anderer Bieter enthält.

   b) Die Anzahl der eingegangenen Angebote.

   c) Der niedrigste und höchste Angebotsendpreis der nach § 23 geprüften Angebote.

3. Die zusätzliche Bekanntgabe nach Nummer 2 entfällt, wenn

   a) der Zuschlagspreis unter 5000 Euro liegt oder

   b) weniger als 8 Angebote eingegangen sind oder

   c) der Aufforderung zur Angebotsabgabe eine funktionale Leistungsbeschreibung (§ 8 Nr. 2 Abs. 1 Buchstabe a)) zugrunde gelegen hat oder

   d) das Angebot nach § 25 Nr. 1 ausgeschlossen worden ist oder nach § 25 Nr. 2 Abs. 1 nicht berücksichtigt werden konnte.

4. Ist aufgrund der Aufforderung zur Angebotsabgabe Vergabe in Losen vorgesehen, so sind zusätzlich in der Bekanntgabe nach Nummer 2 Buchstabe c) Preise zu Losangeboten dann mitzuteilen, wenn eine Vergleichbarkeit der Losangebote (z.B. gleiche Losgröße und Anzahl der Lose) gegeben ist.

5. Sind Nebenangebote und Änderungsvorschläge eingegangen, so sind diese bei den Angaben gemäß Nummer 2 außer Betracht zu lassen; im Rahmen der Bekanntgabe nach Nummer 2 ist jedoch anzugeben, dass Nebenangebote und Änderungsvorschläge eingegangen sind.

6. Die Mitteilungen nach Nummer 1 und 2 sind abschließend.

7. Entwürfe, Ausarbeitungen, Muster und Proben zu nicht berücksichtigten Angeboten sind zurückzugeben, wenn dies im Angebot oder innerhalb von 24 Werktagen nach Ablehnung des Angebots verlangt wird.

8. Nicht berücksichtigte Angebote und Ausarbeitungen der Bieter dürfen nur mit ihrer Zustimmung für eine neue Vergabe oder für andere Zwecke benutzt werden.

§ 27 b
Mitteilungspflichten

1. Auftraggeber, die eine Tätigkeit im Bereich der Trinkwasserversorgung oder im Verkehrsbereich – ausgenommen Eisenbahnverkehr – ausüben, teilen den Bewerbern und Bietern innerhalb kürzester Frist und auf schriftlichen Antrag Folgendes mit:

- den ausgeschlossenen Bewerbern oder Bietern die Gründe für die Ablehnung ihrer Bewerbung oder ihres Angebotes,
- den Bietern, die ein ordnungsgemäßes Angebot eingereicht haben, die Merkmale und relativen Vorteile des erfolgreichen Angebotes und den Namen des erfolgreichen Bieters.

2. Der Auftraggeber kann in Nummer 1 genannte Informationen zurückhalten, wenn die Weitergabe den Gesetzesvollzug vereiteln würde oder sonst nicht im öffentlichen Interesse läge oder die berechtigten Geschäftsinteressen von Unternehmen oder den fairen Wettbewerb beeinträchtigen würde.

§ 28
Zuschlag

1. (1) Der Zuschlag (§ 25 Nr. 3) auf ein Angebot soll schriftlich und so rechtzeitig erteilt werden, dass ihn der Bieter noch vor Ablauf der Zuschlagsfrist erhält. Wird ausnahmsweise der Zuschlag nicht schriftlich erteilt, so ist er umgehend schriftlich zu bestätigen.

   (2) Dies gilt nicht für die Fälle, in denen durch Ausführungsbestimmungen auf die Schriftform verzichtet worden ist.

2. (1) Wird auf ein Angebot rechtzeitig und ohne Abänderungen der Zuschlag erteilt, so ist damit nach allgemeinen Rechtsgrundsätzen der Vertrag abgeschlossen, auch wenn spätere urkundliche Festlegung vorgesehen ist.

   (2) Verzögert sich der Zuschlag, so kann die Zuschlagsfrist nur im Einvernehmen mit den in Frage kommenden Bietern verlängert werden.

§ 28 b
Bekanntmachung der Auftragserteilung

1. Der Kommission der Europäischen Gemeinschaften sind für jeden vergebenen Auftrag binnen zwei Monaten nach der Vergabe dieses Auftrags die Ergebnisse des Vergabeverfahrens durch eine gemäß Anhang F/SKR abgefasste Bekanntmachung mitzuteilen.

2. Die Angaben in Anhang F/SKR werden im Amtsblatt der Europäischen Gemeinschaften veröffentlicht. Dabei trägt die Kommission der Europäischen Gemeinschaften der Tatsache Rechnung, dass es sich bei den Angaben im Falle von Anhang F/SKR Nummern 6, 9 und 11 um in geschäftlicher Hinsicht empfindliche Angaben handelt, wenn der Auftraggeber dies bei der Übermittlung dieser Angaben geltend macht.

3. (1) Auftraggeber, die Dienstleistungsaufträge der Kategorie 8 des Anhangs I A vergeben, auf die § 3 b Nr. 2 Buchst. b) anwendbar ist, können bezüglich Anhang F/SKR, Nummer 3 nur die Hauptbezeichnung des Auftragsgegenstandes gemäß der Klassifizierung des Anhangs I A angeben.

   Ist auf die Vergabe von Dienstleistungsaufträgen der Kategorie 8 des Anhangs I A § 3 b Nr. 2 Buchst. b) nicht anwendbar, können die Auftraggeber die Angaben nach Nummer 3 des Anhangs F/SKR beschränken, wenn Geschäftsgeheimnisse dies notwendig machen.

Die veröffentlichten Angaben sind ebenso detailliert zu fassen wie die Angaben in ihrer Bekanntmachung eines Aufrufs zum Wettbewerb nach § 17 b Nr. 1 Abs. 1 im Falle eines Prüfsystems, zumindest ebenso detailliert wie in § 7 b Nr. 9.

(2) Bei der Vergabe von Dienstleistungsaufträgen des Anhangs I B geben die Auftraggeber an, ob sie mit der Veröffentlichung einverstanden sind.

4. Die Angaben in Anhang F/SKR Nummern 12 bis 18 werden nicht oder nur in vereinfachter Form zu statistischen Zwecken veröffentlicht.

§ 29
Vertragsurkunde

Eine besondere Urkunde kann über den Vertrag dann gefertigt werden, wenn die Vertragspartner dies für notwendig halten.

§ 30
Vergabevermerk

1. Über die Vergabe ist ein Vermerk zu fertigen, der die einzelnen Stufen des Verfahrens, die Maßnahmen, die Feststellung sowie die Begründung der einzelnen Entscheidungen enthält.

2. Wird auf die Vorlage zusätzlich zum Angebot verlangter Unterlagen und Nachweise verzichtet, ist dies im Vergabevermerk zu begründen.

§ 30 b
Aufbewahrungs- und Berichtspflichten

1. (1) Sachdienliche Unterlagen über jede Auftragsvergabe sind aufzubewahren, die es zu einem späteren Zeitpunkt ermöglichen, die Entscheidungen zu begründen über:
   a) die Prüfung und Auswahl der Unternehmen und die Auftragsvergabe,
   b) die Inanspruchnahme der Abweichungsmöglichkeiten beim Gebrauch der europäischen Spezifikationen gemäß § 8 b Nr. 2 Abs. 1,
   c) den Rückgriff auf Verfahren ohne vorherigen Aufruf zum Wettbewerb gemäß § 3 b Nr. 2,
   d) die Inanspruchnahme vorgesehener Abweichungsmöglichkeiten von der Anwendungsverpflichtung.

   (2) Die Unterlagen müssen mindestens vier Jahre lang ab der Auftragsvergabe aufbewahrt werden, damit der Auftraggeber der Kommission der Europäischen Gemeinschaften in dieser Zeit auf Anfrage die erforderlichen Auskünfte erteilen kann.

2. Auftraggeber, die eine Tätigkeit im Bereich der Trinkwasserversorgung oder im Verkehrsbereich – ausgenommen Eisenbahnverkehr – ausüben, übermitteln der Bundesregierung jährlich eine statistische Aufstellung, die nach den Vorgaben der Kommission aufzustellen ist.

3. Der Auftraggeber teilt der Bundesregierung jährlich den Gesamtwert der Aufträge mit, die unterhalb der in der Vergabeverordnung festgelegten Schwellenwerte liegen.

Diese Meldepflicht gilt nicht, wenn der Auftraggeber im Berichtszeitraum keinen Auftrag ab den in der Vergabeverordnung festgelegten Schwellenwerten zu vergeben hatte.

§ 31 b
Wettbewerbe

1. Wettbewerbe sind die Auslobungsverfahren, die zu einem Dienstleistungsauftrag führen sollen.

2. (1) Die auf die Durchführung des Wettbewerbs anwendbaren Regeln sind den an der Teilnahme am Wettbewerb Interessierten mitzuteilen.

   (2) Die Zulassung zur Teilnahme an einem Wettbewerb darf nicht beschränkt werden
   - auf das Gebiet eines Mitgliedstaates oder einen Teil davon,
   - auf natürliche oder juristische Personen.

   (3) Bei Wettbewerben mit beschränkter Teilnehmerzahl haben die Auftraggeber eindeutige und nichtdiskriminierende Auswahlkriterien festzulegen. Die Zahl der Bewerber, die zur Teilnahme aufgefordert werden, muss ausreichen, um einen echten Wettbewerb zu gewährleisten.

   (4) Das Preisgericht darf nur aus Preisrichtern bestehen, die von den Teilnehmern des Wettbewerbs unabhängig sind. Wird von den Wettbewerbsteilnehmern eine bestimmte berufliche Qualifikation verlangt, muss mindestens ein Drittel der Preisrichter über dieselbe oder eine gleichwertige Qualifikation verfügen.

   (5) Das Preisgericht ist in seinen Entscheidungen und Stellungnahmen unabhängig. Es trifft diese aufgrund von Wettbewerbsarbeiten, die anonym vorgelegt werden, und nur aufgrund von Kriterien, die in der Bekanntmachung nach Nummer 3 genannt sind.

3. (1) Auftraggeber, die einen Wettbewerb durchführen wollen, teilen ihre Absicht durch Bekanntmachung nach dem im Anhang G/SKR enthaltenen Muster mit. Die Bekanntmachung ist dem Amt für amtliche Veröffentlichungen der Europäischen Gemeinschaften[1]) unverzüglich mitzuteilen.

   (2) § 17 b Nr. 4 gilt entsprechend.

   (3) Auftraggeber, die einen Wettbewerb durchgeführt haben, geben spätestens 2 Monate nach Durchführung eine Bekanntmachung nach dem im Anhang H/SKR enthaltenen Muster an das Amt für amtliche Veröffentlichungen der Europäischen Gemeinschaften. § 28 b gilt entsprechend.

§ 32 b
Nachprüfungsbehörden

In der Bekanntmachung und den Vergabeunterlagen ist die Stelle anzugeben, an die sich der Bewerber oder Bieter zur Nachprüfung behaupteter Verstöße gegen die Vergabebestimmungen wenden kann.

---

1) Amt für amtliche Veröffentlichungen der Europäischen Gemeinschaften, 2, rue Mercier, L-2985 Luxemburg, Telefon: 0 03 52/29 29-1, Telefax: 0 03 52/29 29 42 670.
http://ted.eur-op.eu.int
E-mail: mp-ojs@opoce.cec.eu.int

B III Texte

Anhang I A

Kategorie	Titel	CPC-Referenznummer
1	Instandhaltung und Reparatur	6112, 6122, 633, 886
2	Landverkehr[1]) einschließlich Geldtransport und Kurierdienst, ohne Postverkehr	712 (außer 71235, 7512, 87304)
3	Fracht- und Personenbeförderung im Flugverkehr, ohne Postverkehr	73 (außer 7321)
4	Postbeförderung im Landverkehr[1]) sowie Luftpostbeförderung	71235, 7321
5	Fernmeldewesen[2])	752
6	Finanzielle Dienstleistungen a) Versicherungsleistungen b) Bankenleistungen und Wertpapiergeschäfte[3])	 ex 81 812, 814
7	Datenverarbeitung und verbundene Tätigkeiten	84
8	Forschung und Entwicklung[4])	85
9	Buchführung, -haltung und -prüfung	862
10	Markt- und Meinungsforschung	864
11	Unternehmensberatung und verbundene Tätigkeiten	865, 866
12	Architektur, technische Beratung und Planung; integrierte technische Leistungen; Stadt- und Landschaftsplanung; zugehörige wissenschaftliche und technische Beratung; technische Versuche und Analysen	867
13	Werbung	871
14	Gebäudereinigung und Hausverwaltung	874, 82201 bis 82206
15	Verlegen und Drucken gegen Vergütung oder auf vertraglicher Grundlage	88442
16	Abfall- und Abwasserbeseitigung; sanitäre und ähnliche Dienstleistungen	94

---

[1] Ohne Eisenbahnverkehr der Kategorie 18.
[2] Ohne Fernsprechdienstleistungen, Telex, beweglichen Telefondienst, Funkrufdienst und Satellitenkommunikation.
[3] Ohne Verträge über Ausgabe, Verkauf, Ankauf oder Übertragung von Wertpapieren oder anderen Finanzinstrumenten.
[4] Ohne Aufträge über Forschungs- und Entwicklungsdienstleistungen, es sei denn, ihre Ergebnisse werden ausschließlich Eigentum des Auftraggebers für seinen Gebrauch bei der Ausübung seiner eigenen Tätigkeit und die Dienstleistung wird vollständig durch den Auftraggeber vergütet.

Anhang I B

Kategorie	Titel	CPC-Referenznummer
17	Gaststätten- und Beherbergungsgewerbe	64
18	Eisenbahnen	711
19	Schifffahrt	72
20	Neben- und Hilfstätigkeiten des Verkehrs	74
21	Rechtsberatung	861
22	Arbeits- und Arbeitskräftevermittlung	872
23	Auskunfts- und Schutzdienste (ohne Geldtransport)	873 (außer 87304)
24	Unterrichtswesen und Berufsausbildung	92
25	Gesundheits-, Veterinär- und Sozialwesen	93
26	Erholung, Kultur und Sport	96
27	Sonstige Dienstleistungen	

Anhang TS
Technische Spezifikationen

1 **Begriffsbestimmungen**

1.1 „Technische Spezifikationen" sind sämtliche, insbesondere in den Verdingungsunterlagen enthaltenen technischen Anforderungen an ein Material, ein Erzeugnis oder eine Lieferung, mit deren Hilfe das Material, das Erzeugnis oder die Lieferung so bezeichnet werden können, dass sie ihren durch den Auftraggeber festgelegten Verwendungszweck erfüllen. Zu diesen technischen Anforderungen gehören Qualitätsstufen, Gebrauchstauglichkeit, Sicherheit und Abmessungen, ebenso die Vorschriften für Materialien, Erzeugnisse oder Lieferungen hinsichtlich Qualitätssicherung, Terminologie, Bildzeichen, Prüfungen und Prüfverfahren, Verpackung, Kennzeichnung und Beschriftung.

1.2 „Norm" technische Spezifikation, die von einer anerkannten Normenorganisation zur wiederholten oder ständigen Anwendung angenommen wurde, deren Einhaltung grundsätzlich nicht zwingend vorgeschrieben ist.

1.3 „Europäische Norm": die von dem Europäischen Komitee für Normung (CEN) oder dem Europäischen Komitee für Elektrotechnische Normung (CENELEC) gemäß deren gemeinsamen Regeln als Europäische Normen (EN) oder Harmonisierungsdokumente (HD) angenommenen Normen oder vom Europäischen Institut für Telekommunikationsnormen (ETSI) entsprechend seinen eigenen Vorschriften als „Europäische Telekommunikationsnorm" (ETS) angenommenen Normen.

1.4 „Europäische technische Zulassung": eine positive technische Beurteilung der Brauchbarkeit eines Produkts hinsichtlich der Erfüllung der wesentlichen Anforderungen an bauliche Anlagen; sie erfolgt auf Grund der spezifischen Merkmale des Produkts und der festgelegten Anwendungs- und Verwendungsbedingungen. Die europäische technische Zulassung wird von einer zu diesem Zweck vom Mitgliedstaat zugelassenen Organisation ausgestellt.

1.5 „Gemeinsame technische Spezifikation": technische Spezifikation, die nach einem von den Mitgliedstaaten anerkannten Verfahren erarbeitet wurde, um die einheitliche Anwendung in allen Mitgliedstaaten sicherzustellen, und die im Amtsblatt der Europäischen Gemeinschaften veröffentlicht wurde.

1.6 „Europäische Spezifikation": eine gemeinsame technische Spezifikation, eine europäische technische Zulassung oder eine in innerstaatliche Normen übernommene europäische Norm.

2 **Mangels europäischer Spezifikationen**

2.1 werden die technischen Spezifikationen unter Bezugnahme auf die einzelstaatlichen technischen Spezifikationen festgelegt, die anerkanntermaßen den wesentlichen Anforderungen der Gemeinschaftsrichtlinien zur technischen Harmonisierung entsprechen.

2.2 können die technischen Spezifikationen unter Bezugnahme auf die einzelstaatlichen technischen Spezifikationen betreffend den Einsatz von Produkten festgelegt werden.

2.3 können die technischen Spezifikationen unter Bezugnahme auf sonstige Dokumente festgelegt werden.

In einem solchen Fall ist unter Beachtung der nachstehenden Normenrangfolge zurückzugreifen auf

- die innerstaatlichen Normen, mit denen vom Land des Auftraggebers akzeptierte internationale Normen umgesetzt werden;
- sonstige innerstaatliche Normen und innerstaatliche technische Zulassungen des Landes des Auftraggebers;
- alle weiteren Normen.

Anhang A/SKR
Offenes Verfahren

1. Name, Anschrift, Telefon-, Telegrafen-, Fernschreib- und Fernkopiernummer des Auftraggebers (Vergabestelle):

2. Art des Auftrages, der Gegenstand der Vergabe ist (z.B. Liefer- oder Dienstleistungsauftrag oder Rahmenvertrag):
   Dienstleistungskategorie gemäß Anhang I A bzw. I B und Beschreibung der Dienstleistung (CPV-Referenznummer):

3. Liefer- oder Ausführungsort:

4. Bei Lieferaufträgen:

   a) Art und Menge der zu liefernden Waren, einschließlich etwaiger Optionsrechte für weitere Aufträge und nach Möglichkeit voraussichtliche Zeitpunkte, bis zu denen diese Rechte wahrgenommen werden können. Bei wiederkehrenden Aufträgen nach Möglichkeit ebenfalls Angabe der voraussichtlichen Zeitpunkte der einzelnen Aufrufe zum Wettbewerb.

   b) Angabe, ob die Bewerber für einige und/oder alle der angeforderten Waren Angebote einreichen können:

5. Bei Dienstleistungsaufträgen:

   a) Art und Menge der zu erbringenden Dienstleistung einschließlich etwaiger Optionsrechte für weitere Aufträge und nach Möglichkeit voraussichtliche Zeitpunkte, bis zu denen diese Rechte wahrgenommen werden können. Bei wiederkehrenden Aufträgen nach Möglichkeit ebenfalls Angabe der voraussichtlichen Zeitpunkte der einzelnen Aufrufe zum Wettbewerb:

   b) Angabe, ob die Erbringung der Dienstleistung aufgrund von Rechts- und Verwaltungsvorschriften einem besonderen Berufsstand vorbehalten ist:

   c) Hinweis auf die Rechts- und Verwaltungsvorschriften:

   d) Angabe, ob juristische Personen die Namen und die berufliche Qualifikation der Personen angeben müssen, die für die Ausführung der betreffenden Dienstleistung verantwortlich sein sollen:

   e) Angabe, ob die Unternehmen Angebote für einen Teil der betreffenden Dienstleistungen unterbreiten können:

6. Gegebenenfalls Ausschluss von Nebenangeboten und Änderungsvorschlägen:

7. Ausnahme von der Anwendung europäischer Spezifikationen gem. § 8 b Nr. 2 Abs. 1:

8. Liefer- und Ausführungsfrist oder Dauer des Dienstleistungsauftrags und nach Möglichkeit Zeitpunkt des Beginns:

9. a) Name und Anschrift der Stelle, bei der die Verdingungsunterlagen und zusätzlichen Unterlagen angefordert werden können, sowie Termin, bis zu dem diese Unterlagen spätestens angefordert werden können:

   b) Gegebenenfalls Höhe und Einzelheiten der Zahlung des Entgelts für die Übersendung dieser Unterlagen:

10. a) Tag, bis zu dem die Angebote eingehen müssen:
    b) Anschrift, an die die Angebote zu richten sind:
    c) Sprache, in der die Angebote abgefasst sein müssen:
11. Entfällt
12. Gegebenenfalls geforderte Sicherheiten:
13. Wesentliche Zahlungsbedingungen und/oder Verweisung auf die Vorschriften, in denen sie enthalten sind:
14. Gegebenenfalls Rechtsform, die die Bietergemeinschaft, an die der Auftrag vergeben wird, haben muss:
15. Mit dem Angebot verlangte Nachweise der Eignung (Fachkunde, Leistungsfähigkeit, Zuverlässigkeit) des Bieters:
16. Frist, während der die Bieter an ihre Angebote gebunden sind:
17. Kriterien für die Auftragserteilung, wenn diese nicht in den Vergabeunterlagen genannt sind:
18. Sonstige Angaben, insbesondere die Stelle, an die sich der Bewerber oder Bieter zur Nachprüfung behaupteter Verstöße gegen Vergabebestimmungen wenden kann:
19. Gegebenenfalls Fundstelle der Veröffentlichung der regelmäßigen Bekanntmachung, auf die dieser Auftrag sich bezieht, im Amtsblatt der Europäischen Gemeinschaften:
20. Tag der Absendung der Bekanntmachung:
21. Tag des Eingangs der Bekanntmachung beim Amt für amtliche Veröffentlichungen der Europäischen Gemeinschaften:[1])

---

[1]) Wird vom Amt für amtliche Veröffentlichungen der Europäischen Gemeinschaften eingetragen.

Anhang B/SKR
Nichtoffenes Verfahren

1. Name, Anschrift, Telefon-, Telegrafen-, Fernschreib- und Fernkopiernummer des Auftraggebers (Vergabestelle):
2. Art des Auftrags, der Gegenstand der Vergabe ist (z.b. Liefer- oder Dienstleistungsauftrag oder Rahmenvertrag): Dienstleistungskategorie gemäß Anhang I A bzw. I B und Beschreibung der Dienstleistung (CPV-Referenznummer):
3. Liefer- oder Ausführungsort:
4. Bei Lieferaufträgen:

   a) Art und Menge der zu liefernden Waren, einschließlich etwaiger Optionsrechte für weitere Aufträge und nach Möglichkeit voraussichtliche Zeitpunkte, bis zu denen diese Rechte wahrgenommen werden können. Bei wiederkehrenden Aufträgen nach Möglichkeit ebenfalls Angabe der voraussichtlichen Zeitpunkte der einzelnen Aufrufe zum Wettbewerb:

   b) Angaben darüber, ob die Bewerber Angebote für einige und/oder alle angeforderten Waren einreichen können:

5. Bei Dienstleistungsaufträgen:

   a) Art und Menge der zu erbringenden Dienstleistungen einschließlich etwaiger Optionsrechte für weitere Aufträge und nach Möglichkeit voraussichtliche Zeitpunkte, bis zu denen diese Rechte wahrgenommen werden können. Bei wiederkehrenden Aufträgen nach Möglichkeit ebenfalls Angabe der voraussichtlichen Zeitpunkte der einzelnen Aufrufe zum Wettbewerb.

   b) Angabe, ob die Erbringung der Dienstleistung aufgrund von Rechts- und Verwaltungsvorschriften einem besonderen Berufsstand vorbehalten ist:

   c) Hinweis auf die Rechts- und Verwaltungsvorschriften:

   d) Angabe, ob juristische Personen die Namen und die berufliche Qualifikation der Personen angeben müssen, die für die Ausführung der betreffenden Dienstleistung verantwortlich sein sollen:

   e) Angabe, ob die Unternehmen Angebote für einen Teil der betreffenden Dienstleistungen unterbreiten können:

6. Gegebenenfalls Ausschluss von Nebenangeboten und Änderungsvorschlägen:
7. Ausnahme von der Anwendung europäischer Spezifikationen gemäß § 8 b Nr. 2 Abs. 1:
8. Liefer- und Ausführungsfrist oder Dauer des Dienstleistungsauftrages und nach Möglichkeit Zeitpunkt des Beginns:
9. Gegebenenfalls Rechtsform, die die Bietergemeinschaft, an die der Auftrag vergeben wird, haben muss:
10. a) Tag, bis zu dem die Anträge auf Teilnahme eingehen müssen:

    b) Anschrift, an die die Anträge zu richten sind:

    c) Sprache, in der die Anträge abgefasst sein müssen:

11. Tag, an dem die Aufforderungen zur Angebotsabgabe spätestens abgesandt werden:

12. Gegebenenfalls geforderte Sicherheiten:

13. Wesentliche Zahlungsbedingungen und/oder Verweisung auf die Vorschriften, in denen sie enthalten sind:

14. Mit dem Teilnahmeantrag verlangte Nachweise für die Beurteilung der Eignung (Fachkunde, Leistungsfähigkeit, Zuverlässigkeit) des Bewerbers:

15. Kriterien für die Auftragserteilung, wenn diese nicht in den Vergabeunterlagen enthalten sind:

16. Sonstige Angaben, insbesondere die Stelle, an die sich der Bewerber oder Bieter zur Nachprüfung behaupteter Verstöße gegen Vergabebestimmungen wenden kann:

17. Gegebenenfalls Fundstelle der Veröffentlichung der regelmäßigen Bekanntmachung im Amtsblatt der Europäischen Gemeinschaften, auf die dieser Auftrag sich bezieht:

18. Tag der Absendung der Bekanntmachung:

19. Tag des Eingangs der Bekanntmachung beim Amt für amtliche Veröffentlichungen der Europäischen Gemeinschaften:[1])

---

[1]) Wird vom Amt für amtliche Veröffentlichungen der Europäischen Gemeinschaften eingetragen.

Anhang C/SKR
Verhandlungsverfahren

1. Name, Anschrift, Telefon-, Telegrafen-, Fernschreib- und Fernkopiernummer des Auftraggebers (Vergabestelle):

2. Art des Auftrages, der Gegenstand der Vergabe ist (z.b. Liefer- oder Dienstleistungsauftrag oder Rahmenvertrag): Dienstleistungskategorie gemäß Anhang I A bzw. I B und Beschreibung der Dienstleistung (CPV-Referenznummer):

3. Liefer- oder Ausführungsort:

4. Bei Lieferaufträgen:

   a) Art und Menge der zu liefernden Waren einschließlich etwaiger Optionsrechte für weitere Aufträge und nach Möglichkeit voraussichtliche Zeitpunkte, bis zu denen diese Rechte wahrgenommen werden können. Bei wiederkehrenden Aufträgen nach Möglichkeit ebenfalls Angabe der voraussichtlichen Zeitpunkte der einzelnen Aufrufe zum Wettbewerb:

   b) Angaben darüber, ob die Bewerber Angebote für einige und/oder alle angeforderten Waren einreichen können:

5. Bei Dienstleistungsaufträgen:

   a) Art und Menge der zu erbringenden Dienstleistungen einschließlich etwaiger Optionsrechte für weitere Aufträge und nach Möglichkeit voraussichtliche Zeitpunkte, bis zu denen diese Rechte wahrgenommen werden können. Bei wiederkehrenden Aufträgen nach Möglichkeit ebenfalls Angabe der voraussichtlichen Zeitpunkte der einzelnen Aufrufe zum Wettbewerb:

   b) Angabe, ob die Erbringung der Dienstleistung aufgrund von Rechts- und Verwaltungsvorschriften einem besonderen Berufsstand vorbehalten ist:

   c) Hinweis auf die Rechts- und Verwaltungsvorschriften:

   d) Angabe, ob juristische Personen die Namen und die berufliche Qualifikation der Personen angeben müssen, die für die Ausführung der betreffenden Dienstleistung verantwortlich sein sollen:

   e) Angabe, ob die Unternehmen Angebote für einen Teil der betreffenden Dienstleistungen unterbreiten können:

6. Ausnahme von der Anwendung europäischer Spezifikationen gem. § 8 b Nr. 2 Abs. 1:

7. Liefer- und Ausführungsfrist oder Dauer des Dienstleistungsauftrags und nach Möglichkeit Zeitpunkt des Beginns:

8. a) Tag, bis zu dem die Anträge auf Teilnahme eingehen müssen:

   b) Anschrift, an die die Anträge zu richten sind:

   c) Sprache, in der diese Anträge abgefasst sein müssen:

9. Gegebenenfalls geforderte Sicherheiten:

10. Wesentliche Zahlungsbedingungen und/oder Verweisung auf die Vorschriften, in denen sie enthalten sind:

11. Gegebenenfalls Rechtsform, die die Bietergemeinschaft, an die der Auftrag vergeben wird, haben muss:

12. Mit dem Teilnahmeantrag verlangte Nachweise für die Beurteilung der Eignung (Fachkunde, Leistungsfähigkeit, Zuverlässigkeit) des Bewerbers:

13. Gegebenenfalls Namen und Anschriften der vom Auftraggeber bereits ausgewählten Unternehmen:

14. Gegebenenfalls Datum vorhergehender Veröffentlichungen im Amtsblatt der Europäischen Gemeinschaften:

15. Sonstige Angaben, insbesondere die Stelle, an die sich der Bewerber oder Bieter zur Nachprüfung behaupteter Verstöße gegen Vergabebestimmungen wenden kann:

16. Gegebenenfalls Fundstelle der regelmäßigen Bekanntmachung, auf die sich dieser Auftrag bezieht, im Amtsblatt der Europäischen Gemeinschaften:

17. Tag der Absendung der Bekanntmachung:

18. Tag des Eingangs der Bekanntmachung beim Amt für amtliche Veröffentlichungen der Europäischen Gemeinschaften:[1])

---

[1]) Wird vom Amt für amtliche Veröffentlichungen der Europäischen Gemeinschaften eingetragen.

Anhang D/SKR
Anwendung des Prüfsystems

1. Name, Anschrift, Telefon-, Telegrafen-, Fernschreib- und Fernkopiernummer des Auftraggebers:

2. Zweck des Prüfsystems (Beschreibung der Waren oder Dienstleistungen oder ihrer jeweiligen Kategorie, die im Rahmen dieses Systems zu beziehen oder zu erbringen sind):

3. Bedingungen, die die Unternehmen für die Zulassung zu diesem Überprüfungssystem im Hinblick auf ihre Qualifikation erfüllen müssen; bei umfangreichen Beschreibungen reicht die Zusammenfassung der wesentlichen Bedingungen und Verfahren sowie Hinweis auf diese Unterlagen aus:

4. Geltungsdauer des Prüfsystems:

5. Hinweis darauf, dass die Bekanntmachung als Aufruf zum Wettbewerb benutzt wird:

6. Anschrift der Stelle, bei der die Vorschriften über das Prüfsystems verfügbar sind:

7. Sonstige Angaben, insbesondere die Stelle, an die sich der Bewerber oder Bieter zur Nachprüfung behaupteter Verstöße gegen Vergabebestimmungen wenden kann:

Anhang E/SKR
Regelmäßige Bekanntmachung

I. Stets auszufüllen

1. Name, Anschrift, Telegrammanschrift, Telefon-, Fernschreib- und Fernkopiernummer des Auftraggebers (Vergabestelle):

2. a) Bei Lieferaufträgen: Art und Menge oder Wert der zu liefernden Waren:
   b) Bei Dienstleistungsaufträgen: Gesamtbetrag der Dienstleistungsaufträge in den einzelnen Kategorien des Anhangs I A

3. Tag der Absendung der Bekanntmachung durch den Auftraggeber:

4. Tag des Eingangs der Bekanntmachung beim Amt für amtliche Veröffentlichungen der Europäischen Gemeinschaften:[1])

5. a) die Stelle, an die sich der Bewerber oder Bieter zur Nachprüfung behaupteter Verstöße gegen Vergabebestimmungen wenden kann:
   b) sonstige Angaben:

II. Auskünfte, die zwingend zu erteilen sind, wenn die Bekanntmachung als Aufruf zum Wettbewerb benutzt wird oder wenn sie eine Verkürzung der Fristen für den Eingang der Bewerbungen oder der Angebote gestattet:

6. Hinweis, dass interessierte Lieferanten oder Dienstleistungserbringer der Auftraggeber ihr Auftragsinteresse mitteilen müssen:

7. Frist für den Eingang der Anträge auf Zusendung einer Aufforderung zur Angebotsabgabe:

III. Auskünfte, die – soweit verfügbar – mitzuteilen sind, wenn die Bekanntmachung als Aufruf zum Wettbewerb benutzt wird oder wenn sie eine Verkürzung der Fristen für den Eingang der Bewerbungen oder der Angebote gestattet:

8. Art des Auftrages (z.B. Liefer- oder Dienstleistungsauftrag oder Rahmenvertrag), Dienstleistungskategorie gem. Anhang I A und Beschreibung der Dienstleistung (CPC-Referenznummer); etwaige Optionsrechte für weitere Aufträge und voraussichtliche Zeitpunkte, bis zu denen diese Rechte wahrgenommen werden können; bei wiederkehrenden Aufträgen ebenfalls Angabe des voraussichtlichen Zeitplans der folgenden Aufrufe zum Wettbewerb:

9. Angabe, ob die Angebote Kauf, Leasing, Miete, Pacht oder Mietkauf oder mehreres gleichzeitig betreffen:

10. Liefer- und Ausführungsfrist oder Dauer des Dienstleistungsauftrags und nach Möglichkeit Zeitpunkt des Beginns:

11. a) Anschrift, an die die Anträge schriftlich zu richten sind:
    b) Tag, bis zu dem die Anträge auf Teilnahme eingehen müssen:
    c) Sprache, in der die Anträge und Angebote abgefasst sein müssen:

---

1) Wird vom Amt für amtliche Veröffentlichungen der Europäischen Gemeinschaften eingetragen.

12. Nachweise für die Beurteilung der Eignung (Fachkunde, Leistungsfähigkeit, Zuverlässigkeit):

13. a) Voraussichtlicher Zeitpunkt, zu dem das Verfahren für die Vergabe des Auftrages/der Aufträge eingeleitet wird (sofern bekannt):

   b) Art des vorgesehenen Vergabeverfahrens:

   c) Betrag, der für die Anforderung der Unterlagen zu entrichten ist, und Zahlungsbedingungen:

Anhang F/SKR
Vergebene Aufträge

I. **Angaben für die Veröffentlichung im Amtsblatt der Europäischen Gemeinschaften:**
1. Name und Anschrift des Auftraggebers (Vergabestelle):
2. Art des Auftrags, der Gegenstand der Vergabe ist (z.b. Liefer- oder Dienstleistungsauftrag oder Rahmenvertrag):
3. Art und Umfang der Leistung:
4. a) Form des Aufrufs zum Wettbewerb (Bekanntmachung über das Prüfsystem; regelmäßige Bekanntmachung, Aufruf zur Angebotsabgabe):
    b) Fundstelle der Veröffentlichung der Bekanntmachung im Amtsblatt der Europäischen Gemeinschaften:
    c) Im Falle von ohne Wettbewerb vergebenen Aufträgen Angabe der betreffenden Bestimmung des § 3 b Nr. 2 oder des § 1 b Nr. 2 Abs. 2:
5. Gewähltes Vergabeverfahren:
6. Anzahl der eingegangenen Angebote:
7. Tag der Auftragserteilung:
8. Für Gelegenheitskäufe nach § 3 b Nr. 2 Buchst. i) gezahlter Preis:
9. Name und Anschrift der (des) Auftragnehmer(s):
10. Entfällt
11. gezahlter Preis oder Preisspanne (Minimum/Maximum):
12. Fakultative Angaben:
– Anteil der beabsichtigten Nachunternehmerleistungen, soweit bekannt:
– Kriterien für die Auftragsvergabe:

II. **Nicht für die Veröffentlichung bestimmte Angaben:**
13. Anzahl der vergebenen Aufträge, wenn ein Auftrag zwischen mehreren Auftragnehmern aufgeteilt worden ist:
14. Wert jedes vergebenen Auftrages:
15. Ursprungsland der Ware oder der Dienstleistung (EG-Ursprung oder Nichtgemeinschaftsursprung; im letzteren Fall nach Drittländern gegliedert):
16. Wurden die in § 8 b Nr. 2 Abs. 1 bei der Verwendung der europäischen Spezifikationen vorgesehenen Ausnahmen in Anspruch genommen, wenn ja, welche:
17. Kriterium für die Auftragsvergabe (wirtschaftlich günstigstes Angebot):
18. Ist der Auftrag auf ein Nebenangebot oder Änderungsvorschlag erteilt worden:
19. Sind Angebote gemäß § 25 b Nr. 2 nicht gewählt worden, weil sie ungewöhnlich niedrig waren:
20. Tag der Absendung dieser Bekanntmachung durch den Auftraggeber:
21. Bezüglich von Aufträgen für Dienstleistungen im Sinne des Anhangs I B: Einverständnis des Auftraggebers mit der Veröffentlichung der Bekanntmachung (§ 28 b Nr. 3 Abs. 2):

Anhang G/SKR
Bekanntmachung über Wettbewerbe

1. Name, Anschrift, Telefon-, Telegrafen-, Fernschreib- und Fernkopiernummer des Auftraggebers und der Stelle, bei der einschlägige Unterlagen erhältlich sind:
2. Beschreibung des Vorhabens:
3. Art des Wettbewerbs: offen oder nicht offen:
4. Bei offenen Wettbewerben: Frist für den Eingang von Wettbewerbsarbeiten:
5. Bei nicht offenen Wettbewerben:
   a) beabsichtigte Zahl der Teilnehmer:
   b) gegebenenfalls Namen bereits ausgewählter Teilnehmer:
   c) anzuwendende Kriterien bei der Auswahl von Teilnehmern:
   d) Frist für den Eingang von Anträgen auf Teilnahme:
6. Gegebenenfalls Angabe, ob die Teilnahme einem besonderen Berufsstand vorbehalten ist:
7. Anzuwendende Kriterien für die Bewertung der Wettbewerbsarbeiten:
8. Gegebenenfalls Namen der Mitglieder des Preisgerichts:
9. Angabe, ob die Entscheidung des Preisgerichts den Auftraggeber bindet:
10. Gegebenenfalls Anzahl und Höhe der Preise:
11. Angabe, ob die Teilnehmer Anspruch auf Kostenerstattung haben:
12. Angabe, ob die Preisgewinner Folgeaufträge erhalten dürfen:
13. Sonstige Angaben, insbesondere die Stelle, an die sich die Bewerber zur Nachprüfung behaupteter Verstöße gegen die Wettbewerbsbedingungen wenden können:
14. Tag der Absendung der Bekanntmachung:
15. Tag des Eingangs der Bekanntmachung beim Amt für amtliche Veröffentlichungen der Europäischen Gemeinschaften:[1])

---

[1]) Wird vom Amt für amtliche Veröffentlichungen der Europäischen Gemeinschaften eingetragen.

Anhang H/SKR
Ergebnisse von Wettbewerben

1. Name, Anschrift, Telefon-, Telegrafen-, Fernschreib- und Fernkopiernummer des Auftraggebers:
2. Beschreibung des Vorhabens:
3. Gesamtzahl der Teilnehmer:
4. Anzahl ausländischer Teilnehmer:
5. Der/die Gewinner des Wettbewerbs:
6. Gegebenenfalls der/die Preis(e):
7. Sonstige Angaben, insbesondere die Stelle, an die sich die Teilnehmer zur Nachprüfung behaupteter Verstöße gegen die Wettbewerbsbestimmungen wenden können:
8. Verweisung auf die Bekanntmachung über den Wettbewerb:
9. Tag der Absendung der Bekanntmachung:
10. Tag des Eingangs der Bekanntmachung beim Amt für amtliche Veröffentlichungen der Europäischen Gemeinschaften:[1])

---

1) Wird vom Amt für amtliche Veröffentlichungen der Europäischen Gemeinschaften eingetragen.

1.4
Abschnitt 4: Vergabebestimmungen nach der EG-Sektorenrichtlinie*) (VOL/A-SKR)

§ 1 SKR
Geltungsbereich

(1) Bei der Vergabe von Liefer- und Dienstleistungsaufträgen gelten die nachfolgenden Bestimmungen.

(2) Aufträge, deren Gegenstand Dienstleistungen nach Anhang I A sind, werden nach den Bestimmungen dieses Abschnitts vergeben.

(3) Aufträge, deren Gegenstand Dienstleistungen nach Anhang I B sind, werden nach den Bestimmungen der §§ 6 SKR und 12 SKR vergeben.

(4) Aufträge, deren Gegenstand Dienstleistungen des Anhangs I A und des Anhangs I B sind, werden nach den Regelungen für diejenigen Dienstleistungen vergeben, deren Wert überwiegt.

§ 2 SKR
Diskriminierungsverbot, Schutz der Vertraulichkeit

1. Bei der Vergabe von Aufträgen darf kein Unternehmen diskriminiert werden.

2. Die Übermittlung technischer Spezifikationen für interessierte Unternehmen, die Prüfung und die Auswahl von Unternehmen und die Auftragsvergabe können die Auftraggeber mit Auflagen zum Schutz der Vertraulichkeit verbinden.

3. Das Recht der Unternehmen, von einem Auftraggeber in Übereinstimmung mit innerstaatlichen Rechtsvorschriften die Vertraulichkeit der von ihnen zur Verfügung gestellten Informationen zu verlangen, wird nicht eingeschränkt.

§ 3 SKR
Arten der Vergabe

1. Die Auftraggeber können jedes der in Nr. 2 bezeichneten Verfahren wählen, vorausgesetzt dass – vorbehaltlich Nr. 3 – ein Aufruf zum Wettbewerb gemäß § 9 SKR Nr. 1 Abs. 1 durchgeführt wird.

2. Aufträge im Sinne von § 1 SKR werden in folgenden Verfahren vergeben:

    a) Offenes Verfahren

    Im Offenen Verfahren werden Aufträge nach öffentlicher Aufforderung einer unbeschränkten Zahl von Unternehmen zur Einreichung von Angeboten vergeben.

    b) Nichtoffenes Verfahren

    Im Nichtoffenen Verfahren werden Aufträge nach Aufforderung einer beschränkten Zahl von Unternehmen zur Einreichung von Angeboten nach einem Aufruf zum Wettbewerb vergeben.

    c) Verhandlungsverfahren

---

*) Richtlinie 93/38/EWG des Rates vom 14. Juni 1993 betreffend die Auftragsvergabe durch Auftraggeber im Bereich Wasser-, Energie- und Verkehrsversorgung sowie im Telekommunikationssektor, ABl. EG Nr. L 199 vom 9. 8. 1993, in der Fassung der Richtlinie 98/4/EG des Europäischen Parlaments und des Rates vom 16. Februar 1998 (ABl. EG Nr. L 101 vom 1. April 1998).

Beim Verhandlungsverfahren wendet sich der Auftraggeber an ausgewählte Unternehmen und verhandelt mit einem oder mehreren dieser Unternehmen über den Auftragsinhalt, gegebenenfalls nach Aufruf zum Wettbewerb.

3. Die Auftraggeber können in folgenden Fällen ein Verfahren ohne vorherigen Aufruf zum Wettbewerb durchführen,

a) wenn im Rahmen eines Verfahrens mit vorherigem Aufruf zum Wettbewerb keine oder keine geeigneten Angebote abgegeben worden sind, sofern die ursprünglichen Bedingungen des Auftrags nicht grundlegend geändert werden;

b) wenn ein Auftrag nur zum Zweck von Forschungen, Versuchen, Untersuchungen oder Entwicklungen und nicht mit dem Ziel der Gewinnerzielung oder der Deckung der Forschungs- und Entwicklungskosten beim Auftragnehmer vergeben wird und die Vergabe des Auftrages einem Aufruf zum Wettbewerb für Folgeaufträge, die insbesondere diese Ziele verfolgen, nicht vorgreift;

c) wenn der Auftrag wegen seiner technischen oder künstlerischen Besonderheiten oder aufgrund des Schutzes von Ausschließlichkeitsrechten nur von einem bestimmten Unternehmen durchgeführt werden kann;

d) wenn dringliche Gründe im Zusammenhang mit Ereignissen, die der Auftraggeber nicht voraussehen konnte, es nicht zulassen, die in den Offenen Verfahren, Nichtoffenen Verfahren oder Verhandlungsverfahren vorgesehenen Fristen einzuhalten;

e) bei Aufträgen, die aufgrund einer Rahmenvereinbarung vergeben werden sollen, sofern die in § 4 SKR Nr. 2 Abs. 2 genannte Bedingung erfüllt ist;

f) im Falle von Lieferaufträgen bei zusätzlichen, vom ursprünglichen Unternehmen durchzuführenden Leistungen, die entweder zur teilweisen Erneuerung von gängigen Waren oder Einrichtungen oder zur Erweiterung von Lieferungen oder bestehenden Einrichtungen bestimmt sind, wenn ein Wechsel des Unternehmens dazu führen würde, dass der Auftraggeber Material unterschiedlicher technischer Merkmale kaufen müsste und dies eine technische Unvereinbarkeit oder unverhältnismäßige technische Schwierigkeiten bei Gebrauch und Wartung mit sich bringen würde;

g) bei zusätzlichen Dienstleistungen, die weder in dem der Vergabe zugrunde liegenden Entwurf noch im zuerst vergebenen Auftrag vorgesehen sind, die aber wegen eines unvorhergesehenen Ereignisses zur Ausführung dieses Auftrags erforderlich sind, sofern der Auftrag an das Unternehmen vergeben wird, das den ersten Auftrag ausführt,

– wenn sich diese zusätzlichen Dienstleistungen in technischer oder wirtschaftlicher Hinsicht nicht ohne wesentlichen Nachteil für den Auftraggeber vom Hauptauftrag trennen lassen

– oder wenn diese zusätzlichen Dienstleistungen zwar von der Ausführung des ersten Auftrags getrennt werden können, aber für dessen Abrundung unbedingt erforderlich sind;

h) wenn es sich um Waren handelt, die an Börsen notiert und gekauft werden;

i) bei Gelegenheitskäufen, wenn Waren aufgrund einer besonders günstigen Gelegenheit, die sich für einen sehr kurzen Zeitraum ergeben hat, zu einem Preis gekauft werden können, der erheblich unter den normalerweise marktüblichen Preisen liegt;

k) bei dem zu besonders günstigen Bedingungen erfolgenden Kauf von Waren entweder bei einem Unternehmen, das seine gewerbliche Tätigkeit endgültig einstellt, oder bei den Verwaltern im Rahmen eines Konkurses, eines Vergleichsverfahrens oder eines in den einzelstaatlichen Rechtsvorschriften vorgesehenen gleichartigen Verfahrens;

l) wenn der betreffende Dienstleistungsauftrag im Anschluss an einen durchgeführten Wettbewerb gemäß den einschlägigen Bestimmungen an den Gewinner oder einen der Gewinner vergeben werden muss. Im letzteren Fall sind alle Gewinner des Wettbewerbs zur Teilnahme an Verhandlungen einzuladen.

§ 4 SKR
Rahmenvereinbarung

1. Eine Rahmenvereinbarung ist eine Vereinbarung mit einem oder mehreren Unternehmen, in der die Bedingungen für Einzelaufträge festgelegt werden, die im Laufe eines bestimmten Zeitraums vergeben werden sollen, insbesondere über den in Aussicht genommenen Preis und ggf. die in Aussicht genommene Menge.

2. (1) Rahmenvereinbarungen können als Auftrag im Sinne dieser Vergabebestimmungen angesehen werden und aufgrund eines Verfahrens nach § 3 SKR Nr. 2 abgeschlossen werden.

   (2) Ist eine Rahmenvereinbarung in einem Verfahren nach § 3 SKR Nr. 2 abgeschlossen worden, so kann ein Einzelauftrag aufgrund dieser Rahmenvereinbarung nach § 3 SKR Nr. 3 Buchst. e) ohne vorherigen Aufruf zum Wettbewerb vergeben werden.

   (3) Ist eine Rahmenvereinbarung nicht in einem Verfahren nach § 3 SKR Nr. 2 abgeschlossen worden, so muss der Vergabe des Einzelauftrages ein Aufruf zum Wettbewerb vorausgehen.

3. Rahmenvereinbarungen dürfen nicht dazu missbraucht werden, den Wettbewerb zu verhindern, einzuschränken oder zu verfälschen.

§ 5 SKR
Teilnehmer am Wettbewerb

1. (1) Auftraggeber, die Bewerber für die Teilnahme an einem Nichtoffenen Verfahren oder an einem Verhandlungsverfahren auswählen, richten sich dabei nach objektiven Regeln und Kriterien. Diese Regeln und Kriterien legen sie schriftlich fest und stellen sie Unternehmen, die ihr Interesse bekundet haben, zur Verfügung.

   (2) Kriterien im Sinne des Abs. 1 sind insbesondere Fachkunde, Leistungsfähigkeit und Zuverlässigkeit. Zu deren Nachweis können entsprechende Angaben

gefordert werden, soweit es durch den Gegenstand des Auftrags gerechtfertigt ist; dabei muss der Auftraggeber die berechtigten Interessen des Unternehmens am Schutz seiner Betriebsgeheimnisse berücksichtigen.

(3) In finanzieller und wirtschaftlicher Hinsicht kann der Auftraggeber vom Unternehmen zum Nachweis der Leistungsfähigkeit in der Regel Folgendes verlangen:

a) Vorlage entsprechender Bankauskünfte,

b) Vorlage von Bilanzen oder Bilanzauszügen des Unternehmens,

c) Erklärung über den Gesamtumsatz des Unternehmens sowie den Umsatz bezüglich der besonderen Leistungsart, die Gegenstand der Vergabe ist, jeweils bezogen auf die letzten drei Geschäftsjahre.

Kann ein Unternehmen aus stichhaltigen Gründen die vom Auftraggeber geforderten Nachweise nicht erbringen, so können andere, vom Auftraggeber für geeignet erachtete Belege verlangt werden.

(4) In technischer Hinsicht kann der Auftraggeber vom Unternehmen je nach Art, Menge und Verwendungszweck der zu erbringenden Leistung zum Nachweis der Leistungsfähigkeit in der Regel Folgendes verlangen:

a) eine Liste der wesentlichen in den letzten Jahren erbrachten Leistungen mit Angabe des Rechnungswertes, der Leistungszeit sowie der öffentlichen oder privaten Auftraggeber:

– bei Leistungen an öffentliche Auftraggeber durch eine von der zuständigen Behörde ausgestellte oder beglaubigte Bescheinigung,

– bei Leistungen an private Auftraggeber durch eine von diesen ausgestellte Bescheinigung; ist eine derartige Bescheinigung nicht erhältlich, so ist eine einfache Erklärung des Unternehmens zulässig,

b) die Beschreibung der technischen Ausrüstung, der Maßnahmen des Unternehmens zur Gewährleistung der Qualität sowie die Untersuchungs- und Forschungsmöglichkeiten des Unternehmens,

c) Angaben über die technische Leitung oder die technischen Stellen, unabhängig davon, ob sie dem Unternehmen angeschlossen sind oder nicht, und zwar insbesondere über diejenigen, die mit der Qualitätskontrolle beauftragt sind,

d) Muster, Beschreibungen und/oder Fotografien der zu erbringenden Leistung, deren Echtheit auf Verlangen des Auftraggebers nachgewiesen werden muss,

e) Bescheinigungen der zuständigen amtlichen Qualitätskontrollinstitute oder -dienststellen, mit denen bestätigt wird, dass die durch entsprechende Bezugnahmen genau gekennzeichneten Leistungen bestimmten Spezifikationen oder Normen entsprechen,

f) sind die zu erbringenden Leistungen komplexer Art oder sollen sie ausnahmsweise einem besonderen Zweck dienen, eine Prüfung, die von dem Auftraggeber oder in dessen Namen von einer anderen damit einverstandenen Stelle durchgeführt wird; diese Prüfung betrifft die Produktionskapazitäten und erforderlichenfalls die Untersuchungs- und Forschungsmöglichkeiten des Unternehmens sowie die von diesem zur Gewährleistung der Qualität getroffenen Vorkehrungen.

2. Kriterien nach Nr. 1 können auch folgende Ausschließungsgründe sein:
   a) Eröffnung oder beantragte Eröffnung des Insolvenzverfahrens oder eines vergleichbaren gesetzlich geregelten Verfahrens über das Vermögen des Unternehmens oder Ablehnung dieses Antrages mangels Masse,
   b) eingeleitete Liquidation des Unternehmens,
   c) nachweislich begangene schwere Verfehlung des Unternehmens, die seine Zuverlässigkeit als Bewerber in Frage stellt,
   d) nicht ordnungsgemäße Erfüllung der Verpflichtung zur Zahlung von Steuern und Abgaben sowie der Beiträge zur gesetzlichen Sozialversicherung,
   e) vorsätzliche Abgabe von unzutreffenden Erklärungen in Bezug auf Fachkunde, Leistungsfähigkeit und Zuverlässigkeit im Vergabeverfahren.

3. Ein Kriterium kann auch die objektive Notwendigkeit sein, die Zahl der Bewerber so weit zu verringern, dass ein angemessenes Verhältnis zwischen den besonderen Merkmalen des Vergabeverfahrens und dem zur Durchführung notwendigen Aufwand sichergestellt ist. Es sind jedoch so viele Bewerber zu berücksichtigen, dass ein Wettbewerb gewährleistet ist.

4. Bietergemeinschaften sind Einzelbietern gleichzusetzen, wenn sie die Arbeiten im eigenen Betrieb oder in den Betrieben der Mitglieder ausführen. Von solchen Gemeinschaften kann nicht verlangt werden, dass sie zwecks Einreichung eines Angebots oder für das Verhandlungsverfahren eine bestimmte Rechtsform annehmen; von der den Zuschlag erhaltenden Gemeinschaft kann dies jedoch verlangt werden, sofern es für die ordnungsgemäße Durchführung des Auftrags notwendig ist.

5. (1) Auftraggeber können ein System zur Prüfung von Unternehmen (Präqualifikationsverfahren) einrichten und anwenden. Sie sorgen dafür, dass sich Unternehmen jederzeit einer Prüfung unterziehen können.

   (2) Das System kann mehrere Qualifikationsstufen umfassen. Es wird auf der Grundlage der vom Auftraggeber aufgestellten objektiven Regeln und Kriterien gehandhabt. Der Auftraggeber nimmt dabei auf geeignete europäische Normen über die Qualifizierung von Unternehmen Bezug. Diese Kriterien und Regeln können erforderlichenfalls auf den neuesten Stand gebracht werden.

   (3) Auf Verlangen werden diese Qualifizierungsregeln und -kriterien sowie deren Fortschreibung Unternehmen, die ihr Interesse bekundet haben, übermittelt. Bezieht sich der Auftraggeber auf das Qualifizierungssystem einer anderen Einrichtung, so teilt er deren Namen mit.

6. In ihrer Entscheidung über die Qualifikation sowie bei der Überarbeitung der Prüfungskriterien und -regeln dürfen die Auftraggeber nicht
   – bestimmten Unternehmen administrative, technische oder finanzielle Verpflichtungen auferlegen, die sie anderen Unternehmen nicht auferlegt hätten,
   – Prüfungen und Nachweise verlangen, die sich mit bereits vorliegenden objektiven Nachweisen überschneiden.

7. Die Auftraggeber unterrichten die Antragsteller innerhalb einer angemessenen Frist über die Entscheidung zu deren Qualifikation. Kann diese Entscheidung nicht innerhalb von sechs Monaten nach Eingang des Prüfungsantrags getroffen

werden, hat der Auftraggeber dem Antragsteller spätestens zwei Monate nach Eingang des Antrags die Gründe für eine längere Bearbeitungszeit mitzuteilen und anzugeben, wann über die Annahme oder die Ablehnung seines Antrags entschieden wird.

8. Negative Entscheidungen über die Qualifikation werden den Antragstellern unter Angabe der Gründe mitgeteilt. Die Gründe müssen sich auf die in Nr. 5 erwähnten Prüfungskriterien beziehen.

9. Die als qualifiziert anerkannten Unternehmen sind in ein Verzeichnis aufzunehmen. Dabei ist eine Untergliederung nach Produktgruppen und Leistungsarten möglich.

10. Die Auftraggeber können einem Unternehmen die Qualifikation nur aus Gründen aberkennen, die auf den in Nr. 5 erwähnten Kriterien beruhen. Die beabsichtigte Aberkennung muss dem betroffenen Unternehmen im Voraus schriftlich unter Angabe der Gründe mitgeteilt werden.

11. (1) Das Prüfsystem ist nach dem im Anhang D/SKR enthaltenen Muster im Amtsblatt der Europäischen Gemeinschaften[1]) bekannt zu machen.

(2) Wenn das System mehr als drei Jahre gilt, ist die Bekanntmachung jährlich zu veröffentlichen. Bei kürzerer Dauer genügt eine Bekanntmachung zu Beginn des Verfahrens.

12. (1) Verlangt der Auftraggeber zum Nachweis dafür, dass der Dienstleistungserbringer bestimmte Qualitätsanforderungen erfüllt, die Vorlage von Bescheinigungen von unabhängigen Qualitätsstellen, so nehmen diese auf Qualitätsnachweisverfahren auf der Grundlage der einschlägigen Normen aus der Serie EN 29000 und auf Bescheinigungen durch Stellen Bezug, die nach der Normenserie EN 45000 zertifiziert sind.

(2) Gleichwertige Bescheinigungen von Stellen aus anderen EG-Mitgliedstaaten oder Vertragsstaaten des EWR-Abkommens sind anzuerkennen. Die Auftraggeber haben den Nachweis von Qualitätssicherungsmaßnahmen in anderer Form anzuerkennen, wenn Dienstleistungserbringer geltend machen, dass sie die betreffenden Bescheinigungen nicht beantragen dürfen oder innerhalb der einschlägigen Fristen nicht erhalten können.

§ 6 SKR
Leistungsbeschreibung

1. Bei der Beschreibung der Leistung sind die technischen Anforderungen (siehe Anhang TS Nr. 1) in den Verdingungsunterlagen unter Bezugnahme auf europäische Spezifikationen festzulegen; das sind
   - in innerstaatliche Normen übernommene europäische Normen,
   - europäische technische Zulassungen,
   - gemeinsame technische Spezifikationen.

---

1) Amt für amtliche Veröffentlichungen der Europäischen Gemeinschaften, 2, rue Mercier, L-2985 Luxemburg, Telefon: 0 03 52/29 29-1, Telefax: 0 03 52/29 29 42 670.
http://ted.eur-op.eu.int
E-mail: mp-ojs@opoce.cec.eu.int

2. (1) Von der Bezugnahme auf eine europäische Spezifikation kann abgesehen werden, wenn

a) es technisch unmöglich ist, die Übereinstimmung eines Erzeugnisses mit den europäischen Spezifikationen in zufriedenstellender Weise festzustellen;

b) die Anwendung von Nr. 1 die Anwendung der Richtlinie 86/361/EWG des Rates vom 24. Juli 1986 betreffend die erste Phase der gegenseitigen Anerkennung der Allgemeinzulassungen von Telekommunikations-Endgeräten[1]) oder die Anwendung des Beschlusses 87/95/EWG des Rates vom 22. Dezember 1986 über die Normung auf dem Gebiet der Informationstechnik und der Telekommunikation[2]) beeinträchtigen würde;

c) bei der Anpassung der bestehenden Praktiken an die europäischen Spezifikationen letztere den Auftraggeber zum Erwerb von Anlagen zwingen würden, die mit bereits benutzten Anlagen inkompatibel sind oder unverhältnismäßig hohe Kosten oder unverhältnismäßig technische Schwierigkeiten verursachen würden. Die Auftraggeber nehmen diese Abweichungsmöglichkeit nur im Rahmen einer klar definierten und schriftlich festgelegten Strategie mit der Verpflichtung zur Übernahme europäischer Spezifikationen in Anspruch;

d) die betreffende europäische Spezifikation für die geplante spezielle Anwendung ungeeignet ist oder den seit ihrer Verabschiedung eingetretenen technischen Entwicklungen nicht Rechnung trägt. Die Auftraggeber, die diese Abweichungsmöglichkeit in Anspruch nehmen, teilen der zuständigen Normungsstelle oder jeder anderen zur Revision der europäischen Spezifikationen befugten Stelle mit, warum sie die europäischen Spezifikationen für ungeeignet halten, und beantragen deren Revision;

e) das betreffende Vorhaben von wirklich innovativer Art ist und die Anwendung der europäischen Spezifikationen nicht angemessen wäre.

(2) Die Ausnahme von der Anwendung europäischer Spezifikationen ist in der Bekanntmachung über den Aufruf zum Wettbewerb nach den Anhängen A/SKR bis E/SKR anzugeben.

3. Falls keine europäische Spezifikation vorliegt, gilt Anhang TS Nr. 2.

4. Die Auftraggeber bestimmen die zusätzlichen Spezifikationen, die zur Ergänzung der europäischen Spezifikationen oder der anderen Normen erforderlich sind. Hierbei geben sie Spezifikationen, die eher Leistungsanforderungen als Auslegungsmerkmale oder Beschreibungen enthalten, den Vorrang, sofern sie nicht aus objektiven Gründen die Anwendung solcher Spezifikationen für die Ausführung des Auftrags für unzweckmäßig erachten.

5. (1) Bestimmte Erzeugnisse oder Verfahren sowie bestimmte Ursprungsorte und Bezugsquellen dürfen nur dann ausdrücklich vorgeschrieben werden, wenn dies durch die Art der geforderten Leistung gerechtfertigt ist.

(2) Bezeichnungen für bestimmte Erzeugnisse oder Verfahren (z.B. Markennamen, Warenzeichen, Patente) dürfen ausnahmsweise, jedoch nur mit dem

---

1) ABl. EG Nr. L 217 vom 5. August 1986, S. 21, geändert durch die Richtlinie 91/263/EWG (ABl. EG Nr. L 128 vom 23. Mai 1991, S. 1).
2) ABl. EG Nr. L 36 vom 7. Februar 1987, S. 31 (siehe Anhang I).

Zusatz „oder gleichwertiger Art", verwendet werden, wenn eine Beschreibung durch hinreichend genaue, allgemein verständliche Bezeichnungen nicht möglich ist.

6. Verbindliche technische Vorschriften bleiben unberührt, sofern sie mit dem Gemeinschaftsrecht vereinbar sind.

7. Eine Leistung, die von den vorgegebenen technischen Spezifikationen abweicht, darf angeboten werden, wenn sie mit dem geforderten Schutzniveau in Bezug auf Sicherheit, Gesundheit und Gebrauchstauglichkeit gleichwertig ist. Die Abweichung muss im Angebot eindeutig bezeichnet sein. Die Gleichwertigkeit ist mit dem Angebot nachzuweisen.

8. (1) Die Auftraggeber teilen den Unternehmen, die ihr Interesse an einem Auftrag bekundet haben, auf Anfrage die technischen Spezifikationen mit, die regelmäßig in ihren Aufträgen genannt werden oder die sie bei Aufträgen, die Gegenstand der regelmäßigen Bekanntmachungen sind, benutzen.

(2) Soweit sich solche technischen Spezifikationen aus Unterlagen ergeben, die interessierten Unternehmen zur Verfügung stehen, genügt eine Bezugnahme auf diese Unterlagen.

§ 7 SKR
Vergabeunterlagen

1. Die Vergabeunterlagen bestehen aus dem Anschreiben (Aufforderung zur Angebotsabgabe) und den Verdingungsunterlagen.

2. (1) Für die Versendung der Verdingungsunterlagen (§ 9 SKR Nr. 8) ist ein Anschreiben (Aufforderung zur Angebotsabgabe) zu verfassen, das alle Angaben enthält, die außer den Verdingungsunterlagen für den Entschluss zur Abgabe eines Angebots notwendig sind.

(2) In dem Anschreiben sind insbesondere anzugeben:

a) Anschrift der Stelle, bei der zusätzliche Unterlagen angefordert werden können,

b) Tag, bis zu dem zusätzliche Unterlagen angefordert werden können,

c) gegebenenfalls Betrag und Zahlungsbedingungen für zusätzliche Unterlagen,

d) Anschrift der Stelle, bei der die Angebote einzureichen sind,

e) Angabe, dass die Angebote in deutscher Sprache abzufassen sind,

f) Tag, bis zu dem die Angebote eingehen müssen,

g) Hinweis auf die Veröffentlichung der Bekanntmachung,

h) Angabe der Unterlagen, die gegebenenfalls dem Angebot beizufügen sind,

i) sofern nicht in der Bekanntmachung angegeben (§ 9 SKR Nr. 1), die maßgebenden Wertungskriterien im Sinne von § 11 SKR Nr. 1, wie etwa Lieferzeit, Ausführungsdauer, Betriebskosten, Rentabilität, Qualität, Ästhetik und Zweckmäßigkeit, technischer Wert, Kundendienst und technische Hilfe, Verpflichtungen hinsichtlich der Ersatzteile, Versorgungssicherheit, Preis; diese Angaben möglichst in der Reihenfolge der ihnen zuerkannten Bedeutung.

(3) Wenn der Auftraggeber Nebenangebote und Änderungsvorschläge nicht oder nur in Verbindung mit einem Hauptangebot zulassen will, so ist dies anzugeben. Ebenso sind gegebenenfalls die Mindestanforderungen an die Nebenangebote und Änderungsvorschläge anzugeben und auf welche Weise sie einzureichen sind.

3. Der Auftraggeber kann die Bieter auffordern, in ihrem Angebot die Leistungen anzugeben, die sie an Nachunternehmer zu vergeben beabsichtigen.

§ 8 SKR
Regelmäßige Bekanntmachung

1. Die Auftraggeber veröffentlichen mindestens einmal jährlich Bekanntmachungen, die Angaben enthalten über alle für die nächsten zwölf Monate beabsichtigten Aufträge, deren nach § 1 SKR geschätzter Wert jeweils mindestens 750 000 Euro beträgt. Die Lieferaufträge sind nach Warenbereichen aufzuschlüsseln, die Dienstleistungsaufträge nach den im Anhang I A genannten Kategorien.

2. Diese Bekanntmachungen sind nach dem in Anhang E/SKR enthaltenen Muster zu erstellen und dem Amt für amtliche Veröffentlichungen der Europäischen Gemeinschaften zu übermitteln.[1])

§ 9 SKR
Aufruf zum Wettbewerb

1. (1) Ein Aufruf zum Wettbewerb kann erfolgen,

   a) durch Veröffentlichung einer Bekanntmachung nach den Anhängen A/SKR, B/SKR und C/SKR oder

   b) durch Veröffentlichung einer regelmäßigen Bekanntmachung oder

   c) durch Veröffentlichung einer Bekanntmachung über das Bestehen eines Prüfsystems nach § 5 SKR Nr. 5.

   (2) Die Kosten der Veröffentlichung der Bekanntmachungen im Amtsblatt der Europäischen Gemeinschaften werden von den Gemeinschaften getragen.

2. Erfolgt der Aufruf zum Wettbewerb durch Veröffentlichung einer regelmäßigen Bekanntmachung, so

   a) muss in der Bekanntmachung der Inhalt des zu vergebenden Auftrags nach Art und Umfang genannt sein,

   b) muss die Bekanntmachung den Hinweis enthalten, dass dieser Auftrag im Nichtoffenen Verfahren oder Verhandlungsverfahren ohne spätere Veröffentlichung eines Aufrufs zur Angebotsabgabe vergeben wird, sowie die Aufforderung an die interessierten Unternehmen, ihr Interesse schriftlich mitzuteilen,

---

1) Amt für amtliche Veröffentlichungen der Europäischen Gemeinschaften, 2, rue Mercier, L-2985 Luxemburg, Telefon: 0 03 52/29 29-1, Telefax: 0 03 52/29 29 42 670.
http://ted.eur-op.eu.int
E-mail: mp-ojs@opoce.cec.eu.int

c) müssen die Auftraggeber später alle Bewerber auf der Grundlage von genaueren Angaben über den Auftrag auffordern, ihr Interesse zu bestätigen, bevor mit der Auswahl der Bieter oder der Teilnehmer an einer Verhandlung begonnen wird. Die Angaben müssen mindestens Folgendes umfassen:

aa) Art und Menge einschließlich etwaiger Optionen auf zusätzliche Aufträge und möglichenfalls veranschlagte Frist für die Inanspruchnahme dieser Optionen; bei wiederkehrenden Aufträgen Art und Menge und möglichenfalls veranschlagte Frist für die Veröffentlichung der Bekanntmachungen späterer Ausschreibungen für die Lieferungen und Dienstleistungen, die Gegenstand des Auftrages sein sollen;

bb) Art des Verfahrens; Nichtoffenes Verfahren oder Verhandlungsverfahren;

cc) Gegebenenfalls Zeitpunkt des Beginns oder Abschlusses der Leistungen;

dd) Anschrift und letzter Tag für die Vorlage des Antrags auf Aufforderung zur Angebotsabgabe sowie die Sprache oder Sprachen, in denen die Angebote abzugeben sind;

ee) die Anschrift der Stelle, die den Zuschlag erteilt und die Auskünfte gibt, die für den Erhalt der Spezifikationen und anderer Dokumente notwendig sind;

ff) alle wirtschaftlichen und technischen Anforderungen, finanziellen Garantien und Angaben, die von den Lieferanten oder Dienstleistungserbringern verlangt werden;

gg) Höhe der für die Vergabeunterlagen zu entrichtenden Beträge und Zahlungsbedingungen;

hh) Art des Auftrages, der Gegenstand des Vergabeverfahrens ist (Kauf, Leasing, Miete oder Mietkauf oder mehrere dieser Arten von Aufträgen),

d) dürfen zwischen deren Veröffentlichung und dem Zeitpunkt der Zusendung der Aufforderung an die Bewerber gemäß Buchst. c) höchstens zwölf Monate vergangen sein. Im Übrigen gilt § 10 SKR Nr. 2.

3. Erfolgt ein Aufruf zum Wettbewerb durch Veröffentlichung einer Bekanntmachung über das Bestehen eines Prüfsystems, so werden die Bieter in einem Nichtoffenen Verfahren oder die Teilnehmer an einem Verhandlungsverfahren unter den Bewerbern ausgewählt, die sich im Rahmen eines solchen Systems qualifiziert haben.

4. (1) Der Tag der Absendung der Bekanntmachung muss nachgewiesen werden können. Vor dem Tag der Absendung darf die Bekanntmachung nicht veröffentlicht werden.

(2) Alle Veröffentlichungen dürfen nur die dem Amt für amtliche Veröffentlichungen der Europäischen Gemeinschaften übermittelten Angaben enthalten.

(3) Die Bekanntmachung wird ungekürzt spätestens zwölf Tage nach der Absendung im Supplement zum Amtsblatt der Europäischen Gemeinschaften in der Originalsprache veröffentlicht. Eine Zusammenfassung der wichtigsten Anga-

ben wird in den übrigen Amtssprachen der Gemeinschaften veröffentlicht; der Wortlaut in der Originalsprache ist verbindlich. In Ausnahmefällen bemüht sich das Amt für amtliche Veröffentlichungen der Europäischen Gemeinschaften, die in Nr. 1 Absatz 1 Buchst. a) genannten Bekanntmachungen auf Antrag des Auftraggebers innerhalb von fünf Tagen zu veröffentlichen, sofern die Bekanntmachung dem Amt durch elektronische Briefübermittlung, per Fernkopierer oder Fernschreiben zugestellt worden ist.

5. Sind im Offenen Verfahren die Vergabeunterlagen und zusätzlichen Unterlagen rechtzeitig angefordert worden, sind sie den Bewerbern in der Regel innerhalb von sechs Tagen nach Eingang des Antrags zuzusenden.

6. Rechtzeitig beantragte Auskünfte über die Vergabeunterlagen sind spätestens sechs Tage vor Ablauf der Angebotsfrist zu erteilen.

7. Die Vergabeunterlagen sind beim Nichtoffenen Verfahren und beim Verhandlungsverfahren mit vorherigem Aufruf zum Wettbewerb an alle ausgewählten Bewerber am selben Tag abzusenden.

8. Die Vergabeunterlagen sind den Bewerbern in kürzestmöglicher Frist und in geeigneter Weise zu übermitteln.

9. Die Anforderungen der Verdingungsunterlagen und Anträge auf Teilnahme sind auch dann zu berücksichtigen, wenn sie durch Telegramm, Fernschreiben, Fernkopierer, Telefon oder in sonstiger Weise elektronisch übermittelt werden, sofern die sonstigen Teilnahmebedingungen erfüllt sind.

§ 10 SKR
Angebotsfrist, Bewerbungsfrist

1. (1) Beim Offenen Verfahren beträgt die Frist für den Eingang der Angebote (Angebotsfrist) mindestens 52 Tage[1]), gerechnet vom Tag der Absendung der Bekanntmachung an.

(2) Die Frist für den Eingang der Angebote kann durch eine kürzere Frist ersetzt werden, wenn die nachstehenden Voraussetzungen erfüllt sind:

Der öffentliche Auftraggeber muss eine regelmäßige Bekanntmachung gemäß § 8 SKR Nr. 1 nach dem vorgeschriebenen Muster (Anhang E/SKR) mindestens 52 Tage, höchstens aber 12 Monate vor dem Zeitpunkt der Absendung der Bekanntmachung des Auftrages im Offenen Verfahren nach § 9 SKR Nr. 1 Buchst. a) an das Amtsblatt der Europäischen Gemeinschaften abgesandt haben. Diese regelmäßige Bekanntmachung muss mindestens ebenso viele Informationen wie

a) das Muster einer Bekanntmachung für das Offene Verfahren (Anhang A/SKR) enthalten, soweit diese Informationen zum Zeitpunkt der Absendung der Bekanntmachung für die regelmäßige Bekanntmachung vorlagen.

---

1) Die Berechnung der Fristen erfolgt nach der Verordnung (EWG/Euratom) Nr. 1182/71 des Rates vom 3. Juni 1971 zur Festlegung der Regeln für die Fristen, Daten und Termine, ABl. Nr. 124 vom 8. Juni 1971, S. 1 (vgl. Anhang II). So gelten z. B. als Tage alle Tage einschließlich Feiertage, Sonntage und Sonnabende.

b) Die verkürzte Frist muss für die Interessenten ausreichen, um ordnungsgemäße Angebote einreichen zu können. Sie sollte generell mindestens 36 Tage vom Zeitpunkt der Absendung der Bekanntmachung des Auftrages an betragen; sie muss auf jeden Fall mindestens 22 Tage betragen.

2. Bei Nichtoffenen Verfahren und Verhandlungsverfahren mit vorherigem Aufruf zum Wettbewerb gilt:

a) Die Frist für den Eingang von Teilnahmeanträgen (Bewerbungsfrist) aufgrund der Bekanntmachung nach § 9 SKR Nr. 1 Abs. 1 Buchst. a) oder der Aufforderung nach § 9 SKR Nr. 2 Buchst. c) beträgt grundsätzlich mindestens 37 Tage vom Tag der Absendung an. Sie darf auf keinen Fall kürzer sein als die in § 9 SKR Nr. 4 Abs. 3 vorgesehenen Fristen für die Veröffentlichung plus zehn Tage. Die Frist nach Satz 1 kann auf 22 Tage verkürzt werden. Nr. 1 Abs. 2 gilt entsprechend; die in der regelmäßigen Bekanntmachung genannten Informationen müssen dem im Anhang B/SKR (Nichtoffenes Verfahren) bzw. im Anhang C/SKR (Verhandlungsverfahren) enthaltenen Muster entsprechen, sofern diese zum Zeitpunkt der Absendung der regelmäßigen Bekanntmachung vorlagen.

b) Die Angebotsfrist kann zwischen dem Auftraggeber und den ausgewählten Bewerbern einvernehmlich festgelegt werden, vorausgesetzt dass allen Bewerbern dieselbe Frist für die Erstellung und Einreichung von Angeboten eingeräumt wird.

c) Falls eine einvernehmliche Festlegung der Angebotsfrist nicht möglich ist, setzt der Auftraggeber im Regelfall eine Frist von mindestens 24 Tagen fest. Sie darf jedoch keinesfalls kürzer als zehn Tage sein, gerechnet vom Tag der Absendung der Aufforderung zur Angebotsabgabe. Bei der Festlegung der Frist werden insbesondere die in Nr. 3 genannten Faktoren berücksichtigt.

3. Können die Angebote nur nach Prüfung von umfangreichen Unterlagen, z.B. ausführlichen technischen Spezifikationen, oder nur nach einer Ortsbesichtigung oder Einsichtnahme in ergänzende Unterlagen zu den Vergabeunterlagen erstellt werden, so muss dies beim Festsetzen angemessener Fristen berücksichtigt werden.

§ 11 SKR
Wertung der Angebote

1. (1) Der Auftrag ist auf das wirtschaftlich günstigste Angebot unter Berücksichtigung der auftragsbezogenen Kriterien, wie etwa: Lieferfrist, Ausführungsdauer, Betriebskosten, Rentabilität, Qualität, Ästhetik und Zweckmäßigkeit, technischer Wert, Kundendienst und technische Hilfe, Verpflichtungen hinsichtlich der Ersatzteile, Versorgungssicherheit, Preis, zu erteilen.

(2) Bei der Wertung der Angebote dürfen nur Kriterien berücksichtigt werden, die in der Bekanntmachung oder in den Vergabeunterlagen genannt sind.

2. (1) Erscheinen im Falle eines bestimmten Auftrags Angebote im Verhältnis zur Leistung als ungewöhnlich niedrig, so muss der Auftraggeber vor deren Ablehnung schriftlich Aufklärung über die Einzelposten der Angebote verlangen, wo

er dies für angezeigt hält; die anschließende Prüfung erfolgt unter Berücksichtigung der eingegangenen Begründungen. Er kann eine zumutbare Frist für die Antwort festlegen.

(2) Der Auftraggeber kann Begründungen berücksichtigen, die objektiv gerechtfertigt sind durch die Wirtschaftlichkeit der Herstellungsmethode, die gewählten technischen Lösungen, außergewöhnlich günstige Bedingungen für den Bieter bei der Durchführung des Auftrags oder die Originalität der vom Bieter vorgeschlagenen Erzeugnisse.

(3) Angebote, die aufgrund einer staatlichen Beihilfe ungewöhnlich niedrig sind, dürfen von den Auftraggebern nur zurückgewiesen werden, wenn diese den Bieter darauf hingewiesen haben und dieser nicht den Nachweis liefern konnte, dass die Beihilfe der Kommission der Europäischen Gemeinschaften gemeldet oder von ihr genehmigt wurde. Auftraggeber, die unter diesen Umständen ein Angebot zurückweisen, müssen die Kommission der Europäischen Gemeinschaften darüber unterrichten.

3. Ein Angebot nach § 6 SKR Nr. 7 ist wie ein Hauptangebot zu werten.

4. (1) Nebenangebote und Änderungsvorschläge sind zu werten, es sei denn, der Auftraggeber hat sie in der Bekanntmachung oder in den Vergabeunterlagen nicht zugelassen.

(2) Wenn der Auftraggeber an Nebenangebote und Änderungsvorschläge Mindestanforderungen gestellt hat, darf der Zuschlag auf solche Angebote nur erteilt werden, wenn sie den Mindestanforderungen entsprechen.

§ 12 SKR
Mitteilungspflichten

1. Auftraggeber, die eine Tätigkeit in den Bereichen der Trinkwasser- und Elektrizitätsversorgung sowie im Verkehrsbereich – ausgenommen Eisenbahnverkehr – ausüben, teilen den Bewerbern und Bietern innerhalb kürzester Frist und auf schriftlichen Antrag Folgendes mit:
   – den ausgeschlossenen Bewerbern oder Bietern die Gründe für die Ablehnung ihrer Bewerbung oder ihres Angebotes,
   – den Bietern, die ein ordnungsgemäßes Angebot eingereicht haben, die Merkmale und relativen Vorteile des erfolgreichen Angebotes und den Namen des erfolgreichen Bieters.

2. Der Auftraggeber kann in Nummer 1 genannte Informationen zurückhalten, wenn die Weitergabe den Gesetzesvollzug vereiteln würde oder sonst nicht im öffentlichen Interesse läge oder die berechtigten Geschäftsinteressen von Unternehmen oder den fairen Wettbewerb beeinträchtigen würde.

§ 13 SKR
Bekanntmachung der Auftragserteilung

1. Der Kommission der Europäischen Gemeinschaften sind für jeden vergebenen Auftrag binnen zwei Monaten nach der Vergabe dieses Auftrags die Ergebnisse des Vergabeverfahrens durch eine gemäß Anhang F/SKR abgefasste Bekanntmachung mitzuteilen.

2. Die Angaben in Anhang F/SKR werden im Amtsblatt der Europäischen Gemeinschaften veröffentlicht. Dabei trägt die Kommission der Europäischen Gemeinschaften der Tatsache Rechnung, dass es sich bei den Angaben gemäß Anhang F/SKR Nummern 6, 9 und 11 um in geschäftlicher Hinsicht empfindliche Angaben handelt, wenn der Auftraggeber dies bei der Übermittlung dieser Angaben geltend macht.

3. (1) Auftraggeber, die Dienstleistungsaufträge der Kategorie 8 des Anhangs I A vergeben, auf die § 3 SKR Nr. 3 Buchst. b) anwendbar ist, können bezüglich Anhang F/SKR Nummer 3 nur die Hauptbezeichnung des Auftragsgegenstandes gemäß der Klassifizierung des Anhangs I A angeben.

   Ist auf die Vergabe von Dienstleistungsaufträgen der Kategorie 8 des Anhangs I A § 3 SKR Nr. 3 Buchst. b) nicht anwendbar, können die Auftraggeber die Angaben nach Nummer 3 des Anhangs F/SKR beschränken, wenn Geschäftsgeheimnisse dies notwendig machen.

   Die veröffentlichten Angaben sind ebenso detailliert zu fassen wie die Angaben in der Bekanntmachung eines Aufrufs zum Wettbewerb nach § 9 SKR Nr. 1 Abs. 1, im Falle eines Prüfsystems zumindest ebenso detailliert wie in § 5 SKR Nr. 9.

   (2) Bei der Vergabe von Dienstleistungsaufträgen des Anhangs I B geben die Auftraggeber in ihrer Bekanntmachung an, ob sie mit der Veröffentlichung einverstanden sind.

4. Die Angaben in Anhang F/SKR Nummern 12 bis 18 werden nicht oder nur in vereinfachter Form zu statistischen Zwecken veröffentlicht.

§ 14 SKR
Aufbewahrungs- und Berichtspflichten

1. (1) Sachdienliche Unterlagen über jede Auftragsvergabe sind aufzubewahren, die es zu einem späteren Zeitpunkt ermöglichen, die Entscheidungen zu begründen über:

   a) die Prüfung und Auswahl der Unternehmen und die Auftragsvergabe,

   b) die Inanspruchnahme der Abweichungsmöglichkeiten beim Gebrauch der europäischen Spezifikationen gemäß § 6 SKR Nr. 2 Abs. 1,

   c) den Rückgriff auf Verfahren ohne vorherigen Aufruf zum Wettbewerb gemäß § 3 SKR Nr. 3,

   d) die Inanspruchnahme vorgesehener Abweichungsmöglichkeiten von der Anwendungsverpflichtung.

   (2) Die Unterlagen müssen mindestens vier Jahre lang ab der Auftragsvergabe aufbewahrt werden, damit der Auftraggeber der Kommission der Europäischen Gemeinschaften in dieser Zeit auf Anfrage die erforderlichen Auskünfte erteilen kann.

2. Auftraggeber, die eine Tätigkeit in den Bereichen der Trinkwasser- oder Elektrizitätsversorgung sowie im Verkehrsbereich – ausgenommen Eisenbahnverkehr – ausüben, übermitteln der Bundesregierung jährlich eine statistische Aufstellung, die nach den Vorgaben der Kommission aufzustellen ist.

3. Der Auftraggeber teilt der Bundesregierung jährlich den Gesamtwert der Aufträge mit, die unterhalb der in der Vergabeverordnung festgelegten Schwellenwerte liegen.
Diese Meldepflicht gilt nicht, wenn der Auftraggeber im Berichtszeitraum keinen Auftrag ab den in der Vergabeverordnung festgelegten Schwellenwerten zu vergeben hatte.

§ 15 SKR
Wettbewerbe

1. (1) Wettbewerbe sind die Auslobungsverfahren, die zu einem Dienstleistungsauftrag führen sollen.
2. (1) Die auf die Durchführung des Wettbewerbs anwendbaren Regeln sind den an der Teilnahme am Wettbewerb Interessierten mitzuteilen.

(2) Die Zulassung zur Teilnahme an einem Wettbewerb darf nicht beschränkt werden
- auf das Gebiet eines Mitgliedstaates oder einen Teil davon,
- auf natürliche oder juristische Personen.

(3) Bei Wettbewerben mit beschränkter Teilnehmerzahl haben die Auftraggeber eindeutige und nichtdiskriminierende Auswahlkriterien festzulegen. Die Zahl der Bewerber, die zur Teilnahme aufgefordert werden, muss ausreichen, um einen echten Wettbewerb zu gewährleisten.

(4) Das Preisgericht darf nur aus Preisrichtern bestehen, die von den Teilnehmern des Wettbewerbs unabhängig sind. Wird von den Wettbewerbsteilnehmern eine bestimmte berufliche Qualifikation verlangt, muss mindestens ein Drittel der Preisrichter über dieselbe oder eine gleichwertige Qualifikation verfügen.

(5) Das Preisgericht ist in seinen Entscheidungen und Stellungnahmen unabhängig. Es trifft diese aufgrund von Wettbewerbsarbeiten, die anonym vorgelegt werden, und nur aufgrund von Kriterien, die in der Bekanntmachung nach Nummer 3 genannt sind.

3. (1) Auftraggeber, die einen Wettbewerb durchführen wollen, teilen ihre Absicht durch Bekanntmachung nach dem im Anhang G/SKR enthaltenen Muster mit. Die Bekanntmachung ist dem Amt für amtliche Veröffentlichungen der Europäischen Gemeinschaften[1]) unverzüglich mitzuteilen.

(2) § 9 SKR Nr. 4 gilt entsprechend.

(3) Auftraggeber, die einen Wettbewerb durchgeführt haben, geben spätestens zwei Monate nach Durchführung eine Bekanntmachung nach dem im Anhang H/SKR enthaltenen Muster an das Amt für amtliche Veröffentlichungen der Europäischen Gemeinschaften. § 13 SKR gilt entsprechend.

§ 16 SKR
Vergabekammer

In der Bekanntmachung und den Vergabeunterlagen ist die Vergabekammer mit Anschrift anzugeben, an die sich der Bewerber oder Bieter zur Nachprüfung behaupteter Verstöße gegen die Vergabebestimmungen wenden kann.

---

1) Amt für amtliche Veröffentlichungen der Europäischen Gemeinschaften, 2, rue Mercier, L-2985 Luxemburg, Telefon: 0 03 52/29 29-1, Telefax: 0 03 52/29 29 42 670.
http://ted.eur-op.eu.int
E-mail: mp-ojs@opoce.cec.eu.int

Anhang I A

Kategorie	Titel	CPC-Referenznummer
1	Instandhaltung und Reparatur	6112, 6122, 633, 886
2	Landverkehr[1]) einschließlich Geldtransport und Kurierdienst, ohne Postverkehr	712 (außer 71235, 7512, 87304)
3	Fracht- und Personenbeförderung im Flugverkehr, ohne Postverkehr	73 (außer 7321)
4	Postbeförderung im Landverkehr[1]) sowie Luftpostbeförderung	71235, 7321
5	Fernmeldewesen[2])	752
6	Finanzielle Dienstleistungen a) Versicherungsleistungen b) Bankenleistungen und Wertpapiergeschäfte[3])	 ex 81 812, 814
7	Datenverarbeitung und verbundene Tätigkeiten	84
8	Forschung und Entwicklung[4])	85
9	Buchführung, -haltung und -prüfung	862
10	Markt- und Meinungsforschung	864
11	Unternehmensberatung und verbundene Tätigkeiten	865, 866
12	Architektur, technische Beratung und Planung; integrierte technische Leistungen; Stadt- und Landschaftsplanung; zugehörige wissenschaftliche und technische Beratung; technische Versuche und Analysen	867
13	Werbung	871
14	Gebäudereinigung und Hausverwaltung	874, 82201 bis 82206
15	Verlegen und Drucken gegen Vergütung oder auf vertraglicher Grundlage	88442
16	Abfall- und Abwasserbeseitigung; sanitäre und ähnliche Dienstleistungen	94

---

1) Ohne Eisenbahnverkehr der Kategorie 18.
2) Ohne Fernsprechdienstleistungen, Telex, beweglichen Telefondienst, Funkrufdienst und Satellitenkommunikation.
3) Ohne Verträge über Ausgabe, Verkauf, Ankauf oder Übertragung von Wertpapieren oder anderen Finanzinstrumenten.
4) Ohne Aufträge über Forschungs- und Entwicklungsdienstleistungen, es sei denn, ihre Ergebnisse werden ausschließlich Eigentum des Auftraggebers für seinen Gebrauch bei der Ausübung seiner eigenen Tätigkeit und die Dienstleistung wird vollständig durch den Auftraggeber vergütet.

B III Texte

Anhang I B

Kategorie	Titel	CPC-Referenznummer
17	Gaststätten- und Beherbergungsgewerbe	64
18	Eisenbahnen	711
19	Schifffahrt	72
20	Neben- und Hilfstätigkeiten des Verkehrs	74
21	Rechtsberatung	861
22	Arbeits- und Arbeitskräftevermittlung	872
23	Auskunfts- und Schutzdienste (ohne Geldtransport)	873 (außer 87304)
24	Unterrichtswesen und Berufsausbildung	92
25	Gesundheits-, Veterinär- und Sozialwesen	93
26	Erholung, Kultur und Sport	96
27	Sonstige Dienstleistungen	

Anhang TS
Technische Spezifikationen

1 **Begriffsbestimmungen**

1.1 „Technische Spezifikationen" sind sämtliche, insbesondere in den Verdingungsunterlagen enthaltenen technischen Anforderungen an ein Material, ein Erzeugnis, eine Lieferung oder eine Dienstleistung, mit deren Hilfe das Material, das Erzeugnis, die Lieferung oder eine Dienstleistung objektiv so bezeichnet werden können, dass sie ihren durch den Auftraggeber festgelegten Verwendungszweck erfüllen. Zu diesen technischen Anforderungen gehören Qualitätsstufen, Gebrauchstauglichkeit, Sicherheit und Abmessungen, ebenso die Vorschriften für Materialien, Erzeugnisse, Lieferungen oder Dienstleistungen hinsichtlich Qualitätssicherung, Terminologie, Bildzeichen, Prüfungen und Prüfverfahren, Verpackung, Kennzeichnung und Beschriftung.

1.2 „Norm" technische Spezifikation, die von einer anerkannten Normenorganisation zur wiederholten oder ständigen Anwendung angenommen wurde, deren Einhaltung grundsätzlich nicht zwingend vorgeschrieben ist.

1.3 „Europäische Norm": die von dem Europäischen Komitee für Normung (CEN) oder dem Europäischen Komitee für Elektrotechnische Normung (CENELEC) gemäß deren gemeinsamen Regeln als Europäische Normen (EN) oder Harmonisierungsdokumente (HD) angenommenen Normen oder vom Europäischen Institut für Telekommunikationsnormen (ETSI) entsprechend seinen eigenen Vorschriften als „Europäische Telekommunikationsnorm" (ETS) angenommenen Normen.

1.4 „Gemeinsame technische Spezifikationen": technische Spezifikation, die nach einem von den Mitgliedstaaten anerkannten Verfahren erarbeitet wurde, um die einheitliche Anwendung in allen Mitgliedstaaten sicherzustellen, und die im Amtsblatt der Europäischen Gemeinschaften veröffentlicht wurde.

1.5 „Europäische Spezifikation": eine gemeinsame technische Spezifikation, eine europäische technische Zulassung oder eine einzelstaatliche Norm, durch die eine europäische Norm umgesetzt wird.

2 **Mangels europäischer Spezifikationen**

2.1 werden die technischen Spezifikationen unter Bezugnahme auf die einzelstaatlichen technischen Spezifikationen festgelegt, die anerkanntermaßen den wesentlichen Anforderungen der Gemeinschaftsrichtlinien zur technischen Harmonisierung entsprechen.

2.2 können die technischen Spezifikationen unter Bezugnahme auf die einzelstaatlichen technischen Spezifikationen betreffend den Einsatz von Produkten festgelegt werden.

2.3 können die technischen Spezifikationen unter Bezugnahme auf sonstige Dokumente festgelegt werden. In einem solchen Fall ist unter Beachtung der nachstehenden Normenrangfolge zurückzugreifen auf
   – die innerstaatlichen Normen, mit denen vom Land des Auftraggebers akzeptierte internationale Normen umgesetzt werden;
   – sonstige innerstaatliche Normen und innerstaatliche technische Zulassungen des Landes des Auftraggebers;
   – alle weiteren Normen.

Anhang A/SKR
Offenes Verfahren

1. Name, Anschrift, Telefon-, Telegrafen-, Fernschreib- und Fernkopiernummer des Auftraggebers (Vergabestelle):

2. Art des Auftrages, der Gegenstand der Vergabe ist (z.B. Liefer- oder Dienstleistungsauftrag oder Rahmenvertrag):

   Dienstleistungskategorie gemäß Anhang I A bzw. I B und Beschreibung der Dienstleistung (CPV-Referenznummer):

3. Liefer- oder Ausführungsort:

4. Bei Lieferaufträgen:

   a) Art und Menge der zu liefernden Waren, einschließlich etwaiger Optionsrechte für weitere Aufträge und nach Möglichkeit voraussichtliche Zeitpunkte, bis zu denen diese Rechte wahrgenommen werden können. Bei wiederkehrenden Aufträgen nach Möglichkeit ebenfalls Angabe der voraussichtlichen Zeitpunkte der einzelnen Aufrufe zum Wettbewerb:

   b) Angabe, ob die Bewerber für einige und/oder alle der angeforderten Waren Angebote einreichen können:

5. Bei Dienstleistungsaufträgen:

   a) Art und Menge der zu erbringenden Dienstleistung, einschließlich etwaiger Optionsrechte für weitere Aufträge und nach Möglichkeit voraussichtliche Zeitpunkte, bis zu denen diese Rechte wahrgenommen werden können. Bei wiederkehrenden Aufträgen nach Möglichkeit ebenfalls Angabe der voraussichtlichen Zeitpunkte der einzelnen Aufrufe zum Wettbewerb:

   b) Angabe, ob die Erbringung der Dienstleistung aufgrund von Rechts- und Verwaltungsvorschriften einem besonderen Berufsstand vorbehalten ist:

   c) Hinweis auf die Rechts- und Verwaltungsvorschriften:

   d) Angabe, ob juristische Personen die Namen und die berufliche Qualifikation der Personen angeben müssen, die für die Ausführung der betreffenden Dienstleistung verantwortlich sein sollen:

   e) Angabe, ob die Unternehmen Angebote für einen Teil der betreffenden Dienstleistungen unterbreiten können:

6. Gegebenenfalls Ausschluss von Nebenangeboten und Änderungsvorschlägen:

7. Ausnahme von der Anwendung europäischer Spezifikationen gem. § 6 SKR Nr. 2 Abs. 1:

8. Liefer- und Ausführungsfrist oder Dauer des Dienstleistungsauftrags und nach Möglichkeit Zeitpunkt des Beginns:

9. a) Name und Anschrift der Stelle, bei der die Verdingungsunterlagen und zusätzlichen Unterlagen angefordert werden können, sowie Termin, bis zu dem diese Unterlagen spätestens angefordert werden können:

   b) Gegebenenfalls Höhe und Einzelheiten der Zahlung des Entgelts für die Übersendung dieser Unterlagen:

10. a) Tag, bis zu dem die Angebote eingehen müssen:

    b) Anschrift, an die die Angebote zu richten sind:

    c) Sprache, in der die Angebote abgefasst sein müssen:

11. Entfällt

12. Gegebenenfalls geforderte Sicherheiten:

13. Wesentliche Zahlungsbedingungen und/oder Verweisung auf die Vorschriften, in denen sie enthalten sind:

14. Gegebenenfalls Rechtsform, die die Bietergemeinschaft, an die der Auftrag vergeben wird, haben muss:

15. Mit dem Angebot verlangte Nachweise der Eignung (Fachkunde, Leistungsfähigkeit, Zuverlässigkeit) des Bieters:

16. Frist, während der die Bieter an ihre Angebote gebunden sind:

17. Kriterien für die Auftragserteilung, wenn diese nicht in den Vergabeunterlagen genannt sind:

18. Sonstige Angaben, insbesondere die Stelle, an die sich der Bewerber oder Bieter zur Nachprüfung behaupteter Verstöße gegen Vergabebestimmungen wenden kann:

19. Gegebenenfalls Fundstelle der Veröffentlichung der regelmäßigen Bekanntmachung, auf die dieser Auftrag sich bezieht, im Amtsblatt der Europäischen Gemeinschaften:

20. Tag der Absendung der Bekanntmachung:

21. Tag des Eingangs der Bekanntmachung beim Amt für amtliche Veröffentlichungen der Europäischen Gemeinschaften:[1]

---

[1] Wird vom Amt für amtliche Veröffentlichungen der Europäischen Gemeinschaften eingetragen.

Anhang B/SKR
Nichtoffenes Verfahren

1. Name, Anschrift, Telefon-, Telegrafen-, Fernschreib- und Fernkopiernummer des Auftraggebers (Vergabestelle):

2. Art des Auftrags, der Gegenstand der Vergabe ist (z.B. Liefer- oder Dienstleistungsauftrag oder Rahmenvertrag):
   Dienstleistungskategorie gemäß Anhang I A bzw. I B und Beschreibung der Dienstleistung (CPV-Referenznummer):

3. Liefer- oder Ausführungsort:

4. Bei Lieferaufträgen:

   a) Art und Menge der zu liefernden Waren einschließlich etwaiger Optionsrechte für weitere Aufträge und nach Möglichkeit voraussichtliche Zeitpunkte, bis zu denen diese Rechte wahrgenommen werden können. Bei wiederkehrenden Aufträgen nach Möglichkeit ebenfalls Angabe der voraussichtlichen Zeitpunkte der einzelnen Aufrufe zum Wettbewerb:

   b) Angaben darüber, ob die Bewerber Angebote für einige und/oder alle angeforderten Waren einreichen können:

5. Bei Dienstleistungsaufträgen:

   a) Art und Menge der zu erbringenden Dienstleistungen einschließlich etwaiger Optionsrechte für weitere Aufträge und nach Möglichkeit voraussichtliche Zeitpunkte, bis zu denen diese Rechte wahrgenommen werden können. Bei wiederkehrenden Aufträgen nach Möglichkeit ebenfalls Angabe der voraussichtlichen Zeitpunkte der einzelnen Aufrufe zum Wettbewerb:

   b) Angabe, ob die Erbringung der Dienstleistung aufgrund von Rechts- und Verwaltungsvorschriften einem besonderen Berufsstand vorbehalten ist:

   c) Hinweis auf die Rechts- und Verwaltungsvorschriften:

   d) Angabe, ob juristische Personen die Namen und die berufliche Qualifikation der Personen angeben müssen, die für die Ausführung der betreffenden Dienstleistung verantwortlich sein sollen:

   e) Angabe, ob die Unternehmen Angebote für einen Teil der betreffenden Dienstleistungen unterbreiten können:

6. Gegebenenfalls Ausschluss von Nebenangeboten und Änderungsvorschlägen:

7. Ausnahme von der Anwendung europäischer Spezifikationen gemäß § 6 SKR Nr. 2 Abs. 1:

8. Liefer- und Ausführungsfrist oder Dauer des Dienstleistungsauftrages und nach Möglichkeit Zeitpunkt des Beginns:

9. Gegebenenfalls Rechtsform, die die Bietergemeinschaft, an die der Auftrag vergeben wird, haben muss:

10. a) Tag, bis zu dem die Anträge auf Teilnahme eingehen müssen:

    b) Anschrift, an die die Anträge zu richten sind:

    c) Sprache, in der die Anträge abgefasst sein müssen:

11. Tag, an dem die Aufforderungen zur Angebotsabgabe spätestens abgesandt werden:

12. Gegebenenfalls geforderte Sicherheiten:

13. Wesentliche Zahlungsbedingungen und/oder Verweisung auf die Vorschriften, in denen sie enthalten sind:

14. Mit dem Teilnahmeantrag verlangte Nachweise für die Beurteilung der Eignung (Fachkunde, Leistungsfähigkeit, Zuverlässigkeit) des Bewerbers:

15. Kriterien für die Auftragserteilung, wenn diese nicht in den Vergabeunterlagen enthalten sind:

16. Sonstige Angaben, insbesondere die Stelle, an die sich der Bewerber oder Bieter zur Nachprüfung behaupteter Verstöße gegen Vergabebestimmungen wenden kann:

17. Gegebenenfalls Fundstelle der Veröffentlichung der regelmäßigen Bekanntmachung im Amtsblatt der Europäischen Gemeinschaften, auf die dieser Auftrag sich bezieht:

18. Tag der Absendung der Bekanntmachung:

19. Tag des Eingangs der Bekanntmachung beim Amt für amtliche Veröffentlichungen der Europäischen Gemeinschaften:[1])

---

1) Wird vom Amt für amtliche Veröffentlichungen der Europäischen Gemeinschaften eingetragen.

Anhang C/SKR
Verhandlungsverfahren

1. Name, Anschrift, Telefon-, Telegrafen-, Fernschreib- und Fernkopiernummer des Auftraggebers (Vergabestelle):

2. Art des Auftrages, der Gegenstand der Vergabe ist (z.B. Liefer- oder Dienstleistungsauftrag oder Rahmenvertrag):

   Dienstleistungskategorie gemäß Anhang I A bzw. I B und Beschreibung der Dienstleistung (CPV-Referenznummer):

3. Liefer- oder Ausführungsort:

4. Bei Lieferaufträgen:

   a) Art und Menge der zu liefernden Waren einschließlich etwaiger Optionsrechte für weitere Aufträge und nach Möglichkeit voraussichtliche Zeitpunkte, bis zu denen diese Rechte wahrgenommen werden können. Bei wiederkehrenden Aufträgen nach Möglichkeit ebenfalls Angabe der voraussichtlichen Zeitpunkte der einzelnen Aufrufe zum Wettbewerb:

   b) Angaben darüber, ob die Bewerber Angebote für einige und/oder alle angeforderten Waren einreichen können:

5. Bei Dienstleistungsaufträgen:

   a) Art und Menge der zu erbringenden Dienstleistungen einschließlich etwaiger Optionsrechte für weitere Aufträge und nach Möglichkeit voraussichtliche Zeitpunkte, bis zu denen diese Rechte wahrgenommen werden können. Bei wiederkehrenden Aufträgen nach Möglichkeit ebenfalls Angabe der voraussichtlichen Zeitpunkte der einzelnen Aufrufe zum Wettbewerb:

   b) Angabe, ob die Erbringung der Dienstleistung aufgrund von Rechts- und Verwaltungsvorschriften einem besonderen Berufsstand vorbehalten ist:

   c) Hinweis auf die Rechts- und Verwaltungsvorschriften:

   d) Angabe, ob juristische Personen die Namen und die berufliche Qualifikation der Personen angeben müssen, die für die Ausführung der betreffenden Dienstleistung verantwortlich sein sollen:

   e) Angabe, ob die Unternehmen Angebote für einen Teil der betreffenden Dienstleistungen unterbreiten können:

6. Ausnahme von der Anwendung europäischer Spezifikationen gem. § 6 SKR Nr. 2 Abs. 1:

7. Liefer- und Ausführungsfrist oder Dauer des Dienstleistungsauftrags und nach Möglichkeit Zeitpunkt des Beginns:

8. a) Tag, bis zu dem die Anträge auf Teilnahme eingehen müssen:

   b) Anschrift, an die die Anträge zu richten sind:

   c) Sprache, in der diese Anträge abgefasst sein müssen:

9. Gegebenenfalls geforderte Sicherheiten:

10. Wesentliche Zahlungsbedingungen und/oder Verweisung auf die Vorschriften, in denen sie enthalten sind:

11. Gegebenenfalls Rechtsform, die die Bietergemeinschaft, an die der Auftrag vergeben wird, haben muss:

12. Mit dem Teilnahmeantrag verlangte Nachweise für die Beurteilung der Eignung (Fachkunde, Leistungsfähigkeit, Zuverlässigkeit) des Bewerbers:

13. Gegebenenfalls Namen und Anschriften der vom Auftraggeber bereits ausgewählten Unternehmen:

14. Gegebenenfalls Datum vorhergehender Veröffentlichungen im Amtsblatt der Europäischen Gemeinschaften:

15. Sonstige Angaben, insbesondere die Stelle, an die sich der Bewerber oder Bieter zur Nachprüfung behaupteter Verstöße gegen Vergabebestimmungen wenden kann:

16. Gegebenenfalls Fundstelle der regelmäßigen Bekanntmachung, auf die sich dieser Auftrag bezieht, im Amtsblatt der Europäischen Gemeinschaften:

17. Tag der Absendung der Bekanntmachung:

18. Tag des Eingangs der Bekanntmachung beim Amt für amtliche Veröffentlichungen der Europäischen Gemeinschaften:[1])

---

[1]) Wird vom Amt für amtliche Veröffentlichungen der Europäischen Gemeinschaften eingetragen.

Anhang D/SKR
Anwendung des Prüfsystems

1. Name, Anschrift, Telefon-, Telegrafen-, Fernschreib- und Fernkopiernummer des Auftraggebers:

2. Zweck des Prüfsystems (Beschreibung der Waren oder Dienstleistungen oder ihrer jeweiligen Kategorie, die im Rahmen dieses Systems zu beziehen oder zu erbringen sind):

3. Bedingungen, die die Unternehmen für die Zulassung zu diesem Überprüfungssystem im Hinblick auf ihre Qualifikation erfüllen müssen; bei umfangreichen Beschreibungen reicht die Zusammenfassung der wesentlichen Bedingungen und Verfahren sowie Hinweis auf diese Unterlagen aus:

4. Gegebenenfalls Geltungsdauer des Prüfsystems:

5. Hinweis darauf, dass die Bekanntmachung als Aufruf zum Wettbewerb benutzt wird:

6. Anschrift der Stelle, bei der die Vorschriften über das Prüfsystems verfügbar sind:

7. Sonstige Angaben, insbesondere Name und Anschrift der Vergabekammer, an die sich der Bewerber oder Bieter zur Nachprüfung behaupteter Verstöße gegen Vergabebestimmungen wenden kann:

Anhang E/SKR
Regelmäßige Bekanntmachung

I. Stets auszufüllen

1. Name, Anschrift, Telegrammanschrift, Telefon-, Fernschreib- und Fernkopiernummer des Auftraggebers (Vergabestelle):

2. a) Bei Lieferaufträgen: Art und Menge oder Wert der zu liefernden Waren:
   b) Bei Dienstleistungsaufträgen: Gesamtbetrag der Dienstleistungsaufträge in den einzelnen Kategorien des Anhangs I A:

3. Tag der Absendung der Bekanntmachung durch den Auftraggeber:

4. Tag des Eingangs der Bekanntmachung beim Amt für amtliche Veröffentlichungen der Europäischen Gemeinschaften:[1])

5. a) die Stelle, an die sich der Bewerber oder Bieter zur Nachprüfung behaupteter Verstöße gegen Vergabebestimmungen wenden kann:
   b) sonstige Angaben:

II. Auskünfte, die zwingend zu erteilen sind, wenn die Bekanntmachung als Aufruf zum Wettbewerb benutzt wird oder wenn sie eine Verkürzung der Fristen für den Eingang der Bewerbungen oder der Angebote gestattet:

6. Hinweis, dass interessierte Lieferanten oder Dienstleistungserbringer der Auftraggeber ihr Auftragsinteresse mitteilen müssen:

7. Frist für den Eingang der Anträge auf Zusendung einer Aufforderung zur Angebotsabgabe:

III. Auskünfte, die – soweit verfügbar – mitzuteilen sind, wenn die Bekanntmachung als Aufruf zum Wettbewerb benutzt wird oder wenn sie eine Verkürzung der Fristen für den Eingang der Bewerbungen oder der Angebote gestattet:

8. Art des Auftrages (z.B. Liefer- oder Dienstleistungsauftrag oder Rahmenvertrag), Dienstleistungskategorie gem. Anhang I A und Beschreibung der Dienstleistung (CPC-Referenznummer); etwaige Optionsrechte für weitere Aufträge und voraussichtliche Zeitpunkte, bis zu denen diese Rechte wahrgenommen werden können; bei wiederkehrenden Aufträgen ebenfalls Angabe des voraussichtlichen Zeitplans der folgenden Aufrufe zum Wettbewerb:

9. Angabe, ob die Angebote Kauf, Leasing, Miete, Pacht oder Mietkauf oder mehreres gleichzeitig betreffen:

10. Liefer- und Ausführungsfrist oder Dauer des Dienstleistungsauftrags und nach Möglichkeit Zeitpunkt des Beginns:

11. a) Anschrift, an die die Anträge schriftlich zu richten sind:
    b) Tag, bis zu dem die Anträge auf Teilnahme eingehen müssen:
    c) Sprache, in der die Anträge und Angebote abgefasst sein müssen:

---

[1]) Wird vom Amt für amtliche Veröffentlichungen der Europäischen Gemeinschaften eingetragen.

B III Texte

12. Nachweise für die Beurteilung der Eignung (Fachkunde, Leistungsfähigkeit, Zuverlässigkeit):

13. a) Voraussichtlicher Zeitpunkt, zu dem das Verfahren für die Vergabe des Auftrages/der Aufträge eingeleitet wird (sofern bekannt):

    b) Art des vorgesehenen Vergabeverfahrens:

    c) Betrag, der für die Anforderung der Unterlagen zu entrichten ist, und Zahlungsbedingungen:

Anhang F/SKR
Vergebene Aufträge

I. Angaben für die Veröffentlichung im Amtsblatt der Europäischen Gemeinschaften:

1. Name und Anschrift des Auftraggebers (Vergabestelle):
2. Art des Auftrags, der Gegenstand der Vergabe ist (z. B. Liefer- oder Dienstleistungsauftrag oder Rahmenvertrag):
3. Art und Umfang der Leistung:
4. a) Form des Aufrufs zum Wettbewerb (Bekanntmachung über das Prüfsystem; regelmäßige Bekanntmachung, Aufruf zur Angebotsabgabe):
   b) Fundstelle der Veröffentlichung der Bekanntmachung im Amtsblatt der Europäischen Gemeinschaften:
   c) Im Falle von ohne Wettbewerb vergebenen Aufträgen Angabe der betreffenden Bestimmung des § 3 SKR Nr. 3 oder des § 1 SKR Abs. 3:
5. Gewähltes Vergabeverfahren:
6. Anzahl der eingegangenen Angebote:
7. Tag der Auftragserteilung:
8. Für Gelegenheitskäufe nach § 3 SRK Nr. 3 Buchst. i) gezahlter Preis:
9. Name und Anschrift der (des) Auftragnehmer(s):
10. Entfällt
11. Gezahlter Preis oder Preisspanne (Minimum/Maximum):
12. Fakultative Angaben:
    – Anteil der beabsichtigten Nachunternehmerleistungen, soweit bekannt:
    – Kriterien für die Auftragsvergabe:

II. Nicht für die Veröffentlichung bestimmte Angaben:

13. Anzahl der vergebenen Aufträge, wenn ein Auftrag zwischen mehreren Auftragnehmern aufgeteilt worden ist:
14. Wert jedes vergebenen Auftrages:
15. Ursprungsland der Ware oder der Dienstleistung (EG-Ursprung oder Nichtgemeinschaftsursprung; im letzteren Fall nach Drittländern gegliedert):
16. Wurden die in § 6 SKR Nr. 2 Abs. 1 bei der Verwendung der europäischen Spezifikationen vorgesehenen Ausnahmen in Anspruch genommen, wenn ja, welche:
17. Kriterium für die Auftragsvergabe (wirtschaftlich günstigstes Angebot):
18. Ist der Auftrag auf ein Nebenangebot oder Änderungsvorschlag erteilt worden:
19. Sind Angebote gemäß § 10 SKR Nr. 2 nicht gewählt worden, weil sie ungewöhnlich niedrig waren:
20. Tag der Absendung dieser Bekanntmachung durch den Auftraggeber:
21. Bezüglich von Aufträgen für Dienstleistungen im Sinne des Anhangs I B: Einverständnis des Auftraggebers mit der Veröffentlichung der Bekanntmachung (§ 12 SKR Nr. 3 Abs. 2):

Anhang G/SKR
Bekanntmachung über Wettbewerbe

1. Name, Anschrift, Telefon-, Telegrafen-, Fernschreib- und Fernkopiernummer des Auftraggebers und der Stelle, bei der einschlägige Unterlagen erhältlich sind:

2. Beschreibung des Vorhabens:

3. Art des Wettbewerbs: offen oder nicht offen:

4. Bei Offenen Wettbewerben: Frist für den Eingang von Wettbewerbsarbeiten:

5. Bei Nichtoffenen Wettbewerben:
   a) beabsichtigte Zahl der Teilnehmer:
   b) gegebenenfalls Namen bereits ausgewählter Teilnehmer:
   c) anzuwendende Kriterien bei der Auswahl von Teilnehmern:
   d) Frist für den Eingang von Anträgen auf Teilnahme:

6. Gegebenenfalls Angabe, ob die Teilnahme einem besonderen Berufsstand vorbehalten ist:

7. Anzuwendende Kriterien für die Bewertung der Wettbewerbsarbeiten:

8. Gegebenenfalls Namen der Mitglieder des Preisgerichts:

9. Angabe, ob die Entscheidung des Preisgerichts den Auftraggeber bindet:

10. Gegebenenfalls Anzahl und Höhe der Preise:

11. Angabe, ob die Teilnehmer Anspruch auf Kostenerstattung haben:

12. Angabe, ob die Preisgewinner Folgeaufträge erhalten dürfen:

13. Sonstige Angaben, insbesondere die Stelle, an die sich die Bewerber zur Nachprüfung behaupteter Verstöße gegen die Wettbewerbsbedingungen wenden können:

14. Tag der Absendung der Bekanntmachung:

15. Tag des Eingangs der Bekanntmachung beim Amt für amtliche Veröffentlichungen der Europäischen Gemeinschaften:[1])

---

1) Wird vom Amt für amtliche Veröffentlichungen der Europäischen Gemeinschaften eingetragen.

Anhang H/SKR
Ergebnisse von Wettbewerben

1. Name, Anschrift, Telefon-, Telegrafen-, Fernschreib- und Fernkopiernummer des Auftraggebers:
2. Beschreibung des Vorhabens:
3. Gesamtzahl der Teilnehmer:
4. Anzahl ausländischer Teilnehmer:
5. Der/die Gewinner des Wettbewerbs:
6. Gegebenenfalls der/die Preis(e):
7. Sonstige Angaben, insbesondere die Stelle, an die sich die Teilnehmer zur Nachprüfung behaupteter Verstöße gegen die Wettbewerbsbestimmungen wenden können:
8. Verweisung auf die Bekanntmachung über den Wettbewerb:
9. Tag der Absendung der Bekanntmachung:
10. Tag des Eingangs der Bekanntmachung beim Amt für amtliche Veröffentlichungen der Europäischen Gemeinschaften:[1])

---

1) Wird vom Amt für amtliche Veröffentlichungen der Europäischen Gemeinschaften eingetragen.

Anhang I

Beschluss des Rates vom 22. Dezember 1986
über die Normung auf dem Gebiet der Informationstechnik und der Telekommunikation
(87/95/EWG)

DER RAT DER EUROPÄISCHEN GEMEINSCHAFTEN –

gestützt auf den Vertrag zur Gründung der Europäischen Wirtschaftsgemeinschaft, insbesondere auf Artikel 235,

auf Vorschlag der Kommission,

nach Stellungnahme des Europäischen Parlaments[1]),

nach Stellungnahme des Wirtschafts- und Sozialausschusses[2]),

in Erwägung nachstehender Gründe:

Die Normen auf dem Gebiet der Informationstechnik und die für ihre Aufstellung erforderlichen Arbeiten müssen insbesondere folgenden Aspekten Rechnung tragen:
- der Komplexität der technischen Spezifikation sowie der Präzision, die zur Sicherstellung des Informations- und Datenaustauschs und der Kompatibilität der Systeme erforderlich ist;
- dem Bedürfnis, rasch über Normen zu verfügen und zu vermeiden, dass übermäßig langsame Fortschritte zu einem vorzeitigen Veralten der durch das Tempo der technologischen Entwicklung überholten Texte führen;
- der Notwendigkeit, die Einführung der internationalen Normen für den Austausch von Informationen und Daten auf einer Grundlage zu fördern, die sie auf der Ebene ihrer praktischen Anwendung glaubwürdig macht;
- der wirtschaftlichen Bedeutung der Normung als Beitrag zur Errichtung eines Gemeinschaftsmarktes auf diesem Gebiet.

Aufgrund der Richtlinie 83/189/EWG[3]) werden die Kommission, die Mitgliedstaaten und die Normungsgremien unterrichtet, wenn Normungsgremien beabsichtigen, eine Norm aufzustellen oder zu ändern; gemäß der genannten Richtlinie kann die Kommission Aufträge erteilen, um Normungsarbeiten von gemeinsamem Interesse einvernehmlich und in einem frühen Stadium durchführen zu lassen.

Diese Richtlinie enthält nicht alle Bestimmungen, die für die Durchführung einer gemeinsamen Normungspolitik auf dem Gebiet der Informationstechnik und der Telekommunikation erforderlich sind.

Der zunehmende Umfang der technischen Überschneidungen zwischen den verschiedenen Normungsbereichen, vor allem zwischen der Informationstechnik und der Telekommunikation, rechtfertigt eine enge Zusammenarbeit zwischen den Normungsgremien, die sich zur Behandlung der gemeinsamen Bereiche zusammenschließen müssen.

---

1) ABl. EG Nr. C 36 vom 17. Februar 1986, S. 55.
2) ABl. EG Nr. C 303 vom 25. November 1985, S. 2.
3) ABl. EG Nr. L 109 vom 26. April 1983, S. 8.

Vor kurzem wurden von der Kommission Vereinbarungen im Rahmen der mit der Europäischen Konferenz der Verwaltungen für Post- und Fernmeldewesen (CEPT) unterzeichneten gemeinsamen Absichtserklärung sowie im Rahmen der allgemeinen Leitlinien, die Gegenstand eines Übereinkommens mit der Gemeinsamen Europäischen Normeninstitution „Europäisches Komitee für Normung/Europäisches Komitee für elektrotechnische Normung" (CEN/CENELEC) sind, geschlossen.

Die Richtlinie 86/361/EWG[1]) umfasst Programme, in deren Rahmen die Europäische Konferenz der Verwaltungen für Post- und Fernmeldewesen – gegebenenfalls im Benehmen mit dem Europäischen Komitee für Normung und dem Europäischen Komitee für elektrotechnische Normung – in diesem Bereich an gemeinsamen technischen Spezifikationen arbeitet, die Europäischen Fernmeldenormen (NET) entsprechen.

Die öffentlichen Lieferaufträge sind ein geeigneter Bereich, in dem eine umfassendere Übernahme von Normen für den Informations- und Datenaustausch im Rahmen des Offenen Systemverbunds (Open Systems Interconnection) durch Hinweise beim Kauf gefördert werden können.

Es ist erforderlich, einen Ausschuss mit der Aufgabe zu betrauen, die Kommission bei der Verfolgung der in dem Beschluss vorgesehenen Zielsetzungen und Tätigkeiten zu unterstützen –

BESCHLIESST:

Artikel 1

Für diesen Beschluss gelten folgende Begriffsbestimmungen:

1. „Technische Spezifikation": Spezifikation, die in einem Schriftstück enthalten ist, das Merkmale eines Erzeugnisses vorschreibt, wie Qualitätsstufen, Gebrauchstauglichkeit, Sicherheit oder Abmessungen, einschließlich Vorschriften für das Erzeugnis hinsichtlich Terminologie, Bildzeichen, Prüfungen und Prüfverfahren, Verpackung, Kennzeichnung und Beschriftung;

2. „Gemeinsame technische Spezifikation": technische Spezifikation, die erarbeitet wurde, um die einheitliche Anwendung in sämtlichen Mitgliedstaaten der Gemeinschaft sicherzustellen;

3. „Norm": technische Spezifikation, die von einer anerkannten Normenorganisation zur wiederholten oder ständigen Anwendung gebilligt worden ist, deren Einhaltung jedoch nicht zwingend vorgeschrieben ist;

4. „Internationale Norm": Norm, die von einer anerkannten internationalen Normenorganisation verabschiedet worden ist;

5. „Entwurf einer internationalen Norm (DIS)": Normentwurf, der von einer anerkannten internationalen Normenorganisation verabschiedet worden ist;

6. „Internationale technische Telekommunikationsspezifikation": die technische Spezifikation aller oder einiger Merkmale eines Erzeugnisses, empfohlen von Organisationen wie dem Internationalen Beratenden Ausschuss für den Telegraphen- und Telefondienst oder der CEPT;

---
1) ABl. EG Nr. L 217 vom 5. August 1986, S. 21.

7. „Europäische Norm": Norm, die von den Normenorganisationen, mit denen die Gemeinschaft Abkommen geschlossen hat, gemäß ihren satzungsmäßigen Bestimmungen gebilligt worden ist;

8. „Europäische Vornorm": Norm, die unter dem Bezugszeichen „ENV" von den Normenorganisationen, mit denen die Gemeinschaft Abkommen geschlossen hat, gemäß deren satzungsmäßigen Bestimmungen angenommen worden ist;

9. „Funktionelle Norm": Norm, die eine komplexe Funktion liefern soll, die zur Kompatibilität der Systeme erforderlich ist und die im Allgemeinen durch die Verknüpfung mehrerer bereits von den Normenorganisationen gemäß deren satzungsmäßigen Bestimmungen entsteht;

10. „Funktionelle Spezifikation": Spezifikation, mit der die Anwendung einer oder mehrerer OSI-Normen zur Unterstützung einer spezifischen Anforderung für die Kommunikation zwischen Systemen der Informationstechnik im Einzelnen festgelegt wird (von Organisationen wie dem Internationalen Beratenden Ausschuss für den Telegraphen- und Fernsprechdienst oder der CEPT empfohlen);

11. „Technische Vorschrift": Technische Spezifikationen einschließlich der einschlägigen Verwaltungsvorschriften, deren Einhaltung de jure oder de facto für die Vermarktung oder Verwendung in einem Mitgliedstaat oder in einem großen Teil dieses Staates verbindlich ist, mit Ausnahme der von den örtlichen Behörden festgelegten technischen Spezifikationen;

12. „Bescheinigung der Konformität": Vorgang, durch den mit Hilfe eines Konformitätszertifikats oder eines Konformitätszeichens bescheinigt wird, dass ein Erzeugnis oder eine Dienstleistung mit bestimmten Normen oder technischen Spezifikationen übereinstimmt;

13. „Informationstechnik": Systeme, Anlagen, Bauteile und Softwareprodukte, die erforderlich sind, um das Wiederauffinden, die Verarbeitung und Speicherung von Informationen in allen Bereichen des menschlichen Lebens (Heim, Büro, Fabrik usw.) zu gewährleisten, und die im Allgemeinen bei elektronischen oder ähnlichen Verfahren eingesetzt werden;

14. „Öffentliche Lieferaufträge":
    - Aufträge, die der Begriffsbestimmung gemäß Artikel 1 der Richtlinie 93/36/EWG entsprechen[1]),
    - Aufträge, die ungeachtet des Tätigkeitsbereichs des Auftraggebers zum Zwecke der Lieferung von Informationstechnik- und Telekommunikationsgeräten geschlossen werden;

15. „Fernmeldeverwaltungen": Verwaltungen oder anerkannte private Betriebsgesellschaften in der Gemeinschaft, die öffentliche Telekommunikationsdienste anbieten.

Artikel 2

Zur Förderung der Normung in Europa und der Aufstellung und Anwendung von Normen auf dem Gebiet der Informationstechnik und von funktionellen Spezifikationen im Bereich der Telekommunikation werden auf Gemeinschaftsebene fol-

---

1) ABl. EG Nr. L 199 vom 9. August 1993, S. 1.

gende Maßnahmen unter Beachtung der Bestimmungen in Artikel 3 Absatz 2 und Artikel 4 durchgeführt:

a) In regelmäßigen Abständen und mindestens einmal jährlich wird der vorrangige Normungsbedarf auf der Grundlage der internationalen Normen, der internationalen Normentwürfe oder der Dokumente, die diesen Normen gleichzusetzen sind, festgestellt, um die Arbeitsprogramme festzulegen und die europäischen Normen und funktionellen Spezifikationen aufstellen zu lassen, die für nötig erachtet werden, um den Informations- und Datenaustausch und die Kompatibilität der Systeme zu gewährleisten.

b) Auf der Basis der auf internationaler Ebene durchgeführten Normungsarbeiten
   - werden die europäischen Normungsgremien und die technischen Fachorganisationen für Informationstechnik und Telekommunikation ersucht, europäische Normen, europäische Vornormen oder funktionelle Telekommunikationsspezifikationen und im Bedarfsfall funktionelle Normen aufzustellen, damit die Genauigkeit gewährleistet wird, die von den Anwendern zur Sicherstellung des Informations- und Datenaustausches sowie der Kompatibilität der Systeme benötigt wird. Diese Organisationen stützen ihre Arbeit auf internationale Normen, internationale Normentwürfe oder internationale technische Telekommunikationsspezifikationen. Wenn eine internationale Norm, ein internationaler Normentwurf oder eine internationale technische Telekommunikationsspezifikation klare Vorschriften enthält, die eine einheitliche Anwendung ermöglichen, so werden diese Vorschriften unverändert in die europäische Norm, die europäische Vornorm oder die funktionelle Telekommunikationsspezifikation übernommen. Nur wenn derartige klare Vorschriften in der internationalen Norm, dem internationalen Normentwurf oder der internationalen technischen Telekommunikationsspezifikation nicht bestehen, werden die europäische Norm, die europäische Vornorm oder die funktionelle Telekommunikationsspezifikation zur Klärung oder erforderlichenfalls Ergänzung der internationalen Norm, des internationalen Normenentwurfs oder der internationalen technischen Telekommunikationsspezifikation ausgearbeitet, wobei Abweichungen zu vermeiden sind;
   - werden die genannten Organisationen ersucht, technische Spezifikationen auszuarbeiten, die zur Grundlage europäischer Normen oder europäischer Vornormen gemacht werden können, wenn abgesprochene internationale Normen für den Informations- und Datenaustausch sowie die Kompatibilität der Systeme fehlen oder wenn auf diese Weise ein Beitrag zur Aufstellung derartiger Normen geleistet wird.

c) Die Anwendung der Normen und funktionellen Spezifikationen wird dadurch erleichtert, dass die Maßnahmen der Mitgliedstaaten in folgenden Bereichen koordiniert werden:
   - Überprüfung der Übereinstimmung der Erzeugnisse und Dienste mit den Normen und funktionellen Spezifikationen auf der Grundlage der festgelegten Prüfungsanforderungen;
   - Bescheinigung der Übereinstimmung mit den Normen und funktionellen Spezifikationen nach ausreichend harmonisierten Verfahren.

d) Die Anwendung der Normen und funktionellen Spezifikationen auf dem Gebiet der Informationstechnik und der Telekommunikation wird bei öffentlichen Aufträgen und technischen Vorschriften gefördert.

Artikel 3

(1) Die spezifischen Ziele der vorgesehenen Maßnahmen sind im Anhang beschrieben.

(2) Dieser Beschluss gilt für
- Normen im Bereich der Informationstechnik im Sinne des Artikels 5;
- funktionelle Spezifikationen für Dienste, die speziell über öffentliche Fernmeldenetze zum Austausch von Informationen und Daten zwischen Systemen der Informationstechnik angeboten werden.

(3) Dieser Beschluss gilt nicht für
- die gemeinsamen technischen Spezifikationen für an das öffentliche Fernmeldenetz angeschlossene Endgeräte, die unter die Richtlinie 86/361/EWG fallen;
- Spezifikationen für Einrichtungen, die Teil des Fernmeldenetzes selbst sind.

Artikel 4

Bei der Ermittlung des Normungsbedarfs sowie bei der Aufstellung des Arbeitsprogramms für die Normung und die Ausarbeitung von funktionellen Spezifikationen stützt die Kommission sich insbesondere auf die Informationen, die ihr aufgrund der Richtlinie 83/189/EWG mitgeteilt werden.

Die Kommission überträgt nach Anhörung des in Artikel 7 vorgesehenen Ausschusses die technischen Arbeiten den zuständigen europäischen Normungsorganisationen oder technischen Fachgremien (CEN, CENELEC und CEPT) und ersucht sie erforderlichenfalls um die Aufstellung der entsprechenden europäischen Normen oder funktionellen Spezifikationen. Die diesen Organisationen zu erteilenden Aufträge sind dem in Artikel 5 der Richtlinie 83/189/EWG vorgesehenen Ausschuss gemäß den Verfahren dieser Richtlinie zur Zustimmung zu unterbreiten.

Es darf kein Auftrag erteilt werden, der sich mit irgendeinem Teil der aufgrund der Richtlinie 86/361/EWG begonnenen oder aufgestellten Arbeitsprogramme überschneidet.

Artikel 5

(1) In Anbetracht der unterschiedlichen nationalen Verfahren ergreifen die Mitgliedstaaten die erforderlichen Maßnahmen, um sicherzustellen, dass bei öffentlichen Lieferaufträgen auf dem Gebiet der Informationstechnik
- auf europäische Normen und europäische Vornormen nach Artikel 2 Buchstabe b),
- auf internationale Normen, wenn diese im Land des Auftraggebers übernommen worden sind,

Bezug genommen wird, so dass diese Normen bei der Übermittlung und dem Austausch von Informationen und Daten und für die Kompatibilität der Systeme zugrunde gelegt werden.

(2) Um Kompatibilität zwischen Endeinrichtungen zu erzielen, ergreifen die Mitgliedstaaten die erforderlichen Maßnahmen, um sicherzustellen, dass ihre Fernmeldeverwaltungen bei denjenigen Diensten, die speziell für den Austausch von Informationen und Daten zwischen Systemen der Informationstechnik bestimmt sind und die nach den in Absatz 1 genannten Normen arbeiten, funktionelle Spezifikationen für den Zugang zu ihren öffentlichen Fernmeldenetzen verwenden.

(3) Bei der Anwendung dieses Artikels sind die nachfolgend aufgeführten besonderen Umstände zu berücksichtigen, die möglicherweise die Verwendung anderer, in diesem Beschluss nicht vorgesehener Normen und Spezifikationen rechtfertigen:

- die Notwendigkeit eines kontinuierlichen Betriebs im Falle bereits vorhandener Systeme; dies jedoch lediglich im Rahmen klar umrissener und festgelegter Strategien für den späteren Übergang zu internationalen oder europäischen Normen oder funktionellen Spezifikationen;

- die Tatsache, dass bestimmte Vorhaben wirkliche Neuerungen mit sich bringen;

- die mangelnde technische Eignung der Norm oder der funktionellen Spezifikation für ihren Zweck, da sie keine geeigneten Mittel zur Erzielung des Informations- und Datenaustauschs oder der Kompatibilität der Systeme vorsieht oder weil die Mittel (einschließlich Testverfahren) zur Feststellung einer ausreichenden Konformität eines Produkts mit dieser Norm oder dieser funktionellen Spezifikation nicht vorliegen oder weil – im Falle von europäischen Vornormen – diesen die für ihre Anwendung erforderliche Stabilität fehlt. Es steht anderen Mitgliedstaaten frei, dem in Artikel 7 genannten Ausschuss nachzuweisen, dass der betreffenden Norm entsprechende Geräte in zufriedenstellender Weise genutzt wurden und dass die Inanspruchnahme dieser Ausnahmeregelung deshalb nicht gerechtfertigt ist;

- die nach sorgfältiger Sondierung des Marktes getroffene Feststellung, dass aus wichtigen Gründen der Wirtschaftlichkeit die Verwendung der betreffenden Norm oder funktionellen Spezifikation nicht geeignet ist. Es steht anderen Mitgliedstaaten frei, vor dem in Artikel 7 genannten Ausschuss nachzuweisen, dass der betreffenden Norm entsprechende Geräte unter normalen wirtschaftlichen Bedingungen in zufriedenstellender Weise genutzt wurden und dass die Inanspruchnahme dieser Ausnahmeregelung deshalb nicht gerechtfertigt ist.

(4) Die Mitgliedstaaten können zusätzlich auf der gleichen Grundlage wie in Absatz 1 die Bezugnahme auf Entwürfe internationaler Normen vorschreiben.

(5) Auftragerteilende Stellen, die sich auf Absatz 3 berufen, geben die Gründe dafür nach Möglichkeit (bereits) in den Ausschreibungsunterlagen an und halten in jedem einzelnen Fall diese Gründe in ihren internen Unterlagen fest, sie stellen diese Angaben unter Wahrung des Geschäftsgeheimnisses den sich bewerbenden Unternehmen sowie dem in Artikel 7 genannten Ausschuss auf Antrag zur Verfügung. Beschwerden über die Anwendung von Ausnahmeregelungen gemäß Absatz 3 können auch direkt an die Kommission gerichtet werden.

(6) Die Kommission stellt sicher, dass dieser Artikel auf alle Gemeinschaftsprojekte und -programme einschließlich der öffentlichen Lieferaufträge, die aus Mitteln des Gemeinschaftshaushalts finanziert werden, angewandt wird.

(7) Die auftragerteilenden Stellen können, sofern sie dies für erforderlich erachten, auf Aufträge mit einem Wert unter 100 000 Euro andere Spezifikationen anwenden, sofern diese Anschaffungen der Verwendungen der Normen im Sinne der Absätze 1 und 2 bei Aufträgen mit einem höheren als dem in diesem Absatz genannten Wert nicht entgegenstehen. Die Notwendigkeit dieser Ausnahmeregelung sowie die Höhe des in diesem Absatz festgelegten Schwellenwertes wird binnen drei Jahren nach dem Zeitpunkt überprüft, ab dem dieser Beschluss anzuwenden ist.

Artikel 6

Bei der Abfassung oder Änderung von technischen Vorschriften auf den zum Geltungsbereich dieses Beschlusses gehörenden Gebieten legen die Mitgliedstaaten stets die in Artikel 5 genannten Normen zugrunde, wenn diese den geforderten technischen Spezifikationen der Vorschrift in angemessener Weise gerecht werden.

Artikel 7

(1) Ein Beratender Ausschuss mit der Bezeichnung „Gruppe hoher Beamter für die Normung auf dem Gebiet der Informationstechnik" unterstützt die Kommission bei der Verfolgung der in dem Beschluss vorgesehenen Ziele und Tätigkeiten. Er setzt sich aus Vertretern der Mitgliedstaaten zusammen, die Sachverständige oder Berater hinzuziehen können; den Vorsitz im Ausschuss führt ein Vertreter der Kommission. Für Fragen der Telekommunikation ist die in Artikel 5 der Richtlinie 86/361/ EWG vorgesehene „Gruppe hoher Beamter Telekommunikation" zuständig.

(2) Die Kommission konsultiert den Ausschuss bei der Festlegung der Prioritäten der Gemeinschaft, der Durchführung der im Anhang genannten Maßnahmen, der Behandlung von Fragen im Zusammenhang mit der Überprüfung der Übereinstimmung mit den Normen, der Überwachung der Durchführung der Bestimmungen des Artikels 5 sowie in anderen Fragen der Normung auf dem Gebiet der Informationstechnik und der Telekommunikation oder anderen Gebieten, mit denen sie sich überschneiden. Sie hört den Ausschuss auch zu dem in Artikel 8 vorgesehenen Bericht an.

(3) Die Kommission koordiniert die Arbeiten dieser Ausschüsse mit dem in Artikel 5 der Richtlinie 83/189/EWG vorgesehenen Ausschuss insbesondere dann, wenn die Möglichkeit einer Überschneidung für den Fall besteht, dass aufgrund dieses Beschlusses und der genannten Richtlinie Anträge an europäische Normungsgremien gerichtet werden.

(4) Fragen im Zusammenhang mit der Durchführung dieses Beschlusses können auf Antrag des Vorsitzenden oder eines Mitgliedstaates dem Ausschuss unterbreitet werden.

(5) Der Ausschuss tritt mindestens zweimal im Jahr zusammen.

(6) Der Ausschuss gibt sich eine Geschäftsordnung.

(7) Das Sekretariat des Ausschusses wird von der Kommission wahrgenommen.

Artikel 8

Die Kommission legt regelmäßig einen Bericht über den Stand der Normungsarbeiten auf dem Gebiet der Informationstechnik vor, den sie alle zwei Jahre an das

Europäische Parlament und an den Rat sendet. Der Bericht enthält die Modalitäten für die Einführung in der Gemeinschaft, die erzielten Ergebnisse, ihre Anwendung bei öffentlichen Lieferaufträgen sowie einzelstaatlichen technischen Vorschriften und vor allem ihre praktische Bedeutung für die Bescheinigung der Konformität.

Artikel 9

Dieser Beschluss berührt nicht die Anwendung der Richtlinien 83/189/EWG und 86/361/EWG.

Artikel 10

Dieser Beschluss ist nach einem Jahr, gerechnet ab seiner Veröffentlichung im Amtsblatt der Europäischen Gemeinschaften, anzuwenden.

Artikel 11

Dieser Beschluss ist an die Mitgliedstaaten gerichtet.

Geschehen zu Brüssel am 22. Dezember 1986.

Im Namen des Rates
Der Präsident
G. SHAW

Anhang II
Verordnung (EWG, EURATOM) Nr. 1182/71 des Rates
vom 3. Juni 1971
zur Festlegung der Regeln für die Fristen, Daten und Termine

DER RAT DER EUROPÄISCHEN GEMEINSCHAFTEN -

gestützt auf den Vertrag zur Gründung der Europäischen Wirtschaftsgemeinschaft, insbesondere auf Artikel 235,

gestützt auf den Vertrag zur Gründung der Europäischen Atomgemeinschaft, insbesondere auf Artikel 203,

auf Vorschlag der Kommission,

nach Stellungnahme des Europäischen Parlaments[1]),

in Erwägung nachstehender Gründe:

Zahlreiche Rechtsakte des Rates und der Kommission setzen Fristen, Daten oder Termine fest und verwenden die Begriffe des Arbeitstags oder des Feiertags.

Für diesen Bereich sind einheitliche allgemeine Regeln festzulegen.

In Ausnahmefällen kann es notwendig sein, dass bestimmte Rechtsakte des Rates oder der Kommission von diesen allgemeinen Regeln abweichen.

Für die Verwirklichung der Ziele der Gemeinschaften müssen die einheitliche Anwendung des Gemeinschaftsrechts gewährleistet und infolgedessen die allgemeinen Regeln für die Fristen, Daten und Termine festgelegt werden.

In den Verträgen sind keine Befugnisse zur Festlegung solcher Regeln vorgesehen -

HAT FOLGENDE VERORDNUNG ERLASSEN:

Artikel 1

Diese Verordnung gilt, soweit nichts anderes bestimmt ist, für die Rechtsakte, die der Rat und die Kommission aufgrund des Vertrages zur Gründung der Europäischen Wirtschaftsgemeinschaft oder des Vertrages zur Gründung der Europäischen Atomgemeinschaft erlassen haben bzw. erlassen werden.

KAPITEL I
Fristen

Artikel 2

(1) Für die Anwendung dieser Verordnung sind die Feiertage zu berücksichtigen, die als solche in dem Mitgliedstaat oder in dem Organ der Gemeinschaften vorgesehen sind, bei dem eine Handlung vorgenommen werden soll.

Zu diesem Zweck übermittelt jeder Mitgliedstaat der Kommission die Liste der Tage, die nach seinen Rechtsvorschriften als Feiertage vorgesehen sind. Die Kommission veröffentlicht im Amtsblatt der Europäischen Gemeinschaften die von den Mitgliedstaaten übermittelten Listen, die durch Angabe der in den Organen der Gemeinschaften als Feiertage vorgesehenen Tage ergänzt worden sind.

---

1) ABl. EG Nr. C 51 vom 29. April 1970, S. 25.

(2) Für die Anwendung dieser Verordnung sind als Arbeitstage alle Tage außer Feiertagen, Sonntagen und Sonnabenden zu berücksichtigen.

Artikel 3

(1) Ist für den Anfang einer nach Stunden bemessenen Frist der Zeitpunkt maßgebend, in welchem ein Ereignis eintritt oder eine Handlung vorgenommen wird, so wird bei der Berechnung dieser Frist die Stunde nicht mitgerechnet, in die das Ereignis oder die Handlung fällt.

Ist für den Anfang einer nach Tagen, Wochen, Monaten oder Jahren bemessenen Frist der Zeitpunkt maßgebend, in welchem ein Ereignis eintritt oder eine Handlung vorgenommen wird, so wird bei der Berechnung dieser Frist der Tag nicht mitgerechnet, in den das Ereignis oder die Handlung fällt.

(2) Vorbehaltlich der Absätze 1 und 4 gilt Folgendes:

a) Eine nach Stunden bemessene Frist beginnt am Anfang der ersten Stunde und endet mit Ablauf der letzten Stunde der Frist.

b) Eine nach Tagen bemessene Frist beginnt am Anfang der ersten Stunde des ersten Tages und endet mit Ablauf der letzten Stunde des letzten Tages der Frist.

c) Eine nach Wochen, Monaten oder Jahren bemessene Frist beginnt am Anfang der ersten Stunde des ersten Tages der Frist und endet mit Ablauf der letzten Stunde des Tages der letzten Woche, des letzten Monats oder des letztes Jahres, der dieselbe Bezeichnung oder dieselbe Zahl wie der Tag des Fristbeginns trägt. Fehlt bei einer nach Monaten oder Jahren bemessenen Frist im letzten Monat der für ihren Ablauf maßgebende Tag, so endet die Frist mit Ablauf der letzten Stunde des letzten Tages dieses Monats.

d) Umfasst eine Frist Monatsbruchteile, so wird bei der Berechnung der Monatsbruchteile ein Monat von dreißig Tagen zugrunde gelegt.

(3) Die Fristen umfassen die Feiertage, die Sonntage und die Sonnabende, soweit diese nicht ausdrücklich ausgenommen oder die Fristen nach Arbeitstagen bemessen sind.

(4) Fällt der letzte Tag einer nicht nach Stunden bemessenen Frist auf einen Feiertag, einen Sonntag oder einen Sonnabend, so endet die Frist mit Ablauf der letzten Stunde des folgenden Arbeitstags.

Diese Bestimmung gilt nicht für Fristen, die von einem bestimmten Datum oder einem bestimmten Ereignis an rückwirkend berechnet werden.

(5) Jede Frist von zwei oder mehr Tagen umfasst mindestens zwei Arbeitstage.

KAPITEL II
Daten und Termine

Artikel 4

(1) Artikel 3, mit Ausnahme der Absätze 4 und 5, gilt vorbehaltlich der Bestimmungen dieses Artikels für die Fristen des In-Kraft-Tretens, des Wirksamwerdens, des Anwendungsbeginns, des Ablaufs der Geltungsdauer, des Ablaufs der Wirksamkeit und des Ablaufs der Anwendbarkeit der Rechtsakte des Rates oder der Kommission oder einzelner Bestimmungen dieser Rechtsakte.

(2) Rechtsakte des Rates oder der Kommission oder einzelne Bestimmungen dieser Rechtsakte, für deren In-Kraft-Treten, deren Wirksamwerden oder deren Anwendungsbeginn ein bestimmtes Datum festgesetzt worden ist, treten mit Beginn der ersten Stunde des diesem Datum entsprechenden Tages in Kraft bzw. werden dann wirksam oder angewandt.

Unterabsatz 1 gilt auch dann, wenn die vorgenannten Rechtsakte oder Bestimmungen binnen einer bestimmten Anzahl von Tagen nach dem Eintritt eines Ereignisses oder der Vornahme einer Handlung in Kraft treten, wirksam werden oder angewandt werden sollen.

(3) Rechtsakte des Rates oder der Kommission oder einzelne Bestimmungen dieser Rechtsakte, deren Geltungsdauer, Wirksamkeit oder Anwendbarkeit zu einem bestimmten Zeitpunkt enden, treten mit Ablauf der letzten Stunde des diesem Zeitpunkt entsprechenden Tages außer Kraft bzw. werden dann unwirksam oder nicht mehr angewandt.

Unterabsatz 1 gilt auch dann, wenn die vorgenannten Rechtsakte oder Bestimmungen binnen einer bestimmten Anzahl von Tagen nach dem Eintritt eines Ereignisses oder der Vornahme einer Handlung außer Kraft treten, unwirksam werden oder nicht mehr angewandt werden sollen.

Artikel 5

(1) Artikel 3, mit Ausnahme der Absätze 4 und 5, gilt vorbehaltlich der Bestimmungen dieses Artikels, wenn eine Handlung in Durchführung eines Rechtsaktes des Rates oder der Kommission zu einem bestimmten Zeitpunkt vorgenommen werden kann oder muss.

(2) Kann oder muss eine Handlung in Durchführung eines Rechtsaktes des Rates oder der Kommission an einem bestimmten Datum vorgenommen werden, so kann oder muss dies zwischen dem Beginn der ersten Stunde und dem Ablauf der letzten Stunde des diesem Datum entsprechenden Tages geschehen.

Unterabsatz 1 gilt auch dann, wenn eine Handlung in Durchführung eines Rechtsaktes des Rates oder der Kommission binnen einer bestimmten Anzahl von Tagen nach dem Eintritt eines Ereignisses oder der Vornahme einer anderen Handlung vorgenommen werden kann oder muss.

Artikel 6

Diese Verordnung tritt am 1. Juli 1971 in Kraft.

Diese Verordnung ist in allen ihren Teilen verbindlich und gilt unmittelbar in jedem Mitgliedstaat.

Geschehen zu Luxemburg am 3. Juni 1971

Im Namen des Rates
Der Präsident
R. PLEVEN

Erläuterungen zur VOL/A

I. Vorbemerkung

Die VOL/A gestaltet sowohl das auch im Haushaltsrecht verankerte Prinzip der Wirtschaftlichkeit als auch den EG-Grundsatz der Nichtdiskriminierung und Transparenz für alle anwendungspflichtigen Auftraggeber näher aus. Wettbewerb ist die beste Voraussetzung für eine wirtschaftliche Auftragsvergabe. Die VOL/A sichert zugleich den Leistungswettbewerb.

II. Allgemeine Erläuterungen

Die VOL/A in der vorliegenden Fassung berücksichtigt die Veränderungen, die infolge europäischer Vorschriften im Vergabewesen notwendig wurden. Insbesondere trägt sie den Richtlinien 97/52/EG des Europäischen Parlaments und des Rates vom 13. Oktober 1997 zur Änderung der Richtlinien 92/50/EWG, 93/36/EWG und 93/37/EWG über die Koordinierung der Verfahren zur Vergabe öffentlicher Dienstleistungs-, Liefer- und Bauaufträge und 98/4/EG des Europäischen Parlaments und des Rates vom 16. Februar 1998 zur Änderung der Richtlinie 93/38/EWG zur Koordinierung der Auftragsvergabe durch Auftraggeber im Bereich der Wasser-, Energie- und Verkehrsversorgung sowie im Telekommunikationssektor und damit auch den Verpflichtungen nach dem Beschaffungsübereinkommen der Welthandelsorganisation WTO Rechnung. Erstmals unterscheidet die VOL/A in den Vorschriften, die die Behandlung von Angeboten regeln, zwischen schriftlichen und elektronischen Angeboten.

Der **Teil A** enthält vier Abschnitte. Dabei gelten

- **Abschnitt 1:** (Basisparagraphen) für die Vergabe von Leistungen unterhalb der Schwellenwerte der EG-Lieferkoordinierungsrichtlinie sowie der EG-Dienstleistungsrichtlinie und der EG-Sektorenrichtlinie durch Auftraggeber, die durch haushaltsrechtliche Vorschriften zur Anwendung der VOL/A verpflichtet sind;
- **Abschnitt 2:** (Bestimmungen nach der EG-Lieferkoordinierungsrichtlinie und der EG-Dienstleistungsrichtlinie) für die Vergabe von Aufträgen, die den Schwellenwert der EG-Lieferkoordinierungsrichtlinie oder der EG-Dienstleistungsrichtlinie erreichen oder übersteigen. Die Bestimmungen über die Möglichkeit der Zulassung elektronischer Angebote werden – anders als im 1. Abschnitt (§ 21) – in § 15 Vergabeverordnung – VgV – geregelt. Die Bestimmungen der a-Paragraphen finden keine Anwendung, wenn die Aufträge die Tätigkeiten in den Bereichen der Trinkwasser-, Energie- oder Verkehrsversorgung betreffen;
- **Abschnitt 3:** (Bestimmungen nach der EG-Sektorenrichtlinie) für die Vergabe von Liefer- und Dienstleistungsaufträgen durch Auftraggeber, die zur Anwendung der Regelungen nach der EG-Sektorenrichtlinie (VOL/A-SKR) verpflichtet sind und daneben Haushaltsrecht anwenden. Die Bestimmungen über die Möglichkeit der Zulassung elektronischer Angebote werden – wie im 2. und 4. Abschnitt – in § 15 Vergabeverordnung – VgV – geregelt;
- **Abschnitt 4:** (Vergabebestimmungen nach der EG-Sektorenrichtlinie) für die Vergabe von Liefer- und Dienstleistungsaufträgen, die den Schwellenwert der EG-Sektorenrichtlinie erreichen oder übersteigen und die die Tätigkeiten in den Bereichen der Trinkwasser-, Energie- oder Verkehrsversorgung betreffen. Die

B III Texte

Bestimmungen über die Möglichkeit der Zulassung elektronischer Angebote werden – wie in Abschnitt 2 und 3 – in § 15 Vergabeverordnung – VgV – geregelt.

Die Vorschriften der Abschnitte 3 und 4 finden keine Anwendung auf solche Tätigkeiten der Auftraggeber, die nicht die Sektoren Trinkwasser, Energie und Verkehr betreffen oder die zwar deren Bestandteil sind, aber auf Märkten ohne Zugangsbeschränkungen unmittelbar dem Wettbewerb unterliegen.

Die laut den §§ 17 a, 27 a, 17 b, 28 b, 8 SKR, 9 SKR und 13 SKR erfolgenden Bekanntmachungen im Amtsblatt der EG werden auch in die TED-Datenbank aufgenommen.

Das Wort „soll" bedeutet für die Auftraggeber generell die Verpflichtung zur Einhaltung der Bestimmung, es sei denn, dass zwingende Gründe ein Abweichen rechtfertigen.

Der Zuschlag ist auf das wirtschaftlichste Angebot zu erteilen. Bei der Wertung sind alle auftragsbezogenen Umstände (zum Beispiel Preis, technische, funktionsbedingte, gestalterische, ästhetische Gesichtspunkte; Kundendienst; Folgekosten) zu berücksichtigen.

Im Interesse der Wettbewerbsförderung kleiner und mittlerer Unternehmen wenden die Auftraggeber der Abschnitte 1 bis 3 die Grundsätze der Aufteilung der Leistung in Lose, des Wechsels der Bieter und der Aufforderung kleiner und mittlerer Unternehmen bei beschränkten Ausschreibungen an.

III. Erläuterungen zu den einzelnen Abschnitten

1. Abschnitt – Basisparagraphen

§ 1	Die VOL/A ist nach dem Wortlaut des § 1 für alle Lieferungen und Leistungen anzuwenden, die nicht Bauleistungen oder freiberufliche Leistungen sind (z. B. aufgrund von Kauf-, Werk-, Werklieferungs-, Miet- und Leasingverträgen).
§ 1 erster Spiegelstrich	Bauleistungen sind Arbeiten jeder Art, durch die eine bauliche Anlage hergestellt, instand gehalten, geändert oder beseitigt wird. Darunter fallen auch alle zur Herstellung, Instandhaltung oder Änderung einer baulichen Anlage zu montierenden Bauteile, insbesondere die Lieferung und Montage maschineller und elektrotechnischer Einrichtungen. Einrichtungen, die jedoch von der baulichen Anlage ohne Beeinträchtigung der Vollständigkeit oder Benutzbarkeit abgetrennt werden können und einem selbständigen Nutzungszweck dienen, fallen unter die VOL/A.
§ 1 zweiter Spiegelstrich	Weiterhin sind alle „Leistungen, die im Rahmen einer freiberuflichen Tätigkeit erbracht" werden, den Basisparagraphen entzogen. Welche Leistungen hierunter fallen, ergibt sich aus dem Katalog des § 18 Abs. 1 Nr. 1 EStG. Die Aufzählung ist nicht abschließend.
	Wird eine freiberufliche Leistung gleichzeitig im Wettbewerb von einem Gewerbebetrieb angeboten, findet die VOL auch

auf die entsprechende Leistung des Gewerbebetriebes keine Anwendung. Liegt zwischen freiberuflich Tätigen und Gewerbebetrieben ein Wettbewerbsverhältnis nicht vor, d. h., wird eine der Natur nach freiberufliche Leistung ausschließlich durch Gewerbebetriebe erbracht, ist die VOL hingegen uneingeschränkt anwendbar.

Die Frage, ob ein Wettbewerbsverhältnis zwischen freiberuflich Tätigen und Gewerbebetrieben besteht, ist vom jeweiligen Auftraggeber im Einzelfall und im Voraus aufgrund der vorhandenen Marktübersicht zu beurteilen. Wird die Leistung nur von Gewerbebetrieben erbracht und ist daher mit einem Parallelangebot der freiberuflich Tätigen nicht zu rechnen, ist die Leistung nach dem Verfahren der VOL zu vergeben.

Stellt sich im Laufe des VOL-Verfahrens wider Erwarten heraus, dass auch freiberuflich Tätige die Leistung erbringen und sich u. U. sogar um den Auftrag bewerben, so ist entscheidend, dass diese Leistung in der Vergangenheit nicht von freiberuflich Tätigen, sondern nur von Gewerbebetrieben erbracht wurde. Es kommt daher nicht auf die potentielle Fähigkeit der freiberuflich Tätigen an, derartige Leistungen zu erbringen, sondern auf die Erfahrung des Auftraggebers, dass diese Leistungen in der Vergangenheit auch tatsächlich von freiberuflich Tätigen erbracht worden sind.

§ 1 zweiter Spiegelstrich lässt insbesondere §§ 7 und 55 BHO (bzw. die entsprechenden landes- und kommunalrechtlichen Bestimmungen) unberührt. Einheitliche Grundsätze für die Vergabe der Gesamtheit freiberuflicher Leistungen sind nicht vorhanden. Es ist daher nach den Rechtsgrundsätzen des § 55 BHO (beziehungsweise den entsprechenden landes- oder kommunalrechtlichen Bestimmungen) zu verfahren. Nach § 55 Abs. 1 BHO muss dem Abschluss von Verträgen über Lieferungen und Leistungen eine Öffentliche Ausschreibung vorausgehen, sofern nicht die Natur des Geschäfts oder besondere Umstände eine Ausnahme rechtfertigen.

Mit Rücksicht auf den Ausnahmecharakter bedarf es grundsätzlich für das Vorliegen der Ausnahmesituation des § 55 BHO der Prüfung im Einzelfall. Es kann jedoch davon ausgegangen werden, dass der Ausnahmetatbestand bei freiberuflichen Leistungen in der Regel erfüllt ist. Sie können daher grundsätzlich freihändig vergeben werden.

Die Aufträge sind, soweit Leistungen an freiberuflich Tätige vergeben werden, an solche Freiberufler zu vergeben, deren Fachkunde, Leistungsfähigkeit und Zuverlässigkeit feststeht, die über ausreichende Erfahrungen verfügen und die Gewähr für eine wirtschaftliche Planung und Ausführung bieten. Die Aufträge sollen möglichst gestreut werden.

B III Texte

§ 1 dritter Spiegelstrich	Oberhalb des EG-Schwellenwertes der EG-Dienstleistungsrichtlinie sind freiberufliche Leistungen nach der Verdingungsordnung für freiberufliche Leistungen (VOF) zu vergeben, sofern deren Gegenstand eine Aufgabe ist, deren Lösung nicht vorab eindeutig und erschöpfend beschrieben werden kann.
§ 2 Nr. 2	Angemessene Preise sind solche, die dem Grundsatz der Wirtschaftlichkeit entsprechen (vgl. Erläuterungen zu § 25 Nr. 3).
§ 3 Nr. 1 Abs. 3	Unter dem Begriff „förmliches Verfahren" sind die Ausschreibungsverfahren (öffentlich bzw. beschränkt) zu verstehen. Diese unterscheiden sich von der Freihändigen Vergabe durch ihre Bindungen an weitergehende Formvorschriften (zum Beispiel Preisverhandlungsverbot des § 24 VOL/A).
	Alle Vorschriften des ersten Abschnittes der VOL/A gelten unmittelbar auch für die Freihändige Vergabe; Abweichungen von der unmittelbaren Anwendbarkeit sind entweder im Text (§ 20 Nr. 1 Abs. 1) oder in der Überschrift einzelner Vorschriften (§ 24) kenntlich gemacht. Soweit einige Bestimmungen oder Teile von ihnen auf die Freihändige Vergabe nur entsprechend anwendbar sein sollen, ist dies ausdrücklich im Wortlaut der Bestimmungen angeführt (§ 20 Nr. 2 Abs. 2).
§ 3 Nr. 2	Die Ausgestaltung der Bestimmung als Mussvorschrift beruht auf § 30 Haushaltsgrundsätzegesetz bzw. § 55 BHO.
§ 3 Nr. 3	Die unter Buchstaben a) bis d) aufgeführten Tatbestände sind grundsätzlich abschließend.
§ 3 Nr. 3 Buchstabe c)	Zum Begriff „wirtschaftlich" vgl. Erläuterungen zu § 25 Nr. 3.
§ 3 Nr. 4	Die unter Buchstaben a) bis p) aufgeführten Tatbestände sind grundsätzlich abschließend.
§ 3 Nr. 4 Buchstabe d), e)	Zum Begriff „wirtschaftlich" vgl. Erläuterungen zu § 25 Nr. 3.
§ 3 Nr. 4 Buchstabe f)	Die Voraussetzungen für eine Inanspruchnahme dieses Tatbestandes sind enger als in § 3 Nr. 3 Buchstabe d):
	Nur in Fällen besonderer Dringlichkeit kann auf die Freihändige Vergabe zurückgegriffen werden.
§ 3 Nr. 4 Buchstabe g)	Im Gegensatz zu § 3 Nr. 3 Buchstabe d) muss die Geheimhaltung erforderlich sein; auch eine Beschränkte Ausschreibung kann im Einzelfall bereits den Geheimhaltungsgesichtspunkten Rechnung tragen.
§ 3 Nr. 4 Buchstabe h)	Die Worte „vor der Vergabe" bedeuten, dass die Leistung zu Beginn des Vergabeverfahrens nicht eindeutig beschrieben werden kann. Im Falle einer Ausschreibung wäre es schwierig, Angebote, die auf ungenaue Leistungsbeschreibungen eingehen, genügend zu vergleichen. Dieses entspricht inhaltlich § 3 Nr. 4 Buchstabe b) VOB/A.

§ 3 Nr. 4 Buchstabe k)	Bei der Prüfung, ob kartellfremde Bewerber vorhanden sind, ist nicht nur der inländische Markt zu berücksichtigen.
§ 3 Nr. 4 Buchstabe m)	Der Begriff „vorteilhafte Gelegenheit" ist eng auszulegen. Die Wahrnehmung einer vorteilhaften Gelegenheit muss zu einer wirtschaftlicheren Beschaffung führen als diese bei Anwendung der Öffentlichen oder Beschränkten Ausschreibung der Fall wäre.
§ 3 Nr. 4 Buchstabe n)	Zum Begriff „wirtschaftlich" vgl. Erläuterungen zu § 25 Nr. 3.
§ 4 Nr. 2 Abs. 2	Vor der Benennung nimmt die Auftragsberatungsstelle, soweit der Auftraggeber dies nicht ausgeschlossen hat, mit den Unternehmen Kontakt zum Zwecke der Feststellung der Angebotsbereitschaft auf.
§ 4 Nr. 3	Eine solche Vereinbarung besteht zur Zeit zwischen den Bundesministerien der Verteidigung, für Wirtschaft und den Ländern über die Zusammenarbeit bei der Vergabe von Aufträgen für den Bedarf der Bundeswehr, abgedruckt im BAnz. Nr. 25 vom 6. Februar 1998, S. 1401 f.
§ 7 Nr. 4	Die Forderung nach Vorlage von Angaben unterliegt dem Grundsatz der Verhältnismäßigkeit. Insbesondere sollen keine unangemessenen Nachweise von Bewerbern verlangt werden, deren Fachkunde, Leistungsfähigkeit und Zuverlässigkeit bekannt sind.
§ 7 Nr. 6	Die genannten Einrichtungen verfolgen primär andere als erwerbswirtschaftliche Ziele. Aufgrund ihrer vielfach günstigeren Angebote ist damit zu rechnen, dass diese Einrichtungen im Falle einer wettbewerblichen Vergabe private Unternehmen verdrängen.
	Unter den Begriff „ähnliche Einrichtungen" können folglich auch nur solche Institutionen gefasst werden, die eine vergleichbare sozialpolitische Zielsetzung verfolgen und bei denen mit einer Verdrängung privater Unternehmen gerechnet werden muss. Diese Voraussetzungen sind in der Regel bei Regiebetrieben nicht gegeben; sie sind daher dem Wettbewerb zu unterstellen.
§ 8 Nr. 1 Abs. 1	Die Verpflichtung, die Leistung eindeutig und erschöpfend zu beschreiben, liegt im Interesse von Auftragnehmer und Auftraggeber. Die Bestimmung soll sicherstellen, dass die Bewerber die Beschreibung im gleichen Sinne verstehen; die Auftraggeber sollen auf der Grundlage einer eindeutigen Leistungsbeschreibung in den Stand versetzt werden, die Angebote besser vergleichen zu können.
§ 8 Nr. 2 Abs. 1	Einfache marktgängige, vor allem standardisierte Waren können durch verkehrsübliche Bezeichnungen nach Art, Beschaffenheit und Umfang beschrieben werden.

Als weitere gleichrangige Formen der Leistungsbeschreibung stehen sowohl die „funktionale" (Buchstabe a) als auch die „konstruktive" (Buchstabe b) Leistungsbeschreibung zur Verfügung.

Dabei ist eine Kombination der Beschreibungsarten möglich. Konstruktive Leistungsbeschreibungen können z. B. funktionale Elemente enthalten und umgekehrt.

Die sog. funktionale Leistungsbeschreibung erlaubt es den Bewerbern, zur Bedarfsdeckung geeignete Leistungen in ihrer Vielfalt unter Einschluss technischer Neuerungen anzubieten.

Bei der sog. konstruktiven Leistungsbeschreibung ist der durch die Leistungsbeschreibung vorgegebene Rahmen eingeengt, ohne dass dadurch der Wettbewerb ausgeschlossen wird. Die sog. konstruktive Leistungsbeschreibung erleichtert allerdings wegen der genaueren Leistungsbeschreibung den Vergleich der Angebote.

§ 8 Nr. 3 Abs. 1
Die Vorschrift liegt sowohl im Interesse des Unternehmens als auch im Interesse des Auftraggebers. Unter Beachtung des Grundsatzes der Wirtschaftlichkeit sind an die gewünschte Leistung nur solche Anforderungen zu stellen, die zur Aufgabenerfüllung unbedingt notwendig sind. In diesem Rahmen sind zum Beispiel auch Gesichtspunkte des Umweltschutzes zu berücksichtigen.

§ 8 Nr. 3 Abs. 2
Unter dem Begriff „einschlägige Normen" sind der Spezifizierung des Auftrags dienende Normen zu verstehen, zum Beispiel DIN-Normen sowie einschlägige Sicherheitsvorschriften.

§ 11
Der Begriff „Ausführungsfristen" umfasst auch Lieferfristen.

§ 14
Die Vergabestelle ist verpflichtet, jeweils zu prüfen, ob Sicherheitsleistungen erforderlich sind, um die verlangte Leistung sach- und fristgemäß (einschließlich Gewährleistungsansprüche) durchzuführen.

Bei dieser Prüfung ist ein strenger Maßstab anzulegen. Sicherheitsleistungen dürfen nicht schematisch gefordert werden und sollen auf bestimmte Vergaben beschränkt werden, bei denen nach der Art der Leistung (zum Beispiel VOB-ähnliche Leistung) Mängel erfahrungsgemäß auftreten können.

Auf Sicherheitsleistungen kann zum Beispiel auch dann verzichtet werden, wenn der Auftragnehmer hinreichend dafür bekannt ist, dass er genügend Gewähr für die vertragsgemäße Leistung und die Beseitigung etwa auftretender Mängel bietet.

§ 14 betrifft nicht die Sicherung von Voraus- und Abschlagszahlungen; für deren Sicherung gelten die einschlägigen Haushaltsvorschriften.

§ 17	Die Auftraggeber können im Amtsblatt der Europäischen Gemeinschaften (Adresse siehe § 17 a) Hinweise auf die Vergabe von Liefer- oder Dienstleistungsaufträgen veröffentlichen, die unterhalb der Schwellenwerte nach der Vergabeverordnung liegen.
§ 17 Nr. 1 Abs. 2 Buchstabe d)	Landesregelungen über die Teilung und Vergabe in Losen bleiben unberührt.
§ 17 Nr. 2 Abs. 2 Buchstabe d)	Vgl. Erläuterungen zu § 17 Nr. 1 Abs. 2 Buchstabe d).
§ 17 Nr. 3 Abs. 5 Satz 1	Der Begriff „Nebenangebot" umfasst jede Abweichung vom geforderten Angebot. Auch Änderungsvorschläge sind als Nebenangebote zu betrachten. Der 1. Halbsatz des § 17 Nr. 3 Abs. 5 hält den Auftraggeber an, im Anschreiben Klarheit über die Zulassung von Nebenangeboten und Änderungsvorschlägen zu schaffen. Er soll sich darüber äußern, ob er solche wünscht, ausdrücklich zulassen oder ausschließen will.
	Die Zulassung von Nebenangeboten und Änderungsvorschlägen erlaubt es den Bietern, zur Bedarfsdeckung geeignete Angebote in ihrer Vielfalt, auch unter Einfluss technischer Neuerungen, anzubieten. Da Nebenangebote und Änderungsvorschläge wettbewerbspolitisch grundsätzlich erwünscht sind, ist ihr Ausschluss ohne Abgabe eines Hauptangebots im 2. Halbsatz zum Ausnahmetatbestand erhoben worden.
§ 19 Nr. 2	Eine Frist für den Zuschlag, wie sie die VOB/A in § 19 Nr. 2 (30 Kalendertage) vorsieht, kann in der VOL/A wegen der Mannigfaltigkeit der Beschaffungsobjekte nicht angegeben werden.
§ 20 Nr. 1	Unter dem Begriff „Selbstkosten der Vervielfältigung" sind z. B. auch die Selbstkosten für Muster und Proben zu verstehen.
§ 21 Nr. 1 Abs. 1	Erläuterungen sind kommentierende Angaben zum geforderten Angebot. Will der Bieter Änderungen oder Ergänzungen vorschlagen, so muss er als solche gekennzeichnete Nebenangebote oder Änderungsvorschläge (§ 21 Nr. 2) einsenden, es sei denn, dass Nebenangebote und Änderungsvorschläge ausnahmsweise ausgeschlossen sind (§ 17 Nr. 3 Abs. 5).
§ 21 Nr. 1 Abs. 2	Satz 1 wurde im Hinblick auf die restriktive Spruchpraxis einiger Vergabeüberwachungsausschüsse geändert. Durch den Verzicht auf das Wort „rechtsverbindlich" (vgl. vorherige Fassung des § 21 Nr. 1 Abs. 2) soll klargestellt werden, dass für die Angebotsabgabe keine über die Formvorschriften des BGB hinausgehenden Anforderungen gelten sollen.

§ 21 Nr. 3	Die Einfügung des Satzes 1 erfolgt aufgrund der gleichlautenden Bestimmung des Artikels 15 Abs. 3 LKR und des Artikels 23 Abs. 2 DLR i. d. Fassung der Richtlinie 97/52/EG vom 18. Oktober 1997, wonach die Mitgliedstaaten die elektronische Angebotsabgabe insbesondere unter der Voraussetzung der Wahrung der Vertraulichkeit bis zum Angebotsschlusstermin zulassen können. Hierunter fallen auch Angebote, die per Telekopie abgegeben werden. Obwohl die Bestimmung der o. g. Richtlinien nur Aufträge oberhalb der EG-Schwellenwerte betreffen, sind sie grundsätzlicher Natur und daher auch auf Aufträge unterhalb der EG-Schwellenwerte anzuwenden.

§ 21 Nr. 3 überlässt es dem öffentlichen Auftraggeber, zu entscheiden, ob er elektronische Angebote unter den genannten Voraussetzungen zulässt.

Lässt der Auftraggeber elektronische Angebote zu, weist er in der Bekanntmachung und in den Verdingungsunterlagen darauf hin. Die Zulassung elektronischer Angebote schließt die Zulässigkeit schriftlicher Angebote nicht aus, d. h., schriftliche Angebote sind daneben ebenfalls zu berücksichtigen. Die digitale Signatur i. S. des Signaturgesetzes – SigG – ersetzt die eigenhändige Unterschrift. |
§ 22 Nr. 2	Der Begriff „Verhandlung" soll in Anlehnung an § 22 VOB/A lediglich ausdrücken, dass bei der Öffnung der Angebote auf der Auftraggeberseite formalisiert zu verfahren ist. Die VOL/A lässt im Gegensatz zur VOB/A Bieter zum Eröffnungstermin nicht zu.
§ 22 Nr. 3 Satz 2	Bei Angeboten, die aus mehreren Teilen bestehen, bei Anlagen sowie Mustern und Proben, die nicht immer mit dem Angebot selbst aufbewahrt werden können, muss die Zugehörigkeit erkennbar gemacht werden. Durch die Kennzeichnungspflicht sollen Fälschungen verhindert bzw. erschwert werden.
§ 23 Nr. 2 Satz 1	Die Überprüfung auf fachliche Richtigkeit enthält auch die Überprüfung technischer Gesichtspunkte.
§ 24	Mit der erweiterten Zulässigkeit der Abgabe von Nebenangeboten und Änderungsvorschlägen und der Aufnahme des Begriffs der funktionalen Leistungsbeschreibung in die VOL/A kann es vorkommen, dass ein Angebot zwar der Leistungsbeschreibung in qualitativer und quantitativer Hinsicht (Angebot im Rahmen der geforderten Leistung) entspricht, aber in Einzelheiten dem Beschaffungszweck nicht optimal genügt. Deshalb wird bei einem solchen Angebot, das als das wirtschaftlichste gewertet wurde (§ 25 Nr. 3), zugelassen, noch über notwendige technische Änderungen geringen Umfangs zu verhandeln. Diese Änderungen können sich im Einzelfall auf den Preis auswirken.

	Bei einem Angebot aufgrund funktionaler Leistungsbeschreibung in Verbindung mit konstruktiven Elementen darf nur über die funktional beschriebenen Leistungsteile verhandelt werden.
§ 25 Nr. 2 Abs. 3	Ein offenbares Missverhältnis zwischen Preis und Leistung ist nur dann anzunehmen, wenn der Preis von den Erfahrungswerten wettbewerblicher Preisbildung so grob abweicht, dass dies sofort ins Auge fällt. Die Vergabestelle wird in ihre Abwägung, ob ein offenbares Missverhältnis vorliegt, alle Erkenntnisse zur Beurteilung des Preis/Leistungs-Verhältnisses im Einzelfall einbeziehen.
§ 25 Nr. 3	Das wirtschaftlichste Angebot ist unter Beachtung des Grundsatzes der Wirtschaftlichkeit zu ermitteln. Das wirtschaftlichste Angebot ist dasjenige Angebot, bei dem das günstigste Verhältnis zwischen der gewünschten Leistung (vgl. Erläuterungen zu § 8 Nr. 3 Abs. 1) und dem angebotenen Preis erzielt wird.
	Maßgebend für die Leistung sind alle auftragsbezogenen Umstände (z. B. Preis, technische, funktionsbedingte, gestalterische, ästhetische Gesichtspunkte; Kundendienst; Folgekosten); sie sind bei der Wertung der Angebote zu berücksichtigen.
	Nichtauftragsbezogene Gesichtspunkte dürfen als Kriterien bei der Wertung der Angebote nicht herangezogen werden.
§ 25 Nr. 4 Satz 2	Hierunter sind Nebenangebote und Änderungsvorschläge zu verstehen, die vom Auftraggeber weder gewünscht noch ausdrücklich zugelassen noch ausgeschlossen worden sind (§ 17 Nr. 3 Abs. 5), die also vom Bieter aus eigener Initiative vorgelegt wurden.
§ 26 Nr. 1 Buchstabe c)	Hierunter ist auch der Fall zu verstehen, dass selbst das Mindestangebot zu hoch befunden wurde.
§ 27 Nr. 1 Satz 1	Die Mitteilungen an nicht berücksichtigte Bieter sollen möglichst knapp gehalten werden. Sie können stichwortartig, zum Beispiel mittels Formblatt, erfolgen. In der Mitteilung über die Ablehnungsgründe kann auf weitere Wirtschaftlichkeitskriterien (vgl. Erläuterungen zu § 25 Nr. 3) Bezug genommen werden.
§ 27 Nr. 2	Angebote über den Abschluss so genannter Rahmenverträge unterliegen nicht den Bestimmungen des § 27 Nr. 2.
§ 27 Nr. 4	Wurden Angebote abgegeben, die aus mehreren Positionen bestehen (zum Beispiel Artikel oder Ersatzteile unterschiedlicher Art), und werden die Positionen getrennt vergeben, so entfällt die Bekanntgabe nach Nummer 2. Gleiches gilt für Angebote, die keine Endpreise enthalten.
§ 27 Nr. 7	Die Kosten der Rückgabe trägt der Bieter.

2. Abschnitt – Vergabe von Aufträgen nach der EG-Lieferkoordinierungsrichtlinie und nach der EG-Dienstleistungsrichtlinie
– zusätzliche Erläuterungen –

§ 1 a	§ 1 a wurde um die Bestimmungen bereinigt, die nunmehr Gegenstand der Vergabeverordnung sind.
§ 21	Regelungen über die Möglichkeit der Zulassung elektronischer Angebote werden für Vergaben nach diesem Abschnitt – im Gegensatz zu Abschnitt 1 – in § 15 Vergabeverordnung getroffen. Im Übrigen wird auf die Erläuterungen des 1. Abschnitts zu § 21 Nr. 3 verwiesen.
Anhang I A Anhang I B	Die Anhänge I A und I B enthalten Bezugnahmen auf die nur in englischer Sprache vorliegende CPC-Nomenklatur der Vereinten Nationen. Es ist vorgesehen, diese Nomenklatur durch eine Nomenklatur der Europäischen Union (CPA) zu ersetzen. Bis dahin kann die englische CPC als Interpretationshilfe herangezogen werden.
Anhang A bis E	In den Anwendungsbereich des Beschaffungsübereinkommens fallen nicht: Dienstleistungen des Anhangs I B, Dienstleistungen nach § 1 Abs. 2 VgV, Dienstleistungen der Kategorie 8 des Anhangs Fernmeldedienstleistungen der Kategorie 5 mit den CPC-Referenznummern 7524, 7525 und 7526 (bestimmte Fernmeldedienstleistungen wie Übertragung von Rundfunk- und Fernsehsendungen, Netzverbunddienste, integrierte Fernmeldedienstleistungen). Es gelten die Schwellenwerte gemäß der Vergabeverordnung. Bei Lieferaufträgen wird daher in den Anhängen in der Spalte „Angabe, ob der Auftrag in den Anwendungsbereich des Beschaffungsübereinkommens fällt:" in jedem Fall ein „Ja" einzusetzen sein, bei Dienstleistungsaufträgen in der Mehrzahl der Fälle.

3. Abschnitt – Vergabe von Aufträgen in den Sektorenbereichen durch Auftraggeber, die zur Anwendung der Regelungen nach der EG-Sektorenrichtlinie verpflichtet sind und daneben die Basisparagraphen anwenden
– zusätzliche Erläuterungen –

§ 1 b	§ 1 b wurde um die Bestimmungen bereinigt, die nunmehr Gegenstand der Vergabeverordnung sind.
§ 3 b	§ 3 b ist zusätzlich zu § 3 anzuwenden (vgl. § 1 b Abs. 2 Satz 1); es bleibt deshalb beim Vorrang der Öffentlichen Ausschreibung.
§ 18 b Nr. 2 a) i. V. m. § 17 b Nr. 4 Abs. 3	Die Verweisung auf die einzuhaltende Mindestfrist bezieht sich grundsätzlich auf beide in § 17 b Nr. 4 Abs. 3 aufgeführten Fristen. Da die dort für Ausnahmefälle genannte kürzere Frist von 5 Tagen nur als „Bemühensfrist" ausgestaltet ist,

wird zur Vermeidung von Unsicherheiten empfohlen, nach Möglichkeit stets die längere Frist von 12 Tagen für die Berechnung der Mindestfrist des § 18 b Nr. 2 a) zugrunde zu legen.

§ 21 Siehe Erläuterungen des 2. Abschnitts zu § 21.

§ 25 b Nr. 2 Unter einer Beihilfe im Sinne des EG-Vertrages sind staatliche
Abs. 3 oder aus staatlichen Mitteln gewährte Vergünstigungen für bestimmte Unternehmen oder Produktionszweige gleich welcher Art zu verstehen. Das können sowohl positive Leistungen, wie z. B. Zulagen oder Zuschüsse, als auch sonstige Arten von Vorteilen, wie Steuerbefreiungen, Bürgschaftsübernahmen oder die unentgeltliche oder besonders preiswerte Überlassung von Gütern, Grundstücken oder Rechten oder eine Bevorzugung bei öffentlichen Aufträgen unter anderem, sein.

§ 30 b Nr. 1 Die Inanspruchnahme vorgesehener Abweichungsmöglichkei-
Abs. 1 ten von der Anwendungsverpflichtung bezieht sich insbeson-
Buchstabe d) dere auf die in Artikel 3 der Sektorenrichtlinie (93/38/EWG) vorgesehenen Möglichkeiten. (Die Mitgliedstaaten können bei der Kommission der Europäischen Gemeinschaften beantragen, dass die Nutzung geographisch abgegrenzter Gebiete zum Zwecke der Suche oder Förderung von Erdöl, Gas, Kohle oder anderen Festbrennstoffen unter bestimmten Bedingungen nicht als Tätigkeit im Sinne der Richtlinie gilt.)

Anhang I A Die Anhänge I A und I B enthalten Bezugnahmen auf die nur
Anhang I B in englischer Sprache vorliegende CPC-Nomenklatur der Vereinten Nationen. Es ist vorgesehen, diese Nomenklatur durch eine Nomenklatur der Europäischen Union (CPA) zu ersetzen. Bis dahin kann die englische CPC als Interpretationshilfe herangezogen werden.

Anhang A bis E In den Anwendungsbereich des Beschaffungsübereinkommens fallen nicht: Dienstleistungen des Anhangs I B, Dienstleistungen nach § 1 Abs. 2 VgV, Dienstleistungen der Kategorie 8 des Anhangs Fernmeldedienstleistungen der Kategorie 5 mit den CPC-Referenznummern 7524, 7525 und 7526 (bestimmte Fernmeldedienstleistungen wie Übertragung von Rundfunk- und Fernsehsendungen, Netzverbunddienste, integrierte Fernmeldedienstleistungen). Es gelten die Schwellenwerte gemäß der Vergabeverordnung. Bei Lieferaufträgen wird daher in den Anhängen in der Spalte „Angabe, ob der Auftrag in den Anwendungsbereich des Beschaffungsübereinkommens fällt:" in jedem Fall ein „Ja" einzusetzen sein, bei Dienstleistungsaufträgen in der Mehrzahl der Fälle.

4. Abschnitt – Vergabe von Aufträgen nach der EG-Sektorenrichtlinie

§ 1 SKR	§ 1 SKR wurde um die Bestimmungen bereinigt, die nunmehr Gegenstand der Vergabeverordnung sind.
§ 3 SKR	Die Auftraggeber können zwischen dem Offenen Verfahren, dem Nichtoffenen Verfahren und dem Verhandlungsverfahren wählen; sie müssen sich allerdings nach getroffener Wahl an die einzelnen Bestimmungen für das jeweilige Verfahren halten.
§ 10 SKR Nr. 2 a) Buchst. a) i. V. m. § 9 SKR Nr. 4 Abs. 3	Die Verweisung auf die einzuhaltende Mindestfrist bezieht sich grundsätzlich auf beide in § 9 SKR Nr. 4 Abs. 3 aufgeführten Fristen. Da die dort für Ausnahmefälle genannte kürzere Frist von 5 Tagen nur als „Bemühensfrist" ausgestaltet ist, wird zur Vermeidung von Unsicherheiten empfohlen, nach Möglichkeit stets die längere Frist von 12 Tagen für die Berechnung der Mindestfrist des § 10 SKR Nr. 2 a) zugrunde zu legen.
§ 11 SKR Nr. 2 Abs. 3	Unter einer Beihilfe im Sinne des EG-Vertrages sind staatliche oder aus staatlichen Mitteln gewährte Vergünstigungen für bestimmte Unternehmen oder Produktionszweige gleich welcher Art zu verstehen. Das können sowohl positive Leistungen, wie z. B. Zulagen oder Zuschüsse, als auch sonstige Arten von Vorteilen, wie Steuerbefreiungen, Bürgschaftsübernahmen oder die unentgeltliche oder besonders preiswerte Überlassung von Gütern, Grundstücken oder Rechten oder eine Bevorzugung bei öffentlichen Aufträgen u. a. sein.
§ 14 SKR Nr. 1 Abs. 1 Buchst. d)	Die Inanspruchnahme vorgesehener Abweichungsmöglichkeiten von der Anwendungsverpflichtung bezieht sich insbesondere auf die in Artikel 3 der Sektorenrichtlinie (93/38/EWG) vorgesehenen Möglichkeiten.
	(Die Mitgliedstaaten können bei der Kommission der Europäischen Gemeinschaften beantragen, dass die Nutzung geographisch abgegrenzter Gebiete zum Zwecke der Suche oder Förderung von Erdöl, Gas, Kohle oder anderen Festbrennstoffen unter bestimmten Bedingungen nicht als Tätigkeit im Sinne der Richtlinie gilt.)
Anhang I A Anhang I B	Die Anhänge I A und I B enthalten Bezugnahmen auf die nur in englischer Sprache vorliegende CPC-Nomenklatur der Vereinten Nationen. Es ist vorgesehen, diese Nomenklatur durch eine Nomenklatur der Europäischen Union (CPA) zu ersetzen. Bis dahin kann die englische CPC als Interpretationshilfe herangezogen werden.

2.
VOL Teil B
Allgemeine Vertragsbedingungen für die Ausführung von Leistungen
Ausgabe: 2000

Präambel

Die nachstehenden Allgemeinen Vertragsbedingungen gelten für Kauf-, Werk- und Werklieferungsverträge. Sie gelten für andere Verträge über Leistungen entsprechend.

§ 1
Art und Umfang der Leistungen

1. Art und Umfang der beiderseitigen Leistungen werden durch den Vertrag bestimmt.

2. Bei Widersprüchen im Vertrag gelten nacheinander
   a) die Leistungsbeschreibung
   b) Besondere Vertragsbedingungen
   c) etwaige Ergänzende Vertragsbedingungen
   d) etwaige Zusätzliche Vertragsbedingungen
   e) etwaige allgemeine Technische Vertragsbedingungen
   f) die Allgemeinen Vertragsbedingungen für die Ausführung von Leistungen (VOL/B).

§ 2
Änderungen der Leistung

1. Der Auftraggeber kann nachträglich Änderungen in der Beschaffenheit der Leistung im Rahmen der Leistungsfähigkeit des Auftragnehmers verlangen, es sei denn, dies ist für den Auftragnehmer unzumutbar.

2. Hat der Auftragnehmer Bedenken gegen die Leistungsänderung, so hat er sie dem Auftraggeber unverzüglich schriftlich mitzuteilen. Teilt der Auftraggeber die Bedenken des Auftragnehmers nicht, so bleibt er für seine Angaben und Anordnungen verantwortlich. Zu einer gutachtlichen Äußerung ist der Auftragnehmer nur aufgrund eines gesonderten Auftrags verpflichtet.

3. Werden durch Änderung in der Beschaffenheit der Leistung die Grundlagen des Preises für die im Vertrag vorgesehene Leistung geändert, so ist ein neuer Preis unter Berücksichtigung der Mehr- und Minderkosten zu vereinbaren. In der Vereinbarung sind etwaige Auswirkungen der Leistungsänderung auf sonstige Vertragsbedingungen, insbesondere auf Ausführungsfristen, zu berücksichtigen. Diese Vereinbarung ist unverzüglich zu treffen.

4. (1) Leistungen, die der Auftragnehmer ohne Auftrag oder unter eigenmächtiger Abweichung vom Vertrag ausführt, werden nicht vergütet. Solche Leistungen hat er auf Verlangen innerhalb einer angemessenen Frist zurückzunehmen oder

zu beseitigen, sonst können sie auf seine Kosten und Gefahr zurückgesandt oder beseitigt werden. Eine Vergütung steht ihm jedoch zu, wenn der Auftraggeber solche Leistungen nachträglich annimmt.

(2) Weitergehende Ansprüche des Auftraggebers bleiben unberührt.

§ 3
Ausführungsunterlagen

1. Die für die Ausführung erforderlichen Unterlagen sind dem Auftragnehmer unentgeltlich und rechtzeitig zu übergeben, soweit sie nicht allgemein zugänglich sind.

2. Die von den Vertragsparteien einander überlassenen Unterlagen dürfen ohne Zustimmung des Vertragspartners weder veröffentlicht, vervielfältigt noch für einen anderen als den vereinbarten Zweck genutzt werden. Sie sind, soweit nichts anderes vereinbart ist, auf Verlangen zurückzugeben.

§ 4
Ausführung der Leistung

1. (1) Der Auftragnehmer hat die Leistung unter eigener Verantwortung nach dem Vertrag auszuführen. Dabei hat er die Handelsbräuche, die anerkannten Regeln der Technik sowie die gesetzlichen Vorschriften und behördlichen Bestimmungen zu beachten.

   (2) Der Auftragnehmer ist für die Erfüllung der gesetzlichen, behördlichen und berufsgenossenschaftlichen Verpflichtungen gegenüber seinen Arbeitnehmern allein verantwortlich. Es ist ausschließlich seine Aufgabe, die Vereinbarungen und Maßnahmen zu treffen, die sein Verhältnis zu seinen Arbeitnehmern regeln.

2. (1) Ist mit dem Auftraggeber vereinbart, dass er sich von der vertragsgemäßen Ausführung der Leistung unterrichten kann, so ist ihm innerhalb der Geschäfts- oder Betriebsstunden zu den Arbeitsplätzen, Werkstätten und Lagerräumen, in denen die Gegenstände der Leistung oder Teile von ihr hergestellt oder die hierfür bestimmten Stoffe gelagert werden, Zutritt zu gewähren. Auf Wunsch sind ihm die zur Unterrichtung erforderlichen Unterlagen zur Einsicht vorzulegen und die entsprechenden Auskünfte zu erteilen.

   (2) Dabei hat der Auftraggeber keinen Anspruch auf Preisgabe von Fabrikations- oder Geschäftsgeheimnissen des Auftragnehmers.

   (3) Alle bei der Besichtigung oder aus den Unterlagen und der sonstigen Unterrichtung erworbenen Kenntnisse von Fabrikations- oder Geschäftsgeheimnissen sind vertraulich zu behandeln. Bei Missbrauch haftet der Auftraggeber.

3. Für die Qualität der Zulieferungen des Auftraggebers sowie für die von ihm vereinbarten Leistungen anderer haftet der Auftraggeber, soweit nichts anderes vereinbart ist. Der Auftragnehmer hat die Pflicht, dem Auftraggeber die bei Anwendung der verkehrsüblichen Sorgfalt erkennbaren Mängel der Zulieferungen des Auftraggebers und der vom Auftraggeber vereinbarten Leistungen anderer unverzüglich schriftlich mitzuteilen. Unterlässt er dies, so übernimmt er damit die Haftung.

4. Der Auftragnehmer darf die Ausführung der Leistung oder wesentlicher Teile davon nur mit vorheriger Zustimmung des Auftraggebers an andere übertragen. Die Zustimmung ist nicht erforderlich bei unwesentlichen Teilleistungen oder solchen Teilleistungen, auf die der Betrieb des Auftragnehmers nicht eingerichtet ist. Diese Bestimmung darf nicht zum Nachteil des Handels ausgelegt werden.

§ 5
Behinderung und Unterbrechung der Leistung

1. Glaubt sich der Auftragnehmer in der ordnungsgemäßen Ausführung der Leistung behindert, so hat er dies dem Auftraggeber unverzüglich schriftlich anzuzeigen. Die Anzeige kann unterbleiben, wenn die Tatsachen und deren hindernde Wirkung offenkundig sind.

2. (1) Die Ausführungsfristen sind angemessen zu verlängern, wenn die Behinderung im Betrieb des Auftragnehmers durch höhere Gewalt, andere vom Auftragnehmer nicht zu vertretende Umstände, Streik oder durch rechtlich zulässige Aussperrung verursacht worden ist. Gleiches gilt für solche Behinderungen von Unterauftragnehmern und Zulieferern, soweit und solange der Auftragnehmer tatsächlich oder rechtlich gehindert ist, Ersatzbeschaffungen vorzunehmen.

(2) Falls nichts anderes vereinbart ist, sind die Parteien, wenn eine nach Absatz 1 vom Auftragnehmer nicht zu vertretende Behinderung länger als drei Monate seit Zugang der Mitteilung gemäß Nr. 1 Satz 1 oder Eintritt des offenkundigen Ereignisses gemäß Nr. 1 Satz 2 dauert, berechtigt, binnen 30 Tagen nach Ablauf dieser Zeit durch schriftliche Erklärung den Vertrag mit sofortiger Wirkung zu kündigen oder ganz oder teilweise von ihm zurückzutreten.

3. Sobald die hindernden Umstände wegfallen, hat der Auftragnehmer unter schriftlicher Mitteilung an den Auftraggeber die Ausführung der Leistung unverzüglich wieder aufzunehmen.

§ 6
Art der Anlieferung und Versand

Der Auftragnehmer hat, soweit der Auftraggeber die Versandkosten gesondert trägt, unter Beachtung der Versandbedingungen des Auftraggebers dessen Interesse sorgfältig zu wahren. Dies bezieht sich insbesondere auf die Wahl des Beförderungsweges, die Wahl und die Ausnutzung des Beförderungsmittels sowie auf die tariflich günstigste Warenbezeichnung.

§ 7
Verzug und Nichterfüllung des Auftragnehmers

1. Im Fall des Verzuges des Auftragnehmers finden die gesetzlichen Vorschriften nach Maßgabe der folgenden Bestimmungen Anwendung.

2. (1) Der Auftragnehmer hat dem Auftraggeber im Fall leicht fahrlässig verursachter Verzugs- oder Nichterfüllungsschäden den entgangenen Gewinn des Auftraggebers nicht zu ersetzen. Die Pflicht zum Ersatz dieser Schäden ist ebenfalls ausgeschlossen, wenn der Verzug durch Unterauftragnehmer verursacht worden ist, die der Auftraggeber dem Auftragnehmer vorgeschrieben hat.

B III Texte

(2) Darüber hinaus kann die Schadenersatzpflicht im Einzelfall weiter begrenzt werden. Dabei sollen branchenübliche Lieferbedingungen z.b. dann berücksichtigt werden, wenn die Haftung summenmäßig oder auf die Erstattung von Mehraufwendungen für Ersatzbeschaffungen beschränkt werden soll.

(3) Macht der Auftraggeber Schadenersatzansprüche wegen Nichterfüllung geltend, so ist der Auftragnehmer verpflichtet, die ihm überlassenen Unterlagen (Zeichnungen, Berechnungen usw.) unverzüglich zurückzugeben. Der Auftraggeber hat dem Auftragnehmer unverzüglich eine Aufstellung über die Art seiner Ansprüche mitzuteilen.

Die Mehrkosten für die Ausführung der nichterfüllten Leistung durch einen Dritten hat der Auftraggeber dem Auftragnehmer innerhalb von drei Monaten nach Abrechnung mit dem Dritten mitzuteilen. Die Höhe der übrigen Ansprüche hat der Auftraggeber dem Auftragnehmer unverzüglich anzugeben.

(4) Macht der Auftraggeber bei bereits teilweise erbrachter Leistung Ansprüche auf Schadenersatz wegen Nichterfüllung nur wegen des noch ausstehenden Teils der Leistung geltend, so hat der Auftragnehmer dem Auftraggeber unverzüglich eine prüfbare Rechnung über den bereits bewirkten Teil der Leistung zu übermitteln. Im Übrigen findet Absatz 3 Anwendung.

3. Übt der Auftraggeber ein Rücktrittsrecht aus, finden Nr. 2 Absatz 3 Sätze 1 und 4 Anwendung; bei teilweisem Rücktritt gilt zusätzlich Nr. 2 Absatz 4 Satz 1.

4. Gerät der Auftragnehmer im Rahmen eines Teillieferungsvertrags mit einer der vertraglich vorgesehenen Teilleistungen in Verzug und setzt der Auftraggeber dem Auftragnehmer eine Frist gemäß § 326 Abs. 1 Satz 1 des Bürgerlichen Gesetzbuches, so hat der Auftraggeber, falls nach fruchtlosem Ablauf der Frist die Erfüllung auch der weiteren noch zu erbringenden Teilleistungen für ihn kein Interesse mehr hätte, dem Auftragnehmer diesen Wegfall des Interesses bereits in der Fristsetzung nach § 326 Abs. 1 Satz 1 des Bürgerlichen Gesetzbuches anzukündigen.

§ 8
Lösung des Vertrags durch den Auftraggeber

1. Der Auftraggeber kann vom Vertrag zurücktreten oder den Vertrag mit sofortiger Wirkung kündigen, wenn über das Vermögen des Auftragnehmers das Insolvenzverfahren oder ein vergleichbares gesetzliches Verfahren eröffnet oder die Eröffnung beantragt oder dieser Antrag mangels Masse abgelehnt worden ist oder die ordnungsgemäße Abwicklung des Vertrags dadurch in Frage gestellt ist oder dass er seine Zahlungen nicht nur vorübergehend einstellt.

2. Der Auftraggeber kann auch vom Vertrag zurücktreten oder den Vertrag mit sofortiger Wirkung kündigen, wenn sich der Auftragnehmer in Bezug auf die Vergabe an einer unzulässigen Wettbewerbsbeschränkung im Sinn des Gesetzes gegen Wettbewerbsbeschränkungen beteiligt hat.

3. Im Falle der Kündigung ist die bisherige Leistung, soweit der Auftraggeber für sie Verwendung hat, nach den Vertragspreisen oder nach dem Verhältnis des geleisteten Teils zu der gesamten vertraglichen Leistung auf der Grundlage der

Vertragspreise abzurechnen; die nicht verwendbare Leistung wird dem Auftragnehmer auf dessen Kosten zurückgewährt.

4. Die sonstigen gesetzlichen Rechte und Ansprüche des Auftraggebers bleiben unberührt.

§ 9
Verzug des Auftraggebers, Lösung des Vertrags durch den Auftragnehmer

1. Im Fall des Verzugs des Auftraggebers als Schuldner und als Gläubiger finden die gesetzlichen Vorschriften nach Maßgabe der folgenden Bestimmungen Anwendung.

2. (1) Unterlässt der Auftraggeber ohne Verschulden eine ihm nach dem Vertrag obliegende Mitwirkung und setzt er dadurch den Auftragnehmer außerstande, die Leistung vertragsgemäß zu erbringen, so kann der Auftragnehmer dem Auftraggeber zur Erfüllung dieser Mitwirkungspflicht eine angemessene Frist setzen mit der Erklärung, dass er sich vorbehalte, den Vertrag mit sofortiger Wirkung zu kündigen, wenn die Mitwirkungspflicht nicht bis zum Ablauf der Frist erfüllt werde.

   (2) Im Fall der Kündigung sind bis dahin bewirkte Leistungen nach den Vertragspreisen abzurechnen. Im Übrigen hat der Auftragnehmer Anspruch auf eine angemessene Entschädigung, deren Höhe in entsprechender Anwendung von § 642 Abs. 2 des Bürgerlichen Gesetzbuches zu bestimmen ist.

3. Ansprüche des Auftragnehmers wegen schuldhafter Verletzung von Mitwirkungspflichten durch den Auftraggeber bleiben unberührt.

§ 10
Obhutspflichten

Der Auftragnehmer hat bis zum Gefahrübergang die von ihm ausgeführten Leistungen und die für die Ausführung übergebenen Gegenstände vor Beschädigungen oder Verlust zu schützen.

§ 11
Vertragsstrafe

1. Wenn Vertragsstrafen vereinbart sind, gelten die §§ 339 bis 345 des Bürgerlichen Gesetzbuches.

2. Ist die Vertragsstrafe für die Überschreitung von Ausführungsfristen vereinbart, darf sie für jede vollendete Woche höchstens 1/2 vom Hundert des Wertes desjenigen Teils der Leistung betragen, der nicht genutzt werden kann. Ist die Vertragsstrafe nach Tagen bemessen, so zählen nur Werktage; ist sie nach Wochen bemessen, so wird jeder Werktag einer angefangenen Woche als 1/6 Woche gerechnet. Der Auftraggeber kann Ansprüche aus verwirkter Vertragsstrafe bis zur Schlusszahlung geltend machen.

3. Sind Vertragsstrafen vereinbart, ist eine angemessene Obergrenze festzulegen.

§ 12
Güteprüfung

1. Güteprüfung ist die Prüfung der Leistung auf Erfüllung der vertraglich vereinbarten technischen und damit verbundenen organisatorischen Anforderungen durch den Auftraggeber oder seinen gemäß Vertrag benannten Beauftragten. Die Abnahme bleibt davon unberührt.

2. Ist im Vertrag eine Vereinbarung über die Güteprüfung getroffen, die Bestimmungen über Art, Umfang und Ort der Durchführung enthalten muss, so gelten ergänzend hierzu, falls nichts anderes vereinbart worden ist, die folgenden Bestimmungen:

    a) Auch Teilleistungen können auf Verlangen des Auftraggebers oder Auftragnehmers geprüft werden, insbesondere in den Fällen, in denen die Prüfung durch die weitere Ausführung wesentlich erschwert oder unmöglich würde.

    b) Der Auftragnehmer hat dem Auftraggeber oder dessen Beauftragten den Zeitpunkt der Bereitstellung der Leistung oder Teilleistungen für die vereinbarten Prüfungen rechtzeitig schriftlich anzuzeigen. Die Parteien legen dann unverzüglich eine Frist fest, innerhalb derer die Prüfungen durchzuführen sind. Verstreicht diese Frist aus Gründen, die der Auftraggeber zu vertreten hat, ungenutzt, kann der Auftragnehmer dem Auftraggeber eine angemessene Nachfrist setzen mit der Forderung, entweder innerhalb der Nachfrist die Prüfungen durchzuführen oder zu erklären, ob der Auftraggeber auf die Güteprüfung verzichtet. Führt der Auftraggeber die Prüfungen nicht innerhalb der Nachfrist durch und verzichtet der Auftraggeber auf die Prüfungen nicht, so hat er nach dem Ende der Nachfrist Schadenersatz nach den Vorschriften über den Schuldnerverzug zu leisten.

    c) Der Auftragnehmer hat die zur Güteprüfung erforderlichen Arbeitskräfte, Räume, Maschinen, Geräte, Prüf- und Messeinrichtungen sowie Betriebsstoffe zur Verfügung zu stellen.

    d) Besteht aufgrund der Güteprüfung Einvernehmen über die Zurückweisung der Leistung oder von Teilleistungen als nicht vertragsgemäß, so hat der Auftragnehmer diese durch vertragsgemäße zu ersetzen.

    e) Besteht kein Einvernehmen über die Zurückweisung der Leistung aufgrund von Meinungsverschiedenheiten über das angewandte Prüfverfahren, so kann der Auftragnehmer eine weitere Prüfung durch eine mit dem Auftraggeber zu vereinbarende Prüfstelle verlangen, deren Entscheidung endgültig ist. Die hierbei entstehenden Kosten trägt der unterliegende Teil.

    f) Der Auftraggeber hat vor Auslieferung der Leistung einen Freigabevermerk zu erteilen. Dieser ist die Voraussetzung für die Auslieferung an den Auftraggeber.

    g) Der Vertragspreis enthält die Kosten, die dem Auftragnehmer durch die vereinbarte Güteprüfung entstehen. Entsprechend der Güteprüfung unbrauchbar gewordene Stücke werden auf die Leistung nicht angerechnet.

§ 13
Abnahme

1. (1) Für den Übergang der Gefahr gelten, soweit nichts anderes vereinbart ist, die gesetzlichen Vorschriften.

   (2) Wenn der Versand oder die Übergabe der fertig gestellten Leistung auf Wunsch des Auftraggebers über den im Vertrag vorgesehenen Termin hinausgeschoben wird, so geht, sofern nicht ein anderer Zeitpunkt vereinbart ist, für den Zeitraum der Verschiebung die Gefahr auf den Auftraggeber über.

2. (1) Abnahme ist die Erklärung des Auftraggebers, dass der Vertrag der Hauptsache nach erfüllt ist. Ist eine Abnahme gesetzlich vorgesehen oder vertraglich vereinbart, hat der Auftraggeber innerhalb der vorgesehenen Frist zu erklären, ob er die Leistung abnimmt.

   Liegt ein nicht wesentlicher Mangel vor, so kann der Auftraggeber die Abnahme nicht verweigern, wenn der Auftragnehmer seine Pflicht zur Beseitigung des Mangels ausdrücklich anerkennt.

   Bei Nichtabnahme gibt der Auftraggeber dem Auftragnehmer die Gründe bekannt und setzt, sofern insbesondere eine Nachbesserung möglich und beiden Parteien zumutbar ist, eine Frist zur erneuten Vorstellung zur Abnahme, unbeschadet des Anspruchs des Auftraggebers aus der Nichteinhaltung des ursprünglichen Erfüllungszeitpunkts.

   (2) Mit der Abnahme entfällt die Haftung des Auftragnehmers für erkannte Mängel, soweit sich der Auftraggeber nicht die Geltendmachung von Rechten wegen eines bestimmten Mangels vorbehalten hat.

   (3) Hat der Auftraggeber die Leistung in Benutzung genommen, so gilt die Abnahme mit Beginn der Benutzung als erfolgt, soweit nichts anderes vereinbart ist.

   (4) Bei der Abnahme von Teilen der Leistung gelten die vorstehenden Absätze entsprechend.

3. Der Auftraggeber kann dem Auftragnehmer eine angemessene Frist setzen, um Sachen, die der Auftraggeber als nicht vertragsgemäß zurückgewiesen hat, fortzuschaffen. Nach Ablauf der Frist kann er diese Sachen unter möglichster Wahrung der Interessen des Auftragnehmers auf dessen Kosten veräußern.

§ 14
Gewährleistung und Verjährung

1. (1) Der Auftragnehmer übernimmt die Gewähr, dass seine Leistung bei Gefahrübergang die im Vertrag besonders gekennzeichneten zugesicherten Eigenschaften hat und nicht mit Fehlern behaftet ist, die den Wert oder die Tauglichkeit zu dem gewöhnlichen oder dem nach dem Vertrag vorausgesetzten Gebrauch aufheben oder mindern.

   (2) Eine unerhebliche Minderung des Wertes oder der Tauglichkeit kommt nicht in Betracht.

2. Ist ein Mangel auf ein Verlangen des Auftraggebers nach Änderung der Beschaffenheit der Leistung (§ 2 Nr. 1), auf die von ihm gelieferten oder vor-

geschriebenen Stoffe oder von ihm geforderten Vorlieferungen eines anderen zurückzuführen, so ist der Auftragnehmer von der Gewährleistung für diese Mängel frei, wenn er die schriftliche Mitteilung nach § 2 Nr. 2 oder § 4 Nr. 3 erstattet hat oder wenn die vom Auftraggeber gelieferten Stoffe mit Mängeln behaftet sind, die bei Anwendung verkehrsüblicher Sorgfalt nicht erkennbar waren.

3. Für die Gewährleistungsansprüche aus Sachmängeln gelten die gesetzlichen Vorschriften mit folgenden Maßgaben:

   a) Weist die Leistung Mängel auf, so sollte der Auftraggeber zunächst die Vertragserfüllung durch Nachbesserung verlangen. Hierzu kann der Auftraggeber dem Auftragnehmer eine angemessene Frist setzen.

   Nach Ablauf der Frist zur Nachbesserung kann der Auftraggeber die Mängel auf Kosten des Auftragnehmers selbst beseitigen oder durch einen Dritten beseitigen lassen.

   Der Auftraggeber kann eine angemessene Frist auch mit dem Hinweis setzen, dass er die Beseitigung des Mangels nach erfolglosem Ablauf der Frist ablehne; in diesem Fall kann der Auftraggeber nach Maßgabe der gesetzlichen Bestimmungen Minderung, Wandelung oder Schadenersatz wegen Nichterfüllung verlangen.

   b) Der Auftraggeber ist nicht gehalten, zunächst Nachbesserung zu verlangen, wenn die Beseitigung des Mangels unmöglich ist oder vom Auftragnehmer verweigert wird oder wenn die sofortige Geltendmachung des Anspruchs auf Minderung, Wandelung oder Schadenersatz durch ein besonderes Interesse des Auftraggebers gerechtfertigt ist.

   c) Die Beseitigung des Mangels kann verweigert werden, wenn sie einen unverhältnismäßig großen Aufwand erfordert. Unbeschadet des Rechts auf Wandelung und Schadenersatz wegen Nichterfüllung prüft der Auftraggeber in diesem Fall zunächst die Möglichkeit, Minderung zu verlangen.

   d) Ein Anspruch des Auftraggebers auf Schadenersatz bezieht sich auf den Schaden am Gegenstand des Vertrages selbst, es sei denn,

      aa) der entstandene Schaden ist durch Vorsatz oder grobe Fahrlässigkeit des Auftragnehmers selbst, seiner gesetzlichen Vertreter oder seiner Erfüllungsgehilfen (§ 278 des Bürgerlichen Gesetzbuches) verursacht oder

      bb) der Schaden ist durch Fehlen einer vertraglichen zugesicherten Eigenschaft verursacht.

      Die Schadenersatzpflicht gemäß Doppelbuchstabe aa) entfällt, wenn der Auftragnehmer nachweist, dass Sabotage vorliegt, oder wenn der Auftraggeber die Erfüllungsgehilfen gestellt hat oder wenn der Auftragnehmer auf die Auswahl der Erfüllungsgehilfen einen entscheidenden Einfluss nicht ausüben konnte.

   e) Besteht die geschuldete Leistung in der Lieferung der Gattung nach bestimmten Sachen, so kann der Auftraggeber statt Nachbesserung, Minderung oder Wandelung verlangen, dass ihm anstelle der mangelhaften Sache eine mangelfreie geliefert wird.

f) Der Auftraggeber kann dem Auftragnehmer eine angemessene Frist setzen, mangelhafte Sachen fortzuschaffen. Nach Ablauf der Frist kann er diese Sachen unter möglichster Wahrung der Interessen des Auftragnehmers auf dessen Kosten veräußern.

g) Für vom Auftraggeber unsachgemäß und ohne Zustimmung des Auftragnehmers vorgenommene Änderungen oder Instandsetzungsarbeiten und deren Folgen haftet der Auftragnehmer nicht.

4. (1) Soweit nichts anderes vereinbart ist, erstrecken sich die Gewährleistungsansprüche auf Mängel, die in einer Frist von sechs Monaten ab Gefahrübergang auftreten. Diese Frist wird um die Zeit verlängert, während der der mangelhafte Gegenstand nicht bestimmungsgemäß benutzt werden kann, jedoch nicht auf mehr als das Doppelte der ursprünglichen Frist. Der Auftraggeber hat dem Auftragnehmer solche Mängel unverzüglich schriftlich anzuzeigen.

(2) Die Gewährleistungsansprüche des Auftraggebers wegen eines gerügten Mangels verjähren in sechs Monaten ab Zugang der Anzeige, jedoch nicht vor Ablauf einer vereinbarten Frist. Bei schuldhaft unterlassener oder verzögerter Anzeige durch den Auftraggeber gemäß Absatz 1 beginnt die Verjährungsfrist mit dem Zeitpunkt der Kenntnis des Auftraggebers von dem Mangel.

§ 15
Rechnung

1. (1) Der Auftragnehmer hat seine Leistung nachprüfbar abzurechnen. Er hat dazu Rechnungen übersichtlich aufzustellen und dabei die im Vertrag vereinbarte Reihenfolge der Posten einzuhalten, die in den Vertragsbestandteilen enthaltenen Bezeichnungen zu verwenden sowie gegebenenfalls sonstige im Vertrag festgelegte Anforderungen an Rechnungsvordrucke zu erfüllen und Art und Umfang der Leistung durch Belege in allgemein üblicher Form nachzuweisen. Rechnungsbeträge, die für Änderungen und Ergänzungen zu zahlen sind, sollen unter Hinweis auf die getroffenen Vereinbarungen von den übrigen getrennt aufgeführt oder besonders kenntlich gemacht werden.

(2) Wenn vom Auftragnehmer nicht anders bezeichnet, gilt diese Rechnung als Schlussrechnung.

2. Wird eine prüfbare Rechnung gemäß Nr. 1 trotz Setzung einer angemessenen Frist nicht eingereicht, so kann der Auftraggeber die Rechnung auf Kosten des Auftragnehmers für diesen aufstellen, wenn er dies angekündigt hat.

§ 16
Leistungen nach Stundenverrechnungssätzen

1. Leistungen werden zu Stundenverrechnungssätzen nur bezahlt, wenn dies im Vertrag vorgesehen ist oder wenn sie vor Beginn der Ausführung vom Auftraggeber in Auftrag gegeben worden sind.

2. Dem Auftraggeber sind Beginn und Beendigung von derartigen Arbeiten anzuzeigen. Sofern nichts anderes vereinbart ist, sind über die Arbeiten nach Stundenverrechnungssätzen wöchentlich Listen einzureichen, in denen die geleisteten Arbeitsstunden und die etwa besonders zu vergütenden Roh- und

Werkstoffe, Hilfs- und Betriebsstoffe sowie besonders vereinbarte Vergütungen für die Bereitstellung von Gerüsten, Werkzeugen, Geräten, Maschinen und dergleichen aufzuführen sind.

3. Soweit nicht anders vereinbart, sind Listen wöchentlich, erstmalig 12 Werktage nach Beginn, einzureichen.

§ 17
Zahlung

1. Die Zahlung des Rechnungsbetrages erfolgt nach Erfüllung der Leistung. Sie kann früher gemäß den vereinbarten Zahlungsbedingungen erfolgen. Fehlen solche Vereinbarungen, so hat die Zahlung des Rechnungsbetrages binnen eines Monats nach Eingang der prüfbaren Rechnung zu erfolgen. Die Zahlung geschieht in der Regel bargeldlos. Maßgebend für die Rechtzeitigkeit ist der Zugang des Überweisungsauftrages beim Zahlungsinstitut des Auftraggebers.

2. Sofern Abschlagszahlungen vereinbart sind, sind sie in angemessenen Fristen auf Antrag entsprechend dem Wert der erbrachten Leistungen in vertretbarer Höhe zu leisten. Die Leistungen sind durch nachprüfbare Aufstellungen nachzuweisen. Abschlagszahlungen gelten nicht als Abnahme von Teilen der Leistung.

3. Bleiben bei der Schlussrechnung Meinungsverschiedenheiten, so ist dem Auftragnehmer gleichwohl der ihm unbestritten zustehende Betrag auszuzahlen.

4. Die vorbehaltlose Annahme der als solche gekennzeichneten Schlusszahlung schließt Nachforderungen aus. Ein Vorbehalt ist innerhalb von zwei Wochen nach Eingang der Schlusszahlung zu erklären.

   Ein Vorbehalt wird hinfällig, wenn nicht innerhalb eines weiteren Monats eine prüfbare Rechnung über die vorbehaltenen Forderungen eingereicht oder, wenn dies nicht möglich ist, der Vorbehalt eingehend begründet wird.

5. Werden nach Annahme der Schlusszahlung Fehler in den Unterlagen der Abrechnung festgestellt, so ist die Schlussrechnung zu berichtigen. Solche Fehler sind Fehler in der Leistungsermittlung und in der Anwendung der allgemeinen Rechenregeln, Komma- und Übertragungs- einschließlich Seitenübertragungsfehler. Auftraggeber und Auftragnehmer sind verpflichtet, die sich daraus ergebenden Beträge zu erstatten.

§ 18
Sicherheitsleistung

1. (1) Wenn Sicherheitsleistung vereinbart ist, gelten die §§ 232–240 des Bürgerlichen Gesetzbuches, soweit sich aus den nachstehenden Bestimmungen nichts anderes ergibt.

   (2) Die Sicherheit dient dazu, die vertragsgemäße Ausführung der Leistung und die Gewährleistung sicherzustellen.

2. (1) Wenn im Vertrag nichts anderes vereinbart ist, kann Sicherheit durch Hinterlegung von Geld oder durch Bürgschaft eines in der Europäischen Gemeinschaft oder in einem Staat, der Vertragspartei des Abkommens über den Europäischen Wirtschaftsraum oder Mitglied des WTO-Dienstleistungsübereinkommens

(GATS) ist, zugelassenen Kreditinstituts oder Kreditversicherers geleistet werden. Sofern der Auftraggeber im Einzelfall begründete Bedenken gegen die Tauglichkeit des Bürgen hat, hat der Auftragnehmer die Tauglichkeit nachzuweisen.

(2) Der Auftragnehmer hat die Wahl unter den verschiedenen Arten der Sicherheit; er kann eine Sicherheit durch eine andere ersetzen.

3. Bei Bürgschaft durch andere als zugelassene Kreditinstitute oder Kreditsicherer ist Voraussetzung, dass der Auftraggeber den Bürgen als tauglich anerkannt hat.

4. Die Bürgschaftserklärung ist schriftlich mit der ausdrücklichen Bestimmung, dass die Bürgschaft deutschem Recht unterliegt, unter Verzicht auf die Einreden der Aufrechenbarkeit, der Anfechtbarkeit und der Vorausklage abzugeben (§§ 770, 771 des Bürgerlichen Gesetzbuches); sie darf nicht auf bestimmte Zeit begrenzt und muss nach Vorschrift des Auftraggebers ausgestellt sein. Die Bürgschaft muss unter den Voraussetzungen von § 38 der Zivilprozessordnung die ausdrückliche Vereinbarung eines vom Auftraggeber gewählten inländischen Gerichtsstands für alle Streitigkeiten über die Gültigkeit der Bürgschaftsvereinbarung sowie aus der Vereinbarung selbst enthalten.

5. Wird Sicherheit durch Hinterlegung von Geld geleistet, so hat der Auftragnehmer den Betrag bei einem zu vereinbarenden Geldinstitut auf ein Sperrkonto einzuzahlen, über das beide Parteien nur gemeinsam verfügen können. Etwaige Zinsen stehen dem Auftragnehmer zu.

6. Der Auftragnehmer hat die Sicherheit binnen 18 Werktagen nach Vertragsschluss zu leisten, wenn nichts anderes vereinbart ist.

7. Der Auftraggeber hat eine Sicherheit entsprechend dem völligen oder teilweisen Wegfall des Sicherungszwecks unverzüglich zurückzugeben.

§ 19

Streitigkeiten

1. Bei Meinungsverschiedenheiten sollen Auftraggeber und Auftragnehmer zunächst versuchen, möglichst binnen zwei Monate eine gütliche Einigung herbeizuführen.

2. Liegen die Voraussetzungen für eine Gerichtsstandsvereinbarung nach § 38 Zivilprozessordnung vor, richtet sich der Gerichtsstand für alle Streitigkeiten über die Gültigkeit des Vertrages und aus dem Vertragsverhältnis ausschließlich nach dem Sitz der für die Prozessvertretung des Auftraggebers zuständigen Stelle, soweit nichts anderes vereinbart ist. Die auftraggebende Stelle ist auf Verlangen verpflichtet, die den Auftraggeber im Prozess vertretende Stelle mitzuteilen.

3. Streitfälle berechtigen den Auftragnehmer nicht, die übertragenen Leistungen einzustellen, wenn der Auftraggeber erklärt, dass aus Gründen besonderen öffentlichen Interesses eine Fortführung der Leistung geboten ist.

IV.
Bekanntmachung der Neufassung
der Verdingungsordnung für freiberufliche Leistungen
– VOF –
Vom 25. Juli 2000 (BAnz. vom 13. September 2000)

Nachstehend wird die vom Hauptausschuss zur Erarbeitung der Verdingungsordnung für freiberufliche Leistungen (VOF) erarbeitete Neufassung der Verdingungsordnung für freiberufliche Leistungen – VOF – bekannt gegeben. Sie dient hinsichtlich der Vergabe freiberuflicher Leistungen der Umsetzung der Richtlinie 97/52/EG des Europäischen Parlamentes und des Rates vom 13. Oktober 1997 zur Änderung der Richtlinien 92/50/EWG, 93/36/EWG und 93/37/EWG über die Koordinierung der Verfahren zur Vergabe öffentlicher Dienstleistungs-, Liefer- und Bauaufträge, die das EG-Vergaberecht an das Beschaffungsübereinkommen der Welthandelsorganisation WTO anpasst, in deutsches Recht.

Die Neufassung der VOF ist erst mit dem In-Kraft-Treten der gemäß § 97 Abs. 6 und § 127 des Gesetzes gegen Wettbewerbsbeschränkungen (GWB) erlassenen Verordnung über die Vergabe öffentlicher Aufträge (Vergabeverordnung – VgV) von den öffentlichen Auftraggebern anzuwenden. Die bisherige Vergabeordnung mit der Verpflichtung zur Anwendung der VOF in der Ausgabe von 1997 wird zu diesem Zeitpunkt aufgehoben.

Berlin, den 25. Juli 2000

IB 3 – 265000/11 –

Verdingungsordnung für freiberufliche Leistungen
– VOF –
Ausgabe 2000

Kapitel 1:
Allgemeine Vorschriften

§ 1
Freiberufliche Leistungen

Die VOF findet Anwendung auf die Vergabe von Leistungen, die im Rahmen einer freiberuflichen Tätigkeit erbracht oder im Wettbewerb mit freiberuflich Tätigen angeboten werden.

§ 2
Anwendungsbereich

(1) Die Bestimmungen der VOF sind auf die Vergabe von Leistungen im Sinne des § 1 anzuwenden, soweit sie im Anhang I A und im Anhang I B genannt sind. Für die Vergabe der in Anhang I B genannten Leistungen gelten nur § 8 Abs. 2 und § 17.

(2) Die Bestimmungen der VOF sind anzuwenden, sofern der Auftragswert die folgenden Werte ohne Umsatzsteuer erreicht oder übersteigt und soweit sich nicht aus § 5 Vergabeverordnung anderes ergibt:
- 130 000 Euro für Dienstleistungen nach § 2 Nr. 2 Vergabeverordnung,
- 200 000 Euro für alle anderen Dienstleistungen.

Eindeutig und erschöpfend beschreibbare freiberufliche Leistungen sind nach der Verdingungsordnung für Leistungen (VOL) zu vergeben.

(3) Die Vergabe folgender Aufträge ist von den Bestimmungen ausgenommen:

a) Aufträge über Schiedsgerichts- und Schlichtungsleistungen,

b) Aufträge über Forschungs- und Entwicklungsdienstleistungen anderer Art als derjenigen, deren Ergebnisse ausschließlich Eigentum des Auftraggebers für seinen Gebrauch bei der Ausübung seiner eigenen Tätigkeit sind, sofern die Dienstleistung vollständig durch den Auftraggeber vergütet wird.

(4) Aufträge, deren Gegenstand Dienstleistungen sowohl des Anhangs I A als auch des Anhangs I B sind, werden nach den Regelungen für diejenigen Dienstleistungen vergeben, deren Wert anteilsmäßig überwiegt.

§ 3
Berechnung des Auftragswertes

(1) Bei der Berechnung des geschätzten Auftragswertes ist von der geschätzten Gesamtvergütung für die vorgesehene Auftragsleistung auszugehen. Die Gesamtvergütung bestimmt sich im Falle des Vorliegens gesetzlicher Gebühren- oder Honorarordnungen nach der jeweils anzuwendenden Gebühren- oder Honorarord-

nung, in anderen Fällen nach der üblichen Vergütung. Ist eine derartige Vergütung nicht feststellbar, ist der Auftragswert unter Berücksichtigung des voraussichtlichen Zeitaufwands, Schwierigkeitsgrads und Haftungsrisikos zu schätzen.

(2) Die Berechnung des Auftragswertes oder eine Teilung des Auftrages darf nicht in der Absicht erfolgen, ihn der Anwendung dieser Bestimmungen zu entziehen.

(3) Soweit die zu vergebende Leistung in mehrere Teilaufträge derselben freiberuflichen Leistungen aufgeteilt wird, muss ihr Wert bei der Berechnung des geschätzten Gesamtwertes addiert werden. Teile eines Auftrags, deren geschätzte Vergütung unter 80 000 Euro liegen, können ohne Anwendung der VOF bis zu einem Anteil von 20 v. H. der geschätzten Gesamtvergütung der Summe aller Auftragsanteile vergeben werden.

(4) Bei regelmäßig wiederkehrenden Aufträgen oder Daueraufträgen ist der voraussichtliche Auftragswert
- entweder nach dem tatsächlichen Gesamtwert entsprechender Aufträge für ähnliche Arten von Leistungen aus dem vorangegangenen Haushaltsjahr oder den vorangegangenen 12 Monaten zu berechnen; dabei sind voraussichtliche Änderungen bei Mengen oder Kosten, während der auf die erste Leistung folgenden 12 Monate zu schätzen
- oder der geschätzte Gesamtwert, der sich für die auf die erste Leistung folgenden 12 Monate bzw. für die gesamte Laufzeit des Vertrages ergibt.

(5) Bei Verträgen, für die kein Gesamtpreis angegeben wird, ist bei einer Laufzeit von bis zu 48 Monaten der Auftragswert der geschätzte Gesamtwert für die Laufzeit des Vertrages, bei anderen Verträgen der mit 48 multiplizierte Wert der monatlichen Vergütung.

(6) Sieht der beabsichtigte Auftrag über die Vergabe einer freiberuflichen Leistung Optionsrechte vor, so ist der Auftragswert aufgrund des größtmöglichen Gesamtwertes unter Einbeziehung der Optionsrechte zu berechnen.

§ 4
Grundsätze der Vergabe

(1) Aufträge sind unter ausschließlicher Verantwortung des Auftraggebers im leistungsbezogenen Wettbewerb an fachkundige, leistungsfähige und zuverlässige – und soweit erforderlich befugte – Bewerber zu vergeben.

(2) Alle Bewerber sind gleich zu behandeln.

(3) Unlautere und wettbewerbsbeschränkende Verhaltensweisen sind unzulässig.

(4) Die Durchführung freiberuflicher Leistungen soll unabhängig von Ausführungs- und Lieferinteressen erfolgen.

(5) Kleinere Büroorganisationen und Berufsanfänger sollen angemessen beteiligt werden.

§ 5
Vergabeverfahren

(1) Aufträge über freiberufliche Leistungen sind im Verhandlungsverfahren mit vorheriger Vergabebekanntmachung zu vergeben. Verhandlungsverfahren sind Ver-

fahren, bei denen der Auftraggeber ausgewählte Personen anspricht, um über die Auftragsbedingungen zu verhandeln.

(2) Die Auftraggeber können in folgenden Fällen Aufträge im Verhandlungsverfahren ohne vorherige Vergabebekanntmachung vergeben:

a) sofern der Gegenstand des Auftrags eine besondere Geheimhaltung erfordert,

b) wenn die Dienstleistungen aus technischen oder künstlerischen Gründen oder aufgrund des Schutzes von Ausschließlichkeitsrechten nur von einer bestimmten Person ausgeführt werden können,

c) wenn im Anschluss an einen Wettbewerb im Sinne der §§ 20 und 25 der Auftrag gemäß den einschlägigen Bestimmungen an den Gewinner oder an einen Preisträger des Wettbewerbes vergeben werden muss. Im letzteren Fall müssen alle Preisträger des Wettbewerbes zur Teilnahme an den Verhandlungen aufgefordert werden,

d) soweit dies unbedingt erforderlich ist, wenn dringliche, zwingende Gründe im Zusammenhang mit Ereignissen, die der betreffende Auftraggeber nicht voraussehen konnte, es nicht zulassen, die vorgeschriebenen Fristen einzuhalten. Die Umstände zur Begründung der zwingenden Dringlichkeit dürfen auf keinen Fall dem Auftraggeber zuzuschreiben sein.

e) für zusätzliche Dienstleistungen, die weder in dem der Vergabe zugrunde liegenden Entwurf noch im zuerst geschlossenen Vertrag vorgesehen sind, die aber wegen eines unvorhergesehenen Ereignisses zur Ausführung der darin beschriebenen Dienstleistungen erforderlich sind, sofern der Auftrag an eine Person vergeben wird, die diese Dienstleistungen erbringt,

– wenn sich die zusätzlichen Dienstleistungen in technischer und wirtschaftlicher Hinsicht nicht ohne wesentlichen Nachteil für den Auftraggeber vom Hauptauftrag trennen lassen oder

– wenn diese Dienstleistungen zwar von der Ausführung des ursprünglichen Auftrags getrennt werden können, aber für dessen Verbesserung unbedingt erforderlich sind.

Der Gesamtwert der Aufträge für die zusätzlichen Dienstleistungen darf jedoch 50 v. H. des Wertes des Hauptauftrages nicht überschreiten,

f) bei neuen Dienstleistungen, die in der Wiederholung gleichartiger Leistungen bestehen, die durch den gleichen Auftraggeber an die Person vergeben werden, die den ersten Auftrag erhalten hat, sofern sie einem Grundentwurf entsprechen und dieser Entwurf Gegenstand des ersten Auftrags war. Die Möglichkeit der Anwendung dieses Verfahrens muss bereits in der Bekanntmachung des ersten Vorhabens angegeben werden. § 3 bleibt unberührt. Dieses Verfahren darf jedoch nur binnen drei Jahren nach Abschluss des ersten Auftrags angewandt werden.

§ 6
Mitwirkung von Sachverständigen

(1) Der Auftraggeber kann in jedem Stadium des Vergabeverfahrens, insbesondere bei der Beschreibung der Aufgabenstellung, bei der Prüfung der Eignung von Bewerbern, bei der Bewertung der Bewerbungen sowie bei Honorarfragen Sachverständige einschalten; diese können auf Anfrage auch von den Berufsvertretungen vorgeschlagen werden.

(2) Die Sachverständigen dürfen weder unmittelbar noch mittelbar an der betreffenden Vergabe beteiligt sein und auch nicht beteiligt werden.

§ 7
Teilnehmer am Vergabeverfahren

(1) Bewerber können einzelne oder mehrere natürliche oder juristische Personen sein, die freiberufliche Leistungen anbieten.

(2) Bewerber sind zu verpflichten, Auskünfte darüber zu geben,
- ob und auf welche Art sie wirtschaftlich mit Unternehmen verknüpft sind oder
- ob und auf welche Art sie auf den Auftrag bezogen in relevanter Weise mit anderen zusammenarbeiten,

sofern dem nicht berufsrechtliche Vorschriften entgegenstehen.

(3) Bewerber sind zu verpflichten, die Namen und die berufliche Qualifikation der Personen anzugeben, die die Leistung tatsächlich erbringen.

(4) Soll der Auftrag an mehrere Bewerber gemeinsam vergeben werden, kann der Auftraggeber verlangen, dass diese im Falle der Auftragserteilung eine bestimmte Rechtsform annehmen, sofern dies für die ordnungsgemäße Durchführung des Auftrages notwendig ist.

§ 8
Aufgabenbeschreibung

(1) Die Aufgabenstellung ist so zu beschreiben, dass alle Bewerber die Beschreibung im gleichen Sinne verstehen können.

(2) Bei der Beschreibung der Aufgabenstellung sind die technischen Anforderungen unter Bezugnahme auf europäische Spezifikationen festzulegen; es gelten die im Anhang TS vorgesehenen Regelungen.

(3) Alle die Erfüllung der Aufgabenstellung beeinflussenden Umstände sind anzugeben, insbesondere solche, die dem Auftragnehmer ein ungewöhnliches Wagnis aufbürden oder auf die er keinen Einfluss hat und deren Einwirkung auf die Honorare oder Preise und Fristen er nicht im Voraus abschätzen kann. § 16 Abs. 3 ist zu berücksichtigen.

§ 9
Bekanntmachungen

(1) Die Auftraggeber veröffentlichen sobald wie möglich nach Beginn des jeweiligen Haushaltsjahres eine unverbindliche Bekanntmachung über den vorgesehenen Gesamtwert der Aufträge für freiberufliche Leistungen nach Anhang I A, die in den folgenden zwölf Monaten vergeben werden sollen, sofern der nach § 3 geschätzte Wert mindestens 750 000 Euro beträgt.

(2) Die Auftraggeber, die einen Auftrag für eine freiberufliche Leistung nach § 5 Abs. 1 vergeben wollen, teilen ihre Absicht durch Bekanntmachung mit.

(3) Bekanntmachungen werden ungekürzt im Amtsblatt der Europäischen Gemeinschaften und in der Datenbank TED in ihren Originalsprachen veröffentlicht. In den Amtsblättern oder der Presse des Landes des Auftraggebers darf die Bekannt-

machung nicht vor dem Tag der Absendung an das Amt für die amtlichen Veröffentlichungen der Europäischen Gemeinschaften veröffentlicht werden; der Auftraggeber muss den Tag der Absendung der Bekanntmachung nachweisen können. Bei der Veröffentlichung ist dieser Zeitpunkt anzugeben. Die Veröffentlichung darf nur die im Amtsblatt der Europäischen Gemeinschaften veröffentlichten Angaben enthalten.

(4) Die Bekanntmachungen werden entsprechend den Mustern des Anhangs II erstellt. Ihre Länge darf eine Seite des Amtsblatts der Europäischen Gemeinschaften, d. h. rund 650 Worte, nicht überschreiten. Die Bekanntmachungen sind unverzüglich auf dem geeignetsten Wege dem Amt für amtliche Veröffentlichungen der Europäischen Gemeinschaften[1]) zuzuleiten. In Fällen besonderer Dringlichkeit muss die Bekanntmachung mittels Telekopie, Telegramm oder Fernschreiber übermittelt werden.

§ 10
Auswahl der Bewerber

(1) Der Auftraggeber wählt anhand der erteilten Auskünfte über die Eignung der Bewerber sowie anhand der Auskünfte und Formalitäten, die zur Beurteilung der von diesen zu erfüllenden wirtschaftlichen und technischen Mindestanforderungen erforderlich sind, unter den Bewerbern, die nicht aufgrund des § 11 ausgeschlossen wurden und die die in den §§ 12 und 13 genannten Anforderungen erfüllen, diejenigen aus, die er zur Verhandlung auffordert.

(2) Die Zahl der zur Verhandlung aufgeforderten Bewerber darf bei hinreichender Anzahl geeigneter Bewerber nicht unter drei liegen.

(3) Der Auftraggeber hat in der Bekanntmachung anzugeben, welche Nachweise über die finanzielle, wirtschaftliche oder fachliche Eignung oder welche anderen Nachweise vom Bewerber zu erbringen sind.

(4) Die in Absatz 3 vorgesehenen Nachweise dürfen nur insoweit gefordert werden, wie es durch den Gegenstand des Auftrags gerechtfertigt ist. Dabei muss der Auftraggeber die berechtigten Interessen der Bewerber am Schutz ihrer technischen, fachlichen oder handelsbezogenen Betriebsgeheimnisse berücksichtigen; die Verpflichtung zur beruflichen Verschwiegenheit bleibt unberührt.

§ 11
Ausschlusskriterien

Von der Teilnahme am Vergabeverfahren können Bewerber ausgeschlossen werden,
a) die sich im Insolvenzverfahren oder in Liquidation befinden oder ihre Tätigkeit eingestellt haben oder sich aufgrund eines in den einzelstaatlichen Rechtsvorschriften vorgesehenen gleichartigen Verfahrens in einer entsprechenden Lage befinden,
b) die aufgrund eines rechtskräftigen Urteils aus Gründen bestraft worden sind, die ihre berufliche Zuverlässigkeit in Frage stellen,
c) die im Rahmen ihrer beruflichen Tätigkeit eine schwere Verfehlung begangen haben, die vom Auftraggeber nachweislich festgestellt wurde,

---

1) Amt für amtliche Veröffentlichungen der Europäischen Gemeinschaften, 2, rue Mercier, L-2985 Luxemburg, Telefon: 00 352/49 92 8-1, Telex: 180402-1324 PUBOF LU, Telefax: 00 352/49 00 03 oder 49 57 19.

d) die ihre Verpflichtung zur Zahlung der Steuern und Abgaben nach den Rechtsvorschriften des Mitgliedstaates des Auftraggebers nicht erfüllt haben,
e) die sich bei der Erteilung von Auskünften, die gemäß den §§ 7, 10, 12 und 13 eingeholt werden können, in erheblichem Maß falscher Erklärungen schuldig gemacht haben oder diese Auskünfte unberechtigterweise nicht erteilen.

§ 12
Nachweis der finanziellen und wirtschaftlichen Leistungsfähigkeit

(1) Die finanzielle und wirtschaftliche Leistungsfähigkeit des Bewerbers kann insbesondere durch einen der nachstehenden Nachweise erbracht werden:
a) entsprechende Bankerklärung oder den Nachweis entsprechender Berufshaftpflichtversicherungsdeckung,
b) Vorlage von Bilanzen oder Bilanzauszügen, falls deren Veröffentlichung nach dem Gesellschaftsrecht des Mitgliedsstaates, in dem der Bewerber ansässig ist, vorgeschrieben ist,
c) Erklärung über den Gesamtumsatz des Bewerbers und seinen Umsatz für entsprechende Dienstleistungen in den letzten drei Geschäftsjahren.

(2) Kann ein Bewerber aus einem wichtigen Grund die vom Auftraggeber geforderten Nachweise nicht beibringen, so kann er seine finanzielle und wirtschaftliche Leistungsfähigkeit durch Vorlage anderer, vom Auftraggeber für geeignet erachteter Belege nachweisen.

§ 13
Fachliche Eignung

(1) Die fachliche Eignung von Bewerbern für die Durchführung von Dienstleistungen kann insbesondere aufgrund ihrer Fachkunde, Leistungsfähigkeit, Erfahrung und Zuverlässigkeit beurteilt werden.

(2) Der Nachweis der Eignung kann je nach Art, Umfang und Verwendungszweck der betreffenden Dienstleistungen folgendermaßen erbracht werden:
a) soweit nicht bereits durch Nachweis der Berufszulassung erbracht, durch Studiennachweise und Bescheinigungen über die berufliche Befähigung des Bewerbers und/oder der Führungskräfte des Unternehmens, insbesondere der für die Dienstleistungen verantwortlichen Person oder Personen,
b) durch eine Liste der wesentlichen in den letzten drei Jahren erbrachten Leistungen mit Angabe des Rechnungswertes, der Leistungszeit sowie der öffentlichen oder privaten Auftraggeber der erbrachten Dienstleistungen,
   – bei Leistungen für öffentliche Auftraggeber durch eine von der zuständigen Behörde ausgestellte oder beglaubigte Bescheinigung,
   – bei Leistungen für private Auftraggeber durch eine vom Auftraggeber ausgestellte Bescheinigung; ist eine derartige Bescheinigung nicht erhältlich, so ist eine einfache Erklärung des Bewerbers zulässig,
c) durch Angabe über die technische Leitung,
d) durch eine Erklärung, aus der das jährliche Mittel der vom Bewerber in den letzten drei Jahren Beschäftigten und die Anzahl seiner Führungskräfte in den letzten drei Jahren ersichtlich ist,

e) durch eine Erklärung, aus der hervorgeht, über welche Ausstattung, welche Geräte und welche technische Ausrüstung der Bewerber für die Dienstleistungen verfügen wird,

f) durch eine Beschreibung der Maßnahmen des Bewerbers zur Gewährleistung der Qualität und seiner Untersuchungs- und Forschungsmöglichkeiten,

g) sind die zu erbringenden Leistungen komplexer Art oder sollten sie ausnahmsweise einem besonderen Zweck dienen, durch eine Kontrolle, die vom Auftraggeber oder in dessen Namen von einer anderen damit einverstandenen zuständigen amtlichen Stelle aus dem Land durchgeführt wird, in dem der Bewerber ansässig ist; diese Kontrolle betrifft die Leistungsfähigkeit und erforderlichenfalls die Untersuchungs- und Forschungsmöglichkeiten des Bewerbers sowie die zur Gewährleistung der Qualität getroffenen Vorkehrungen,

h) durch Angabe des Auftragsanteils, für den der Bewerber möglicherweise einen Unterauftrag zu erteilen beabsichtigt.

§ 14
Fristen[2])

(1) Die vom Auftraggeber festgesetzte Frist für den Antrag auf Teilnahme beträgt mindestens 37 Tage, in Fällen besonderer Dringlichkeit mindestens 15 Tage, jeweils gerechnet vom Tag der Absendung der Bekanntmachung an.

(2) Die Anträge auf Teilnahme an den Verfahren zur Auftragsvergabe können durch Brief, Telegramm, Fernkopierer, Telefon oder in sonstiger Weise elektronisch übermittelt werden. Erfolgt die Übermittlung nicht durch Brief, so sind sie durch ein vor Ablauf der in Absatz 1 genannten Frist abzusendendes Schreiben zu bestätigen.

(3) Der Auftraggeber muss rechtzeitig angeforderte zusätzliche Auskünfte über die Aufgabenstellung spätestens 6 Tage vor Ablauf der Frist für den Eingang der Bewerbungen, in Fällen besonderer Dringlichkeit spätestens 4 Tage vor Ablauf der Bewerbungsfrist, erteilen.

(4) Können die Bewerbungen nur nach einer Ortsbesichtigung oder Einsichtnahme in Unterlagen an Ort und Stelle erstellt werden, so sind die vorgenannten Fristen entsprechend zu verlängern.

§ 15
Kosten

(1) Für die Ausarbeitung der Bewerbungsunterlagen werden Kosten nicht erstattet.

(2) Verlangt der Auftraggeber darüber hinaus, dass Bewerber Entwürfe, Pläne, Zeichnungen, Berechnungen oder andere Unterlagen ausarbeiten, so ist einheitlich für alle Bewerber eine angemessene Vergütung festzusetzen. Gesetzliche Gebühren- oder Honorarordnungen und der Urheberrechtsschutz bleiben unberührt.

§ 16
Auftragserteilung

(1) Der Auftraggeber schließt den Vertrag mit dem Bewerber, der aufgrund der ausgehandelten Auftragsbedingungen die bestmögliche Leistung erwarten lässt.

---

2) Die Berechnung der Fristen erfolgt nach der Verordnung (EWG/Euratom) Nr. 1182/71 des Rates vom 3. Juni 1971 zur Festlegung der Regeln für die Fristen, Daten und Termine (ABl. EG Nr. L 124, S. 1).

(2) Bei der Entscheidung über die Auftragserteilung berücksichtigt er auf die erwartete fachliche Leistung bezogene Kriterien, insbesondere Qualität, fachlicher oder technischer Wert, Ästhetik, Zweckmäßigkeit, Kundendienst und technische Hilfe, Leistungszeitpunkt, Ausführungszeitraum oder -frist und Preis/Honorar. Ist die zu erbringende Leistung nach einer gesetzlichen Gebühren- oder Honorarordnung zu vergüten, ist der Preis nur im dort vorgeschriebenen Rahmen zu berücksichtigen.

(3) Die Auftraggeber haben in der Aufgabenbeschreibung oder der Vergabebekanntmachung alle Auftragskriterien anzugeben, deren Anwendung vorgesehen ist, möglichst in der Reihenfolge der ihnen zuerkannten Bedeutung.

§ 17
Vergebene Aufträge

(1) Die Auftraggeber machen über jeden vergebenen Auftrag Mitteilung anhand einer Bekanntmachung. Sie wird nach dem in Anhang II enthaltenen Muster C erstellt und ist spätestens 48 Tage nach Vergabe des Auftrags auf dem geeignetsten Weg an das Amt für amtliche Veröffentlichungen der Europäischen Gemeinschaften zu übermitteln.

(2) Bei der Bekanntmachung von Dienstleistungsaufträgen des Anhangs I B geben die Auftraggeber in ihrer Bekanntmachung an, ob sie mit der Veröffentlichung einverstanden sind.

(3) Bestimmte Angaben über die Auftragsvergabe brauchen jedoch bei bestimmten Einzelaufträgen nicht veröffentlicht zu werden, wenn ihre Bekanntgabe den Gesetzesvollzug behindern, dem öffentlichen Interesse in anderer Weise zuwiderlaufen, die legitimen geschäftlichen Interessen einzelner Personen berühren oder den fairen Wettbewerb beeinträchtigen würde.

(4) Der Auftraggeber teilt den bei der Vergabe eines Auftrages nicht berücksichtigten Bewerbern, die dies schriftlich beantragen, innerhalb von 15 Tagen nach Eingang ihres Antrages die Gründe für die Ablehnung ihrer Bewerbung sowie die Merkmale und Vorteile der erfolgreichen Bewerbung und den Namen des erfolgreichen Bewerbers mit. Der Auftraggeber kann in Satz 1 genannte Informationen über die Auftragsvergabe zurückhalten, wenn die Weitergabe den Gesetzesvollzug vereiteln würde oder sonst nicht im öffentlichen Interesse läge oder den berechtigten Geschäftsinteressen von Bewerbern oder dem fairen Wettbewerb schaden würde.

(5) Einen Beschluss, auf die Vergabe eines dem EG-weiten Wettbewerb unterstellten Auftrages zu verzichten, teilt der Auftraggeber dem Amt für amtliche Veröffentlichungen der Europäischen Gemeinschaften mit. Den Bewerbern teilt der Auftraggeber so rasch wie möglich die Gründe mit, aus denen beschlossen wurde, auf die Vergabe eines bekannt gemachten Auftrages zu verzichten oder das Verfahren erneut einzuleiten. Auf Antrag teilt er dies schriftlich mit.

§ 18
Vergabevermerk

Über die Vergabe ist ein Vermerk zu fertigen, der die einzelnen Stufen des Verfahrens, die Maßnahmen, die Feststellung sowie die Begründung der einzelnen Entscheidungen enthält.

§ 19
Melde- und Berichtspflichten

(1) Auf Verlangen der Europäischen Kommission sind aus dem Vergabevermerk folgende Angaben zu übermitteln:
a) Name und Anschrift des Auftraggebers,
b) Art und Umfang der Leistung,
c) Wert des Auftrages,
d) Namen der berücksichtigten Bewerber und Gründe für ihre Auswahl,
e) Namen der ausgeschlossenen Bewerber und die Gründe für die Ablehnung,
f) Name des erfolgreichen Bewerbers und die Gründe für die Auftragserteilung sowie – falls bekannt – den Anteil, den der erfolgreiche Bewerber an Dritte weiterzugeben beabsichtigt,
g) Gründe für die Wahl des Verhandlungsverfahrens,
h) Gründe für die Ausnahme von der Anwendung europäischer Spezifikationen (Anhang TS Nr. 2).

(2) Die Auftraggeber übermitteln an die zuständige Stelle jährlich eine statistische Aufstellung über die vergebenen Aufträge. Diese Aufstellung enthält mindestens Angaben über die Anzahl und den Wert der vergebenen Aufträge, aufgeschlüsselt nach den in § 5 vorgesehenen Verfahren, nach der Kategorie der Dienstleistung und nach der Nationalität des Auftragnehmers sowie Anzahl und Wert der Aufträge, die in die einzelnen EG-Mitgliedstaaten oder Drittstaaten vergeben worden sind sowie den Gesamtwert der Aufträge, die aufgrund von Ausnahmeregelungen zum Beschaffungsübereinkommen der Welthandelsorganisation WTO[3]) vergeben wurden und sonstige statistische Angaben, die von der zuständigen Stelle im Einklang mit diesem Beschaffungsübereinkommen verlangt werden.

(3) Auftraggeber nach Anhang I der Richtlinie 93/36/EWG[4]) geben über die in Absatz 2 vorgesehenen Angaben hinaus den geschätzten Gesamtwert der Aufträge unterhalb der Schwellenwerte und neben dem Gesamtwert auch die Anzahl der Aufträge unterhalb der Schwellenwerte und neben dem Gesamtwert auch die Anzahl der Aufträge, die aufgrund von Ausnahmeregelungen zum Beschaffungsübereinkommen der Welthandelsorganisation WTO vergeben wurden, an.

(4) Von den statistischen Angaben nach den Absätzen 2 und 3 sind Dienstleistungen der Kategorie 8 des Anhangs I A und Dienstleistungen des Anhangs I B ausgenommen, sofern sie einen Auftragswert von 200 000 Euro ohne Umsatzsteuer nicht erreichen.

§ 20
Wettbewerbe

(1) Wettbewerbe sind Auslobungsverfahren, die dazu dienen, dem Auftraggeber einen Plan oder eine Planung zu verschaffen, deren Auswahl durch ein Preisgericht aufgrund vergleichender Beurteilungen mit oder ohne Verteilung von Preisen erfolgt.

---

3) In den Anwendungsbereich des Beschaffungsübereinkommens der Welthandelsorganisation WTO (ABl. EG Nr. C 256, S. 1) fallen nicht: Dienstleistungen des Anhangs I B, Dienstleistungen der Kategorie 8 des Anhangs I A.
4) Vgl. § 2 Nr. 2 VgV.

(2) Die Vorschriften der nachfolgenden Absätze gelten für die Durchführung von Wettbewerben, bei denen die Summe der Preisgelder und Zahlungen an Teilnehmer mindestens folgenden Werten entsprechen, oder die zu einem Dienstleistungsauftrag führen sollen, dessen geschätzter Wert mindestens folgenden Werten entspricht:

- 200 000 Euro ohne Umsatzsteuer,
- 130 000 Euro ohne Umsatzsteuer bei Auftraggebern nach Anhang I der Richtlinie 93/36/EWG[5]).

(3) Die auf die Durchführung von Wettbewerben anwendbaren Regeln sind den an der Teilnahme am Wettbewerb Interessierten mitzuteilen.

(4) Die Zulassung zur Teilnahme an einem Wettbewerb darf nicht beschränkt werden

- auf das Gebiet eines Mitgliedstaates oder einen Teil davon,
- auf natürliche oder juristische Personen.

(5) Bei Wettbewerben mit beschränkter Teilnehmerzahl haben die Auftraggeber eindeutige und nichtdiskriminierende Auswahlkriterien festzulegen. Die Zahl der Teilnehmer muss ausreichen, um einen echten Wettbewerb zu gewährleisten.

(6) Das Preisgericht darf nur aus Preisrichtern bestehen, die von den Teilnehmern des Wettbewerbes unabhängig sind. Wird von diesen Teilnehmern eine bestimmte berufliche Qualifikation verlangt, muss mindestens ein Drittel der Preisrichter über dieselbe oder eine gleichwertige Qualifikation verfügen.

(7) Das Preisgericht ist in seinen Entscheidungen und Stellungnahmen unabhängig. Es trifft diese aufgrund von Wettbewerbsarbeiten, die anonym vorgelegt werden, und nur aufgrund von Kriterien, die in der Bekanntmachung nach Absatz 8 genannt sind.

(8) Auftraggeber, die einen Wettbewerb durchführen wollen, teilen ihre Absicht durch Bekanntmachung nach dem in Anhang II enthaltenen Muster D mit. Die Bekanntmachung ist dem Amt für amtliche Veröffentlichungen der Europäischen Gemeinschaften unverzüglich mitzuteilen.

(9) § 9 Abs. 3 und 4 gilt entsprechend.

(10) Auftraggeber, die einen Wettbewerb durchgeführt haben, geben spätestens 48 Tage nach Durchführung eine Bekanntmachung nach Muster E des Anhangs II an das Amtsblatt der Europäischen Gemeinschaften. § 17 gilt entsprechend.

§ 21
Nachprüfungsbehörden

In der Bekanntmachung und der Aufgabenbeschreibung ist die Stelle anzugeben, an die sich der Bewerber zur Nachprüfung behaupteter Verstöße gegen die Bestimmungen über die Vergabe- und Wettbewerbsverfahren wenden kann.

---

[5]) Vgl. § 2 Nr. 2 VgV.

Kapitel 2:
Besondere Vorschriften zur Vergabe von Architekten- und Ingenieurleistungen

§ 22
Anwendungsbereich

(1) Die Bestimmungen dieses Kapitels gelten zusätzlich für die Vergabe von Architekten- und Ingenieurleistungen.

(2) Architekten- und Ingenieurleistungen sind
- Leistungen, die von der Honorarordnung für Architekten und Ingenieure (HOAI) erfasst werden sowie
- sonstige Leistungen, für die die berufliche Qualifikation des Architekten oder Ingenieurs erforderlich ist oder vom Auftraggeber gefordert wird.

§ 23
Qualifikation des Auftragnehmers

(1) Wird als Berufsqualifikation der Beruf des Architekten oder der einer seiner Fachrichtungen gefordert, so ist jeder zuzulassen, der nach den Architektengesetzen der Länder berechtigt ist, die Berufsbezeichnung Architekt zu tragen, oder nach den EG-Richtlinien, insbesondere der Richtlinie für die gegenseitige Anerkennung der Diplome auf dem Gebiete der Architektur[6]) berechtigt ist, in der Bundesrepublik Deutschland als Architekt tätig zu werden.

2) Wird als Berufsqualifikation der Beruf des Beratenden Ingenieurs oder Ingenieurs gefordert, so ist jeder zuzulassen, der nach den Gesetzen der Länder berechtigt ist, die Berufsbezeichnung „Beratender Ingenieur" oder „Ingenieur" zu tragen oder nach der EG-Richtlinie über eine allgemeine Regelung zur Anerkennung der Hochschuldiplome[7]) in der Bundesrepublik Deutschland als „Beratender Ingenieur" oder „Ingenieur" tätig zu werden.

(3) Juristische Personen sind als Auftragnehmer zuzulassen, wenn sie für die Durchführung der Aufgabe einen verantwortlichen Berufsangehörigen gemäß Absatz 1 und 2 benennen.

§ 24
Auftragserteilung

(1) Die Auftragsverhandlungen mit den nach § 10 Abs. 1 ausgewählten Bewerbern dienen der Ermittlung des Bewerbers, der im Hinblick auf die gestellte Aufgabe am ehesten die Gewähr für eine sachgerechte und qualitätsvolle Leistungserfüllung bietet. Der Auftraggeber führt zu diesem Zweck Auftragsgespräche mit den ausgewählten Bewerbern durch und entscheidet über die Auftragsvergabe nach Abschluss dieser Gespräche.

(2) Die Präsentation von Referenzobjekten, die der Bewerber zum Nachweis seiner Leistungsfähigkeit vorlegt, ist zugelassen. Die Ausarbeitung von Lösungsvorschlägen der gestellten Planungsaufgabe kann vom Auftraggeber nur im Rahmen eines

---

6) Richtlinie des Rates 85/384/EWG vom 10. Juni 1985 für die gegenseitige Anerkennung der Diplome, Prüfungszeugnisse und sonstigen Befähigungsnachweise auf dem Gebiet der Architektur und für Maßnahmen zur Erleichterung der tatsächlichen Ausübung des Niederlassungsrechts und des Rechtes auf freien Dienstleistungsverkehr (ABl. EG Nr. L 223).

7) Richtlinie des Rates 89/48/EWG vom 21. Dezember 1988 über eine allgemeine Regelung zur Anerkennung der Hochschuldiplome, die eine mindestens dreijährige Berufsausbildung abschließen (ABl. EG Nr. L 19).

Verfahrens nach Absatz 3 oder eines Planungswettbewerbes gemäß § 25 verlangt werden.

Die Auswahl eines Bewerbers darf nicht dadurch beeinflusst werden, dass von Bewerbern zusätzlich unaufgefordert Lösungsvorschläge eingereicht wurden.

(3) Verlangt der Auftraggeber außerhalb eines Planungswettbewerbes Lösungsvorschläge für die Planungsaufgabe, so sind die Lösungsvorschläge der Bewerber nach den Honorarbestimmungen der HOAI zu vergüten.

§ 25
Planungswettbewerbe

(1) Wettbewerbe im Sinne von § 20, die dem Ziel dienen, alternative Vorschläge für Planungen auf dem Gebiet der Raumplanung, des Städtebaus und des Bauwesens auf der Grundlage veröffentlichter einheitlicher Richtlinien zu erhalten (Planungswettbewerbe), können jederzeit vor, während oder ohne Verhandlungsverfahren ausgelobt werden. In den einheitlichen Richtlinien wird auch die Mitwirkung von Architekten- und Ingenieurkammern an der Vorbereitung und Durchführung der Wettbewerbe geregelt.

(2) Der Auslober eines Planungswettbewerbes hat zu gewährleisten, dass jedem Teilnehmer die gleiche Chance eingeräumt wird. Er hat dazu mit der Bekanntmachung des Planungswettbewerbes die Verfahrensart festzulegen. Allen Teilnehmern sind Wettbewerbsunterlagen, Termine, Ergebnisse von Kolloquien und die Antworten auf Rückfragen jeweils zum gleichen Zeitpunkt bekannt zu geben.

(3) Mit der Auslobung sind Preise und ggf. Ankäufe auszusetzen, die der Bedeutung und Schwierigkeit der Bauaufgabe sowie dem Leistungsumfang nach dem Maßstab der Honorarordnung für Architekten und Ingenieure angemessen sind.

(4) Ausgeschlossen von der Teilnahme an Planungswettbewerben sind Personen, die infolge ihrer Beteiligung an der Auslobung oder Durchführung des Wettbewerbes bevorzugt sein oder Einfluss auf die Entscheidung des Preisgerichts nehmen können.

Das Gleiche gilt für Personen, die sich durch Angehörige oder ihnen wirtschaftlich verbundene Personen einen entsprechenden Vorteil oder Einfluss verschaffen können.

(5) Das Preisgericht muss sich in der Mehrzahl aus Preisrichtern zusammensetzen, die aufgrund ihrer beruflichen Qualifikation die fachlichen Anforderungen in hervorragendem Maße erfüllen, die nach Maßgabe der einheitlichen Grundsätze und Richtlinien im Sinne von Absatz 1 zur Teilnahme am Wettbewerb berechtigen. Die Preisrichter haben ihr Amt persönlich und unabhängig allein nach fachlichen Gesichtspunkten auszuüben.

(6) Das Preisgericht hat in seinen Entscheidungen die in der Auslobung als bindend bezeichneten Vorgaben des Auslobers und die dort genannten Entscheidungskriterien zu beachten. Nicht zugelassene oder über das geforderte Maß hinausgehende Leistungen sollen von der Wertung ausgeschlossen werden. Das Preisgericht hat die für eine Preisverleihung in Betracht zu ziehenden Arbeiten in ausreichender Zahl schriftlich zu bewerten und eine Rangfolge unter ihnen festzulegen. Das Preisgericht kann nach Festlegung der Rangfolge einstimmig eine Wettbewerbsarbeit,

die besonders be merkenswerte Lösungen enthält, aber gegen Vorgaben des Auslobers verstößt, mit einem Sonderpreis bedenken. Über den Verlauf der Preisgerichtssitzung ist eine Niederschrift zu fertigen, durch die der Gang des Auswahlverfahrens nachvollzogen werden kann.

(7) Jeder Teilnehmer ist über das Ergebnis des Wettbewerbes unter Versendung der Niederschrift der Preisgerichtssitzung unverzüglich zu unterrichten. Spätestens einen Monat nach der Entscheidung des Preisgerichts sind die Wettbewerbsarbeiten mit Namensangaben der Verfasser unter Auslegung der Niederschrift auszustellen.

(8) Soweit ein Preisträger wegen Verstoßes gegen Wettbewerbsregeln nicht berücksichtigt werden kann, rücken die übrigen Preisträger sowie sonstige Teilnehmer in der Rangfolge des Preisgerichts nach, soweit das Preisgericht ausweislich seiner Niederschrift nichts anderes bestimmt hat.

(9) Soweit und sobald die Wettbewerbsaufgabe realisiert werden soll, sind einem oder mehreren der Preisträger weitere Planungsleistungen nach Maßgabe der in Absatz 1 genannten einheitlichen Richtlinien zu übertragen, sofern mindestens einer der Preisträger eine einwandfreie Ausführung der zu übertragenden Leistungen gewährleistet und sonstige wichtige Gründe der Beauftragung nicht entgegenstehen.

(10) Urheberrechtlich und wettbewerbsrechtlich geschützte Teillösungen von Wettbewerbsteilnehmern, die bei der Auftragserteilung nicht berücksichtigt worden sind, dürften nur gegen eine angemessene Vergütung genutzt werden.

§ 26
Unteraufträge

Der Auftragnehmer hat die Auftragsleistung selbständig mit seinem Büro zu erbringen. Dem Auftragnehmer kann mit Zustimmung des Auftraggebers gestattet werden, Auftragsleistungen im Wege von Unteraufträgen an Dritte mit entsprechender Qualifikation zu vergeben.

Anhang TS
Technische Spezifikationen

1 Begriffsbestimmung

1.1 „Technische Spezifikationen" sind sämtliche, insbesondere in den Verdingungsunterlagen enthaltenen, technischen Anforderungen an ein Material, ein Erzeugnis oder eine Lieferung, mit deren Hilfe das Material, das Erzeugnis oder die Lieferung so bezeichnet werden können, dass sie ihren durch den Auftraggeber festgelegten Verwendungszweck erfüllen. Zu diesen technischen Anforderungen gehören Qualitätsstufen, Gebrauchstauglichkeit, Sicherheit und Abmessungen, ebenso die Vorschriften für Materialien, Erzeugnisse oder Lieferungen hinsichtlich Qualitätssicherung, Terminologie, Bildzeichen, Prüfungen und Prüfverfahren, Verpackung, Kennzeichnung und Beschriftung. Außerdem gehören dazu auch die Vorschriften für die Planung und Berechnung von Bauwerken, die Bedingungen für die Prüfung, Inspektion und Abnahme von Bauwerken, die Konstruktionsmethoden oder -verfahren und alle anderen technischen Anforderungen, die der Auftraggeber bezüglich fertiger Bauwerke oder der dazu notwendigen Materialien oder Teile durch allgemeine oder spezielle Vorschriften anzugeben in der Lage ist.

1.2 „Norm": technische Spezifikation, die von einer anerkannten Normenorganisation zur wiederholten oder ständigen Anwendung angenommen wurde, deren Einhaltung grundsätzlich nicht zwingend vorgeschrieben ist.

1.3 „Europäische Norm": die von dem Europäischen Komitee für Normung (CEN) oder dem Europäischen Komitee für Elektrotechnische Normung (CENELEC) gem. deren gemeinsamen Regeln als Europäische Normen (EN) oder Harmonisierungsdokumente (HD) angenommenen Normen oder vom Europäischen Institut für Telekommunikationsnormen (ETSI) entsprechend seinen eigenen Vorschriften als „Europäische Telekommunikationsnorm" (ETS) angenommenen Normen.

1.4 „Europäische technische Zulassung": eine positive technische Beurteilung der Brauchbarkeit eines Produkts hinsichtlich der Erfüllung der wesentlichen Anforderungen an bauliche Anlagen; sie erfolgt aufgrund der spezifischen Merkmale des Produkts und der festgelegten Anwendungs- und Verwendungsbedingungen. Die europäische technische Zulassung wird von einer zu diesem Zweck vom Mitgliedstaat zugelassenen Organisation ausgestellt.

1.5 „Gemeinsame technische Spezifikation": technische Spezifikation, die nach einem von den Mitgliedstaaten anerkannten Verfahren erarbeitet wurde, um die einheitliche Anwendung in allen Mitgliedstaaten sicherzustellen und die im Amtsblatt der Europäischen Gemeinschaften veröffentlicht wurde.

1.6 „Europäische Spezifikation": eine gemeinsame technische Spezifikation, eine europäische technische Zulassung oder eine in innerstaatliche Normen übernommene europäische Norm.

2 Von der Bezugnahme auf europäische Spezifikationen kann abgesehen werden, wenn

2.1 die Normen keine Bestimmungen zur Feststellung der Übereinstimmung einschließen oder es keine technischen Möglichkeiten gibt, die Übereinstimmung eines Erzeugnisses mit diesen Normen in zufriedenstellender Weise festzustellen;

2.2 die Anwendung die Durchführung der Richtlinie 86/361/EWG des Rates vom 24. Juli 1986 über die erste Phase der gegenseitigen Anerkennung der Allgemeinzulassungen von Telekommunikations-Endgeräten[8]) des Beschlusses 87/95/EWG des Rates vom 22. Dezember 1986 über die Aufstellung von Normen auf dem Gebiet der Informationstechnologie und der Telekommunikation[9]) oder anderer Gemeinschaftsinstrumente in bestimmten Dienstleistungs- oder Produktionsbereichen beeinträchtigt würde.

3 Mangels europäischer Spezifikationen

3.1 werden die technischen Spezifikationen unter Bezugnahme auf die einzelstaatlichen technischen Spezifikationen festgelegt, die anerkanntermaßen den wesentlichen Anforderungen der Gemeinschaftsrichtlinien zur technischen Harmonisierung entsprechen;

3.2 können die technischen Spezifikationen unter Bezugnahme auf die einzelstaatlichen technischen Spezifikationen betreffend den Einsatz von Produkten festgelegt werden;

3.3 können die technischen Spezifikationen unter Bezugnahme auf sonstige Dokumente festgelegt werden. In einem solchen Fall ist unter Beachtung der nachstehenden Normenrangfolge zurückzugreifen auf

– die innerstaatlichen Normen, mit denen vom Land des Auftraggebers akzeptierte internationale Normen umgesetzt werden;
– sonstige innerstaatliche Normen und innerstaatliche technische Zulassungen des Landes des Auftraggebers;
– alle weiteren Normen.

---

[8]) ABl. EG Nr. L 217 vom 5. Mai 1986 S. 21, geändert durch die Richtlinie 91/263/EWG (ABl. EG Nr. L 128 vom 23. Mai 1991 S. 1).
[9]) ABl. EG Nr. L 36 vom 7. Februar 1987 S. 31.

Anhang I A

Kategorie	Titel	CPC-Referenznummer
1	Instandhaltung und Reparatur	6112, 6122, 633, 886
2	Landverkehr[1]) einschl. Geldtransport und Kurierdienste, ohne Postverkehr	712 (außer 71235), 7512, 87304
3	Fracht- und Personenbeförderung im Flugverkehr, ohne Postverkehr	73 (außer 7321)
4	Postbeförderung im Landverkehr[1]) sowie Luftpostbeförderung	71235, 7321
5	Fernmeldewesen[2])	752
6	Finanzielle Dienstleistungen a) Versicherungsleistungen b) Bankenleistungen und Wertpapiergeschäfte[3])	ex 81 812, 814
7	Datenverarbeitung und verbundene Tätigkeiten	84
8	Forschung und Entwicklung[4])	85
9	Buchführung, -haltung und -prüfung	862
10	Markt- und Meinungsforschung	864
11	Unternehmensberatung und verbundene Tätigkeiten	865, 866
12	Architektur, technische Beratung und Planung; integrierte technische Leistungen; Stadt- und Landschaftsplanung; zugehörige wissenschaftliche und technische Beratung; technische Versuche und Analysen	867
13	Werbung	871
14	Gebäudereinigung und Hausverwaltung	874 82201 bis 82206
15	Verlegen und Drucken gegen Vergütung oder auf vertraglicher Grundlage	88442
16	Abfall- und Abwasserbeseitigung; sanitäre und ähnliche Dienstleistungen	94

---

1) Ohne Eisenbahnverkehr der Kategorie 18.
2) Ohne Fernsprechdienstleistungen, Telex, beweglichen Telefondienst, Funkrufdienst und Satellitenkommunikation.
3) Ohne Verträge über finanzielle Dienstleistungen im Zusammenhang mit Ausgabe, Verkauf, Ankauf oder Übertragung von Wertpapieren oder anderen Finanzinstrumenten sowie Dienstleistungen der Zentralbanken.
4) Ohne Aufträge über Forschungs- und Entwicklungsdienstleistungen anderer Art als derjenigen, deren Ergebnisse ausschließlich Eigentum des Auftraggebers für seinen Gebrauch bei der Ausübung seiner eigenen Tätigkeit sind, sofern die Dienstleistung vollständig durch den Auftraggeber vergütet wird.

Anhang I B

Kategorie	Titel	CPC-Referenznummer
17	Gaststätten und Beherbergungsgewerbe	64
18	Eisenbahnen	711
19	Schifffahrt	72
20	Neben- und Hilfstätigkeiten des Verkehrs	74
21	Rechtsberatung	861
22	Arbeits- und Arbeitskräftevermittlung	872
23	Auskunfts- und Schutzdienste (ohne Geldtransport)	873 (außer 87304)
24	Unterrichtswesen und Berufsausbildung	92
25	Gesundheits-, Veterinär- und Sozialwesen	93
26	Erholung, Kultur und Sport	96
27	Sonstige Dienstleistungen	

Anhang II
Bekanntmachungsmuster

A. Vorinformationsverfahren

1. Name, Anschrift, Telefon-, Telegrafen-, Fernschreib- und Fernkopiernummer des Auftraggebers und gegebenenfalls der Stelle, von der zusätzliche Angaben erlangt werden können:

2. Beabsichtigte Gesamtbeschaffungen von Dienstleistungen in jeder Kategorie des Anhanges I A:

3. Geschätzter Zeitpunkt der Einleitung der Vergabeverfahren nach Kategorien:

4. Sonstige Angaben:

5. Tag der Absendung der Bekanntmachung:

6. Tag des Eingangs der Bekanntmachung beim Amt für amtliche Veröffentlichungen der Europäischen Gemeinschaften:[10])

7. Angabe, ob der Auftrag in den Anwendungsbereich des Beschaffungsübereinkommens fällt:[11])

B. Verhandlungsverfahren

1. Name, Anschrift, Telefon-, Telegrafen, Fernschreib- und Fernkopiernummer des Auftraggebers:

2. Kategorie der Dienstleistung und Beschreibung:
CPV-Referenznummer:

3. Ausführungsort:

4. a) Angabe, ob die Leistung durch Rechts- und Verwaltungsvorschriften einem besonderen Berufsstand vorbehalten ist:

   b) Verweisung auf die Rechts- oder Verwaltungsvorschrift:

   c) Angabe, ob juristische Personen die Namen und die berufliche Qualifikation der Personen angeben müssen, die für die Ausführung der betreffenden Dienstleistungen verantwortlich sein sollen:

5. Angabe, ob der Dienstleistungserbringer Bewerbungen für einen Teil der betreffenden Leistungen abgeben kann:

6. Beabsichtigte Zahl oder Marge von Dienstleistungserbringern, die zur Verhandlung aufgefordert werden:

7. Gegebenenfalls Verbot von Änderungsvorschlägen:

8. Dauer des Auftrags oder Frist für die Erbringung der Dienstleistung:

9. Gegebenenfalls Rechtsform, die die Bietergemeinschaft, an die der Auftrag vergeben wird, haben muss:

---

10) Wird vom Amt für amtliche Veröffentlichungen der Europäischen Gemeinschaften eingetragen.
11) In den Anwendungsbereich des Beschaffungsübereinkommens der Welthandelsorganisation WTO (ABl. EG Nr. C 256 vom 3. September 1996, S. 1) fallen nicht: Dienstleistungen des Anhangs I B, Dienstleistungen der Kategorie 8 des Anhangs I A:

10. a) Gegebenenfalls Begründung der Inanspruchnahme des beschleunigten Verfahrens:

    b) Einsendefrist für die Anträge auf Teilnahme:

    c) Anschrift, an die diese Anträge zu richten sind:

    d) Sprache(n), in der (denen) diese Anträge abgefasst sein müssen:

11. Gegebenenfalls geforderte Kautionen und Sicherheiten:

12. Angaben zur Lage des Dienstleistungserbringers sowie Angaben und Formalitäten, die zur Beurteilung der Frage erforderlich sind, ob der Dienstleistungserbringer die technischen und wirtschaftlichen Mindestanforderungen erfüllt:

13. Gegebenenfalls Name und Anschrift der vom Auftraggeber bereits ausgewählten Dienstleistungserbringer:

14. Sonstige Angaben, insbesondere

    – die Stelle, an die sich der Bewerber zur Nachprüfung behaupteter Verstöße gegen Vergabebestimmungen wenden kann,

    – der Hinweis, dass Bewerber davon auszugehen haben, dass sie mit Ablauf einer bestimmten Frist nicht berücksichtigt worden sind:

15. Tag der Absendung der Bekanntmachung:

16. Tag des Eingangs der Bekanntmachung beim Amt für amtliche Veröffentlichungen der Europäischen Gemeinschaften:[12])

17. Tag(e) der Veröffentlichung von Vorinformationen im Amtsblatt der Europäischen Gemeinschaften:

18. Angabe, ob der Auftrag in den Anwendungsbereich des Beschaffungsübereinkommens fällt:[13])

C. Auftragsvergabe

1. Name und Anschrift des Auftraggebers:

2. Gewähltes Vergabeverfahren; im Fall von Verhandlungsverfahren ohne vorherige Veröffentlichung einer Bekanntmachung: Begründung (§ 5 Abs. 2):

3. Kategorie der Dienstleistung und Beschreibung:
   CPV-Referenznummer:

4. Tag der Auftragserteilung:

5. Kriterien für die Auftragserteilung:

6. Anzahl der eingegangenen Bewerbungen:

7. Name und Anschrift des/der Dienstleistungserbringer(s):

8. Gezahlter Preis oder Preisspanne (Minimum/Maximum):

---

12) Wird vom Amt für amtliche Veröffentlichungen der Europäischen Gemeinschaften eingetragen.
13) In den Anwendungsbereich des Beschaffungsübereinkommens der Welthandelsorganisation WTO (ABl. EG Nr. C 256 vom 3. September 1996, S. 1) fallen nicht: Dienstleistungen des Anhangs I B, Dienstleistungen der Kategorie 8 des Anhangs I A:

9. Wert des erteilten Auftrags oder die Werte des höchsten und des niedrigsten Angebotes, die bei der Auftragsvergabe berücksichtigt wurden:[14])

10. gegebenenfalls Wert und Teil des Auftrags, der an Dritte weitervergeben werden kann:

11. Sonstige Angaben:

12. Tag der Veröffentlichung der Bekanntmachung im Amtsblatt der Europäischen Gemeinschaften:

13. Tag der Absendung der Bekanntmachung:

14. Tag des Eingangs der Bekanntmachung beim Amt für amtliche Veröffentlichungen der Europäischen Gemeinschaften:[15])

15. Bezüglich von Aufträgen für Dienstleistungen im Sinne des Anhangs I B: Einverständnis des Auftraggebers mit der Veröffentlichung der Bekanntmachung (§ 17 Abs. 2):

D. Bekanntmachung über Wettbewerbe

1. Name, Anschrift, Telefon-, Telegrafen-, Fernschreib- und Fernkopiernummer des Auftraggebers und der Dienststelle, bei der einschlägige Unterlagen erhältlich sind:

2. Beschreibung des Vorhabens:

3. Art des Wettbewerbes, offen oder beschränkt:

4. Bei offenen Wettbewerben: Frist für den Eingang von Wettbewerbsarbeiten:

5. Bei beschränkten Wettbewerben:

   a) beabsichtigte Zahl der Teilnehmer:

   b) gegebenenfalls Namen bereits ausgewählter Teilnehmer:

   c) anzuwendende Kriterien bei der Auswahl von Teilnehmern:

   d) Frist für den Eingang von Anträgen auf Teilnahme:

6. Gegebenenfalls Angabe, ob die Teilnahme einem besonderen Berufsstand vorbehalten ist:

7. Anzuwendende Auswahlkriterien:

8. Gegebenenfalls Namen der ausgewählten Mitglieder des Preisgerichts:

9. Angabe, ob die Entscheidung des Preisgerichts den Auftraggeber bindet:

10. Gegebenenfalls Anzahl und Höhe der Preise:

11. Angabe, ob die Teilnehmer Anspruch auf Kostenerstattung haben:

12. Angabe, ob die Preisgewinner Anspruch auf den Zuschlag von Folgeaufträgen haben:

---

14) Bei Nummer 9 handelt es sich um eine Formulierung aus dem Beschaffungsübereinkommen der WTO. Es sind Fälle denkbar, bei denen zum Zeitpunkt der Bekanntmachung der (tatsächlich) gezahlte – oder zu zahlende – Preis noch nicht feststeht (z. B. bei Rahmenübereinkünften). Nur in diesen Fällen müssen Angaben unter Nummer 9 gemacht werden; im Übrigen sind die Angaben unter den Nummern 8 und 9 in der Regel identisch.

15) Wird vom Amt für amtliche Veröffentlichungen der Europäischen Gemeinschaften eingetragen.

13. Sonstige Angaben, insbesondere die Stelle, an die sich der Teilnehmer zur Nachprüfung behaupteter Verstöße gegen Wettbewerbsbestimmungen wenden kann:

14. Tag der Absendung der Bekanntmachung:

15. Tag des Eingangs der Bekanntmachung beim Amt für amtliche Veröffentlichungen der Europäischen Gemeinschaften:[16])

E. Ergebnisse von Wettbewerben

1. Name, Anschrift, Telefon-, Telegrafen-, Fernschreib- und Fernkopiernummer des Auftraggebers:

2. Beschreibung des Vorhabens:

3. Gesamtzahl der Teilnehmer:

4. Anzahl der ausländischen Teilnehmer:

5. Der/die Gewinner des Wettbewerbes:

6. Gegebenenfalls der/die Preise:

7. Sonstige Angaben:

8. Verweisung auf die Bekanntmachung über den Wettbewerb:

9. Tag der Absendung der Bekanntmachung:

10. Tag des Eingangs der Bekanntmachung beim Amt für amtliche Veröffentlichungen der Europäischen Gemeinschaften:[17])

---

16) Wird vom Amt für amtliche Veröffentlichungen der Europäischen Gemeinschaften eingetragen.
17) Wird vom Amt für amtliche Veröffentlichungen der Europäischen Gemeinschaften eingetragen.

Stichwortverzeichnis

Die im Stichwortverzeichnis angegebenen Fundstellen beziehen sich auf folgende Gliederungspunkte:

E = Teil A Einführung
GWB = Teil B Texte I: Vierter Teil des Gesetzes gegen Wettbewerbsbeschränkungen
VgV = Teil B Texte II: Vergabeverordnung
VOL/A = Teil B Texte III.1: VOL Teil A
VOL/B = Teil B Texte III.2: VOL Teil B
VOF = Teil B Texte IV: VOF
Erl. = Erläuterungen des Deutschen Verdingungsausschusses zur VOL/A (S. 253 ff.)

Abnahme VOL/B 13
Allgemeine Vertragsbedingungen für die Ausführung von Leistungen – VOL/B – E I 1.1; VOL/A 9; VOL/B
Amt für amtliche Veröffentlichungen der EG E III 2.2.1 VOL/A 3 a, 17 a, 26 a, 28 a, 31 a, 16 b, 17 b, 28 b, 31 b, 8 SKR, 9 SKR, 13 SKR, 15 SKR; VOF 9, 17, 20
Amtliche Veröffentlichungsblätter VOL/A 17
Änderungen der Leistung VOL/B 2
Änderungsvorschläge VOL/A 17, 21, 22, 24, 25, 26, 27, 9 b, 25 b, 7 SKR, 11 SKR; Erl. 17, 24, 25
Angebote
– Aufforderung zur Abgabe VOL/A 17, 17 a, 7 SKR
– Ausschluss VOL/A 23, 25
– Auswahl des wirtschaftlichsten Angebotes E I 2.3, III 1.2.4, 2.2.6, 3.2.6; GWB 97; VOL/A 25, 25 b, 11 SKR, Erl. 25
– Bearbeitungskosten VOL/A 20; VOF 15
– Bindung VOL/A 19
– Elektronische E II 2.7, 3.1, 4.2; VgV 15; VOL/A **18, 21, 22**
– Erläuterungen VOL/A 21
– Form E II 2.7, III 1.2.3; VOL/A 18, 18 a, 22, 23, 25

– Frist E III 1.2.3, 2.2.5, 3.2.5; IV 2.6; VOL/A 18, 23, 25, 18 a, 18 b, 10 SKR; Erl. 18 b, 10 SKR; VOF 14
– Inhalt VOL/A 21
– Kennzeichnung VOL/A 18, 21
– Nebenangebote VOL/A 17, 21, 22, 24, 25, 26, 27, 9 b, 25 b, 7 SKR, 11 SKR, Erl. 17, 24, 25
– Nicht berücksichtigte E III 1.2.4, 2.2.6; VgV 13; VOL/A 27, 27 a, Erl. 27; VOF 17
– Öffnung E III 1.2.3; VOL/A 22, Erl. 22
– Prüfung E III 1.2.4; VOL/A 23, Erl. 23
– Rücknahme VOL/A 18
– Unterschrift VOL/A 21, 23, 25
– Verspätung VOL/A 22, 23, 25
– Wertung E III 1.2.4, 2.2.6, 3.2.6; VOL/A 25, 25 b, 11 SKR, Erl. 25
– Zuschlag E III 1.2.4, 2.2.6, 3.2.6; III 2.7; VOL/A 25, 28, 25 b, Erl. 25

Angebotsaufforderung VOL/A 17, 17 a, 7 SKR
Angebotsfrist E III 1.2.3, 2.2.5, 3.2.5; IV 2.6; VOL/A 18, 23, 25, 18 a, 18 b, 10 SKR; VOF 14; Erl. 18 b, 10 SKR
Angebotsinhalt VOL/A 21
Anlieferung VOL/B 6
Annahme des Angebots E III 1.2.4
Anschreiben VOL/A 17

Stichwortverzeichnis

Anwendungsbereich
- Basisparagraphen (Abschnitt 1 VOL/A) E III 1.1; **VOL/A** 1 a, 1 b, Erl. II
- a-Paragraphen (Abschnitt 2 VOL/A) E III 2.1; **VgV** 4; **VOL/A** 1 a, Erl. II
- b-Paragraphen (Abschnitt 3 VOL/A) E III 3.1; **VgV** 7; **VOL/A** 1 b, Erl. II
- SKR-Paragraphen (Abschnitt 4 VOL/A) E III 4.1; **VgV** 7; **VOL/A** 1 SKR, Erl. II
- VOF E IV 1; **VgV** 5; **VOF** 2

a-Paragraphen (Abschnitt 2 VOL/A), Anwendungsbereich E III 2.1; **VgV** 4; **VOL/A** 1 a, Erl. II

Arbeitsgemeinschaften VOL/A 7, 21, 7 a, 7 b, 5 SKR

Architekten- und Ingenieurleistungen E IV 1.2.1, 1.2.2, 1.2.3, 1.2.5, 2.2, 2.3, 2.7; **VOF** 22–26

Art der Leistungen VOL/B 1

Aufbewahrungspflicht VOL/A 30 b, 13 SKR

Aufgabenbeschreibung E IV 2.4; **VOF** 8

Aufhebung der Ausschreibung E III 1.2.4, 2.2.6; **VOL/A** 26, 26 a, Erl. 26

Aufruf zum Wettbewerb E III 3.2.2; **VOL/A** 3 b, 17 b, 3 SKR, 9 SKR

Auftragsberatungsstellen E III 1.2.1; **VOL/A** 4, Erl. 4

Auftraggeber, nach GWB E I 2, III 2.1.1, 3.1.1, 4.1.1; **GWB** 98; **VgV** 4–11

Auftragserteilung VOF 16, 24

Auftragsgespräch E IV 2.7

Auftragswert, Berechnung E II 2.2, **VgV** 3; **VOF** 3

Ausführung der Leistung VOL/B 4

Ausführungsfristen VOL/A 11

Ausführungsunterlagen VOL/B 3

Ausgenommene Aufträge E I 1.2; **GWB** 100

Ausgeschlossene Bewerber, Ausschlusskriterien VOL/A 7, 25, 7 a, 7 b, 5 SKR; **VOF** 11

Ausgeschlossene Personen E II 2.8; **VgV** 16

Ausländische Bewerber/Bieter VOL/A 7

Auslobungsverfahren E II 2.2, III 2.2.7, 3.2.7; IV 2.2; **GWB** 99; **VgV** 2–4; **VOL/A** 31 a, 31 b, 14 SKR; **VOF** 20, 25

Ausschluss von Angeboten E III 1.2.4; **VOL/A** 23, 25

Ausschreibung VOL/A 3, 7, 16, 17, 18, 22, 24, 26, 3 a, 3 b, Erl. 3
- Aufhebung E III 1.2.4, 2.2.6; **VOL/A** 26, 26 a, Erl. 26
- Bekanntmachung E III 1.2.3, 2.2.1; **VOL/A** 17
- Beschränkte E III 1.2.1, 2.2.1; **VOL/A** 3, 4, 7, 17, 3 a, 3 b, Erl. 3
- Öffentliche E III 1.2.1, 2.2.1; **VOL/A** 3, 7, 17, 3 a, 3 b, Erl. 3

Ausschreibungsgebot E III 1.2.1, 2.2.1; **VOL/A** 3, Erl. 3

Ausschreibungsgrundsätze VOL/A 16

Ausschreibungskosten VOL/A 20

Ausschlusskriterien VOL/A 7, 25, 7 a, 7 b, 5 SKR; **VOF** 11

Auswahl der Bewerber VOL/A 7 a, 7 b, 5 SKR; **VOF** 10

Basisparagraphen (Abschnitt 1 VOL/A), Anwendungsbereich E III 1.1; **VOL/A** 1 a, 1 b, Erl. II

Bauaufträge E I 1.2; **GWB** 99

Baukoordinierungsrichtlinie E I 1.2

Bauleistungen i. S. der VOB VOL/A 1, Erl. 1

Behinderung der Leistung VOL/B 5

Beihilfen VOL/A 25 b, 11 SKR, Erl. 25 b, 11 SKR

Bekanntmachung
- Auftragserteilung E III 2.2.6, 3.2.6; **VOL/A** 28 a (Muster Anhang E), 28 b (Muster Anhang F/SKR), 13 SKR (Muster Anhang F/SKR); **VOF** 17 (Muster Anhang II C)
- Beschränkte Ausschreibung E III 1.2.1; **VOL/A** 3, 4, 17

Stichwortverzeichnis

- Freihändige Vergabe E III 1.2.1; **VOL/A** 3, 4, 17
- Nichtoffenes Verfahren E III 2.2.1, 3.2.2; **GWB** 101; **VOL/A** 3 a, 17 a (Muster Anhang B), 3 b, 17 b (Muster Anhang B/SKR), 3 SKR, 9 SKR (Muster Anhang B/SKR)
- Offenes Verfahren E III 2.2.1, 3.2.2; **GWB** 101; **VOL/A** 3 a, 17 a (Muster Anhang A), 3 b, 17 b (Muster Anhang A/SKR), 3 SKR, 9 SKR (Muster Anhang A/SKR)
- Öffentliche Ausschreibung E III 1.2.1; **VOL/A** 3, 17
- Präqualifikationsverfahren E III 3.2.2; **VOL/A** 7 b, 17 b (Muster Anhang D/SKR), 5 SKR, 9 SKR (Muster Anhang D/SKR)
- Regelmäßige Bekanntmachung E III 3.2.1, 3.2.2; **VOL/A** 16 b, 17 b (Muster Anhang E/SKR), 5 SKR, 9 SKR (Muster Anhang E/SKR)
- Teilnahmewettbewerb E III 1.2.1, 2.2.1, 3.2.2; **VOL/A** 3, 4, 17, 3 a, 17 a, 3 b, 17 b, 9 SKR
- Verhandlungsverfahren E III 2.2.1, 3.2.2; IV 2.1; **GWB** 101; **VOL/A** 3 a, 17 a (Muster Anhang C), 3 b, 17 b (Muster Anhang C/SKR), 3 SKR, 9 SKR (Muster Anhang C/SKR); **VOF** 9 (Muster Anhang II B)
- Vorinformation E III 2.2.4, 3.2.1; IV 2.5; **VOL/A** 17 a (Muster Anhang D), 16 b, 17 b, 8 SKR, 9 SKR; **VOF** 9 (Muster Anhang II A)
- Wettbewerbe E III 2.2.7; IV 2.2; **VOL/A** 31 a (Muster Anhang F u. G), 31 b (Muster F/SKR u. G/SKR), 15 SKR (Muster Anhang F/SKR u. G/SKR); **VOF** 20 (Muster Anhang II D u. E), 25

Berichtspflichten **VOL/A** 30 a, 30 b, 14 SKR; **VOF** 19

Bescheinigungsverfahren **VGV** 19

Beschränkte Ausschreibung E III 1.2.1, 1.2.3; **VOL/A** 3, 4, 7, 16, 17, 22, 24, 26, Erl. 3
- Anschreiben **VOL/A** 17
- Aufhebung **VOL/A** 26

- Begriff **VOL/A** 3
- Bekanntmachung **VOL/A** 3, 4, 17
- Erkundung des Bewerberkreises **VOL/A** 3, 4
- Öffnung der Angebote **VOL/A** 22
- Teilnehmer **VOL/A** 7
- Absendung der Verdingungsunterlagen **VOL/A** 17
- Verhandlungen mit Bietern **VOL/A** 24
- Zulässigkeit **VOL/A** 3

Besondere Vertragsbedingungen **VOL/A** 9

Bevorzugte Bewerber **VOL/A** 2

Bewerbungsbedingungen **VOL/A** 17

Bietergemeinschaften **VOL/A** 7, 21, 7 a, 7 b, 5 SKR; **VOF** 7

Bindefrist **VOL/A** 19

b-Paragraphen (Abschnitt 3 VOL/A), Anwendungsbereich E III 3.1; VgV 7; **VOL/A** 1 b, Erl. II

Central Product Classification (CPC) **VOL/A** Anhang I A/B; **VOF** Anhang I A/B

Common Procurement Vocabulary (CPV) E II 2.6; VgV 14

Deutscher Verdingungsausschuss für Leistungen (DVAL), Erläuterungen **VOL/A** Erl.

Dienstleistungsaufträge E I 1.2, III 1.1.2, 2.1.2; III 1.2.1; **GWB** 99; **VOL/A** 1 a, 1 b, 1 SKR, Erl. 1 a, 1 b, 1 SKR
- Anhänge I A/I B E I 1.2, III 2.1.2, 3.1.2, 4.1.2; IV 1.2.2; **VOL/A** 1 a, 1 b, 1 SKR (Anhänge I A/B); **VOF** 2 (Anhänge I A/B)
- freiberufliche Leistungen E I 1.2, III 1.1.2, 2.1.2, 3.1.2, 4.1.2; IV 1.2; VgV 5; **VOL/A** 1, Erl. 1; **VOF** 1
- gewerbliche Leistungen E I 1.2, III 1.1.2, 2.1.2; IV 1.2.1

Dienstleistungsrichtlinie E I 1,2, III 2.1.1; IV 2.1; **VOL/A** Erl. II

Digitale Signatur E II 2.7; VgV 15; **VOL/A** 21

Stichwortverzeichnis

Diskriminierungsverbot E I 2.2; **GWB** 97; **VOL/A** 2, 2 SKR; **VOF** 4

Dringlichkeit bei der Vergabe von Leistungen VOL/A 3, 3 a, 18 a, 3 b, 3 SKR, Erl. 3; **VOF** 5, 14

Drittländer, Angebote VgV 12

EG-Richtlinien
- Baukoordinierungsrichtlinie E I 1.2
- Dienstleistungsrichtlinie E I 1.2; III 2.1.1; **VOL/A** Erl. II
- Lieferkoordinierungsrichtlinie E I 1.2; **VOL/A** Erl. II
- Rechtsmittelrichtlinien E I 1.2 V
- Sektorenrichtlinie E I 1.2; **VOL/A** Erl. II
- Umsetzung E I 1.2
- Unmittelbare Wirkung E I 1.2

Eigenbetriebe E I 1.2

Ergänzende Vertragsbedingungen VOL/A 9

Erkundung des Bewerberkreises
- Auftragsberatungsstelle E III 1.2.1; **VOL/A** 4, Erl. 4
- Öffentlicher Teilnahmewettbewerb E III 1.2.1, 2.2.1, 3.2.2; **VOL/A** 3, 4, 17, 3 a, 17 b, 9 SKR

Eröffnungstermin E III 1.2.3; **VOL/A** 22, Erl. 22

Europäische Spezifikationen E III 2.2.3, 3.2.4; IV 2.4; **VOL/A** 8 a, 8 b, 6 SKR; **VOF** 8

Fachkunde GWB 97, **VOL/A** 2, 7, 25, 7 a, 7 b, 5 SKR, Erl. 7; **VOF** 4, 13

Freiberufliche Leistungen
- i. S. der VOF E I 1.2; IV 1.2.1; VgV 5; **VOL/A** 1, Erl. 1; **VOF** 1, 2
- i. S. der VOL E I 1.2; III 1.1.2, 2.1.2, 3.1.2, 4.1.2; III 1.2.1; VgV 5; **VOL/A** 1, Erl. 1; **VOF** 2

Freihändige Vergabe E III 1.2.1; **VOL/A** 3, 4, 7, 17, Erl. 3
- Anschreiben **VOL/A** 17
- Begriff **VOL/A** 3
- Bekanntmachung **VOL/A** 3, 4, 17

- Erkundung des Bewerberkreises **VOL/A** 3, 4
- Teilnehmer **VOL/A** 7
- Absendung der Verdingungsunterlagen **VOL/A** 17
- Zulässigkeit **VOL/A** 3

Fristberechnung **VOL/A** 18 a, Anhang II; **VOF** 14

Fristen
- Angebotsfrist E III 1.2.3, 2.2.5, 3.2.5; IV 2.6; **VOL/A** 18, 18 a, 18 b, 10 SKR, Erl. 18 b, 10 SKR; **VOF** 14
- Ausführungsfristen **VOL/A** 11, Erl. 11
- Bindefrist **VOL/A** 19
- Bewerbungsfrist (Frist für Teilnahmeantrag) **VOL/A** 18 a, 18 b, 10 SKR, Erl. 18 b, 10 SKR; **VOF** 14
- Zuschlagsfrist **VOL/A** 19, 28, Erl. 19

Gebietskörperschaften E I 1.2; **GWB** 98

Gebührenordnung E IV 2.7; **VOF** 15, 16

Gegenwerte in DM

Gemeinsame Unternehmen VgV 10

Gemischte Aufträge E I 1.2; **VOL/A** 1 a, 1 b, 1 SKR; **VOF** 2

Gesetz gegen Wettbewerbsbeschränkungen (GWB) E I 1.2; **GWB**

Gewährleistung VOL/B 14

Gewerbliche Dienstleistungen E I 1.2

Gleichbehandlung der Bewerber GPA E I 1.2; **GWB** 97; **VOL/A** 7

GPA E I 1.2

Güteprüfung VOL/B 12

Haushaltsgrundsätzegesetz (HGrG) E V

Honorarordnung E IV 2.7; **VOF** 15, 16

Honorarordnung für Architekten und Ingenieure (HOAI) E IV 1.2.3, 2.7; **VOF** 22, 24

Inhalt der Angebote **VOL/A** 21

Informationspflicht E II 2.5; VgV 13

Kaufverträge GWB 99
Kennzeichnung
– der Änderungsvorschläge VOL/A
  21, 25
– der Angebote VOL/A 18
– der Muster und Proben VOL/A 21
– der Nebenangebote VOL/A 21, 25
Korrekturmechanismus der Kommission VgV 21
Kosten
– der Angebotsbearbeitung VOL/A 20
– der Bewerbungsunterlagen VOF 15
– der Verdingungsunterlagen VOL/A 20

Leasingverträge GWB 99
Leistungen i. S. der VOL VOL/A 1, Erl. 1
Leistungsbeschreibung E III 1.2.2, 2.2.3, 3.2.4; IV 2.4; **VOL/A** 8, 8 a, 8 b, 6 SKR Erl. 8; **VOF** 8
Leistungsfähigkeit GWB 97, VOL/A 2, 7, 25, 7 a, 7 b, 5 SKR, Erl. 7; VOF 4, 12
Lieferaufträge E I 1.2; GWB 99
Lieferkoordinierungsrichtlinie E I 1.2; VOL/A Erl. II
Lösung des Vertrags VOL/B 8, 9
Losvergabe E I 2.4, II 2.2; **GWB** 97; **VOL/A** 5, 17, 26, 27

Meldepflichten E II 4.3; VOL/A 30 a, VOF 19
Mietverträge GWB 99
Missverhältnis Preis/Leistung VOL/A 25, 25 b, 11 SKR, Erl. 25
Mitteilungspflichten E II 4.3
Mittelstandsförderung E I 2.4; GWB 97
Muster, für Bekanntmachung s. Bekanntmachung

Nachprüfung E V
Nachverhandlungen E III 1.2.3; VOL/A 24
Nachweise VOL/A 7, 7 a, 7 b, 5 SKR, Erl. 7; VOF 10–13
Nebenangebote VOL/A 17, 21, 22, 24, 25, 26, 27, 9 b, 25 b, 7 SKR, 11 SKR, Erl. 17, 24, 25

Neutralitätspflicht E II 2.8
Nicht berücksichtigte Bewerber/Bieter
  E II 2.5, III 2.5; III 1.2.4, 2.2.6; VgV 13; VOL/A 27, 27 a; Erl. 27; VOF 17
Nichterfüllung VOL/B 7
Nichtoffenes Verfahren E III 2.2.1, 3.2.2; GWB 101; VOL/A 3 a, 3 b, 3 SKR; Erl. 3 SKR
– Angebotsfrist E III 2.2.5, 3.2.5; VOL/A 18 a, 18 b, 10 SKR
– Begriff GWB 101; VOL/A 3 a, 3 b, 3 SKR
– Bekanntmachung VOL/A 3 a, 17 a, 3 b, 17 b, 3 SKR, 9 SKR
– Bewerbungsfrist E III 2.2.5, 3.2.5; VOL/A 18 a, 18 b, 10 SKR
– Teilnehmer VOL/A 7 a, 7 b, 5 SKR
– Verzicht auf die Vergabe VOL/A 26 a
Niederschrift über die Öffnungsverhandlung VOL/A 22

Oberlandesgericht E V; GWB 116–124
Obhutspflichten VOL/B 10
Offenes Verfahren E III 2.2.1, 3.2.2; GWB 101; VOL/A 3 a, 3 b, 3 SKR; Erl. 3
– Angebotsfrist E III 2.2.5, 3.2.5; VOL/A 18 a, 18 b, 10 SKR
– Begriff VOL/A 3 a, 3 b, 3 SKR
– Bekanntmachung VOL/A 3 a, 17 a, 3 b, 17 b, 3 SKR, 9 SKR
– Teilnehmer VOL/A 7 a, 7 b, 5 SKR
– Verzicht auf die Vergabe VOL/A 26 a
– Vorrang GWB 101; VOL/A 3 a, Erl. 3 SKR
Öffentliche Ausschreibung E III 1.2.1, 1.2.3; VOL/A 3, 7, 16, 17, Erl. 3
– Anschreiben VOL/A 17
– Aufhebung VOL/A 26
– Begriff VOL/A 3
– Bekanntmachung VOL/A 17
– Öffnung der Angebote VOL/A 22
– Teilnehmer VOL/A 7
– Verhandlungen mit Bietern VOL/A 24
– Vorrang VOL/A 3
Öffentlicher Teilnahmewettbewerb
  E III 1.2.1, 2.2.1, 3.2.2; VOL/A 3, 4, 17, 3 a, 17 a, 3 b, 17 b, 9 SKR

Stichwortverzeichnis

– Begriff VOL/A 3, 4
– Bekanntmachung VOL/A 17, 17 a, 17 b, 9 SKR
Öffnung der Angebote E III 1.2.3; VOL/A 22

Pachtverträge GWB 99
Planungswettbewerbe E IV 2.2; VOF 25
Präqualifikationsverfahren E III 3.2.2; VOL/A 7 b, 17 b, 5 SKR, 9 SKR
Preise bei öffentlichen Aufträgen VOL/A 15, 21
Preisvorbehalte VOL/A 15
Prüfsystem E III 3.2.2; VOL/A 7 b, 17 b, 5 SKR, 9 SKR
Prüfung der Angebote VOL/A 23

Rahmenvereinbarung E III 3.2.2; VOL/A 3 b, 5 b, 3 SKR, 4 SKR
Rechnung VOL/B 15
Rechtsmittelrichtlinien E I 1.2, V
Rechtsschutz E V
Regelmäßige Bekanntmachung E III 3.2.1, 3.2.2; VOL/A 16 b, 17 b, 8 SKR, 9 SKR
Rücknahme von Angeboten VOL/A 18

Sachverständige VOL/A 6, 23; VOF 6
Schadensersatz E V
Schlichtungsverfahren VgV 20
Schwellenwerte E I, II 2.2, III 2.1.2, 3.1.2, 4.1.2; IV 1.2.5; VgV 2, 3; VOF 2
Sektorenauftraggeber E I 1.2, II 2.1, 2.4, III 3.1.1, 4.1.1; GWB 98; VgV 7–11
Sektorenrichtlinie E I 1.2; VOL/A Erl. II
Sicherheitsleistungen VOL/A 14; VOL/B 18
SKR-Paragraphen (Abschnitt 4 VOL/A) E III 4.1; VgV 7; VOL/A 1 SKR, Erl. II
Sofortige Beschwerde E V; GWB 116–123

Streitigkeiten VOL/B 18
Stundenverrechnungssätze VOL/B 16

Tageszeitungen VOL/A 17
Teilnahmeantrag E II 4.2, IV 2.6
Teilnahmewettbewerb s. Öffentlicher Teilnahmewettbewerb
Teilnehmer am Wettbewerb/Vergabeverfahren E III 2.2.2, 3.2.3; IV 2.3; VOL/A 7, 7 a, 7 b, 5 SKR; VOF 7
Tenders Electronic Daily (TED) VOL/A Erl. II; VOF 9
Transparenz GWB 97

Umfang der Leistungen VOL/B 1
Umgehungsverbot E II 2.2
Umweltschutz VOL/A Erl. 8
Unteraufträge VOL/A 10; VOF 26
Unterbrechung der Leistung VOL/B 5

Verbundene Unternehmen E II 2,4, III 3.1.2; VgV 10
Verdingungsordnungen
– für freiberufliche Leistungen E IV; VOF
– für Leistungen E III; VOL/A
Verdingungsunterlagen VOL/A 9
Vergabearten
– Beschränkte Ausschreibung E III 1.2.1, 2.2.1; VOL/A 3, 4, 7, 17, 3 a, 3 b, Erl. 3
– Freihändige Vergabe E III 1.2.1; VOL/A 3, 4, 7, 17, Erl. 3
– Nichtoffenes Verfahren E III 2.2.1, 3.2.2; GWB 101; VOL/A 3 a, 17 a, 18 a, 3 b, 17 b, 18 b, 3 SKR, 9 SKR, 10 SKR, Erl. 3 SKR
– Öffentliche Ausschreibung E III 1.2.1, 1.2.3, 2.2.1; VOL/A 3, 7, 17, Erl. 3
– Offenes Verfahren E III 2.2.1, 3.2.2; GWB 101; VOL/A 3 a, 17 a, 18 a, 3 b, 17 b, 18 b, 3 SKR, 9 SKR, 10 SKR, Erl. 3 SKR
– Verhandlungsverfahren E III 2.2.1, 3.2.2; IV 2.1; GWB 101; VOL/A 3 a, 17 a, 18 a, 3 b, 17 b, 18 b, 3 SKR, 9 SKR, 10 SKR; VOF 5, 17
Vergabefremde Aspekte GWB 97; VOL/A 2

Stichwortverzeichnis

Vergabegrundsätze E I 2; GWB 97; VOL/A 2; VOF 4

Vergabekammer E II 2.9, 4.3, V, GWB 103–115, 124, 125, 128; VgV 17, 18; VOL/A 16 SKR

Vergabeprüfstelle GWB 103

Vergabesenat E V; GWB 116–124

Vergabestelle, Verantwortung VOL/A 2

Vergabeüberwachungsausschuss E V

Vergabeunterlagen VOL/A 9, 9 b, 7 SKR

Vergabevermerk VOL/A 30; VOF 18

Vergabeverordnung E I 1.2; VgV

Vergebene Aufträge E III 2.2.6, 3.2.6; VOL/A 28 a, 28 b, 13 SKR; VOF 17

Verhandlungen mit Bietern bei Ausschreibungen E III 1.2.3; VOL/A 24, Erl. 24

Verhandlungsverfahren E III 2.2.1, 3.2.2; III 2.1, IV 2.1; GWB 101; VOL/A 3 a, 18 a, 3 b, 18 b, 3 SKR, 10 SKR; VOF 5
- Begriff GWB 101; VOL/A 3 a, 3 b, 3 SKR; VOF 5
- Bekanntmachung VOL/A 3 a, 17 a, 3 b, 17 b, 3 SKR, 9 SKR; VOF 9
- Bewerbungsfrist E III 2.2.5, 3.2.5; IV 2.6; VOL/A 18 a, 18 b, 10 SKR; VOF 14
- Teilnehmer VOL/A 7 a, 7 b, 5 SKR; VOF 7
- Verzicht auf Vergabe VOL/A 26 a
- Zulässigkeit VOL/A 3 a, 3 b, 3 SKR; VOF 5

Verjährung der Gewährleistungsansprüche VOL/A 13; VOL/B 14

Veröffentlichungsblätter VOL/A 17

Verordnung über die Preise bei öffentlichen Aufträgen VOL/A 15

Versand VOL/B 6

Verschulden bei Vertragsschluss E V

Vertragsbedingungen
- allgemeine VOL/A 9
- besondere VOL/A 9
- ergänzende VOL/A 9
- zusätzliche VOL/A 9

Vertragsstrafe VOL/A 12; VOL/B 11

Vertragsurkunde VOL/A 29

Vertraulichkeit VOL/A 22, 2 b, 2 SKR

Verzicht auf die Vergabe VOL/A 26 a

Verzug VOL/B 7, 9

Vorabinformationspflicht E II 2.5

Vorinformation E III 2.2.4; IV 2.5; VOL/A 17 a; VOF 9

Wertung der Angebote E III 1.2.4, 2.2.6, 3.2.6; IV 2.7; VOL/A 25, 25 b, 11 SKR, Erl. 25, 25 SKR; VOF 16

Wettbewerb
- Grundsatz E I 2.1; GWB 97; VOL/A 2, 7; VOF 4
- Teilnehmer E III 2.2.2, 3.2.3; IV 2.3; VOL/A 7, 7 a, 7 b, 5 SKR; VOF 7

Wettbewerbe E III 2.2.7, 3.2.7; IV 2.2; VOL/A 31 a, 31 b, 15 SKR; VOF 20, 25

Wirtschaftlichkeit E I 2.3, III 1.2.4, 2.2.6, 3.2.6; GWB 97; VOL/A 25, 25 b, 11 SKR, Erl. 25

Zahlung VOL/B 17

Zusätzliche Vertragsbedingungen VOL/A 9

Zuschlag E III 1.2.4, 2.2.6, 3.2.6; VOL/A 28

Zuschlagsfrist VOL/A 19, 28, Erl. 19

Zuschlagsverbot E V

Zuverlässigkeit GWB 97; VOL/A 2, 7, 25, 7 a, 7 b, 5 SKR, Erl. 7; VOF 4